KELLER

# Häusliche Gewalt, Stalking und Gewaltschutzgesetz

# Häusliche Gewalt, Stalking und Gewaltschutzgesetz

## Leitfaden für polizeiliches Handeln

Dr. Christoph Keller, M. A.
Leitender Polizeidirektor
Abteilungsleiter und Dozent an der Hochschule für Polizei und Verwaltung (HSPV) NRW, Münster

3., erweiterte Auflage, 2026

BOORBERG

Aus Gründen der besseren Lesbarkeit wird bei Personenbezeichnungen und personenbezogenen Hauptwörtern grundsätzlich die männliche Form verwendet. Entsprechende Begriffe gelten im Sinne der Gleichbehandlung grundsätzlich für alle Geschlechter sowie für diverse und nonbinäre Personen. Die verkürzte Sprachform hat nur redaktionelle Gründe und beinhaltet keine Wertung.

Bibliografische Information der Deutschen Nationalbibliothek | Die Deutsche Nationalbibliothek verzeichnet diese Publikation in der Deutschen Nationalbibliografie; detaillierte bibliografische Daten sind im Internet über www.dnb.de abrufbar.

ISBN 978-3-415-07744-7
3. Auflage, 2026

Anfragen gemäß EU-Verordnung über die allgemeine Produktsicherheit (EU) 2023/988 (General Product Safety Regulation – GPSR) richten Sie bitte an: Richard Boorberg Verlag GmbH & Co KG, Produktsicherheit, Scharrstraße 2, 70563 Stuttgart; E-Mail: produktsicherheit@boorberg.de

Titelfoto: © Tinnakorn – stock.adobe.com | Satz: abavo GmbH, Nebelhornstraße 8, 86807 Buchloe | Druck und Bindung: Laupp & Göbel GmbH, Robert-Bosch-Straße 42, 72810 Gomaringen

Richard Boorberg Verlag GmbH & Co KG | Scharrstraße 2 | 70563 Stuttgart
Stuttgart | München | Hannover | Berlin | Weimar | Dresden
www.boorberg.de

# Vorwort zur 3. Auflage 2026

Angesichts der Fortentwicklungen in Gesetzgebung und Rechtsprechung erforderte das in der 2. Auflage 2016 erschienene Werk eine Neuauflage. Für die 3. Auflage erfolgte eine grundlegende Neubearbeitung. Der Umfang des Werkes hat zugenommen. Ursächlich hierfür waren vor allem die Berücksichtigung aktueller Forschung, neue Rechtsproblematiken zur Wohnungsverweisung und zum Rückkehrverbot sowie die gesetzliche Erweiterung des Tatbestandes zur Nachstellung.

Das Buch gliedert sich in drei Teile:

- Teil 1: Häusliche Gewalt
- Teil 2: Stalking
- Teil 3: Gewaltschutzgesetz

Neue polizeirechtliche Ermächtigungen fanden Berücksichtigung. So wurden vor allem besondere Fallkonstellationen (Elektronische Aufenthaltsüberwachung, Kontaktverbot, Aufenthaltsvorgaben) sowie Besonderheiten bei strafprozessualen Maßnahmen in Fällen der Strafverfolgungsvorsorge dargestellt.

Gänzlich überarbeitet und ergänzt wurden die Phänomene „Gewalt gegen Kinder“ und „Gewalt gegen Männer“. Insbesondere zu männlichen Opfern häuslicher Gewalt sind Literatur und Forschungslage unzureichend.

Zu berücksichtigen war die sog. Istanbul-Konvention als zentrales Instrument im Kampf gegen geschlechtsspezifische Gewalt. Diese am 1.10.2023 in Kraft getretene Konvention bietet der EU mit ihrem ganzheitlichen Konzept ein wichtiges politisches und rechtliches Instrument für das Ziel, gewaltbetroffenen Frauen in der EU diskriminierungsfrei mit effektiven, opferschonenden und barrierearmen präventiven, strafrechtlichen, ineinandergreifenden politischen sowie Gewaltschutzmaßnahmen einen umfassenden Schutz zu gewähren. Darüber hinaus etabliert die Istanbul-Konvention einen spezifischen Überwachungsmechanismus. Überdies trat im Mai 2024 die sog. EU-Gewaltschutzrichtlinie in Kraft. Beide Rechtsakte gelten als Meilensteine in der Bekämpfung geschlechtsspezifischer Gewalt.

Durch das „Gesetz zur Änderung des Strafgesetzbuches – effektivere Bekämpfung von Nachstellungen und bessere Erfassung des Cyberstalkings sowie Verbesserung des strafrechtlichen Schutzes gegen Zwangsprostitution“ vom 10.8.2021, in Kraft getreten am 1.10.2021, wurde die

Strafnorm des § 238 StGB als Reaktion auf Probleme bei der Handhabung der Norm durch die Strafverfolgungsbehörden weitreichend überarbeitet, um eine bessere und einfachere Rechtsdurchsetzung zu ermöglichen und die Strafbarkeitsschwelle herabzusetzen. Im Bereich des Stalkings waren des Weiteren kriminalistische Methoden zu ergänzen. Diese Änderungen erforderten Aktualisierungen, Ergänzungen (neue Regelbeispiele, Berücksichtigung des Cyberstalking) und Hinweise, z. B. auf Strafbarkeitslücken in Bezug auf Cybermobbing oder auf Tracking-Fälle. Der telekommunikationsrechtliche Hintergrund rund um die sog. Fangschaltung findet sich seit dem 1.12.2021 im Telekommunikation-Digitale-Dienste-Datenschutz-Gesetz (TDDDG) und bedurfte einer grundlegenden Bearbeitung.

Das bewährte Konzept des Buches wurde beibehalten. In das Werk aufgenommene Checklisten erleichtern das polizeiliche Handeln „vor Ort“. Das Buch richtet sich an alle, die aus beruflichen Gründen (Polizei, Jugendämter, Justiz) oder im privaten Umfeld mit Ausdrucksformen häuslicher Gewalt oder des Stalkings konfrontiert sind. Darüber hinaus plädiert das Werk an Verantwortliche in Politik und Gesellschaft, „häusliche Gewalt“ und „Stalking“ (auch) als soziale Problematik anzuerkennen und Grundlagen für verbesserte Handlungsmöglichkeiten zu schaffen. Die Ausführungen sollen dem Leser die Möglichkeit verschaffen, diese Phänomene einzuordnen und angemessen damit umzugehen. Dieses wird ermöglicht durch Darlegung eines umfassenden Überblicks über Ursachen, Formen, Folgen sowie Präventions- und Handlungsmöglichkeiten in Fällen von häuslicher Gewalt und Nachstellung (Stalking).

Für Auslassungen und Ungenauigkeiten stehe ich ein und bin für Hinweise darauf dankbar (Ckeller2002@t-online.de).

Mettingen, im Oktober 2025 Christoph Keller

# Inhaltsverzeichnis

# Abkürzungsverzeichnis

| | |
|---|---|
| a. A. | andere Auffassung |
| a. F. | alte Fassung |
| AAK | Atemalkoholkonzentration |
| AEUV | Vertrag über die Arbeitsweise der Europäischen Union |
| AG | Amtsgericht |
| AGG | Allgemeines Gleichbehandlungsgesetz |
| AG Kripo | Arbeitsgemeinschaft der Leiter der Landeskriminalämter mit dem Bundeskriminalamt |
| Anm. | Anmerkung |
| AnwZert ITR | AnwaltZertifikatOnline IT-Recht |
| AöR | Archiv des öffentlichen Rechts (Zeitschrift) |
| apf | Fachzeitschrift für Ausbildung, Prüfung und Fortbildung |
| ArbGG | Arbeitsgerichtsgesetz |
| Art. | Artikel |
| ASD | Allgemeiner Sozialer Dienst |
| ASR | Anwalt/Anwältin im Sozialrecht (Zeitschrift) |
| AsylG | Asylgesetz |
| AufenthG | Aufenthaltsgesetz |
| BayVBl | Bayerische Verwaltungsblätter |
| BDSG | Bundesdatenschutzgesetz |
| BDSM | Bondage, Discipline, Dominance/Submission, Sadism/Masochism |
| BeckOK | Beck'scher Online-Kommentar |
| BeckRS | Beck-Rechtsprechung (online) |
| Beschl. | Beschluss |
| BfDI | Bundesbeauftragter für den Datenschutz und die Informationsfreiheit |
| BGB | Bürgerliches Gesetzbuch |
| BGBl. | Bundesgesetzblatt |
| BGH | Bundesgerichtshof |
| BKA | Bundeskriminalamt |
| BMFSFJ | Bundesministerium für Familie, Senioren, Frauen und Jugend |

| | |
|---|---|
| BMI | Bundesministerium des Innern und für Heimat |
| BT-Drs. | Bundestagsdrucksache |
| BVerfG | Bundesverfassungsgericht |
| BVerwG | Bundesverwaltungsgericht |
| CR | Computer und Recht (Zeitschrift) |
| CTS | Conflict Tactics Scale |
| DA | Danger Assessment |
| DAR | Deutsches Autorecht (Zeitschrift) |
| DEGS | Studie zur Gesundheit Erwachsener in Deutschland |
| DGfK | Deutsche Gesellschaft für Kriminalistik |
| DHPol | Deutsche Hochschule der Polizei |
| djbZ | Zeitschrift des Deutschen Juristinnenbundes |
| Die Polizei | Die Polizei – Unabhängige, interdisziplinäre Fachzeitschrift für öffentliche und private Sicherheit |
| DIMR | Deutsches Institut für Menschenrechte |
| DNA (DNS) | deoxyribonucleic acid (Desoxyribonukleinsäure) |
| DÖV | Die öffentliche Verwaltung (Zeitschrift) |
| DP | Deutsche Polizei (Zeitschrift) |
| DPolBl | Deutsches Polizeiblatt |
| DRiZ | Deutsche Richterzeitung |
| DSB | Datenschutzberater (Zeitschrift) |
| DSG NRW | Datenschutzgesetz Nordrhein-Westfalen |
| DS-GVO (DSGVO) | Datenschutz-Grundverordnung |
| DuD | Datenschutz und Datensicherheit (Zeitschrift) |
| DV | Die Verwaltung (Zeitschrift) |
| DVBl | Deutsches Verwaltungsblatt (Zeitschrift) |
| DVP | Deutsche Verwaltungspraxis (Zeitschrift) |
| DyRiAS | Dynamisches Risiko-Analyse-System |
| EGGVG | Einführungsgesetz zum Gerichtsverfassungsgesetz |
| et al. (et alia) | und andere |
| ETSI | European Telecommunications Standards Institute |
| EuGH | Europäischer Gerichtshof |
| EuGewSchRL | Europäische Gewaltschutzrichtlinie |
| EUGewSchVG | Europäisches Gewaltschutzverfahrensgesetz |

| | |
|---|---|
| EuGewSchVO | Europäische Gewaltschutzverordnung |
| FamFG | Gesetz über das Verfahren in Familiensachen und in den Angelegenheiten der freiwilligen Gerichtsbarkeit (Familienverfahrensgesetz) |
| FamFR | Familienrecht und Familienverfahrensrecht (Zeitschrift) |
| FamRZ | Zeitschrift für das gesamte Familienrecht |
| FD-StrafR | Fachdienst Strafrecht (Zeitschrift) |
| FHK | Frauenhauskoordinierung (Verein) |
| Forensic Leg Med | Journal of Forensic and Legal Medicine |
| FOTRES | Forensisches Operationalisiertes Therapie-Risiko-Evaluations-System |
| FPR | Familie Partnerschaft Recht (Zeitschrift) |
| FREU-K | Frauen-Rechte-Europarat-Konvention |
| FRIG | Freiburger Interventionsprojekt gegen häusliche Gewalt |
| GA | Goltdammer's Archiv für Strafrecht (Zeitschrift) |
| GewSchG | Gewaltschutzgesetz |
| GewHG | Gewalthilfegesetz |
| GG | Grundgesetz |
| GOBSIS | Gewaltopfer-Beweissicherungs- und Informationssystem |
| GSA | Gewaltschutzambulanz |
| GSZ | Zeitschrift für das Gesamte Sicherheitsrecht |
| GV | Gesetz- und Verordnungsblatt |
| GVG | Gerichtsverfassungsgesetz |
| GVGA | Geschäftsanweisung für Gerichtsvollzieher |
| Hdb | Handbuch |
| HK-StPO | Strafprozessordnung, Heidelberger Kommentar |
| Hrsg. | Herausgeber |
| HRRS | Höchstrichterliche Rechtsprechung im Strafrecht (Online-Fachzeitschrift) |
| Hs. | Halbsatz |
| IBR | Immobilien- & Baurecht (Zeitschrift) |
| IK | Istanbul-Konvention |
| IMK | Konferenz der Innenminister und -senatoren von Bund und Ländern |

| | |
|---|---|
| JA | Juristische Arbeitsblätter (Zeitschrift) |
| JM | Die Monatszeitschrift |
| JR | Juristische Rundschau (Zeitschrift) |
| JSE | Zeitschrift Jura Studium & Examen |
| JURA | Juristische Ausbildung (Zeitschrift) |
| jurisPR | JurisPraxisReport |
| JuS | Juristische Schulung (Zeitschrift) |
| JuWiss | Junge Wissenschaft im öffentlichen Recht (Online-Zeitschrift) |
| JZ | JuristenZeitung |
| | |
| KFB | Kriminalisten-Fachbuch |
| KFN | Kriminologisches Forschungsinstitut Niedersachsen |
| KG | Kammergericht |
| KICK | Kinder- und Jugendhilfeweiterentwicklungsgesetz |
| KindRVerbG | Kinderrechteverbesserungsgesetz |
| KiWoMaG | Kindeswohlmaßnahmengesetz |
| KJ | Kritische Justiz (Zeitschrift) |
| KJHG | Kinder- und Jugendhilfegesetz |
| KJSG | Kinder- und Jugendstärkungsgesetz |
| KKF | Kriminalistisch-Kriminologische Forschungsstelle des Landeskriminalamtes Nordrhein-Westfalen |
| KK-StPO | Karlsruher Kommentar zur Strafprozessordnung |
| KKG | Gesetz zur Kooperation und Information im Kinderschutz (Kernstück des Bundeskinderschutzgesetzes) |
| K&R | Kommunikation & Recht (Zeitschrift) |
| Kriminalistik | Kriminalistik – Unabhängige Zeitschrift für die kriminalistische Wissenschaft und Praxis |
| KritV | Kritische Vierteljahreszeitschrift für Gesetzgebung und Rechtswissenschaft |
| KrimJ | Kriminologisches Journal |
| KrimOJ | Kriminologie – Das Online Journal |
| KriPoZ | Kriminalpolitische Zeitschrift |
| KriPoZ-JuP | Kriminalpolitische Zeitschrift – Junges Publizieren |
| | |
| LAFP NRW | Landesamt für Ausbildung, Fortbildung und Personalangelegenheiten der Polizei Nordrhein-Westfalen |
| LG | Landgericht |

| | |
|---|---|
| LKA | Landeskriminalamt |
| LKV | Landes- und Kommunalverwaltung (Zeitschrift) |
| LR | Löwe-Rosenberg. Die Strafprozessordnung und das Gerichtsverfassungsgesetz: StPO. Kommentar |
| LSG | Landessozialgericht |
| LSK | Beck-Leitsatzkartei (online) |
| LT-Drs. | Landtagsdrucksache |
| LZG NRW | Landeszustellungsgesetz Nordrhein-Westfalen |
| | |
| MAH | Münchener Anwaltshandbuch |
| MBO-Ä | (Muster-)Berufsordnung für die in Deutschland tätigen Ärztinnen und Ärzte |
| MCID | Malicious Call Identification |
| MDR | Monatsschrift für Deutsches Recht |
| MedR | Medizinrecht (Zeitschrift) |
| MbpS | Münchhausen-by-proxy-Syndrom |
| MFB | Münchener Prozessformularbuch |
| MFDP | Magazin für die Polizei (Fachzeitschrift) |
| MigRI | Informationsdienst Migrationsrecht (Zeitschrift) |
| MiZi | Anordnung über Mitteilungen in Zivilsachen |
| MMR | MultiMedia & Recht (Zeitschrift) |
| MMR-Aktuell | MultiMedia & Recht aktuell (Zeitschrift) |
| MMW Fortschr Med | Münchener Medizinische Wochenschrift – Fortschritte der Medizin |
| MSchrKrim | Monatsschrift für Kriminologie und Strafrechtsreform |
| MüKo | Münchener Kommentar |
| m. w. N. | mit weiteren Nachweisen |
| | |
| NdsVBl | Niedersächsische Verwaltungsblätter |
| NJ | Neue Justiz (Zeitschrift) |
| NJOZ | Neue Juristische Online Zeitschrift |
| NJW | Neue Juristische Wochenschrift |
| NJW-RR | Neue Juristische Wochenschrift Rechtsprechungs-Report Zivilrecht |
| NJW-Spezial | Neue Juristische Wochenschrift Spezial |
| NK | Neue Kriminalpolitik (Zeitschrift) |
| NLMR | Newsletter Menschenrechte (Zeitschrift) |
| NordÖR | Zeitschrift für Öffentliches Recht in Norddeutschland |

| | |
|---|---|
| NStZ | Neue Zeitschrift für Strafrecht |
| NStZ-RR | Neue Zeitschrift für Strafrecht Rechtsprechungsreport |
| NVwZ | Neue Zeitschrift für Verwaltungsrecht |
| NVwZ-RR | Neue Zeitschrift für Verwaltungsrecht Rechtsprechungsreport |
| NWVBl | Nordrhein-westfälische Verwaltungsblätter |
| NZFam | Neue Zeitschrift für Familienrecht |
| | |
| ODARA | Ontario Domestic Assault Risk Assessment |
| OLG | Oberlandesgericht |
| öStGB | Österreichisches Strafgesetzbuch |
| OVG | Oberverwaltungsgericht |
| | |
| PAG | Polizeiaufgabengesetz |
| PDV | Polizeidienstvorschrift |
| PIR | Polizei Info Report (Zeitschrift) |
| PKS | Polizeiliche Kriminalstatistik |
| PinG | Privacy in Germany – Datenschutz und Compliance (Zeitschrift) |
| POG | Polizeiorganisationsgesetz |
| PolG NRW | Polizeigesetz des Landes Nordrhein-Westfalen |
| POR | Polizei- und Ordnungsrecht |
| PPinfo | Polizeipräsidium Mittelfranken (Zeitschrift) |
| PSP | Polizei – Studium – Praxis (Zeitschrift) |
| PsychKG | Gesetz über Schutzmaßnahmen bei psychischen Krankheiten |
| PubMed | Meta-Datenbank mit Referenzen auf medizinische Artikel |
| | |
| RdErl. | Runderlass |
| RISKID | Risiko Kinder Informationssystem Deutschland |
| Rn. | Randnummer |
| RPsych | Rechtspsychologie. Zeitschrift für Familienrecht, Strafrecht, Kriminologie und Soziale Arbeit |
| Rspr. | Rechtsprechung |
| RÜ | Rechtsprechungsübersicht (Zeitschrift) |
| RW | Rechtswissenschaft (Zeitschrift) |

| | |
|---|---|
| SächsVBl | Sächsische Verwaltungsblätter |
| SchlHA | Schleswig-Holsteinische Anzeigen |
| SGB | Sozialgesetzbuch |
| SK-StPO | Systematischer Kommentar zur Strafprozessordnung |
| SMS | Short Message Service |
| SORAG | Sex Offender Risk Appraisal Guide |
| StrÄndG | Strafrechtsänderungsgesetz |
| SSW-StPO | Satzger/Schluckebier/Widmaier. StPO. Kommentar |
| StA | Staatsanwaltschaft |
| StGB | Strafgesetzbuch |
| StPO | Strafprozessordnung |
| StraFO | Strafverteidiger Forum (Zeitschrift) |
| Streife | Streife – Das Magazin der Polizei NRW |
| StV | Strafverteidiger (Zeitschrift) |
| SVR | Straßenverkehrsrecht (Zeitschrift) |
| TKG | Telekommunikationsgesetz |
| TMG | Telemediengesetz |
| TTDSG | Telekommunikation-Digitale-Dienste-Datenschutz-Gesetz |
| TV | Tatverdächtiger |
| UBSKM | Unabhängiger Beauftragter für Fragen des sexuellen Kindesmissbrauchs |
| Urt. | Urteil |
| UWG | Gesetz gegen den unlauteren Wettbewerb |
| VBlBW | Verwaltungsblätter Baden-Württemberg |
| VG | Verwaltungsgericht |
| VRAG | Violence Risk Appraisal Guide |
| VRAG-R | Violence Risk Appraisal Guide-Revised |
| VRS | Violence Risk Scale |
| VS-NfD | Verschlusssache – Nur für den Dienstgebrauch |
| VwGO | Verwaltungsgerichtsordnung |
| VwVfG | Verwaltungsverfahrensgesetz |
| VwVG | Verwaltungsvollstreckungsgesetz |
| WB | Wörterbuch |
| WHO | World Health Organization |

| | |
|---|---|
| WzM | Wege zum Menschen. Zeitschrift für Seelsorge und Beratung, heilendes und soziales Handeln |
| z. B. | zum Beispiel |
| ZD | Zeitschrift für Datenschutz |
| ZD-aktuell | Zeitschrift für Datenschutz aktuell |
| zfistw (ZIS) | Zeitschrift für Internationale Strafrechtswissenschaft (online) |
| ZfPW | Zeitschrift für die gesamte Privatrechtswissenschaft |
| ZIF | Zentrale Informationsstellen autonomer Frauenhäuser |
| Ziff. | Ziffer |
| ZJS | Zeitschrift für das Juristische Studium (Portable Document Format) |
| ZKJ | Zeitschrift für Kindschaftsrecht und Jugendhilfe |
| ZPO | Zivilprozessordnung |
| ZRP | Zeitschrift für Rechtspolitik |
| ZStW | Zeitschrift für die gesamte Strafrechtswissenschaft |

# Teil 1
# Häusliche Gewalt

## A. Kriminologie der häuslichen Gewalt

### I. Einleitung

Die Verfassung stellt die Ehe und Familie unter den besonderen Schutz des Staates (Art. 6 GG).

> „Das Grundgesetz schützt die Eltern davor, dass der Staat ihre Kinder als seine Kinder betrachtet, auf die er – wie im NS- oder SED-Staat praktiziert – Zugriff nimmt, um sie seiner weltanschaulichen Ausrichtung entsprechend zu prägen.“[1]

Art. 6 GG behandelt verschiedene Aspekte von Ehe und Familie, Eltern und Kindern und damit Beziehungen, die für die Gemeinschaft von größter Wichtigkeit sind.[2] Der Schutz durch Art. 6 GG wurde in der Vergangenheit oftmals so ausgelegt, dass in dieser Privatsphäre ausgeübte Gewalt als Angelegenheit der Familien angesehen wurde. So war häusliche Gewalt bis in die 1980er-Jahre noch eine Angelegenheit, „welche in den Familien diskret zu regeln war“.[3] Bis in die 1990er-Jahre wurde häusliche Gewalt in der breiten Öffentlichkeit „nur bedingt als ein relevantes soziales Problem erachtet“.[4] *Büttner* weist auf Zeiten hin, in denen es legitim war,

> „die Menschen zu schlagen, die einem am nächsten stehen. Es war vielleicht nicht schön, galt aber als ‚normal‘ und gehörte in vielen Familien dazu. Vor allem dem Vater als ‚Oberhaupt der Familie‘ wurde dieses Recht zugestanden.[5] Er sollte es zwar ‚nicht übertreiben‘, aber eine ‚gewisse Züchtigung‘ wurde vielerorts als sinnvoll und notwendig angesehen“[6].

---

1 *Burmeister/Dohr*, Staat. Verfassung. Politik, S. 207.

2 *Franz/Günther*, JuS 2007, 626 ff.

3 *Cummerow*, Strafverfolgung bei häuslicher Gewalt, S. 7.

4 *Sentürk/Wesemüller/Rettenberger*, RPsych 2016, 330 (331).

5 Hierzu auch *Globig*, Realitäten der Abhängigkeit, S. 81: „Zusammenhang von gesellschaftlicher und häuslicher Gewalt“.

6 *Büttner*, in: Büttner Hdb Häusliche Gewalt, Vorwort, S. V; vgl. auch *Hohendorf*, Geschlecht und Partnergewalt, S. 65: „Was den geschlechtsspezifischen Umgang mit Gewalt angeht, existieren, wie in anderen Bereichen auch, unterschiedliche normative Verhaltensweisen für Männer und Frauen, Regeln also, die manche Handlungen als ‚richtig‘ einstufen und andere als ‚falsch‘ verbieten [...]. Theoretisch zurückführen lässt sich die Dichotomisierung von Geschlecht und Geschlechternormen im Kontext Gewalt auf den labeling approach, der

In Deutschland wurde lange Zeit akzeptiert, dass Männer im häuslichen Umfeld gegenüber Frau und Kindern Gewalt zur Durchsetzung ihrer Autorität ausgeübt haben.

Die Polizei beschränkte sich vor diesem Hintergrund auf die „Schlichtung des Streites“.[7] Polizeibeamte verstanden sich als neutrale Vermittler und lehnten Maßnahmen mit Sanktionscharakter mehrheitlich ab. Empirische Untersuchungen konnten belegen, dass männliche Polizeibeamte sich z.T. mit dem Täter identifizierten und der Frau Provokationen und Falschbeschuldigungen unterstellten. Die genannten Wahrnehmungen und Einstellungen führten zu einem Nichtausschöpfen der polizeilichen Handlungsspielräume: Teilweise bestand bei den einschreitenden Beamten Unklarheit über polizeiliche Befugnisse bzw. es lagen falsche Annahmen über rechtliche Vorgaben vor – noch Ende der 1990er-Jahre war die entsprechende Praxis durchgängig verbreitet.[8]

Noch vor knapp 100 Jahren war man gar der Ansicht, dass die Frau der männlichen Aufsicht bedurfte. Betrachtet man das kulturell tradierte Gewaltverständnis im historischen Sinne, erscheint die Anwendung von Gewalt über die Jahrhunderte als von der Gesellschaft toleriert, und dies besonders in Bezug auf Gewalt in der Familie.[9] Aufgrund der gängigen Trennung in „öffentliche“ und „private“ Sphäre wurde Gewalt im öffentlichen Raum von den zuständigen Institutionen (noch) anders bewertet und gehandhabt als Gewalt im sog. Privatbereich. Dies wurde vor allem deutlich im Gewaltbericht der Bundesregierung von 1990.[10]

Erst zu Beginn des 20. Jahrhunderts wurde in Deutschland das straffreie Züchtigungsrecht des Mannes gegenüber seiner Frau abgeschafft. In den letzten 30 Jahren hat geschlechtsbezogene Gewalt – wenn auch zögerlich –

---

auf interaktionistischen Überlegungen beruht und im symbolischen Interaktionismus Meads wurzelt“; hierzu auch *Hohendorf*, in: Labouvie, Geschlecht, Gewalt und Gesellschaft, S. 142. Der labeling approach fragt nicht nach den Ursachen eines Verhaltens, sondern danach, wie es dazu kommt, dass das eine Verhalten als kriminell bezeichnet und sanktioniert wird, ein anderes hingegen nicht – der Ansatz ist insofern keine klassische Kriminalitätstheorie. Vielmehr handelt es sich um eine Theorie der Kriminalisierung, die ihr Augenmerk auf die Reaktionsseite, auf die Instanzen der formellen Sozialkontrolle legt; *Micus-Loos*, in: Hermann/Pöge. Hdb Kriminalsoziologie, S. 223 („Etikettierungsansatz“); *Neubacher*, Kriminologie, 10. Kapitel, Rn. 1. Grundsätzlich zu Labelingtheorien und ethnomethodologischen Ansätzen *Dölling/Hermann/Laue*, Kriminologie, § 6 Rn. 106ff.

7 *Lamnek* et al., Tatort Familie, S. 239: „Polizeibeamte [fühlten sich] bei sogenannten ‚Familienstreitigkeiten‘ nicht zu Sanktionen verpflichtet.“

8 *Wagener/Schiewek*, Polizeiliche Berufsethik, S. 189; *Leuze-Mohr*, Häusliche Gewalt gegen Frauen, passim.

9 Zur gesellschaftspolitischen Entwicklung der Thematisierung von häuslicher Gewalt *Hohendorf*, Bewältigungsstrategien von Frauen und Männern bei Partnergewalt, S. 17f.

10 Zur „Gewalt in der Familie“ in diesem „Gewaltbericht“ *Schwind/Baumann*, Bericht der Gewaltkommission der Bundesregierung, S. 72ff.

zunehmende Aufmerksamkeit erfahren. So stuften 1993 die Vereinten Nationen Gewalt gegen Frauen erstmals explizit als Menschenrechtsverletzung ein. Erst 1997 forderte die UN auf, internationale Übereinkünfte hinsichtlich der Menschenrechte von Frauen vorbehaltlos zu ratifizieren.[11] Die zunehmende Veränderung der öffentlichen Einstellung gegenüber der Gewalt im sozialen Nahraum hatte insbesondere auch rechtspolitische Auswirkungen.

Das am 1.1.2002 in Kraft getretene Gesetz zur Verbesserung des zivilgerichtlichen Schutzes bei Gewalttaten und Nachstellungen sowie zur Erleichterung der Überlassung der Ehewohnung bei Trennung v. 11.12.2001[12] (GewSchG) bietet vor allem Schutz vor Gewalt in Lebensgemeinschaften und vor Nachstellungen.[13] Überdies haben Landesgesetzgeber durch Ermächtigungen in den Polizeigesetzen die Möglichkeit eröffnet, in „Akutsituationen" Wohnungsverweisungen und Rückkehrverbote auszusprechen (z. B. § 34a PolG NRW).

„Wer schlägt, muss gehen; das Opfer bleibt in der Wohnung"[14] („keine Toleranz"[15])!

Durch das Gesetz zur Stärkung der Täterverantwortung v. 15.11.2012[16] wurde § 153a Nr. 6 StPO in das Gesetz eingefügt. Dem Beschuldigten soll im Rahmen einer vorläufigen Einstellung des Verfahrens die Teilnahme an einem sozialen Trainingskurs für die Dauer von bis zu einem Jahr aufgegeben werden.

Durch das Gesetz zur Überarbeitung des Sanktionenrechts – Ersatzfreiheitsstrafe, Strafzumessung, Auflagen und Weisungen sowie Unterbringung in einer Entziehungsanstalt wurde die Strafzumessungsregel des § 46 Abs. 2 StGB dahin gehend geändert, dass auch

> „die Beweggründe und Ziele des Täters, besonders auch rassistische, fremdenfeindliche, antisemitische, geschlechtsspezifische, gegen die sexuelle Orientierung gerichtete oder sonstige menschenverachtende, die Gesinnung, die aus der Tat spricht, und der bei der Tat aufgewendete Wille"

in Deutschland strafschärfend berücksichtigt werden können.[17]

---

11 *Kury/Gartner/Obergfell-Fuchs*, Kriminalistik 2005, 276 (277).

12 BGBl. I 2001, S. 3513.

13 *Grziwotz*, NJW 2002, 872 ff.

14 *Sabas*, Häusliche Gewalt, S. 93.

15 *Dienstbühl*, DP 3/2025, 24.

16 BGBl. I 2012, S. 2298; BT-Drs. 17/10164; hierzu *Busch*, JR 2013, 402.

17 BGBl. I 2023, Nr. 203; BT-Drs. 20/5913, S. 2; hierzu *Coester/Rothenburg*, MschrKrim 2023, 267 ff.; *Kudlich/Göken*, ZRP 2022, 177 ff.; *Steinl*, NStZ 2025, 129 ff.; *Kubiciel*, jurisPR-StrafR 13/2022, Anm. 1.

Unionsrechtlich ist die sog. Istanbul-Konvention[18] (IK) – die seit dem 12.10.2017 auch in Deutschland als einfaches Gesetz gilt (Art. 59 Abs. 2 Satz 1 GG) – von Bedeutung, welche als zentrales Instrument im Kampf gegen geschlechtsspezifische Gewalt[19] gilt und Maßnahmen im Bereich Schutz- und Risikomanagement vorsieht, deren Ziel die Umsetzung menschenrechtlicher Standards in Europa ist (u. a. „umfassende und koordinierte politische Maßnahmen" [Art. 7], vorbeugende Interventions- und Behandlungsprogramme [Art. 16] und Unterstützung für Opfer sexueller Gewalt [„Gewaltambulanzen" Art. 25, hierzu noch Teil 1, D.F]). Durch die EU-Richtlinie zur Bekämpfung von Gewalt gegen Frauen und häuslicher Gewalt (GewSch-RL) v. 14.5.2024 (COM/2022/105) wird erstmalig die Kriminalisierung bestimmter Formen von geschlechtsspezifischer Gewalt EU-weit geregelt.[20]

In Umsetzung der Istanbul-Konvention normiert das am 27.2.2025 verkündete Gewalthilfegesetz,[21] dass für jeden Betroffenen ein bedarfsgerechtes Netz an Schutz- und Beratungsangeboten bundesweit zur Verfügung gestellt wird.[22]

Das Phänomen der häuslichen Gewalt ist ubiquitär, keineswegs auf gesellschaftliche Rand- oder Untergruppen beschränkt.[23] Die Erfahrungen aus Frauenhäusern und Beratungseinrichtungen belegen für Deutschland, dass Partnergewalt jede Frau treffen kann – unabhängig von Alter, Ethnizität oder kultureller Herkunft. Opfer und Täter gehören allen sozialen Schichten an („Gewalt als Jedermanns-Ressource").[24] „Nicht der dunkle Park, sondern das eigene Zuhause ist immer noch der gefährlichste Ort für Frauen", heißt es in einer Situationsanalyse des Landesrates für Kriminalitätsvorbeugung Mecklenburg-Vorpommern.[25] Das Risiko einer Wahrnehmung durch Dritte ist hier reduziert. Gewalttätigkeit, insbesondere zwi-

---

18 Übereinkommen des Europarats zur Verhütung und Bekämpfung von Gewalt gegen Frauen und häuslicher Gewalt (Council of Europe Treaty Series No. 210, „Istanbul-Konvention" – IK/ Gewaltschutz-Übereinkommen-GewSchÜ/„Frauen-Rechte-Europarat-Konvention"/FREU-K).

19 *Schmahl/Neidinger*, GSZ 2023, 53: Istanbul-Konvention, IK als „zweifelsohne der bislang fortschrittlichste und ambitionierteste Menschenrechtsvertrag im Kontext der Bekämpfung geschlechtsspezifischer Gewalt gegen Frauen"; hierzu *Weyers*, NK 2023, 231; auch bereits *Bock/Steinl*, NK 2021, 308 ff.; zur Umsetzung Uhlig/Kadel VM 2025, 250 ff.

20 Hierzu *Hoven*, ZRP 2022, 118 ff.; *Volke*, NZFam 2024, 769 f.

21 BGBl. I 2025, Nr. 57.

22 Hierzu *Sabas*, Häusliche Gewalt, S. 137 ff. Hilfsangebote für betroffene Kinder und Frauen.

23 *Neubacher*, Kriminologie, 24. Kapitel, Rn. 5; *Hohendorf*, in: Labouvie, Geschlecht, Gewalt und Gesellschaft, S. 144; *Kirchhoff/Wolf*, Kriminalprognose, S. 75; *Müller*, in: Schnitzler, MAH-Familienrecht, § 16 Rn. 1; *Wagener/Schiewek*, Polizeiliche Berufsethik, S. 192 (kein „Unterschichtsproblem").

24 *Brzank*, Wege aus der Partnergewalt, S. 39.

25 *Hestermann*, Deutsche Polizei 5/2003, 6 (10).

schen Ehepartnern, erscheint hier als fundamentale Bedrohung der Sicherheit, die die Wohnung der in ihr lebenden Individuen verspricht.[26]

> Geschlechtsbezogene Gewalt stellt eine allgegenwärtige, aber (zu) wenig beachtete Menschenrechtsverletzung dar.[27]

Hinzuweisen ist darauf, dass Partnerschaftsgewalt auch medial (immer noch) anders behandelt wird als Gewalt durch Fremde. Gewalt durch unbekannte Täter wird häufiger als gesamtgesellschaftliche (also strukturelle) Bedrohung eingeordnet. Dagegen erscheint Partnerschaftsgewalt vor allem als zwischenmenschlicher Konflikt in einer Einzelfallschilderung. Dies kann aber dazu führen, „dass das tatsächliche Ausmaß und die Vielfalt der Gewaltformen, denen Frauen in Deutschland ausgesetzt sind, verzerrt wahrgenommen werden“[28].

## II. Terminologie der häuslichen Gewalt

### 1. Begriff: häusliche Gewalt

Häusliche Gewalt ist ein unscharfer Begriff. Eine bundeseinheitliche Definition von häuslicher Gewalt existiert nicht.[29] Die unterschiedlichsten Straftatbestände bis hin zu Kapitalverbrechen, wie Totschlag oder Mord, verbergen sich darin. Auch sexualisierte Gewalt kann im Rahmen häuslicher Gewalt erfolgen. „Gewalt im sozialen Nahraum“, „Gewalt in intimen Beziehungen“ oder „Beziehungsgewalt“ werden z. T. als Synonyme für häusliche Gewalt verwendet.[30]

Unter den Begriffen lassen sich verschiedene Formen von physischer und psychischer Gewalt zusammenfassen.[31] Mit Gewaltanwendung ist

---

26 *Schmidt-Voges*, in: Ruby/Schmidt-Voges, Haus-Geschlecht-Sicherheit, S. 13; *Kirchhoff/Wolf*, Kriminalprognose, S. 74.

27 *Heise/Ellsberg/Gottemoeller*, Ending Violence Against Women, S. 3; vgl. auch *Steingen*, in: Steingen, Häusliche Gewalt – Hdb Täterarbeit, S. 13: „Häusliche Gewalt ist nicht nur eine der schändlichsten, sondern auch eine der häufigsten Menschrechtsverletzungen unserer Zeit.“

28 *Meltzer*, Kriminalistik 2025, 300 (304). Der Beitrag analysiert die mediale Berichterstattung über Gewalt gegen Frauen in Deutschland (2020–2022) und vergleicht sie mit der Polizeilichen Kriminalstatistik (PKS). Speziell zu Besonderheiten bei der Medienberichterstattung über Sexualstraftaten *Malkoc*, Kriminalistik 2025, 309 ff.

29 *Kirchhoff/Wolf*, Kriminalprognose, S. 73.

30 Zu den begrifflichen Bestimmungen und zu Diskursen zu „Family Violence“ *Brandstetter*, Gewalt im sozialen Nahraum, S. 19 ff.

31 *Zähringer*, in: Kemme/Groß, Kriminologie, S. 210 f.; zu weiteren Definitionsansätzen *Gläßer*, Mediation und Beziehungsgewalt, S. 187 ff.

nicht allein die körperliche Misshandlung gemeint, sondern in einem umfassenden Sinn, d.h. jede direkte oder indirekte physische oder psychische Einwirkung, die gegen eine andere Person gerichtet wird. Psychische Gewalt ist ebenso wie sexualisierte, physische und ökonomische Gewalt eine Gewaltform gegen Frauen.[32] Mit dazu zählen auch alle Arten von Gewaltanwendung durch Sprache wie Anbrüllen, Nicht-zu-Wort-kommen-Lassen, Mundtotmachen, aber auch Psychoterror über Fernkommunikationsmittel, häuslicher Vandalismus, verbunden mit dem Zerstören und Beschädigen von Sachen bis hin zum Erzwingen sexueller Handlungen, körperlichen Misshandlungen und (versuchten) Tötungen.[33]

> „Häusliche Gewalt wird angenommen, wenn es in einer häuslichen Gemeinschaft ehelicher oder – unabhängig von der sexuellen Orientierung – nicht ehelicher Art oder sonstiger Art (z.B. Mutter/Sohn, Seniorengemeinschaft), die entweder noch besteht (z.B. Täter und Opfer leben in einer gemeinsamen Wohnung oder verfügen bei bestehender Lebensgemeinschaft über unterschiedliche Meldeanschriften) oder in Auflösung befindlich ist (z.B. Beginn eines Trennungsjahres mit oder ohne Auszug aus der gemeinsamen Wohnung, auch bei nicht ehelicher Beziehung mit oder ohne Auszug aus der gemeinsamen Wohnung) oder seit einiger Zeit aufgelöst ist (z.B. laufendes Trennungsjahr mit getrennter Wohnung, wobei gewisse Gemeinsamkeiten oder Kontakte noch fortbestehen, gemeinsame Sorgerechte für Kinder, geschäftliche Abwicklungen bereits geschiedener Eheleute, die vor rechtskräftigem Abschluss des Verfahrens noch Kontakte unterhalten ohne in einer gemeinsamen Wohnung zu leben) zur Gewaltanwendung kommt."[34]

Im Bundeslagebild „Häusliche Gewalt" des Bundeskriminalamtes (BKA) wird folgende Definition zugrunde gelegt:[35]

**Definition**

„Häusliche Gewalt beinhaltet alle Formen körperlicher, sexueller oder psychischer Gewalt und umfasst familiäre sowie partnerschaftliche Gewalt. Häusliche Gewalt liegt vor, wenn die Gewalt zwischen Personen stattfindet, die in einer familiären

---

32 *Çelebi*, in: Bartsch et al., Gender & Crime, S. 55; zu den Erscheinungsformen von Gewalt in Paarbeziehungen *Gläßer*, Mediation und Beziehungsgewalt, S. 192ff.; zur psychischen auch *Reemtsma*, Vertrauen und Gewalt, S. 129ff.

33 *Müller*, in: Schnitzler, MAH-Familienrecht, § 16 Rn. 2.

34 *Kirchhoff/Wolf*, Kriminalprognose, S. 73, unter Bezugnahme auf die durch das Innenministerium Nordrhein-Westfalen herausgegebene Handreichung „Häusliche Gewalt und polizeiliches Handeln – Information für die Polizei und andere Beteiligte" (RdErl. vom 21.3.2002 – 42.1-2761). Diese Handreichung wurde durch Erlass des Ministeriums des Innern des Landes Nordrhein-Westfalen v. 16.2.2024 – 426-22.62.03.06: „Polizeiliches Handeln in Fällen Häuslicher Gewalt" (VS-NfD) ersetzt. Mit einer Analyse der Erlasslage (NRW) *Tonn/Jadwiga Jahn*, DPolBl 2/2025, 24ff.

35 BKA, Bundeslagebild Häusliche Gewalt 2023, S. 1.

oder partnerschaftlichen Beziehung zusammenwohnen. Sie liegt auch vor, wenn sie unabhängig von einem gemeinsamen Haushalt innerhalb der Familie oder in aktuellen oder ehemaligen Partnerschaften geschieht.

Damit beinhaltet die häusliche Gewalt zwei Ausprägungen: Partnerschaftsgewalt und innerfamiliäre Gewalt. Bei der Partnerschaftsgewalt werden die Opfer und Tatverdächtigen betrachtet, die in einer partnerschaftlichen Beziehung waren oder sind. Bei der innerfamiliären Gewalt stehen die Opfer und Tatverdächtigen in einer verwandtschaftlichen Beziehung zueinander (ohne [Ex-]Partnerschaften)."[36]

Dem BKA folgend liegt „häusliche Gewalt" mithin auch dann vor, wenn sie unabhängig von einem gemeinsamen Haushalt innerhalb der Familie oder in aktuellen oder ehemaligen Partnerschaften geschieht (hierzu noch D.IV.2.).

## 2. Bundeslagebild Häusliche Gewalt (2023)

Das BKA legt seit einigen Jahren zur partnerschaftlichen Gewalt eine jährliche Sonderauswertung vor, die aufgrund eines verhältnismäßig großen Dunkelfeldes jedoch mit Vorsicht interpretiert werden muss.[37]

Das Bundeslagebild „Häusliche Gewalt" wird – in enger Abstimmung zwischen dem Bundesministerium des Innern und für Heimat (BMI), dem Bundesministerium für Familie, Senioren, Frauen und Jugend (BMFSFJ) und dem Bundeskriminalamt (BKA) – seit dem Berichtsjahr 2022 erstellt. Er bildet eine Fortschreibung und Ergänzung der Kriminalstatistischen Auswertung Partnerschaftsgewalt, die zu den Berichtsjahren 2015–2021 jährlich durch das BKA veröffentlicht wurde. Nun werden auch die Delikte innerfamiliärer Gewalt in einem separaten Kapitel mitbetrachtet, sodass mit vorliegendem Bericht eine Lageübersicht zur häuslichen Gewalt insgesamt gegeben wird:

> 2023 gab es 256.276 (2022: 240.547; +6,5 %) Opfer häuslicher Gewalt, davon 70,5 % weiblich (180.715) und 29,5 % männlich (75.561). 65,5 % der Opfer (167.865) waren von Partnerschaftsgewalt betroffen, 34,5 % von innerfamiliärer Gewalt (88.411 Opfer).
>
> 24,3 % aller in der PKS erfassten Opfer der hier betrachteten Delikte (1.053.544) sind Opfer von häuslicher Gewalt (256.276).
>
> 2023 gab es 208.810 (2022: 197.348; +5,8 %) Tatverdächtige: 75,6 % männliche (157.932) und 24,4 % weibliche (50.878) Tatverdächtige.[38]

36 Seit 2011 bildet die PKS die Opfer-Tatverdächtigen-Beziehung im Hinblick auf die formale Beziehung (Ehe/Partnerschaft/Familie) und den räumlich-sozialen Kontext ab. Diese Beziehungen sind zentral für das vorliegende Lagebild „Häusliche Gewalt".

37 *Schemmel/Goede/Müller*, Gewalt gegen Männer, S. 25.

38 BKA, Bundeslagebild Häusliche Gewalt 2023, S. 5; auch BT-Drs. 20/12085, 1 f.

Vor dem Hintergrund des kontinuierlichen Anstiegs von häuslicher Gewalt und Partnerschaftsgewalt soll ein im Juli 2024 eingebrachter Gesetzentwurf durch strafschärfende Änderungen der §§ 177, 211, 223, 224, 238, 250 StGB dem Opferschutz dienen und zu einer Verbesserung der Geschlechtergleichheit führen.[39] Ob die Schwerpunktsetzung auf Strafschärfung indes zielführend ist, erscheint zweifelhaft.[40] Als (einzige) präventive Maßnahme ist die Möglichkeit der Anordnung einer Elektronischen Aufenthaltsüberwachung (EAÜ) vorgesehen (§ 1 Abs. 1 Satz 3 Nr. 2 GewSchG-E).

Überdies wird durch ein weiteres Bundeslagebild erstmals (2023) eine aussagekräftige bundeseinheitliche, quer- und längsschnittliche Datenbasis zu geschlechtsspezifisch gegen Frauen gerichteten Straftaten für Politik, Wissenschaft, Zivilgesellschaft und breite Öffentlichkeit zur Verfügung gestellt.[41]

## III. Typologien häuslicher Gewalt

Bei den Typologien häuslicher Gewalt werden Differenzierungen etwa nach „objektiven Merkmalen“ vorgenommen.[42]

Typologien, die ihre Grundlage in standardisierten Befragungen finden, stützen sich auf „objektive“, quantifizierbare Merkmale. Typologien, die aus standardisierten Befragungen gewonnen wurden, sind etwa die von *Piispa* (Finnland) und die von *Johnson* (USA), die seit der ersten Konzeptionalisierung in den 1990er-Jahren mehrfach aktualisiert wurde.[43]

In der Studie von *Piispa* wurden 4 Muster gebildet: Dauer, Art, Schwere (Verletzung) und Häufigkeit der Gewalt. Darüber hinaus wurde wie folgt unterschieden:[44]

- short history of violence (die Gewaltbeziehung dauerte nicht lange an)
- partnership terrorism (lange Beziehungen mit schwerer, chronischer Gewalt).

In der Studie von *Johnson* wurden die Muster unterschieden nach dem Kriterium der Einbettung oder Nichteinbettung in ein System von einseitiger Macht und Kontrolle:[45]

39 BT-Drs. 20/12085 v. 2.7.2024.

40 *Henneberger/Çelebi*, ZRP 2024, 181 ff.

41 BKA, Bundeslagebild Geschlechtsspezifisch gegen Frauen gerichtete Straftaten, S. 1.

42 *Helfferich*, in: Hoffmann/Wondrak, Häusliche Gewalt und Tötung des Intimpartners, S. 29 ff.

43 *Johnson*, Journal of Marriage and Family 1995, S. 283 ff.

44 *Helfferich*, in: Hoffmann/Wondrak, Häusliche Gewalt und Tötung des Intimpartners, S. 31.

45 *Helfferich*, in: Hoffmann/Wondrak, Häusliche Gewalt und Tötung des Intimpartners, S. 31.

- intimate terrorism
  - Gewalt ist eingebettet in allgemeines Muster der Kontrolle des Täters über das Opfer; sie ist mithin nur eine von mehreren Strategien
- situational oder common couple violence
  - Zuspitzung der Auseinandersetzung in spezifischen Konfliktsituationen, wobei die common couple violence als zum Familienleben dazugehörend gesehen wird.

Johnsons Typologie umfasst mithin fünf verschiedene Gewalttypen, die die Vielgestaltigkeit von Partnerschaftsgewalt verdeutlichen:[46]

- coercive controlling violence
  - Muster aus Einschüchterung, Kontrolle und Manipulation, welche jeweils im Zweifel mit körperlicher Gewalt umgesetzt wird; schwerste Formen der Partnerschaftsgewalt, die meist mit dem Ziel der Machtausübung und Kontrolle verbunden ist
- violent resistance
  - kurzlebiger Typus, weil er entweder die auslösende Gewalt beendet oder die Gewalt selbst durch massive Gegengewalt beendet wird
- situational couple violence
  - am weitesten verbreiteter Gewalttyp, der sowohl von Frauen als auch von Männern etwa gleich häufig verübt wird; Auslöser sind zumeist eskalierende Konflikte, in deren Verlauf ein Partner oder beide ihre Emotionen nicht angemessen regulieren können
- mutual violent control violence
  - Gewalttätigkeiten durch beide Partner
- separation-instigated violence
  - Gewalttyp, der ausschließlich als Folge von Trennung bzw. Scheidung und den damit einhergehenden Konflikten auftritt.

In einer Studie von *Helfferich/Kavemann/Lehmann* wurden vier unterschiedliche Muster häuslicher Gewalt – mit einem spezifischen Beratungsbedarf – bestimmt:[47]

- Muster: Rasche Trennung
  - Hier verändert sich das Leben kurzfristig. Beratungsbedarf ist schon aufgrund der Abruptheit der Trennung gegeben.

---

46 *Schemmel/Goede/Müller*, Gewalt gegen Männer, S. 37 f.

47 *Helfferich*, in: Hoffmann/Wondrak, Häusliche Gewalt und Tötung des Intimpartners, S. 32.

- Muster: Neue Chance
  - Soll dem Partner eine neue Chance gegeben werden, sollte durch Beratung eine Einschätzung gewonnen werden, wie realistisch die Selbstdefinition der Frau ist. Beratung sollte nicht in Richtung Trennung erfolgen, da die Frauen sich dann zur Trennung „gedrängt“ fühlen und abweisend reagieren können.
- Muster: Fortgeschrittener Trennungsprozess
  - Hier kommt eine gemeinsame Beratung der Partner nicht in Betracht, da keine gemeinsame Zukunftsvorstellung gesehen wird. Der Rat zur Versöhnung wird mithin negativ bewertet.
- Muster: Ambivalente Bindung (Traumatisierung durch chronische Gewalt)
  - Zwar ist die räumliche Trennung vom Partner wichtig. Gleichwohl sollte die Beratung nicht zur Trennung drängen, weil hierdurch das Gegenteil bewirkt werden kann.

Versuche, die große Bandbreite der im Fokus stehenden häuslichen Gewalt typologisch zu erfassen, sind indes mit Vorsicht zu genießen. Auch die unter „häusliche Gewalt“ geführten Straftaten[48] haben eine sehr unterschiedliche Stellung im Leben der jeweiligen Täter: teils bestehen subkulturelle Prägungen und Bindungen, teils ist es die Kriminalität der Täter, die auch sonst sozial auffällig und straffällig werden.[49]

## IV. Kategorien von Gewaltbeziehungen

### 1. Formen von Beziehungsgewalt

Familienstreitigkeiten sind häufiger Einsatzanlass der Polizei.[50] Zwischen „Vertragen“ und „Tötung eines Menschen“ ist alles denkbar.[51] Gewaltformen umfassen körperliche Gewalt, sexuelle Gewalt, sexuelle Belästigung und psychische Gewalt.[52] Während körperliche Gewalthandlungen ein breites Spektrum von leichten Ohrfeigen bis zum Einsatz von Waffen umfassen, sind unter psychischer Gewalt vor allem wiederholte bzw. regelmäßige Abwertungen und Demütigungen erfasst.[53]

48 Hierzu *Kische*, DPolBl 2/2025, 11 ff.

49 *Bock*, Kriminologie, § 26 Rn. 1009, zur Gewaltkriminalität.

50 *Walkowiak*, Kriminalistik 2003, 262 ff.

51 *Gläßer*, Mediation und Beziehungsgewalt, S. 214 ff.; auch bereits *von Prondzinski*, DPolBl 6/2006, 10 ff.

52 *Dienstbühl/Üzüm*, Sexualdelikte, S. 20.

53 *Gläßer*, Mediation und Beziehungsgewalt, S. 201 f.

> Polizeiliches Einschreiten erfordert Professionalität. Das setzt (Grund-)Wissen über Gewaltbeziehungen voraus.

Die Erscheinungsformen häuslicher Gewalt sind vielfältig und können schwerlich abschließend „aufgelistet" werden. Typisch sind v. a.:[54]

- physische Gewalt (schlagen, treten, würgen, bedrohen usw.)
- psychische Gewalt (beschimpfen, terrorisieren, diffamieren, als psychisch krank darstellen usw.)
- sexualisierte Gewalt (Vergewaltigung, sexuelle Nötigung, Zwang zu unerwünschten Sexualpraktiken)
- ökonomische Gewalt (Entzug finanzieller Mittel, Verbot der Annahme einer Erwerbstätigkeit)
- soziale Isolation (Kontaktverbote, Sperrung des Telefons usw.).

### 2. Klassifizierung von Gewaltformen

Kategorisierungsansätze von Gewalt versuchen, unterschiedliche Erscheinungsbilder oder Muster von Beziehungsgewalt zu erfassen und zu beschreiben.[55] Diese Klassifizierung von Gewaltformen kann die Aufmerksamkeit auf bestimmte Gewalterscheinungen richten. Auch kann dadurch die Entscheidungsfindung hinsichtlich des intervenierenden Umgangs mit Beziehungsgewalt erleichtert werden. In diesem Zusammenhang prägte *Martha Mahoney* den Begriff „separation assault", um auf das besondere Risikopotenzial und die besondere Gewaltdynamik von Trennungen hinzuweisen.[56] In ähnlicher Weise kann ein Fokus z. B. auf „Stalking" gesetzt werden. Kategorisiert werden vor allem folgende Ansätze:[57]

- Schweregrad der Gewalt[58]
  - Physische Gewalt wird unterteilt in „minor violence", unter die „pushing, kicking, throwing objects, shoving, or slapping" fallen, und „severe violence", unter die z. B. wiederholtes Zuschlagen oder der Gebrauch von Waffen gefasst werden

---

54 Z. B. *Riebel*, NK 2020, 304 (307 ff.).

55 *Gläßer*, Mediation und Beziehungsgewalt, S. 218 ff.

56 *Mahoney*, Legal Images of Battered Women, S. 71 ff.: „Recognizing Separation Assault in the Cases: The Problem of the Dead Woman's Voice"; hierzu auch *Derks/Frießnegg*, Gefährdungsanalyse Häusliche Gewalt, S. 78 ff. und 100 f.

57 *Gläßer*, Mediation und Beziehungsgewalt, S. 218; *Gatzke/Averdiek-Gröner*, Häusliche Gewalt, S. 29 ff.

58 *Gläßer*, Mediation und Beziehungsgewalt, S. 218 f.

- kritisiert wird, dass physische Gewalt grundsätzlich als schwerer eingestuft wird als andere Gewaltformen und innerhalb der Abstufung der physischen Gewalt rein an das äußere Bild der Gewalthandlung angeknüpft wird

- Häufigkeit der Gewalthandlungen[59]
  - bei der Betrachtung von Beziehungsgewalt ist die Frage von Bedeutung, ob ein Gewaltvorfall ein (eher seltenes) singuläres vereinzeltes Ereignis oder Teil eines Verhaltensmusters ist
  - die Einmaligkeit der Gewalthandlung ist nicht zwingend damit gleichzusetzen, dass die Gewalt unbedeutend oder ohne gravierende Auswirkungen ist
- „Kultur der Misshandlung“ („Culture of Battering“)[60]
  - es handelt sich um länger andauernde Beziehungen, in denen ein gewalttätiger Partner mit unterschiedlichen, teilweise „harmlos“ wirkenden Mitteln weitgehende Kontrolle über die Partnerin bzw. über die gesamte Familie ausübt
  - die „Kultur“ soll die Relevanz der Beziehungs- und Interaktionsebene zwischen Täter und Opfer betonen und damit einer Pathologisierung der gewaltbetroffenen Opfer entgegenwirken.[61]

### 3. Gewaltdynamiken

#### a) Cycle of Battering

Beschrieben wird in der Literatur ein „Zyklus der Gewalt“/„Cycle of Battering“ (Kreislauf der Gewalt[62] – „Gewaltspirale“[63]).[64] Dabei wird der Kreislauf nach *Lenore E. Walker* idealtypisch in drei Phasen unterteilt:[65] die Phase des Spannungsaufbaus, die Phase des akuten Gewaltausbruchs und die Phase der Reue und Wiedergutmachung, die auch „Honeymoon-

59 *Gläßer*, Mediation und Beziehungsgewalt, S. 219 f.
60 *Gläßer*, Mediation und Beziehungsgewalt, S. 220 f.
61 *Gläßer*, Mediation und Beziehungsgewalt, S. 221.
62 *Derks*, Häusliche Gewalt, S. 54.
63 *Wagener/Schiewek*, Polizeiliche Berufsethik, S. 199.
64 *Kirchhoff/Wolf*, Kriminalprognose, S. 74 f.
65 *Walker*, The battered woman syndrome. Fourth edition, S. 49 ff. und 91 ff.

Phase“ genannt wird.[66] Nachfolgend wird die Phase des nächsten Gewaltausbruchs als vierte Phase mit einbezogen.[67]

1. Tension building phase (Phase der Spannungsbildung)
   - Es kommt zu Spannungen zwischen den Beziehungspartnern, die sich häufig zunächst eher langsam, dann eskalierend-beschleunigend aufbauen,
   - Opfer versuchen zumeist, alles zu tun, um die Spannung möglichst gering zu halten und den Gewaltausbruch abzuwenden oder zumindest hinauszuzögern,
   - Opfer entschuldigen sich gar für vermeintliches eigenes Fehlverhalten oder erklären Gewalt mit Stress des Täters.
2. Violent phase (Phase des Gewaltausbruchs, der akuten Misshandlung)
   - Es kommt zu unkontrollierten Spannungsentladungen/Gewaltausbrüchen ohne erkennbares Motiv,
   - Täter erklärt Aspekte des Verhaltens des Opfers als Anlass, ggf. auch seinen eigenen emotionalen Zustand,
   - Zeitpunkt und Dauer des Gewaltausbruchs sind letztlich nicht von der Frau kontrollierbar.
3. Honeymoon phase (Phase der liebevollen Zerknirschung)
   - Täter sind oft zunächst schockiert von den Folgen ihrer eigenen Handlungen, erscheinen reumütig,
   - Täter versprechen, dass es nie wieder zu derartigen Vorfällen kommen wird, und versuchen, die Opfer durch besonders aufmerksames Verhalten wieder zu versöhnen („kann ohne Dich nicht leben“),
   - Täter zeigen nachfolgend „liebevolles“ Verhalten.
   - Opfer glaubt an (bessere) Zukunft ohne Gewalt – ihnen fällt es schwer, zu einer realistischen Einschätzung ihrer Situation zu gelangen bzw. diese aufrechtzuerhalten und Konsequenzen aus der Gewalthandlung zu ziehen,

---

66 *Gläßer*, Mediation und Beziehungsgewalt, S. 216 f., m. w. N.; auch *Röck*, in: Steingen, Häusliche Gewalt – Hdb Täterarbeit, S. 79 f.; *Weiner/Haas*, Opferrechte, S. 214 ff.; *von Prondzinski*, DPolBl 6/2006, 31.

67 *Gläßer*, Mediation und Beziehungsgewalt, S. 216 f.; *Wagener/Schiewek*, Polizeiliche Berufsethik, S. 200 f. *Freudenberg*, in: Hoffmann/Wondrak, Häusliche Gewalt und Tötung des Intimpartners, S. 60; *Heinke*, Gewaltschutzgesetz, § 2 Rn. 1; *Kay*, FPR 2005, 28 (39).

- Frauen verzichten (zunächst) auf eine Trennung, auf rechtliche Schritte und auf nötige Arztbesuche, um den Mann zu decken und um Partnerschaft und Familienleben nicht zu zerstören.

4. Tension building phase (Phase des nächsten Gewaltexzesses)
   - Täter ist sich sicher, dass es nicht zu einer Trennung kommt,
   - Kreislauf beginnt von Neuem – oft mit deutlichen Eskalationstendenzen im Hinblick auf die Frequenz der Gewalttätigkeiten sowie schwerer werdender Gewalt.

Die Strafverteidigerin *Christina Clemm*, die Hunderte Opfer geschlechtsspezifischer Gewalt vertreten hat, beschreibt einen typischen Verlauf („Muster") einer gewalttätigen Entwicklung.

> „Die Beziehungen beginnen scheinbar ‚märchenhaft'. Mit dem sogenannten ‚Love Bombing' zieht der neue Partner die Frau in den Bann. Darauf folgt eine Phase der Diffamierung und die Aufforderung zur Anpassung der Frau. *Clemm* beschreibt eindrücklich, mit welchen Strategien die Täter die Frauen disziplinieren und unterwerfen mit dem Ziel, das Selbstwertgefühl der Betroffenen zu untergraben. Im Anschluss folgt dann die soziale Isolation. Durch die Diskreditierung ihres sozialen Nahraums wird die Betroffene vom Kontakt zu ihrem Umfeld abgeschnitten. Manche Täter greifen auch zu weitreichenden Überwachungsmethoden[68]. Verunglimpfung, Isolation und Überwachung stellen bereits psychische Gewalt dar – eine Gewaltform, die im deutschen Recht selten dezidiert als solche anerkannt wird[69]."

> „Häusliche Gewalt – Nach der Tat ist vor der Tat"[70]

Es kommt in Fällen häuslicher Gewalt regelmäßig zu Wiederholungshandlungen, die in einer „Gewaltspirale"[71] – z. T. mit zunehmender Intensität und Häufigkeit der Straftaten bis hin zu Tötungsdelikten – münden können. Setzt sich das Opfer zur Wehr, kann es zu Reaktionseskalationen kommen.[72] In der Regel handelt es sich bei dem Vorfall, der Anlass für die „Einschaltung" der Polizei ist, lediglich um die „Zuspitzung" einer längeren Entwicklung mit wiederkehrenden Gewalttätigkeiten, bei

---

68 *Tuchelt*, djbZ 2024, 29; *Clemm*, Gegen Frauenhass, passim.

69 *Tuchelt*, djbZ 2024, 29.

70 *Becker/Michelmann*, Die Polizei 2010, 192 ff.

71 *Lambrecht*, in: Johlen, MFB Verwaltungsrecht, Kapitel J. Ziff. V.4. Rn. 5 („Seriendelikt"); *Fricke*, FPR 2005, 24 (25); *Becker/Michelmann*, FPR 2011, 214 (215).

72 *Laukemann*, ZfPW 2022, 357 (369), zu Kontrollverluste durch private Selbsthilfe.

der jederzeit mit neuen gewalttätigen Übergriffen zu rechnen ist.[73] Häusliche Gewalt ist in aller Regel kein einmaliges Ereignis, sondern ein Seriendelikt mit zunehmender Intensität und kurzfristigen Wiederholungen im Sinne einer Gewaltspirale.

Es gilt, die Gewaltspirale zu unterbrechen.

### b) Episod in the Past

Eine finnische Untersuchung zeigt ein Muster häuslicher Gewalt auf, in dem weniger schwere häusliche Gewalt einen gewissen Zeitraum umfasst und von den Partnern innerhalb ihrer Beziehung überwunden wird. In einer standardisierten Befragung wurden mithilfe einer Clusteranalyse vier Muster nach Dauer, Art, Schwere (Verletzungen) und Häufigkeit der Gewalt gebildet. Das erste Muster „Short history of violence", in dem die Gewaltbeziehung nicht lange andauerte, weist Parallelen zu unseren Mustern „Rasche Trennung" und „Neue Chance" auf. *Piispa* stellte aber fest, dass diese Frauen sich eher nicht rasch trennten, sondern aufgrund von Schuld- und Versagensgefühlen sowie wegen ihrer Orientierung an den Werten von Familie bei dem Mann blieben. Das sogenannte Muster „Episod in the Past" stellte mit 40 % die größte Gruppe dieser Untersuchung dar.[74] Eine deutsche Prävalenzstudie hat dieses Verlaufsmuster bestätigt: 23 % der befragten mehrfach viktimisierten Frauen gaben an, dass die Häufigkeit der Gewalt sich verringert bzw. die Gewalt ganz aufgehört habe. Knapp die Hälfte der Frauen berichtete dagegen von einer Zunahme der Häufigkeit und Intensität der Gewalt.[75] *Piispa* widerspricht zudem der Annahme, ein sukzessiver Verlust der Selbstachtung und eine Zunahme der erlernten Hilflosigkeit sei zwangsläufig, und weist darauf hin, dass auch Frauen, die unter „partnership terrorism" leben, aktiv sein können.[76] Besteht die Gewalt fort, muss die Handlungsfähigkeit betroffener Frauen mithin nicht zwangsläufig abnehmen. In der sog. Platzverweisstudie aus Baden-Württemberg wird deutlich, dass diese auch zunehmen oder nach

73 *Lambrecht*, in: Johlen, MFB Verwaltungsrecht, Kapitel J. Ziff. V.4. Rn. 5; OVG Greifswald, Beschl. v. 11.2.2004 – 3 M 33/04, NordÖR 2004, 251; auch *Kay*, NVwZ 2003, 521.

74 *Piispa*, Complexity of Patterns of Violence Against Women in Heterosexual Partnerships, S. 882.

75 *Schröttle/Müller*, Lebenssituation, Sicherheit und Gesundheit von Frauen in Deutschland, S. 269 ff.

76 *Piispa*, Complexity of Patterns of Violence Against Women in Heterosexual Partnerships, S. 890.

einer ersten Entwicklung in Richtung Hilflosigkeit wiedergewonnen werden kann.[77]

### 4. Bewältigungsversuche

Zahlreiche qualitative Studien im Forschungsfeld häuslicher Gewalt widmen sich den Strategien, welche gewaltbetroffene Frauen einsetzen, um Gewalt abzuwenden.[78] Dabei betonen die Forschungsarbeiten mit feministischem Hintergrund, dass sich gewaltbetroffene Frauen keineswegs passiv verhalten, sondern auf vielfältige Weise versuchen, der Gewalt ein Ende zu setzen oder sie zumindest einzudämmen.[79] In ihrem Handeln zeigen sie Stärke, Beharrlichkeit und Einfallsreichtum. Auch solche Strategien, welche von außen betrachtet als passiv bewertet werden könnten, wie Anpassung an Wünsche des Mannes oder Verbergen der Gewaltproblematik nach außen, werden hier als aktiv benannt, denn sie werden von den Frauen gezielt eingesetzt, um weiteren Schaden von sich abzuwenden.[80]

Diese Ergebnisse stehen zumindest im Kontrast zu den Schlussfolgerungen von *Walker* („Cycle of Battering“[81]), nach denen Frauen, gefangen in einer Spirale von Spannungsaufbau, Gewalteskalation, Reue und Versöhnung, sukzessive an Handlungsfähigkeit und Selbstvertrauen verlieren.[82]

## V. Opfer

### 1. Frauen

Ursprünglich wurde Gewalt gegen Frauen primär als körperliche Gewalt definiert, die Ehemänner oder männliche Intimpartner an „ihren“ Frauen verübten. Später wurde die Definition auch auf „sexuellen Missbrauch,

77 Im Jahr 2002 beauftragte das Sozialministerium Baden-Württemberg das Sozialwissenschaftliche FrauenForschungsInstitut an der Evangelischen Hochschule Freiburg mit einer „wissenschaftlichen Untersuchung zur Situation von Frauen und zum Beratungsangebot nach einem Platzverweis bei häuslicher Gewalt“; *Helfferich/Kavemann*, Platzverweisstudie, passim; zu den Ergebnissen auch *Lehmann*, Professionelles Handeln gegen häusliche Gewalt, S. 49ff.

78 Nachweise bei *Lehmann*, Professionelles Handeln gegen häusliche Gewalt, S. 32.

79 *Lehmann*, Professionelles Handeln gegen häusliche Gewalt, S. 32, mit Hinweisen auf entsprechende Forschung.

80 *Lehmann*, Professionelles Handeln gegen häusliche Gewalt, S. 32.

81 *Walker*, The battered woman syndrome, S. 91ff.; *Wagener/Schiewek*, Polizeiliche Berufsethik, S. 199; *Kirchhoff/Wolf*, Kriminalprognose, S. 74f.

82 *Lehmann*, Professionelles Handeln gegen häusliche Gewalt, S. 32.

Vergewaltigung in der Ehe und schließlich emotionale bzw. psychische Gewaltakte ausgedehnt".[83]

Auf physischer Ebene ist zunächst das gesamte Spektrum der unmittelbaren Verletzungsfolgen physischer Misshandlung zu verzeichnen (Hämatome, Platzwunden, Gehirnerschütterungen usw.). Neben den sicht- und messbaren physischen Primär- oder Sekundärfolgen der Gewalt zeigten Misshandlungen eine Vielzahl von psychischen Folgen, die auch nach Beendigung einer Gewaltbeziehung noch lange andauern können (Angstzustände, Schlafstörungen, Depressionen, Scham- und Schuldgefühle, Gefühle der Beschmutzung und Stigmatisierung, niedriges Selbstwertgefühl).[84] Dauern die Gewaltanwendungen lange an, können psychische Deformationsprozesse (sog. posttraumatische Persönlichkeitsstörung; Battered Woman Syndrome) die Folge sein.[85] Der Begriff des „Battered Woman Syndroms"[86] wird häufig bei Frauen verwendet, die wiederholt mit körperlichen oder psychischen Misshandlungen konfrontiert waren.[87] Hinsichtlich der möglichen Effekte der erlebten Gewalt werden misshandelte Frauen mit Vergewaltigungs- und Folteropfern verglichen.[88]

In der Folge von Gewalt finden sich aus medizinischer Sicht körperliche, psychische und psychosomatische Gesundheitsstörungen und Beeinträchtigungen der reproduktiven Gesundheit.[89] Die Leidensfähigkeit von Frauen wird von *Wirrer* beschrieben:[90]

> „Die Ideologie der Liebe innerhalb der bürgerlichen Rollen bringt die Frau in subjektive und objektive Abhängigkeit. Wer sich nicht mehr über sein Tun definiert, sondern über andere Personen, verzichtet darauf, autonom zu sein und sich selbst zu achten. Wer leugnet, dass Liebe und Gewalt verzahnt sein können, kann jahrelang aushalten, das Erleben vor sich selbst verleugnen und auf Veränderung hoffen. Andauernde Gewalt zerstört dann die Widerstandskraft und das Selbstbewusstsein noch weiter. Die Frau fühlt sich verantwortlich für den Mann und seine ‚Schwäche'. Vor allem wenn der Mann nach den Schlägen

---

83 *Lamnek* et al., Tatort Familie, S. 181; zum Opferschutz nach Sexualdelikten *Dienstbühl/Üzüm*, Die Polizei 2025, 39 ff.

84 *Gläßer*, Mediation und Beziehungsgewalt, S. 234; *Sentürk/Wesemüller/Rettenberger*, RPsych 2026, 330 (331): „gravierende psychische Konsequenzen"; *Malzahn*, KJ 2024, 58 (59).

85 *Schramm*, JA 2013, 881 (887).

86 Zur Historie des Begriffs *Walker*, The battered woman syndrome, S. 29 ff.

87 *Gläßer*, Mediation und Beziehungsgewalt, S. 237.

88 *Gläßer*, Mediation und Beziehungsgewalt, S. 239.

89 Zur Rolle der Ärzte in der Versorgung von Opfern von häuslicher Gewalt *Seifert/Püschel/Heinemann*, FPR 2011, 185 (186 f.).

90 *Wirrer*, POLIZEI-heute 2004, 2 (4). Zum Zustand der „gelernten Hilflosigkeit" *Lehmann*, Professionelles Handeln gegen häusliche Gewalt, S. 32.

> beteuert, dass ihm der ‚einmalige Ausrutscher' leidtäte, wenn er um Verzeihung bittet und verspricht ‚nie wieder' so zu handeln. Mancher Mann zeigt sich nach der Tat von seiner liebevollsten Seite. Die Frau hofft und will ihn ‚verstehen'. Sie sucht in seiner Biografie nach ‚Gründen' für sein Verhalten und fürchtet, sie hätte versagt, weil sie ihm über diese Gründe ‚nicht hinweghelfen' könne. Oder sie glaubt dem Mann, wenn er ihr erklärt, dass sie einsehen müsse, dass etwas mit ihr nicht in Ordnung sei und ihn das zwinge – quasi zu ihrem eigenen Glück –, sie zu schlagen. Aber was ist in Ordnung? Jedes Verhalten von ihr kann die Gewalt auslösen. Nichts schließt eine männliche Gewalthandlung garantiert aus. Das heißt für die Frau: Gleichgültig, was sie tut, sie kann damit das Geschehen nicht beeinflussen, nichts hilft ihr. Sie gerät in eine ‚gelernte Hilflosigkeit'. So lässt sie die Gewalt geschehen. Dazu kommt die objektive Abhängigkeit (...). Das zwingt zum Aushalten, weil die Trennung noch höhere Kosten brächte [...].[91] In der tradierten Rolle muss die Frau dafür sorgen, dass die Familie funktioniert und dass ihr Bild und Ansehen nach außen stimmen – ganz gleich, was innen abläuft. Und so vertuscht und verleugnet sie die ‚peinliche Lage'. Männer werden kaum darauf angesprochen, ob sie Täter sind. Sie müssen nichts vertuschen. Die Frau müht sich, die Familie und ‚den Kindern den Vater' zu erhalten, sogar als ‚guten' Vater! Also entschuldigt sie sein Verhalten und macht sich und die Kinder zu ‚Geiseln'."

Das Konzept der „erlernten Hilflosigkeit" gilt als allgemein einsetzbares Modell und beschreibt die Bildung von psychischen Fehlentwicklungen und die Bewältigungsprozesse bei kritischen Lebensereignissen. Durch Forschung ist mittlerweile nachgewiesen, dass sich die in kritischen Situationen auftretenden Bewältigungsprozesse und die daraus folgenden möglichen psychischen Fehlentwicklungen ähnlich darstellen.[92] Dabei ist Hilflosigkeit der „psychologische Zustand, der häufig hervorgerufen wird, wenn Ereignisse unkontrollierbar werden"[93].

## 2. Kinder

In der Diskussion rund um die häusliche Gewalt wird der Fokus in der Literatur regelmäßig auf geschädigte Frauen gerichtet.[94] Doch gerade in Familien sind immer auch Kinder betroffen (hierzu noch Teil 1 B.).

---

91 *Ostner*, Politik und Zeitgeschichte 1995, 36–37, 3 ff.: Sozialpolitische Regulierung von Lebenschancen für Frauen im internationalen Vergleich.

92 *Hochstätter*, Opfer im Strafprozess, S. 11 f.

93 *Seligman*, Erlernte Hilflosigkeit, S. 8. *Martin Seligmans* Erklärungsmodell aus dem Jahr 1974 über den Zusammenhang zwischen Hilflosigkeit, Angst, Depression und Apathie gilt als Standardwerk der Sozialwissenschaften. Sein Modell erklärt psychische Störungen, aber auch gesellschaftliche Zustände wie Armut und Arbeitslosigkeit.

94 Z. B. *Gatzke/Averdiek-Gröner*, Häusliche Gewalt, S. 25 f.

### 3. Männer

Häusliche Gewalt gegen Männer ist ein Randthema, sowohl die soziale Wahrnehmung, die Forschung als auch den gesellschaftspolitischen Diskurs betreffend.

> „Während familiäre Gewalt gegen Frauen und Kinder durch die Aktivitäten der Frauen- und Kinderschutzbewegung eine große Öffentlichkeit gefunden hat, haben Männergruppen Gewalt gegen Männer nie in vergleichbarer Weise thematisiert und problematisiert“[95] (hierzu noch Teil 1 C.).

### 4. Ältere Menschen

Dass auch ältere Menschen Opfer von häuslicher Gewalt werden, ist keine neue Erkenntnis.[96] Ausgegangen wird von 600.000 Fällen pro Jahr in Familien.[97] Die Gewalt im häuslichen Umfeld, die speziell bei älteren Menschen insbesondere auch eine direkt oder indirekt ausgeübte Gewalt in Pflegebeziehungen betreffen dürfte, wird angesichts der demografischen Entwicklung und ihrer Vulnerabilität steigen.[98] Allgemein wird unter Gewalt gegen ältere Menschen eine einmalige oder wiederholte Handlung oder das Unterlassen einer angemessenen Reaktion im Rahmen einer Vertrauensbeziehung verstanden, wodurch einer älteren Person Schaden oder Leid zugefügt wird.[99] Von zentraler Bedeutung ist für diese Definition, dass zwischen einem potenziellen Täter und einem potenziellen Opfer ein Vertrauensverhältnis besteht.

Unterschieden wird zwischen körperlicher Gewalt[100] (z. B. bewusstes zu heißes oder zu kaltes Baden/Duschen, grobes Anfassen), psychischer Ge-

---

95 *Kaselitz/Lercher*, Gewalt in der Familie; S. 66. Jüngere Bewegungen (#aufschrei, #Me-too) haben u. a. Fragen von sexualisierter Gewalt wieder auf die Tagesordnung gebracht. Mitunter wird im Hinblick auf die Wirkung skeptisch die Frage aufgeworfen, wie nachhaltig solche Bewegungen sein können; vgl. *Gerhard*, Für eine andere Gerechtigkeit, S. 73. Das aber ist „natürlich immer die Frage“, *Kocher*, Perspektiven feministischen Rechtsdenkens, S. 35. Speziell zu „#Me-too-Momenten“ *Frey*, Kriminalistik 2023, 592 ff. und 677 ff. Eine historische Betrachtung der medialen Berichterstattung zu Vorwürfen misogynen Verhaltens und sexualisierter Gewalt durch „Popstars“.

96 Mit einer kriminologischen Bestandsaufnahme zur Frage, wie und in welchen Formen alte Menschen in Tötungsgeschehen verwickelt sind, sei es als Täter oder Opfer von Tötungsdelikten, *Hillenkamp*, ZStW 2020, 705 ff.; hierzu auch *Clages*, PSP 0/2011, 37 (38).

97 *Dürbeck*, in: Johannsen/Henrich/Althammer, Familienrecht, § 3 GewSchG Rn. 8, m. w. N.

98 Zur Vulnerabilität älterer Menschen *Opolony*, ZRP 2022, 198 ff. Grundlegend *Dietrich*, Kriminalistik 2022, 59 ff.; *Menger*, Kriminalistik 2016, 342 ff. Zur Prävalenz von Gewalt im persönlichen oder sozialen Nahraum *Neise/Zank*, in: Hank et al., Hdb Alternsforschung, S. 464 f.

99 *Jungnitz* et al., Gewaltfreie Pflege, S. 13.

100 Infliction of pain or injury, physical coercion, or physical or drug-induced restraint.

walt[101] (z.B. beschimpfen, anschreien, absichtlich ärgern, respektlos und diskriminierend behandeln), sexueller Gewalt[102] (z.B. mit der Person auf sexualisierte Art sprechen, die unangenehme Gefühle ausgelöst hat; sie gegen ihren Willen sexuell anfassen; sie zwingen, pornografisches Material anzuschauen), finanzieller Ausbeutung und Vernachlässigung (z.B. Vernachlässigung der Mundpflege, Person absichtlich länger als nötig auf Hilfe warten zu lassen).[103] Infolge körperlicher Gewalt wurden Quetsch-Riss-Wunden, Hämatome, Frakturen, Verbrennungen, Verbrühungen, aber auch Verletzungen der Mundregion, des Kiefers und der Zähne beobachtet.[104]

Des Weiteren wird in der Literatur von weiteren Subdimensionen berichtet wie Selbstvernachlässigung (Self-Neglect), Verletzung von Rechten (Violation of human rights), jemanden in hilfloser Lage verlassen (Abandonment) oder Freiheitsentziehende Maßnahmen (FEM) (Physical Restraints).[105]

**Beispiel:**

Eine 90 Jahre alte hilflose Frau wurde von ihrem Sohn und dessen Frau, die mit ihr in einem Haushalt lebten, über eine Woche lang auf dem PVC vor dem Bett in ihrem unbeheizten Zimmer liegen gelassen und nur mit Essen und Trinken versorgt.[106]

Sowohl in der häuslichen als auch in der stationären Pflege sind die Ursachen von Gewalt gegenüber älteren Pflegebedürftigen oftmals Überforderung, Stress, Überlastung und Hilflosigkeit.[107] Dabei handelt es sich prinzipiell nicht um kalkulierte Kriminalität; vielmehr um Überlastungssymptome oder affektiv kurzfristige Taten in besonders belastenden oder konfliktgeladenen Situationen.[108]

101 Infliction of mental anguish.

102 Non-consensual sexual contact of any kind with the older person.

103 *Lubrich*, Strafrechtliche Compliance in der stationären Altenpflege, S. 66; zu einzelnen Gewaltformen *Jungnitz* et al., Gewaltfreie Pflege, S. 13; *Neise/Zank*, in: Hank et al., Hdb Alternsforschung, S. 463 ff.

104 Zu typischen Verletzungen *Birngruber/Lasczkowski/Dettmeyer*, Forensische Verletzungskunde, S. 151 ff.

105 *Neise/Zank*, in: Hank et al., Hdb Alternsforschung, S. 463.

106 BGH, Beschl. v. 17.1.1991 – 4 StR 560/90, NStZ 1991, 234, unter Verneinung Böswilligkeit.

107 *Derks*, Häusliche Gewalt, S. 81. Speziell zur Gewalt in der Pflege und den damit verbundenen Herausforderungen an die polizeiliche Sachbearbeitung *Scharpegge*, Kriminalistik 2020, 414 ff.

108 *Menger*, Kriminalistik 2016, 342 (343).

### 5. Behinderte Menschen

Menschen mit Behinderungen und gesundheitlichen Beeinträchtigungen unterliegen vielfältigen Einschränkungen und oftmals damit einhergehenden Diskriminierungen. Sie sind in besonderer Weise auf die Hilfe von Bezugspersonen angewiesen.[109] Zuweilen wird das Abhängigkeitsverhältnis von Partnern oder Vertrauenspersonen für die Anwendung von Grenzüberschreitungen missbraucht.[110] Infolge ihrer Abhängigkeit und geringer Beschwerdemacht wird die Gewaltanwendung in hohem Maße ertragen.[111] Sich gegen Gewalt durch einen Beziehungspartner oder Bezugspersonen zu wehren, fällt Opfern mit Behinderungen in besonderer Weise schwer. Sie haben eingeschränkte Möglichkeiten der Gegenwehr und müssen ggf. mit negativen Folgen in der täglichen Betreuung rechnen.[112] Der Staat hat die Verpflichtung, verletzliche Personen – neben Kindern insbesondere auch Frauen und Senioren sowie Menschen mit Behinderung – besonders zu schützen.[113]

### 6. Handlungsstrategien

*Lempert* und *Oelemann* legen in ihrem Werk („… dann habe ich zugeschlagen“ – Gewalt gegen Frauen. Auswege aus einem fatalen Kreislauf) dar, wie es zu dem Gewaltkreislauf in den Familien kommt und wie „Mann“ ihn durchbrechen kann. Damit betonen sie die Verantwortung und Veränderungsnotwendigkeit des Täters.[114] Aufseiten der Opfer wenden diese hauptsächlich Handlungsstrategien an, die die Gewaltspirale fortsetzen, statt sie zu unterbrechen (Verantwortungsübernahme, Schweigen, Besänftigungsversuche). Eine im Auftrag des Sozialministeriums Baden-Württemberg durchgeführte Studie (2005) hat vier Muster von Gewaltbeziehungen und Opferstrategien aufgezeigt, die mit unterschiedlichen Anforderungen an die einschreitende Polizei wie auch die Beratungseinrichtungen einhergehen:[115]

---

109 Zu Lebensqualität schwerstbehinderter Menschen zwischen Autonomie und paternalistischer Fürsorge *Eibach*, WzM (52) 2000, 356 ff.

110 Zum strafrechtlichen Schutz von Menschen mit körperlichen oder seelischen Beeinträchtigungen *El-Ghazi*, zfistw 2025, 298 ff.

111 *Gatzke/Averdiek-Gröner*, Häusliche Gewalt, S. 33 f.

112 *Gatzke/Averdiek-Gröner*, Häusliche Gewalt, S. 34.

113 BT-Drs. 20/12085, S. 1. Gesetzentwurf zur Änderung des Strafgesetzbuches und weiterer Gesetze – Verbesserung des Opferschutzes, insbesondere für Frauen und verletzliche Personen v. 2.7.2024, S. 1.

114 *Lempert/Oelemann*, Gewalt gegen Frauen. Auswege aus einem fatalen Kreislauf, passim.

115 Hierzu *Helfferich*, Die Wahrnehmung der eigenen Handlungsmacht und die Konstellation Opfer – Polizei, S. 309 ff.; *Wagener/Schiewek*, Polizeiliche Berufsethik, S. 202 f.

1. Rasche Trennung
2. Neue Chance
3. Fortgeschrittener Trennungsprozess
4. Ambivalente Bindung.

Diese Muster sind nicht als feste Persönlichkeitsausprägungen zu verstehen, sondern stellen momentane Deutungen dar, die sich verändern können.[116]

Problematisch ist die letztgenannte Gruppe („Ambivalente Bindung“[117]), die am ehesten dem Modell der Gewaltspirale entspricht. In dieser Gruppe finden sich Frauen mit massiven Misshandlungserfahrungen; sie haben chronische Gewalt auf allen Ebenen (physisch, psychisch, sexuell) erlebt, sind traumatisiert und haben massive Angst. Selbst wenn der Täter inhaftiert wird, bleiben sie psychisch unter seinem gewalttätigen Einfluss; wenn sie versuchen, sich zu trennen, steigt ihre Angst noch an. Sie erleben die Gewaltbeziehung als Teufelskreis, dem sie nicht entrinnen können, und entwickeln eine fortschreitende Hilflosigkeit und immer stärker werdende Abhängigkeit vom Täter.[118]

## 7. Ambivalentes Opferhalten

### a) Inkonsequentes Verhalten des Opfers

Das Konfliktverhalten zwischen verschiedenen Verhaltenstendenzen mündet bei Opfern mitunter in täterorientierte Copingstrategien, was aber die Bindung und damit die Täter-Opfer-Konstellation weiter verstärkt. In der akuten Gewaltsituation wird die Polizei als „Retterin“ gerufen, da sie die Macht hat, sich gegenüber dem Täter durchzusetzen. Die Aufforderung, sich von dem massiv gewalttätigen Mann zu trennen, wird jedoch häufig mit Solidarisierung beantwortet, sodass es zu wechselnden Koalitionen kommt.[119] Viele Frauen leiden offenbar lange, leise, ausdauernd und (auch) „hartnäckig“. Nach wie vor gilt:

> „**Leiden ist leichter als Handeln.** Ein furchtbarer Satz […]. Der Satz ist zugleich ungemein erkenntnisreich, weil er einen gewaltigen Anteil menschlichen Verhaltens erklärt. Denn Handeln ist immer mit Unsicherheit, mit Angst verbunden. Es ist die Angst vor dem Unbekannten, die uns davon abhält, Veränderungen zu riskieren. Nichts hypnotisiert Menschen mehr als die eigene Angst. Die Erwartung von Schmerz. Dauerbesorgtsein als Lebensprinzip. Kommt hinter

---

116 *Wagener/Schiewek*, Polizeiliche Berufsethik, S. 202.

117 *Salzgeber*, Familienpsychologische Gutachten, Rn. 1258; *Wagener/Schiewek*, Polizeiliche Berufsethik, S. 203.

118 *Wagener/Schiewek*, Polizeiliche Berufsethik, S. 203; *Derks*, Häusliche Gewalt, S. 56 f.

119 *Wagener/Schiewek*, Polizeiliche Berufsethik, S. 203.

> der ‚roten Linie' wirklich was Besseres? Vielleicht komme ich ja nur vom Regen in die Traufe. Und wenn ich bleibe, wo ich bin, weiß ich wenigstens, was ich habe. Der portugiesische Dichter Fernando Pessoa schreibt: ‚Am Vorabend des Niemals-Abfahrens muss man wenigstens keine Koffer packen'. Angst heißt immer: Ich halte das Kleine fest; auf das Größere verzichte ich. Da uns aber die Alternative verunsichert, da wir oft nicht glauben, dem Größeren gewachsen zu sein, versuchen wir den Status Quo mit allen Mittel zu rechtfertigen."[120]

Teilweise bauen sich Menschen ein in sich völlig schlüssiges Argumentationsgebäude eigens zu dem Zweck auf, Verantwortung abzuwehren.[121] Menschen halten eine für sie selbst nachteilige Situation weiter aufrecht. Oftmals wird die Partnerschaft für die Frau zu einem Akt der Balance:

> „Einerseits idealisiert sie die positiven Seiten des Partners, um an der Beziehung festhalten zu können, andererseits lebt sie in ständiger Anspannung und Angst vor weiteren Übergriffen. Anderen Menschen gegenüber werden die Tätlichkeiten häufig bagatellisiert und gar verleugnet."[122]

Unzufriedenheit lauert in der Grauzone. Im Wenn-Wunderland. Sich zu entscheiden hat etwas ungemein Befreiendes.[123]

Die Gründe, warum sich eine Frau, die von ihrem Mann geschlagen wird, nicht trennt, dürften vielfältiger Natur sein:[124]

- Angst vor den Drohungen des Partners („Handlungsohnmacht"[125]),
- Gewaltpotenziale des Tatverdächtigen auch außerhalb der Familie,
- Ausmaß des kontrollierenden Verhaltens („Stalking"),
- finanzielle Aspekte, Abhängigkeitsverhältnisse,
- problematische Männlichkeitsvorstellungen (kulturell geprägt?),
- Gewalt als Mittel zur Konfliktlösung beider Partner,

---

120 *Sprenger*, Die Entscheidung liegt bei Dir, S. 80 f.

121 Zur „Verantwortung" *Geiselhart*, Der Wille zur Verantwortung, S. 307: „Der Wille zur Verantwortung ist die jedem individuellen Menschen jeweils eigene Bereitschaft zur Sorge für sich selbst und zur Gemeinwohlorientierung. Diese Bereitschaft gibt es nicht allein deswegen in so vielen unterschiedlichen Ausprägungen, weil das Gemeinwohl unterschiedlich verstanden werden kann, sondern auch, weil jede Einzelperson ihre Fähigkeit zu Mitgefühl und Wahrnehmung der Bedürfnisse anderer Personen in ganz unterschiedlicher Weise entwickelt."

122 *Mark*, in: Schröder/Berthel, Gewalt im sozialen Nahraum, S. 66.

123 *Ottenschläger*, emotion 2014 (Januar), 68 (69).

124 *Weiner/Haas*, Opferrechte, S. 227 ff.; dazu auch *Füllgrabe*, Kriminalistik 2015, 487 (490): „Beziehungsfallen".

125 *Lehmann*, Professionelles Handeln gegen häusliche Gewalt, S. 171, 258.

- Scham gegenüber der Öffentlichkeit (öffentliche Sichtbarkeit der Gewalt),
- Angst vor einem Leben in alleiniger Verantwortung,
- Kinder.

Zwar werden effektive Lösungsstrategien mit Fortdauer der Gewaltbeziehung für das Opfer schwieriger. Dies heißt aber mitnichten, dass sie unmöglich sind. Im Verlaufe einer Gewaltbeziehung gibt es auf jeder Stufe neue Entscheidungsmöglichkeiten.[126]

> Jeder „ausharrenden" Frau sei gewünscht, dass sie nicht in einen „Jargon der Ohn-Macht" verfalle. Schon Nathan, der Weise (Lessing) wusste: „Kein Mensch muss müssen". Handeln Sie, und geben Sie nicht anderen (Ihrem Mann?), den Umständen (Ihre angebliche finanzielle Abhängigkeit?), den Ereignissen (Ihr Mann ist wieder „lieb"?) Macht über Ihr Leben.

Die Trennung vom (gewalttätigen) Partner kann für eine Frau der erste Schritt in ein neues (gewaltfreies) Leben und damit eine Chance für einen Neuanfang sein. Das Gewaltopfer darf nicht als total wehr- und hilflos aufgefasst werden. Damit stellen sich aber Fragen nach dem „Empowerment" der Gewaltopfer: Ziel der Intervention muss es sein, die Handlungsfähigkeit der Betroffenen zu stärken, damit sie nicht Opfer bleiben.[127]

### b) Stockholm-Syndrom

Im Verhältnis von Peinigern und Opfern, die miteinander unter einem Dach leben, zeigt sich zuweilen etwas, das in der Forschung als Stockholm-Syndrom bezeichnet wird.[128] Während das „Battered Woman Syndrome" zur Erklärung von passivem bzw. hilflosem Verhalten dient, wird das sogenannte „Stockholm-Syndrom" zur Erklärung des Phänomens einer Koalition und Identifikation misshandelter Frauen mit ihrem Misshandler herangezogen.

Hinter dem Stockholm-Syndrom wird ein seelischer Schutzmechanismus vermutet.[129] Da sich die Lage für das Opfer in der Regel als eine unvorhergesehene Gefahren- und Ausnahmesituation darstellt, die mit großer

---

126 *Wagener/Schiewek*, Polizeiliche Berufsethik, S. 204.

127 *Wagener/Schiewek*, Polizeiliche Berufsethik, S. 204.

128 *Weiner/Haas*, Opferrechte, S. 230, die das Stockholm-Syndrom auf Fälle von häuslicher Gewalt übertragen.

129 Zum Forschungsstand *Schott-Mehrings*, Kriminalistik 2017, 42 ff.; zur Historie *Wieczorek*, Kriminalistik 2003, 429 ff.

Angst und Hilflosigkeit verbunden ist, werden sie sich aus Gründen der Selbsterhaltung in den meisten Fällen so verhalten, wie die Täter es von ihnen fordern. Tiefenpsychologisch erklärt man das Stockholm-Syndrom daher auch mit Regression (Hospitalismus), einem Rückfall in die existenzielle Abhängigkeit des Kleinkindes.[130]

Gegen das Gefühl, ausgeliefert und schutzlos zu sein, schützen sich die Opfer durch ein Bündnis mit dem Täter, sehen in Extremfällen die Polizei als einzige Bedrohung. Diese Identifikation mit dem Täter spiele sich, so meinen manche Wissenschaftler, auch in gewalttätigen Familien ab – die misshandelte Frau deckt den schlagenden Ehemann, weil sie mit ihm zu eng verknüpft ist, um sich zu wehren. Ein Umstand, der polizeiliches Eingreifen im Alltag enorm erschwert.[131]

Das Stockholm-Syndrom soll unter vier Bedingungen entstehen:[132]

1. Das Leben des Opfers wird bedroht, und der Täter hat die Macht, diese Drohung auszuführen,
2. das Opfer kann nicht entkommen oder glaubt, nicht entkommen zu können,
3. das Opfer ist von anderen Menschen isoliert, und
4. der Täter ist zeitweilig freundlich gegenüber seinem Opfer.

Das LSG Niedersachsen-Bremen weist unter Hinweis auf die Forschungslage darauf hin, dass die Situationen von geschlagenen Frauen und von Geiseln einander ähneln.[133] Die positiven Gefühle, die beide für den Misshandelnden hegten (Stockholm-Syndrom), stellen dabei keine Kollaboration dar, sondern sind als Versuche zu verstehen, ausweglose Situationen einigermaßen unbeschadet überleben zu können.[134]

#### c) Blaming the victim

Blaming the victim ist die Tendenz, die Schuld an einer Straftat dem Opfer zuzuschreiben („Täter-Opfer-Umkehr").[135]

---

130 *Spohrer*, in: Möllers, WB-Polizei: „Stockholm-Syndrom".

131 *Hestermann*, Deutsche Polizei 5/2003, 6 (10).

132 *Schweikert*, Gewalt ist kein Schicksal, S. 59.

133 Zur „Bindung des Missbrauchsopfers an den Missbraucher" *Wöller* Psychotherapeut (43) 1998, 117 ff.; *Renzikowski* et al., NStZ 2022, 647 (649).

134 LSG Niedersachsen-Bremen, Urt. v. 23.10.2014 – L 12 VE 8/11.

135 *Herning/Illgner*, ZRP 2016, 77 (80).

Kriminologen stellten zurückliegend mitunter auf die besondere Beziehung des Opfers zum Täter ab, die das Tatgeschehen auf die Mitursächlichkeit des Opfers zurückführten („Opferpräzipitation"). So betonte *von Hentig* 1948, dass das Opfer nicht nur als passiv leidendes, die Tat erduldendes Objekt gesehen werden dürfe, sondern dass es in vielen Fällen einen aktiven Beitrag zur Entstehung und Entwicklung des Verbrechens leiste.[136] *Amir* untersuchte 1971 das Ausmaß der Opferbeteiligung bei Vergewaltigungsdelikten und stellte darauf ab, ob die Frau der sexuellen Beziehung zunächst zugestimmt hatte bzw. sie durch „obszöne Sprache" oder „unanständige Gesten" gefördert hatte; eine derartige Beteiligung der Frauen an der Tat ließ sich in 19 % der Fälle feststellen.[137] Diese überholten Ansätze sind angesichts ihres unklaren Erklärungswertes überholt. Sie förderten eine Betrachtungsweise, bei der die Mitursächlichkeit des Opfers als Mitschuld erschien. Einstellungen und Strategien der unangemessenen Opferbelastung, des „blaming the victim" („Selbst schuld!"), wurden begünstigt.[138]

Auf ähnliche Weise können Opfer zudem durch inadäquate Reaktionen oder mangelnde Unterstützung durch das eigene soziale Umfeld sekundär viktimisiert werden, etwa wenn sie negative Bewertungen oder Zurückweisung erfahren oder aber Verdächtigungen, Vorwürfen oder der Zuschreibung von Mitschuld ausgesetzt sind.[139] Es wird (zu Unrecht) der Eindruck erweckt, das Opfer sei der eigentlich Schuldige („blaming the victim").[140] In diesem Zusammenhang weisen *Wagener/Schiewek* auf Wiederholungsfälle hin, bei denen in Fällen häuslicher Gewalt eine „Entziehung von Mitgefühl gegenüber dem (erwachsenen) Opfer"[141] festzustellen ist. Dem Opfer wird eine Mitschuld gegeben, ihm wird vorgeworfen, sich nicht von dem gewalttätigen Partner getrennt zu haben. Ein Polizeibeamter brachte es wie folgt auf den Punkt:

> „Das Hauptproblem ist die Inkonsequenz der Frauen: Wenn wir kommen, wollen sie den Mann raushaben, und wenn man dann mal zwei Tage später vorbeifährt, um zu schauen, ob alles in Ordnung ist, dann steht sie am Herd und kocht für ihn."[142]

---

136 *von Hentig*, The Criminal and his Victim, S. 383 ff. Das Werk gilt als Gründungsmoment der Viktimologie, d. h. der Forschung zur Opferwerdung; *Malzahn*, KJ 2024, 58; zur Opfertypologie von *v. Hentig* auch Schwind/Schwind, Kriminologie, § 19 Rn. 12.

137 *Amir*, Patterns in Forcible Rape, S. 266.

138 *Meier*, Kriminologie, § 8 Rn. 30.

139 *Posch*, in: Kemme/Groß, Kriminologie, S. 122.

140 *Schlothauer*, in: Müller/Schlothauer/Knauer, MAH-Strafverteidigung, § 3 Rn. 205.

141 *Wagener/Schiewek*, Polizeiliche Berufsethik, S. 207.

142 *Wagener/Schiewek*, Polizeiliche Berufsethik, S. 207.

Dass ein Teil der von häuslicher Gewalt Betroffenen sich in einer solchen Verstrickung und Abhängigkeitsbeziehung mit dem Täter befindet, dass sie eher unproduktive, täterorientierte Bewältigungsstrategien wählen, wird von Polizeibeamten mitunter als zentrales Problem gesehen. Es wird gefragt: „Warum bleiben Frauen in Gewaltbeziehungen?" Die Wiederholungsgefahr wird nicht als Problem der Uneinsichtigkeit und mangelnden Veränderungsbereitschaft des Täters, sondern einseitig als Folge des inkonsequenten Verhaltens des Opfers gesehen. Vom Opfer wird entschlossenes und rationales Verhalten gefordert – erfüllt es dieses Kriterium nicht, so wird ihm schnell die Verantwortung für die Fortführung der Gewalt zugesprochen.[143] Dies kann dazu führen, dass die Gefährdung des Opfers mit der Wiederholung steigt. Überdies kann Folge sein, dass die Anstrengungen der Interventionskräfte nachlassen. Für mit häuslicher Gewalt konfrontierte Polizeibeamte ist es daher von entscheidender Bedeutung, sich nicht von einem idealisierten Bild eines passiven und wehrlosen Opfers leiten zu lassen. Idealisierte Opferbilder können dazu führen, dass realen Betroffenen häuslicher Gewalt die Unterstützung entzogen wird. Das Einschreiten professioneller Kräfte sollte sich nicht daran orientieren, ob die Betroffenen dem Bild des unschuldigen, passiven Opfers entsprechen, sondern vom Recht aller auf physische und psychische Unversehrtheit ausgehen.[144]

## VI. Täter

### 1. Ätiologie

Männliche Gewalt hat (natürlich) unterschiedliche Gründe.[145] Oftmals müssen mangelnde Möglichkeiten der eigenen Aggressions-/Konflikt- oder Frustrationsbewältigung oder auch die eigene Sozialisation (die „berühmte" eigene, schlimme Kindheit) als Erklärungsansatz „herhalten". In der Vergangenheit wurde der schlagende Mann auch mit der Triebtheorie „entschuldigt". Hiernach stellt der Trieb eines Menschen eine gewisse Kraft dar, die im Hintergrund des eigentlichen Bewusstseins wirkt. Diese Einwirkung ist mitunter so stark, dass sie den Menschen zu bestimmten

143 *Wagener/Schiewek*, Polizeiliche Berufsethik, S. 207.

144 *Wagener/Schiewek*, Polizeiliche Berufsethik, S. 208.

145 Im Rahmen einer Untersuchung wurde festgestellt, dass das Risiko einer häuslichen Gewalttat bei WM-Fußballspielen ansteigt, je weiter das Turnier fortschreitet, insbesondere bei einer Niederlage; *Francis, B. & O'Flaherty, R.* (2014). Can the FIFA World Cup Football (Soccer) Tournament Be Associated with an Increase in Domestic Abuse? Journal of Research in Crime and Delinquency, 51(3), S. 259–276.

Verhaltensweisen „treibt". Neben dieser Triebtheorie mussten auch biologische Ansätze herhalten („es liegt in der Natur des Mannes" usw.).[146] Mitunter wird bezüglich der Partner, die Gewalt ausübten, das Fehlen eines Schul- oder Ausbildungsabschlusses als Risikofaktor dargestellt.[147] Demnach sollen Männer ohne solche Bildungsressourcen häufiger (schwere) Gewalt gegen ihre Partnerinnen ausüben. Jenseits dessen sind die Unterschiede im Bildungsgrad allerdings gering ausgeprägt

> „und deuten nicht darauf hin, dass Männer mit höheren Bildungsressourcen generell weniger gewalttätig gegenüber der Partnerin sind als Männer mit mittleren oder geringen Bildungs- und Ausbildungsressourcen."[148]

Angenommen wird mithin auch, dass Gewalt kein einzelnes abnormes Verhalten ist, sondern Resultat der gesellschaftlichen und familiären Struktur. So nimmt *Wirrer* an, dass die Gewalt dem Mann eine weitere Ressource für seine Macht bietet:

> „Sie schützt ihn davor, wenn die ‚männliche Identität' infrage steht, weil er seine Überlegenheit einbüßt oder jemand seine Schwäche erkennt. Seine Misshandlungen sollen die Frau auf die traditionelle weibliche Anpassung einengen und den männlichen Herrschaftsanspruch sichern. Und weil die Gewalt ja dazu dient, tradierte Normen zu erfüllen, fallen moralische und soziale Hemmschranken."[149]

Es ist von einem komplexen Zusammenspiel von ökonomischen, physischen, psychischen und sozialen Bedingungen auszugehen. Die Komponenten führen mithin zu dem asymmetrischen Geschlechterverhältnis, dem Verhältnis von Männern und Frauen in der Gesellschaft, den gedachten und gelebten Vorstellungen über das „Sein, Wesen und Handeln von Frauen und Männern. Des Weiteren kommen die männliche Macht und Dominanz über das weibliche Geschlecht hinzu"[150]. Die Gewalttätigkeit eines Mannes gegenüber (s)einer Frau scheint mit dem „Mann-Sein", der Männlichkeit und dem damit einhergehenden Verfügungs- und Überlegenheitsanspruch über die Frau verbunden zu sein. Männliche Gewalt verweist oftmals auf das asymmetrische Geschlechterverhältnis. Zwar lässt ein tradiertes Verhältnis auf der einen Seite „glückliche Zweisamkeit" erwarten. Auf der anderen Seite bietet es aber auch Raum für Zwang

---

146 *Weiner/Haas*, Opferrechte, S. 219.
147 Hierzu *Wagener/Schiewek*, Polizeiliche Berufsethik, S. 193.
148 BMFSFJ, Gewalt gegen Frauen in Paarbeziehungen, S. 30.
149 *Wirrer*, POLIZEI-heute 2004, 2 (3, 4).
150 *Maier*, Der Kriminalist 1997, 443 (444).

und Kontrollansprüche über das Leben der Frau.[151] Um ihr Handeln zu rechtfertigen, wenden Täter oft opferorientierte Neutralisationstechniken an, z. B. Verharmlosung der Tat oder Entmenschlichung des Opfers.[152] Nicht selten stilisieren sich Täter selbst als Opfer und stiften Unsicherheit, indem Opfern die Schuld für ihr Fehlverhalten gegeben bzw. deren Wahrnehmung infrage gestellt wird.[153] Opferorientierte Neutralisationstechniken zur Täterrechtfertigung dienen dem Täter mithin dazu, Entschuldigungsgründe für sein (kriminelles) Handeln zu finden, um somit die Schuld auf andere als seine Person zu übertragen. Der Täter lehnt somit eigene Verantwortung ab, indem er sich nicht selbst, sondern andere für sein Handeln verantwortlich macht, oder der Täter macht sich ein sein Verhalten vermeintlich rechtfertigendes Fremdbild vom Opfer.[154]

> „Man muss wissen, dass es zwei Arten zu kämpfen gibt, die eine nach Gesetzen, die andere durch Gewalt; die erste ist die Sitte der Menschen, die andere die der Tiere. Da jedoch die erste oft nicht ausreicht, so muss man seine Zuflucht zur zweiten nehmen."[155]

Auch wenn gewalttätige Männer in aller Regel Erklärungen dafür haben, warum sie in einem konkreten Fall gewalttätig wurden, erscheinen die Anlässe für Gewalthandlungen in der Gesamtschau der Fallrealität eher beliebig und geradezu willkürlich.[156] Es gibt wohl zahlreiche Mythen, mit denen versucht wird, männliche Gewalt zu „entschuldigen" oder gar die Frau selbst dafür verantwortlich zu machen. Häufige Mythen sind dabei:[157]

- Das ist doch Privatsache
  - Gewalt ist kein normaler Bestandteil einer Beziehung. Gewalttaten sind strafbare Handlungen sowohl innerhalb als auch außerhalb des häuslichen Bereichs.

---

151 *Wirrer*, POLIZEI-heute 2004, 2 (3).

152 *Zweck*, DPolBl 3/2003, 18 (19).

153 *Vogt/Giljohann*, Kriminalistik 2025, 450.

154 *Roll*, Kriminalistik 1998, 225 (230).

155 *Niccolò Macchiavelli* zeigte in seinem um 1513 verfassten Werk Il Principe mehr als Verständnis dafür, dass ein Herrscher zur Erreichung seiner politischen Ziele zur Gewalt griff, wenn er sich mit dem Gesetz nicht durchsetzen konnte, *Wagner*, NJOZ 2014, 721.

156 *Gläßer*, Mediation und Beziehungsgewalt, S. 215.

157 *Brandau/Ronge*, Gewalt gegen Frauen, S. 4 f.; *Wagener*/Schiewek, Polizeiliche Berufsethik („Mythen und Fakten"), S. 192; *Maier*, Der Kriminalist 1997, 443.

- Er hat getrunken[158]
  - Alkohol ist oftmals Auslöser von Gewalt. Indes: Nicht alle alkoholisierten Männer werden zwangsläufig gewalttätig. Außerdem spielt nur in etwa einem Drittel der bekannten Fälle Alkohol bei einem Beteiligten eine Rolle. Männer schlagen sowohl dann, wenn sie getrunken haben, als auch wenn sie nüchtern sind.[159]
- Er war im Stress und dabei ist ihm halt „die Hand ausgerutscht"[160]
  - Gewalttätigkeiten werden hier verharmlost. Derlei Gewalttätigkeiten sind regelmäßig keine einmaligen, isolierten Handlungen, sondern vielmehr Bestandteil eines komplexen Misshandlungssystems. Oftmals handelt es sich um Männer, die in der Außenwelt von großer Beherrschung sind, in der Innenwelt (geschützte Sphäre der Familie) jedoch ihren Ärger und Stress an Frau und Kind auslassen.
- Sie hat ihn provoziert[161]
  - Hier wird die Schuld nur verlagert. Mithin ist das Opfer für die Gewalttätigkeit des Täters verantwortlich.[162]
- Sie hat sich diesen Mann doch selbst ausgesucht
  - Auch hier wird die Verantwortung der Frau zugeschoben. Im Übrigen ist kaum ein Mann zu Beginn der Beziehung bereits gewalttätig.
- Sie kann ihn doch verlassen
  - Hier gilt, dass gerade dann, wenn eine Frau sich trennen will, es oftmals zu einer Zunahme der Gewalttätigkeiten kommt.
- Männer, die Frauen schlagen, sind eine spezifische Randgruppe
  - Hier liegt ein versteckter Vorwurf an Frauen, sie würden sich die falschen Männer aussuchen. Häusliche Gewalt ist keineswegs ein Problem von Randgruppen oder Minderheiten. Es wird nur angenommen, dass dort Gewalt öfter vorkommt oder eher toleriert wird, und deshalb fällt es den meisten Menschen in diesen Fällen nicht so schwer, Gewalt als solche wahrzunehmen.

---

158 Beispiele bei *Steingen*, in: *Steingen*, Häusliche Gewalt – Hdb Täterarbeit, S. 50f.

159 *Leopold*, in: Schröder/Pezolt, Gewalt im sozialen Nahraum, S. 287.

160 *Wagener/Schiewek*, Polizeiliche Berufsethik, S. 187.

161 *Zittlau*, Kriminalistik 2007, 652ff.: Provokation – Der geistige Tritt vors Schienbein.

162 Dem Opfer zuzuschreiben, es habe den Täter provoziert und trage deshalb die eigentliche Verantwortung für die Gewaltausübung, ist eine an vielen Stellen im Gewaltdiskurs explizit oder implizit auftretende Argumentationsfigur; *Kaiser*, Gewalt in häuslichen Beziehungen, S. 62.

- Annahme einer genetischen Disposition zu Aggressivität und Gewalt
  - Zwar gibt es durchaus eine genetische Disposition und organische Ursachen für eine gestörte Impulskontrolle, z.B. im Zusammenhang mit ADS (Aufmerksamkeitsdefizit-Syndrom). Wenn man sich indes (unreflektiert) auf biologische Erklärungsansätze beruft, so hieße das zugespitzt, Männer sind Opfer ihrer Natur und für ihre Gewalthandlungen nicht wirklich verantwortlich. Dies kann schwerlich angenommen werden.

Unabhängig von diesen Mythen gilt indes uneingeschränkt, dass (nur) der Täter für sein Handeln verantwortlich ist!

> Es gilt „das Prinzip Selbstverantwortung."[163]

Daran ändern auch alle ätiologischen Theorien nichts, mit denen versucht wird, kriminelles Verhalten zu erklären. Bei den Kriminalitätstheorien handelt es sich zudem um Theorien mittlerer Reichweite, d.h., sie sind für sich gesehen jeweils nur in der Lage, für bestimmte Erscheinungsformen kriminellen Verhaltens eine Erklärung zu geben, für andere nicht. Zudem zeigt sich immer wieder, dass man es sich bei der Erstellung von Thesen und Theorien im Bereich der Kriminologie viel zu einfach macht, konstatiert *Füllgrabe*:

> „Man findet hier relativ viele persönliche Meinungen von Wissenschaftlern über die Ursachen und Formen der Kriminalität, die zwar – wissenschaftlich gesehen – lediglich den Status von Hypothesen haben, aber als gesicherte Erkenntnisse angesehen und zitiert werden (...). Und im harten Test der Realität sieht manches anders aus als vom Entwickler der Theorie gedacht."[164]

Die Neigung des Täters, Verantwortung reflexhaft nach außen, auf den anderen zu drehen, scheint mithin nicht untypisch. Wer anderen Menschen Schuld zuweist, braucht sich selbst nicht zu ändern.

> **Exkurs**: Es darf – mit Blick auf den Täter – nicht vergessen werden, dass (auch) der Täter (grundsätzlich) Wahlfreiheit hat. So ist *Sprenger* zuzustimmen: „Die Wahlfreiheit ist ein wundersames Ding. Die meisten von uns sehnen sich danach, schätzen sie als höchstes Gut. Gleichzeitig aber erschreckt sie viele Menschen zu

163 *Sprenger*, Das Prinzip Selbstverantwortung, passim.
164 *Füllgrabe*, Kriminalistik 2002, 479ff.

Tode. Weil aus ihr auch Schuld resultieren kann. Schauen wir uns beispielsweise an, wie in modernen Gesellschaften Verbrechen reflektiert werden. Der Bildungsbürger führt sie auf die Gräuel desolater Familienverhältnisse, auf seelische Defekte und soziale Missstände zurück. Da müsse man ja geradezu ‚zwangsläufig' kriminell werden! Menschelnd werden die Dinge ins Gegenteil verkehrt: Aus Tätern werden Opfer. Sie sind von vornherein unmündige Personen; ihr Rechtsbruch insofern verstehbar, ein Unfall. Der Unhold gehört dann in die Gesellschaft der Kranken, Armen und Ausgestoßenen, denen fürsorglich und therapeutisch zu begegnen ist. Ähnlich wie Krankheit heute kaum mehr der körperlichen Verfassung und der individuellen Lebensführung zugeschrieben wird, sondern dem Stress, dem Leistungsdruck oder anderen bösen Mächten, so werden Verbrechen entkriminalisiert: ‚die Verhältnisse' sind schuld, nicht der Verbrecher. Der Zweck der Umwidmung ist offensichtlich: Freiheit, Verantwortung und Schuld sollen ausgelöscht werden. Indem man das Böse zur seelischen Entgleisung verniedlicht und den Täter zum gestrauchelten Mitmenschen inmitten widriger Umstände verharmlost, ist letztlich niemand mehr für die Tat dingfest zu machen. Außer natürlich: ‚die Verhältnisse'. Dabei hält dieser Trick nicht einmal der einfachsten logischen Prüfung stand. Wie viele Menschen weisen ähnlich misslungene Biografien auf, ohne kriminell zu werden? Wie viele Menschen fristen ein trostloses Dasein, ohne andere zu schädigen? Für unsere Gesellschaft hat der Verweis auf ‚die Verhältnisse' katastrophale Folgen: Indem man Täter zu Opfern einer biografischen Fehlentwicklung umtauft, lädt man dazu ein, sich selbst als Opfer zu fühlen".[165]

„Freiheit ist das, was wir mit dem tun, was uns angetan wird."[166]

## 2. Victim-Offender-Overlap

Das kriminologische Phänomen des Victim-Offender-Overlap besagt, dass Betroffene von Straftaten häufig selbst solche begehen und Täter häufig selbst von Straftaten betroffen sind. Als Ursache dafür wird u. a. betrachtet, dass Täter häufig Kontakt zu Tätern haben und daher auch das Risiko für eine Viktimisierung steigt.[167] Diskutiert wird überdies, inwieweit Viktimisierung und Täterschaft sich jeweils sequenziell bedingen können, indem die Viktimisierung das Risiko einer Täterschaft erhöht und umgekehrt die Täterschaft das Risiko einer Viktimisierung.[168]

165 *Sprenger*, Die Entscheidung liegt bei Dir, S. 38.

166 Dieses Zitat wird *Jean-Paul Sartre* zugeschrieben, lässt sich in seinem Werk aber nicht verorten; hier zitiert nach *Geiselhart*, Der Wille zur Verantwortung, S. 307.

167 *Eifler*, in: Möllers, WB-Polizei: „Viktimologie".

168 Näher hierzu m. w. N. *Schemmel/Goede/Müller*, Gewalt gegen Männer, S. 38 ff.

### 3. Typologie häuslicher Gewalttäter (Dutton/Golant)

*Dutton* und *Golant* (1995)[169] unterscheiden bei häuslichen Gewalttätern 3 Typen:

a) Der generell antisoziale häusliche Gewalttäter
   Der Täter neigt nicht nur innerhalb der Partnerschaft zu Gewalthandlungen, sondern auch in seinem Verhalten im Allgemeinen. Derlei Typen sind oft gekennzeichnet durch einen fehlenden Bindungsstil. Nach Trennungen neigen sie eher dazu, sich nach einem neuen Partner umzusehen, als emotional auf ihren früheren Partner fixiert zu bleiben. Unter diesen antisozialen Typen finden sich vergleichsweise selten Stalker.[170]

b) Der überkontrollierte häusliche Gewalttäter
   Aufgrund von Selbstunsicherheit werden negative Emotionen hier unterdrückt. Da sie dadurch aber auch nicht abgebaut werden können, brechen sie periodisch in Form von Gewaltausbrüchen aus.

c) Der emotional instabile häusliche Gewalttäter
   Dieser Typ ist impulsiv und zeigt Instabilität im Affekt und in zwischenmenschlichen Beziehungen. Er ist gekennzeichnet durch einen ängstlichen Bindungsstil und neigt wiederholt zur Ausübung häuslicher Gewalt.[171]

Wie schwer gestört oder alkoholisiert Tatverdächtige zum Zeitpunkt der Tat waren, ob sie eher in prekären Verhältnissen leben, lässt sich dem Hellfeld der polizeilich bekannten Partnerschaftsgewalt nicht entnehmen.[172] Nach einer empirischen Untersuchung der strafrechtlichen Reaktionen auf häusliche Gewalt am Beispiel von KIK in Kiel von *Bettina Cummerow* (2008) sind viele Tatverdächtige auch in anderen Konstellationen bereits als gewalttätig und gewaltbereit registriert worden.[173] Viele Körperverletzungsverfahren richten sich gegen bereits anderweitig Vorbestrafte und gegen tatverdächtige Männer, gegen die noch andere Verfahren anhängig sind. Sie werden meist nach § 154 StPO (Teileinstellung bei mehreren Taten) eingestellt.[174]

---

169 *Dutton/Golant*, The Batterer. A Psychological Profile, New York 1995; *Hoffmann/Küken-Beckmann/Voß*, FPR 2011, 211 (212 f.).

170 *Küken/Hoffmann/Voß*, in: Hoffmann/Voß, Psychologie des Stalking, S. 184.

171 *Küken/Hoffmann/Voß*, in: Hoffmann/Voß, Psychologie des Stalking, S. 185.

172 *Frommel*, NK 2023, 124 (126).

173 Zu den Daten aus den entsprechenden Strafverfahren *Cummerow*, Strafverfolgung bei häuslicher Gewalt, S. 47 f.

174 Die Regelung des § 154 StPO ermöglicht es der Staatsanwaltschaft bzw. dem Gericht, komplexen Verfahrensstoff oder nicht sonderlich ins Gewicht fallende weitere Straftaten abzuschichten und so das Verfahren zu beschleunigen, BGH, Beschl. v. 19.12.1995 – KRB

## VII. Hochrisikomanagement – Trennungsgewalt

### 1. Trennung als konfliktverschärfende Bedeutung

Es wird davon ausgegangen, dass im Kontext von Trennungen – Äußern von Trennungsüberlegungen, Verkünden eines Trennungsbeschlusses oder faktischer Vollzug einer Trennung – Gewalt seitens der (Ex-)Partner drastisch zunimmt.[175] In dieser Phase besteht auch die mit Abstand höchste Wahrscheinlichkeit, dass Frauen von ihrem Partner getötet werden.[176] Körperliche Gewalt setzt sich häufig, das heißt in ungefähr 40 % der Fälle, über den Trennungszeitpunkt hinaus fort.[177] Besonders gefährlich erweisen sich Trennungsphasen, insbesondere wenn die Trennung auf die Initiative der Frau zurückgeht.[178] Als Tatmotive werden oft patriarchalische „Besitzansprüche" der Männer (Machismo) wirksam. Auch wenn das Spektrum der Trennungsgewalt keineswegs auf Partnerschaften mit vorheriger Beziehungsgewalt beschränkt ist, bestand in einem großen Teil der Fälle bereits vor der Tat eine auf Kontrolle und soziale Isolation der Frau durch den Mann angelegte Misshandlungsbeziehung, die mit der Zeit eskaliert ist. Der Misshandler kann Versuche „seiner" Frau, sich von ihm zu lösen, nicht „ertragen"; die letzte Form seiner Kontrolle ist die Tötung der Frau.[179]

> „Eine geplante oder vollzogene Trennung bedeutet immer ein erhöhtes Risiko für Frauen."[180]

Im Hinblick auf das Geschlechterverhältnis bei der Betrachtung von Tötungsdelikten in Paarbeziehungen findet in der Mehrheit der Fälle, in denen Frauen töten, die Tat spontan nach einer langen, von Gewalthandlungen des Partners geprägten Beziehung statt.[181] Frauen töten aus anderen Situationen und Motiven heraus als Männer.[182]

---

33/95, NStZ 1996, 551; mit Anm. *Kindhäuser*, JZ 1997, 98; zur Historie der Norm *Diemer*, in: Barthe/Gericke, KK-StPO, § 154 Rn. 1.

175 *Gläßer*, Mediation und Beziehungsgewalt, S. 215; *Liel*, in: Steingen, Häusliche Gewalt – Hdb Täterarbeit, S. 184 ff.; *Lembke*, NK 2009, 109 (110).

176 *Gläßer*, Mediation und Beziehungsgewalt, S. 215.

177 *Kindler*, FPR 2011, 207 (209).

178 *Steck*, MSchrKrim 1997, 404 ff.

179 *Schneider*, NStZ 2015, 64 (65).

180 *Herbers*, Kriminalistik 2006, 367 (368).

181 Hierzu *Legnaro/Aengenheister*, MschrKrim 1995, 203.

182 *Lembke*, NK 2009, 109 (110).

Stereotypisch, plakativ und gewiss auch pauschal – gleichwohl mit einem Fünkchen Wahrheit – hat dies die TV-Kommissarin *Bella Block* auf den Punkt gebracht:

> „Frauen töten ihre Männer, weil sie sie loswerden wollen. Männer töten ihre Frauen, weil sie sie behalten wollen."[183]

## 2. Trennungsbedingte Tötungsmotive (Femizid)

Wenn Frauen den gewalttätigen Partner verlassen, bedeutet das mithin nicht zwingend, dass das Ende der Gewalt erreicht ist. Vielmehr kann es aufgrund der Trennung zu einer Eskalation der Gewalt kommen. Die Zeit der Trennung ist für eine misshandelte Frau die gefährlichste („Nachtrennungskonflikt"). In dieser Zeit besteht das höchste Risiko, schwer verletzt oder getötet zu werden. Insbesondere sog. finale Gespräche („letzte Aussprachen") mit dem Partner dürften zu einer Risikoerhöhung führen.[184] Einer kanadischen Studie zufolge ist die Wahrscheinlichkeit, dass Frauen in einer Trennungssituation getötet werden, fünfmal höher als sonst.[185]

> „Entweder Du bleibst bei mir oder ich bring Dich um."[186]

Derartige Drohungen sind nicht zu unterschätzen. Nicht selten werden derartige Drohungen in die Tat umgesetzt. Ansonsten gilt, dass gerade bei Beziehungstätern eine Unfähigkeit zur Kommunikation in der Beziehung festgestellt wird, die dann zur Gewaltanwendung führt. Ist das Opfer der einzige vertraute Ansprechpartner, so bleibt dem Täter oftmals der Zugang zu einer distanzierten Sichtweise versperrt, was wiederum zur Folge hat, dass dem Täter differenzierte Lösungsmöglichkeiten versagt bleiben. Kriminologisch ist der Befund, dass der überwiegende Anteil der registrierten Tötungsdelikte in Paarbeziehungen erfolgt, bekannt. In diesem Fall wird der Satz „Bis dass der Tod euch scheidet ..." Wirklichkeit.[187]

> „Würden wir am Ende eines Jahres eine Schweigeminute für jede in Deutschland von ihrem (Ex-)Partner ermordete Frau halten, schwiegen wir über zwei Stunden."[188]

---

183 Zitat aus dem 25. Filmbeitrag der Filmreihe um die Kriminalkommissarin „Bella Block" (*Hannelore Hoger*), ZDF, 22.11.2008 („Falsche Liebe").

184 *Ritter-Witsch*, in: Bettermann/Feenders, Stalking, S. 193.

185 *Brandau/Ronge*, Gewalt gegen Frauen, S. 6.

186 *Marneros*, Tötung des Intimpartners, passim.

187 *Stürmer*, in: Hoffmann/Wondrak, Häusliche Gewalt und Tötung des Intimpartners, S. 165.

188 *Clemm*, Gegen Frauenhass, S. 11.

Die Bochumer Sozialwissenschaftlerin *Julia Habermann* hat die gerichtliche Sanktionierung von Tötungsdelikten in Partnerschaften untersucht und herausgefunden, dass nur jeder dritte männliche Täter, der seine Partnerin getötet hatte, wegen Mordes verurteilt wurde, während es bei Tötungsdelikten von Männern an Frauen, die nicht ihre Partnerin war, in jedem zweiten Fall zu einer Verurteilung wegen Mordes kam. Männer, die ihre (Ex-)Partnerin töten, werden seltener als Mörder bestraft und erhalten somit ein milderes Urteil. Darüber hinaus stellte *Habermann* fest, dass bei der Strafzumessung viel zu selten die Vorgeschichte eine Rolle spiele und somit Mordmerkmale ausgeklammert würden. Dabei sei jeder zweite Täter bereits zuvor schon einmal gegenüber seiner Partnerin gewalttätig geworden. Dies wurde aber nur in jeder fünften Strafzumessung einbezogen.[189]

Noch 2009 wurde kritisiert, dass es für dieses Tatmuster – im Gegensatz zum „Ehrenmord“[190] – keinen Namen gab.[191] Heute gibt es einen Namen für diese Gewalttaten: Femizid.[192]

Der Begriff Femizid bezeichnet die Tötung einer Frau aufgrund ihres Geschlechts[193] und wurde geprägt durch die Soziologin *Diana E.H. Russell*, die ihn im Zuge der Verhandlungen des Internationalen Völkertribunals zu Gewalt gegen Frauen im Jahr 1976 in Brüssel verwendete, um die misogyn motivierte Tötung von Frauen zu beschreiben.[194] Dabei wollte

189 *Habermann*, Femizid, passim. Die Dissertation war Gegenstand einer Kleinen Anfrage v. 29.8.2023 an die Landesregierung Nordrhein-Westfalen: „Tötung statt Mord – Wie sorgt die Landesregierung für ein stärkeres Bewusstsein für geschlechtsbezogene Tötungsdelikte in Partnerschaften?“ Die Antwort der Landesregierung erstreckte sich im Wesentlichen auf Aspekte der Fortbildung, LT-Drs. 18/6053; vgl. auch *Habermann*, NK 2021, 189 ff.

190 „Ehrenmord“ wird verstanden als die innerfamiliäre vorsätzliche Tötung eines Mädchens oder einer Frau, weil diese tatsächlich oder vermeintlich gegen frauenspezifische Verhaltensnormen insbesondere sexueller Art verstoßen hat und die Verletzung dieser Normen angeblich den gesamten Familienverband entehrt. Die Opferauswahl beim „Ehrenmord“ (ähnlich wie beim „Intim-Femizid“, also der Trennungstötung zum Nachteil einer Frau) ist nicht zufällig, sondern gezielt. Das Vorverhalten des konkreten Tatopfers ist dabei für die Bildung des Tatentschlusses nicht irrelevant, sondern im Gegenteil absolut ausschlaggebend, *Roth*, GSZ 2022, 123 (131).

191 *Dietze*, in: Dietze/Brunner/Wenzel, Kritik des Okzidentalismus, S. 37.

192 Etymologisch handelt es sich bei diesem Begriff um eine Kontamination aus dem lateinischen „femina“ (Frau) und dem französischen „-cide“ (Mord, lat. „caedere = töten). Eine erste Verwendung lässt sich in der englischen Literatur des beginnenden 19. Jahrhunderts als „femicide“ mit der dort als bekannt vorausgesetzten Bedeutung „Tötung einer erwachsenen Frau“ nachweisen, *Corry*, A Satirical Review of London at the Commencement of the Nineteenth Century, S. 60: „This species of delinquency [Verführung eines Dienstmädchens durch einen verheirateten Mann, T. K.] may be denominated femicide [...].“ Zur Historie des Begriffs „Femizid“ *Kischkel*, FamRZ 2022, 837 f.; *Leuschner/Rausch*, KrimOJ 2022, 20 ff.; *Wischnewski*, Femina Politica 2018, 126 ff.

193 *Mattutat*, KJ 2022, 453; *Frommel*, NK 2023, 124 (125): „[...] weil sie eine Frau ist.“

194 *Russel/Preface*, in: Radford/Russel, Femicide, Preface, xiv.

sie herausstellen, dass ein Großteil der Frauentötungen im Kontext der Machtdynamiken von Sexismus und Misogynie patriarchal strukturierter Gesellschaften stattfindet.[195] *Russell* wollte den damals bereits veralteten Begriff aus feministischer Perspektive mit der Definition „hate killing of females perpetrated by males“ (Hasstötung von Frauen, ausgeführt von Männern) inhaltlich neu besetzen.[196] Verdeutlicht werden sollte durch den Begriff – in Abgrenzung zum englischen Begriff Homicide – die geschlechtsbezogene und damit strukturelle Dimension der Taten.[197] Zwar handelt es sich bei der Tötung von aktuellen oder früheren Partnerinnen um geschlechtsspezifische Gewalt, „weil Frauen so gut wie nie offen gewalttätig ihre Partner töten“[198]; allerdings ist im Hinblick auf die oben genannte Definition („Tötung einer Frau aufgrund ihres Geschlechts“[199]) mit *Frommel* festzuhalten, dass diese Beschreibung „keinen Sinn [ergibt]“[200]. Soziologisch betrachtet handelt es sich um eine Gewalt-Dynamik, welche von harten Geschlechterstereotypen geprägt ist. Unübersehbar sei dabei „der Aspekt der rigiden männlichen Kontrolle über die – im Stereotyp – untergeordnete Partnerin“, wobei diese „Asymmetrie durch einen als ‚männlich‘ angesehenen Besitzanspruch“ gesteigert wird.[201] In der Literatur wird folgende Definition vorgeschlagen:

**Definition**

„Femizid ist die Tötung von Menschen weiblichen Geschlechts, wesentlich (mit-) motiviert durch das Geschlecht des Opfers.“[202]

Diesem Ansatz folgend können das Geschlecht des Täters, die Frage nach einer Verbindung der Tat mit häuslicher Gewalt, der Beziehung von Täter und Opfer und/oder kulturellen Hintergründen zunächst ebenso dahinstehen wie nach den erst im Einzelfall zu ermittelnden Konsequenzen für das konkrete Ermittlungs-, Straf- und/oder familienrechtliche Sorgerechtsverfahren. Ausschlaggebend sind allein das Geschlecht des Opfers

195 *Winterstein*, KriPoZ-JuP 2024, Aktuelle Entwicklungen im Straf- und Strafprozessrecht, Band 1, S. 49 (52); *Hotz*, RPhZ 2025, 147: „Die Bestrebungen, die traditionelle patriarchalische Ordnung aufrechtzuerhalten […] sind gegenwärtig tiefgreifend.“

196 *Kischkel*, FamRZ 2022, 837 (838).

197 Zum Begriff „Femizid“ *Schuchmann/Steinl*, KJ 2021, 312 (313 f.).

198 *Frommel*, NK 2023, 124 (130).

199 *Mattutat*, KJ 2022, 453; *Frommel*, NK 2023, 124 (125).

200 *Frommel*, NK 2023, 124 (130).

201 *Frommel*, NK 2023, 124 (131).

202 *Kischkel*, FamRZ 2022, 837 (829).

und die (zumindest auch) darauf bezogene Motivation des Täters.[203] Hierbei handelt es sich nicht um einen isolierten Einzelakt, sondern um die „extremste und brutalste Form der Gewalt gegen Frauen“[204].

Im kriminologischen Schrifttum werden zu den Erscheinungsformen von Femiziden gezählt:

- Femizide durch den (ehemaligen) Intimpartner,
- Femizide innerhalb bestimmter Kulturkreise und
- Femizide durch Fremde.[205]

Unter dem Stichwort „Femizid“ wurde kriminalpolitisch darüber diskutiert, unter welchen Umständen die Tötung einer Frau als Mord (§ 211 StGB) mit lebenslanger Freiheitsstrafe geahndet werden soll.[206] Bislang hat die deutsche Justiz (scheinbar) lediglich die Möglichkeit, die besondere Dimension der Femizide durch das Mordmerkmal der niedrigen Beweggründe, § 211 Abs. 2 UA. 1 Alt. 4 StGB, anzuerkennen.[207] Die judikative Praxis war allerdings zurückhaltend in der Anwendung der niedrigen Beweggründe bei Femiziden.[208] Urteile sorgten für Empörung, wenn Täter von Trennungstötungen mit einer vergleichsweise milden Strafe belegt wurden, da das Mordmerkmal niedrige Beweggründe nicht festgestellt wurde.[209] So zeigte die Justiz teils sogar Verständnis dafür, wenn ein Mann seine ehemalige Partnerin tötet, weil diese sich selbstbestimmt von ihm trennt. Aufsehen erregte eine Entscheidung des BGH aus dem Jahr 2008. Der 2. Strafsenat hat das Mordmerkmal – wider der Einschätzung

---

203 *Kischkel*, FamRZ 2022, 837 (829); zu Femiziden ohne Täter-Opfer-Beziehung *Marquardt*, Kriminalistik 2025, 556 ff.

204 UN Statistical framework for measuring the gender-related killing of women and girls (also referred to as femicide/feminicide), § 3.

205 Näher zu den Erscheinungsformen *Leuschner/Rausch*, KrimOJ 2022, 20 (25 ff.).

206 *Schneider*, ZRP 2021, 183 ff. Zur Reform der Tötungsdelikte *Weigend*, KriPoZ 2025, 212 ff.; *Hoven*, KriPoZ 2025, 265 ff.

207 *Schuchmann/Stein*, KJ 2021, 312 (316 f.); *Lembke*, NK 2009, 109 (111). Nach seinem Inhalt als „ich-bezogene Rücksichtslosigkeit der Interessenverwirklichung“ scheint dieses Merkmal mit Blick auf allgegenwärtige Geschlechterrollen als typisch „männliches“ Mordmerkmal prädestiniert zu sein. Nach der Rspr. des BGH kennzeichnet diese Motivgeneralklausel solche Motivationen der vorsätzlichen Tötung, die nach allgemeiner sittlicher Wertung auf tiefster Stufe stehen und deshalb besonders verwerflich, ja verachtenswert sind, z. B. BGH, Urt. v. 22.7.2020 – 5 StR 543/19, NStZ 2020, 617; weitere Nachw. bei *Schneider*, in: MüKo-StGB, Bd. 4, § 211 Rn. 70, dort Fn. 255. Der Rspr. des BGH folgend auch *Fischer*, StGB, § 211 Rn. 14a; kritisch dagegen *Mitsch*, JuS 1996, 121 (125).

208 *Hadadi*, JuWiss, 19.10.2023, https://www.juwiss.de/60-2023 [20.10.2023]; *Lemke*, NK 2009, 109 (111).

209 Z. B. LG Frankfurt, Urt. v. 21.12.2020 – 5/22 Ks, 3590 Js 245951/19 (5/20); LG Lübeck, Urt. v. 19.11.2019 – 705 Js 7362/19 1 Ks. Zur Kritik an der Rechtsprechung zu trennungsbedingten Intimpartnerinnen-Femiziden *Steinl*, NStZ 2025, 129 (130 f.).

der Vorinstanz, die es wegen „überzogenem Besitzdenken" des Angeklagten annahm[210] – verneint.[211] 2019 judizierte der 1. Strafsenat, dass die

> „Tötung des Intimpartners, der sich vom Täter abwenden will oder abgewendet hat, nicht zwangsläufig als durch niedrige Beweggründe motiviert bewertet werden muss. Gerade der Umstand, dass eine Trennung vom Tatopfer ausgegangen ist, dürfte als gegen die Niedrigkeit des Beweggrundes sprechender Umstand beurteilt werden".[212]

Der 5. Strafsenat hat indes 2022 klargestellt, dass der Umstand, dass die Trennung vom Tatopfer ausgegangen ist, für sich gesehen kein gegen die Annahme niedriger Beweggründe sprechendes Indiz darstellt.[213]

Hingewiesen wird auf die Problematik, „das geschlechtsspezifische Tatmotiv als solches zu erkennen"[214], wobei geschlechtsbezogene Ungleichwertigkeitsvorstellungen nicht nur dann vorliegen, wenn der Täter Frauen als Kollektiv hasst, sondern auch dann zu bejahen sind, wenn Frauen nicht dasselbe Selbstbestimmungsrecht zugestanden wird wie Männern.[215]

Da als Ursache für eine uneinheitliche Sanktionierung von Trennungsfemiziden nicht der normative Rahmen ausschlaggebend ist, sondern die richterliche Wertung, wird die Notwendigkeit eines Femizid-Straftatbestands in Deutschland diskutiert.[216] Da es sich nicht um einen eigenständi-

---

210 LG Bonn, Urt. v. 27.3.2008 – 24 Ks 74/07 LG Bonn 920 Js 642/07 StA Bonn.

211 BGH, Urt. v. 29.10.2008 – 2 StR 349/08, NJW 2009, 305. Der Angeklagte, der seine ehemalige Partnerin durch Niederstechen tötete, handle nach Auffassung des Senats nicht aus niedrigen Beweggründen, weil „die Trennung von dem Tatopfer ausgeht und der Angeklagte durch die Tat sich dessen beraubt, was er eigentlich nicht verlieren will" (Rn. 9). Mit der Formulierung „berauben" bestätigte der BGH die objektifizierende Ansicht des Täters, der sich durch die Tötung seine ehemalige Partnerin „als ihm zustehendes Objekt" sichern möchte; ähnlich auch BGH, Urt. v. 21.2.2018 – 1 StR 351/17, NStZ-RR 2018, 177. Der 1. Senat befand, dass „[g]erade der Umstand, dass die Trennung vom Tatopfer ausgegangen ist, als gegen die Niedrigkeit des Beweggrundes sprechender Umstand beurteilt werden [darf]"; hierzu *Schuchmann/Steinl*, KJ 2021, 312 (318 f.); auch BGH, Beschl. v. 7.5.2019 – 1 StR 150/19, NStZ 2019, 518.

212 BGH, Beschl. v. 7.5.2019 – 1 StR 150/19, NStZ 2019, 518. Die Verantwortlichkeit des Täters für die Zerrüttung der Beziehung führt nicht zwangsläufig dazu, dass die Tötung des Intimpartners allein deswegen auf einen niedrigen Beweggrund zurückzuführen ist. Vielmehr muss auch in solchen Fällen die Wut über das Verlassenwerden nicht stets als völlig unbegreiflich angesehen werden.

213 BGH, Beschl. v. 6.12.2022 – 5 StR 479/22, NStZ 2023, 231 (Ls. 4); hierzu *Vahle*, Kriminalistik 2023, 145.

214 *Steinl*, NStZ 2025, 129 (134).

215 *Kudlich/Göken*, ZRP 2022, 177 (179).

216 *Habermann*, NK 2021, 189 (206), die zu bedenken gibt, „dass ein neuer Femizid-Straftatbestand vorrangig das Ziel verfolgen würde, das Problem der Motivbewertung zwischen Verzweiflung und Macht bei Femiziden zu lösen, sodass der Straftatbestand als schnell erreichbare Maßnahme zur Augenwischerei werden kann".

gen Straftatbestand handelt, sondern durch andere Tatbestände miterfasst wird, ist auch eine spezifische Auswertung und damit eine „Sichtbarkeit von Femiziden in der Kriminalstatistik“[217] erschwert.

### 3. Täter bei Beziehungsfemiziden

Tötungsdelikte sind überwiegend Beziehungsdelikte[218] und extreme menschliche Verhaltensweisen; sie sind außerordentlich komplex und somit nicht über (einfache) Linearbeziehungen abzubilden. Es ist empirisch erwiesen und kriminologisch anerkannt, dass Partnergewalt ein „asymmetrisches Phänomen“ ist: Opfer sind vor allem Frauen.[219] Dies gilt auch und gerade für Tötungsdelikte. Während Männer eher durch Bekannte oder Fremdtäter getötet werden, findet der überwiegende Anteil der „Femizide“ im familiären Kontext statt. Ein weitaus höherer Anteil von Frauen wird durch ihre Lebenspartner umgebracht als umgekehrt.[220] Der Täter einer tödlich endenden geschlechtsspezifischen Gewalt will die Frau körperlich und seelisch und damit in ihrer menschlichen Würde vernichten. Er will sie nicht nur punktuell zu etwas zwingen, was diese nicht, wohl aber der Gewalttäter durchsetzen will.[221] Insofern will der Täter das Opfer als Person kontrollieren und seine „Selbstwahrnehmung als autonomes Subjekt“ zerstören.[222] Sog. autotelische Gewalt hat die Verletzung, ja Zerstörung des Körpers des anderen selbst zum Ziel, berauscht sich daran und erschöpft sich darin.[223]

Es gibt nicht den „typischen“ Täter – vielmehr sind Tätermerkmale „grundsätzlich von Fall zu Fall zu betrachteten“[224]. Mithin werden unterschiedliche Ursachen/Auslösefaktoren für Femizide diskutiert, v.a. soziodemografische Variablen, Persönlichkeitsstörungen oder Trennungssituationen.[225] In den 1960er-Jahren postulierte der forensische Psychiater *Wilfried Rasch*, dass die Ermordung des aktuellen oder früheren Intimpartners idealtypisch für eine Tötung im Affekt sei.[226] Doch diese Sicht greift zu kurz. Im

---

217 LT-Drs. (NRW) 18/15473 v. 1.9.2025, S. 1.

218 *Mouzos* in: Schneider, Hdb Kriminologie, S. 655f.; *Schwind/Schwind*, Kriminologie, § 19 Rn. 18; auch LKA NRW, Tötungsdelikte zum Nachteil von Frauen, S. 32.

219 *Schneider*, GA 2002, 428.

220 *Schneider*, NStZ 2015, 64 (65).

221 *Reemtsma*, Vertrauen und Gewalt, S. 116, zu „Autotelischer Gewalt“.

222 *Frommel*, NK 2023, 124 (131).

223 *Ebertz*, Staatslexikon: „Gewalt“ – „Religionsgewalt“.

224 LKA NRW, Tötungsdelikte zum Nachteil von Frauen, S. 32f.

225 *Greuel/Petermann*, Gewalt- und Tötungsdelikte im sozialen Nahraum, S. 25f.

226 *Rasch*, Tötung des Intimpartners, passim. Die Forschungsergebnisse von Rasch sind zwar nur noch teilweise aktuell. Das heutige Wissen zu dem Thema „Femizid“ basiert aber auf seinen Untersuchungen Ende der 50er-/Anfang der 60er-Jahre des vergangenen Jahrhunderts. Seit seiner „epochalen Arbeit“ zur Tötung des Intimpartners findet das facetten-

Hinblick auf die zugrunde liegende Tatmotivation für Beziehungsfemizide wird seit Jahrzehnten konsistent nachgewiesen, „dass Männer ihre Partnerin eher aus Wut- und Rachemotiven bzw. ‚Eifersucht' umbringen, die häufig aus einer schweren narzisstischen Kränkung durch Individuierungstendenzen ihrer Partnerin resultieren. Obwohl übersteigerte Eifersucht als Hauptmerkmal des Beziehungsfemizids gilt, weist nur ein geringer Anteil der Täter Eifersuchtsreaktionen von pathologischer Qualität auf"[227]. Gleichwohl gilt die „Überzeugung, die Partnerin sei Besitz des Täters oder er dürfe darüber entscheiden, mit wem sie sich treffe und wie sie ihre Zeit verbringe",[228] als Tätermerkmal. Als eine der prägnantesten Merkmale aufseiten der Täter gilt nach Untersuchungen wohl „das Vorliegen eines negativen Frauenbildes"[229].

Ein spezifisches soziodemografisches Profil für Intimizidtäter lässt sich zwar nicht identifizieren – abgesehen von dem vergleichsweisen höheren Durchschnittsalter und tendenziell erhöhter psychischer Symptomatik. Es ergibt sich aber ein „deutlicher Zusammenhang zwischen der Psychodynamik von Trennungskonflikten und Intimiziden"[230].

Als ursächlich für Femizide werden allgemein genannt[231]

- krankheitswertige psychische Dispositionen des Täters,
- archaische kulturelle Wertvorstellungen und ein männliches Besitz- und Überlegenheitsdenken (Machismo) und
- sozio-ökonomische Belastungsfaktoren, fehlende Bildung und mangelnde Ressourcen.

Von großer Relevanz im Kontext von Partnerschaftsgewalt gelten sozioökonomische Belastungsfaktoren und mangelnde Ressourcen, aber auch eigene Gewalterfahrungen im Kindesalter[232] sowie (auf Täterseite) alkohol- und drogeninduzierte Enthemmungen.[233] Eine in Mecklenburg-Vorpommern durchgeführte Untersuchung ergab in Hinblick auf Zusammenhänge zwischen Alkoholkonsum und „häuslicher Gewalt", dass mindestens in

reiche Phänomen tödlicher Gewalt in Paarbeziehungen verstärkt Beachtung, *Schneider*, ZRP 2021, 183.

227 *Greuel*, in: Lorei, Tagungsband Polizei & Psychologie, S. 65, m. w. N.

228 LKA NRW, Tötungsdelikte zum Nachteil von Frauen, S. 33.

229 LKA NRW, Tötungsdelikte zum Nachteil von Frauen, S. 33: „explizite Frauenfeindlichkeit".

230 *Greuel*, Gewalteskalation in Paarbeziehungen, S. 44 ff.; *Dienstbühl/Üzüm*, Sexualdelikte, S. 20, unter Hinweis auf eine „komplexe Konstellation von sexuellen Wünschen und Konflikten, die hochgradig dynamisch und nach einem eigenen Regelwerk funktionieren"; grundlegend *Marneros*, Tötung des Intimpartners, passim.

231 *Kischkel*, FamRZ 2022, 837 (840).

232 Hierzu *Sabas*, Häusliche Gewalt, S. 70 ff.: „Den ‚Prügelkreislauf' als Eltern stoppen."

233 *Schröttle/Khelaifat*, Sekundäranalyse: Gesundheit – Gewalt – Migration, S. 63 ff.

durchschnittlich jedem zweiten Sachverhalt der Täter alkoholisiert war, wobei im Durchschnitt eine Atemalkoholkonzentration (AAK) von 1,89 ‰ festgestellt wurde. Gleichzeitig wurde festgestellt, dass die Gefährlichkeit der Angriffe und die Folgen der Angriffe mit zunehmendem Alkoholisierungsgrad der Täter zunahmen.[234] Die Ergebnisse zu sozio-ökonomischen Belastungsfaktoren werden auch durch Untersuchungen in den USA belegt, die einen signifikanten Zusammenhang zwischen geringer Bildung, Arbeitslosigkeit, geringer Höhe des Haushaltseinkommens und Partnergewalt konstatieren.[235] Allerdings ist im Hinblick auf die berufliche und ökonomische Situation der Paare grundsätzlich festzustellen, dass die berufliche Situation und Einkommenslage der Frau weniger eine Rolle spielt als vielmehr die des Partners bzw. des Haushalts insgesamt.[236]

### 4. Hochrisikofälle

Als besonders risikoreich sind die Situation der „Trennungsankündigung" (Verbalisierung der Trennungsabsicht) sowie die „letzte Aussprache" (Trennungssituation als Hochrisikofaktor[237]) anzusehen.[238] In der akuten Trennungsphase ist das Risiko als besonders hoch einzuschätzen.

Im Zuge einer Untersuchung von Intimiziden im Trennungskonflikt stellte *Burgheim* als signifikant heraus, dass die Tötungshandlungen meist eine Entwicklung eines zuvor gewaltsam ausgetragenen Konflikts darstellen. Das bedeutet, dass die Tötungshandlung infolge vorheriger Gewalt eskalierte.[239] Diese Erkenntnisse sprechen gegen Affekttaten.[240]

Ein Definitionsvorschlag für einen „Hochrisikofall" wurde von der IMK[241] im Dezember 2015 nach Kenntnisnahme des Berichts „Management von Hochrisikofällen häuslicher Gewalt und Stalking" vorgeschlagen:[242]

---

234 *Becker*, Die Polizei 2020, 179 (182).

235 Nachweise bei *Kischkel*, FamRZ 2022, 837 (839).

236 *Wagener/Schiewek*, Polizeiliche Berufsethik, S. 193.

237 *Gatzke/Averdiek-Gröner*, Häusliche Gewalt, S. 36: „Hochrisikofälle"; *Lütgert/Lambrecht*, Tötungsdelikte an Frauen in (Ex-)Intimbeziehungen, S. 8: Trennungsabsichten als „Konflikt verschärfende Ereignisse".

238 Zur Dynamik von Beziehungsgewalt *Jarchow/Rabitz-Suhr*, Die Polizei 2010, 229 ff.

239 *Burgheim*, Entstehung und Verlauf von Tötungsdelikten bei Partnertrennungen, S. 102.

240 *Gammon/Klein*, Kriminalistik 2019, 654 (655).

241 Ständige Konferenz der Innenminister und -senatoren der Länder (IMK) In dieser Konferenz haben sich die Innenminister zusammengeschlossen, um unter Mitwirkung des Bundesministeriums des Innern (BMI) zentrale Koordinierungen und (Vor-)Entscheidungen zu Sicherheitsfragen zu erarbeiten und zu treffen. Die Innenministerkonferenz tagt seit 1954 unter wechselndem Vorsitz i. d. R. zweimal im Jahr, sofern nicht aktuelle politische Entwicklungen oder Gefahrenlagen Sondersitzungen erforderlich werden lassen; zur Arbeitsweise der IMK *Möllers*, in: Möllers, WB-Polizei: „IMK".

242 Bericht der länderoffenen Arbeitsgruppe des AK II unter Beteiligung des UA FEK, des UA RV und der AG Kripo v. 8.10.2015, S. 12; hierzu *Gatzke/Averdiek-Gröner*, Häusliche Gewalt, S. 36 f.

**Definition**

Ein Hochrisikofall von häuslicher Gewalt/Stalking ist anzunehmen, wenn die konkrete Gefahr der Begehung eines Tötungsdeliktes besteht. Für das Vorliegen einer solchen Gefahr kann sprechen,

- dass sich die betroffene Person (und ihre Kinder bzw. ihr/e neue/r Lebenspartner/in) mit dem Tode bedroht fühlt,
- dass der Gefährder konkrete und ernst zu nehmende Todesdrohungen gegenüber der Betroffenen bzw. Dritten offenbart hat,
- dass sie sich konkludent aus der Art und Intensität aktueller oder früherer Handlungen ergibt,
- dass aus Sicht der in den Fall involvierten Behörden und Institutionen tatsächliche Anhaltspunkte für diese Bedrohung vorliegen.

Im Rahmen des polizeilichen Ersteinschreitens ist die Einschätzung der Situation im Rahmen der Erstintervention aufgrund der zu dieser Zeit nur rudimentär zur Verfügung stehenden Informationen kaum möglich. Von entscheidender Bedeutung wird daher sein, im Rahmen der ersten Maßnahmen relevante Informationen für die anschließende Bewertung der Sachbearbeitung zusammenzutragen.[243]

### 5. Opfergefährdungsindikatoren

Menschliches Verhalten ist komplex und abhängig von Umweltbedingungen. Im Rahmen einer ersten Beurteilung wird vor allem die subjektive Risikoeinschätzung der „betroffenen" Frau eine gewichtige Rolle spielen.[244] Bei Fehleinschätzungen diesbezüglich dürfte das Risiko eher unterschätzt und nicht überschätzt werden. Oftmals ist davon auszugehen, dass im Umfeld des Opfers bereits Erkenntnisse vorliegen, die auf eine erhöhte Opfergefährdung hindeuten. Sinnvoll und zielführend kann hier nur eine umfassende Aufklärung des „Umfeldes" sein, da die Polizei regelmäßig über derlei Erkenntnisse nichts erfährt. Die Einschätzung der Gefährdung potenziell betroffener Opfer war Gegenstand mehrerer Studien.

Zu den Risikofaktoren sowohl für Gewalt in der Partnerschaft als auch für sexuelle Gewalt gehören nach Angaben der Weltgesundheitsorganisation (World Health Organization – WHO) folgende Aspekte:[245]

---

243 *Gatzke/Averdiek-Gröner*, Häusliche Gewalt, S. 37.

244 Zur Gefährlichkeitsprognose bzw. Interventionsplanung auch *Bock*, StV 2007, 269 (273).

245 WHO, Violence Against Women; https://www.who.int/news-room/fact-sheets/detail/violence-against-women [29.12.2023]; hierzu auch *Schröttle/Khelaifat*, Sekundäranalyse: Gesundheit – Gewalt – Migration, S. 63 ff.; *Kischkel*, FamRZ 2022, 837 (839).

- „niedrigeres Bildungsniveau (Ausübung sexueller Gewalt und Erfahrung sexueller Gewalt),
- eine Vorgeschichte der Exposition gegenüber Kindesmisshandlung (Begehung und Erfahrung),
- Zeuge von Gewalt in der Familie (Täterschaft und Erfahrung),
- antisoziale Persönlichkeitsstörung (Täterschaft),
- schädlicher Alkoholkonsum (Begehung und Erfahrung),
- schädliche männliche Verhaltensweisen, einschließlich mehrerer Partner oder Einstellungen, die Gewalt (Täterschaft) gutheißen,
- Gemeinschaftsnormen, die Männern einen höheren Status und Frauen einen niedrigeren Status einräumen,
- geringer Zugang von Frauen zu bezahlter Beschäftigung und
- geringes Maß an Gleichstellung der Geschlechter (diskriminierende Gesetze usw.).

Zu den Faktoren, die speziell mit Gewalt in der Partnerschaft in Verbindung gebracht werden, gehören:

- in der Vergangenheit war man Gewalt ausgesetzt,
- Zwistigkeiten und Unzufriedenheit in der Ehe,
- Schwierigkeiten bei der Kommunikation zwischen den Partnern und
- männliche Kontrollverhaltensweisen gegenüber ihren Partnerinnen.

Zu den Faktoren, die speziell mit der Begehung sexueller Gewalt in Verbindung gebracht werden, gehören:

- der Glaube an die Familienehre und die sexuelle Reinheit,
- Ideologien männlicher sexueller Anspruchsberechtigung und
- schwache rechtliche Sanktionen für sexuelle Gewalt.“

Die Ungleichheit zwischen den Geschlechtern und die Normen über die Akzeptanz von Gewalt gegen Frauen sind zwei der Hauptursachen für Gewalt gegen Frauen.

Von *Stürmer*[246] werden verschiedene Indikatoren genannt, die vorsichtig zu interpretieren, sensibel zu bewerten und immer in der Gesamtschau zu prüfen sind:

- Soziale Desintegration
- Familiäre Belastungsmomente
- Statusbeeinträchtigungen

---

246 *Stürmer*, in: Schröder/Berthel, Gewalt im sozialen Nahraum, S. 60.

- Konfliktverschärfende Ereignisse
- Selbstwertbelastende Ereignisse
- Deutlich ausgeprägte Minderwertigkeitsgefühle
- Leichte Verfügbarkeit von Waffen.

Von besonderer Bedeutung ist es, so früh wie möglich relevante Risikofaktoren zu erkennen. Liegen ein oder mehrere Risikofaktoren vor, ist dies zumindest ein Fingerzeig dafür, dass die Gewaltbereitschaft zunimmt.

### 6. Gefährdungsanalyse, Risikoanalysemodelle

#### a) Ontario Domestic Assault Risk Assessment (ODARA)

Seit knapp einem halben Jahrhundert werden Prognoseinstrumente entwickelt, um das Risiko für (erneute) Gewalt- und Sexualstraftaten zu beurteilen.

Hinzuweisen ist auf folgende Risikoanalysemodelle:[247]

- SORAG (Sex Offender Risk Appraisal Guide)
- VRAG (Violence Risk Appraisal Guide)
- VRAG-R (Violence Risk Appraisal Guide-Revised)[248]
- VRS-SO (Violence Risk Scale – Sexual Offense Version)[249]
- Octagon-Intervention (Bedrohungsmanagement nach dem Prinzip des „good judgements")
- ODARA (Ontario Domestic Assault Risk Assessment)
- Danger Assessment (DA)
- FOTRES (Forensisches Operationalisiertes Therapie-Risiko-Evaluations-System).

Zumeist handelt es sich bei den Risikoanalysemodellen um Verfahren, die aufgrund von Gruppenstatistiken Rückschlüsse auf den Einzelfall zulassen. Einen anderen Ansatz verfolgt FOTRES. Im Zentrum dieses Modells stehen der Einzelfall und die Identifizierung des spezifischen Deliktmechanismus, mithin die psychologische Erklärung der Tat. Beschrieben werden forensisch relevante Personenmerkmale. Denn Krankheit und Gefährlichkeit sind unterschiedliche Phänomene. Darum braucht es ein solches spezialisiertes diagnostisches System, um den Einzelfall mit all seinen Besonderheiten möglichst differenziert abzubilden.[250] Auch Gerichte greifen

247 Zu weiteren Risikoanalysemodellen *Kirchhoff/Wolf*, Kriminalprognose, S. 32 ff.

248 Hierzu *Rettenberger/Hertz/Eher*, Violence Risk, S. 7.

249 *Carl/Lösel*, MschrKrim 2024, 102 ff.

250 *Urbaniok*, FOTRES, passim.

bei der Beurteilung von Rückfallrisiken auf entsprechende (FOTRES-)Gutachten zurück.[251]

Die Polizei ist gehalten, entsprechende Risikoanalysemodelle einzusetzen und professionell durchzuführen – empfohlen werden Ontario Domestic Assault Risk Assessment (ODARA) und/oder das Danger Assessment (DA).[252]

Als das am ausführlichsten validierte Risk-Assessment-Instrument im Bereich der häuslichen Gewalt gilt ODARA (Ontario Domestic Assault Risk Assessment).[253] Es handelt sich um ein aktuarisches Prognoseinstrument zur Vorhersage des Risikos häuslicher Gewaltrückfälligkeit bei männlichen Tätern, die bereits einmal einschlägig aufgrund von Gewalttaten gegenüber ihrer aktuellen bzw. früheren Partnerin polizeibekannt sind bzw. angezeigt wurden.[254] Ökonomie und Item-Erhebung wurden speziell für den polizeilichen Anwender konzipiert. Darüber hinaus ist auch die Zielprognose für die Polizei angepasst aufgestellt worden und kann so optimal die Arbeit im Bereich der „häuslichen Gewalt“ unterstützen.[255] Folgemaßnahmen können fachlich argumentiert und Risikoprognosen empirisch begründet werden. Der Opferschutz kann mit validen Zahlen unterstützt werden.

Verfolgt wird folgende Zielsetzung:[256]

- frühzeitiges Herausfiltern hochrisikobehafteter Fälle,
- priorisierte Bearbeitung,
- interdisziplinäre Zusammenarbeit.

Das Modell wurde in Kanada anhand einer repräsentativen Stichprobe von N = 589 häuslichen Gewalttätern aus polizeilichen Systemen entwickelt.[257] Bei dieser Längsschnittstudie wurden 13 Risikofaktoren empirisch ermittelt, die mit häuslicher Gewaltrückfälligkeit im Zusammenhang standen.[258]

---

251 OLG Jena, Beschl. v. 23.3.2006 – 1 Ws 105/06, NStZ 2007, 421.

252 Hierzu im Überblick *Frießnegg*, DPolBl 2/2025, 8 ff.; zum Bedrohungsmanagement im Polizeipräsidium München exemplarisch *Wappler*, VM 2025, 232 ff.

253 Der praktische Gebrauchswert validierter und standardisierter Instrumente zum Erkennen von Hochrisikofällen als zusätzliche Informationsquelle wird zwar als „sehr hoch“ eingeschätzt, ist gleichwohl aber „kritisch im Auge zu behalten“; *Vogt/Giljohann*, Kriminalistik 2025, 130: „Befundlage zur Treffsicherheit von ODARA […] lässt im deutschsprachigen Raum beispielsweise keine verlässlichen Schlüsse bezüglich der Validität zu.“

254 Zur Rückfälligkeit (auch) im Kontext häuslicher Gewalt *von Buch/Müller/Köhler*, Rechtspsychologie, S. 85.

255 *Kirchhoff/Wolf*, Kriminalprognose, S. 46.

256 Die Risikoanalyse nach ODARA wird auch justiziell zugrunde gelegt, z. B. im Hinblick auf die Prüfungen der Voraussetzungen einer Wohnungsverweisung, VG Schwerin, Beschl. v. 14.12.2022 – 7 B 1671/22 SN.

257 Hierzu *Kirchhoff/Wolf*, Kriminalprognose, S. 45 f.

258 Zur Methodik vom ODARA *Sentürk/Wesemüller/Rettenberger*, RPsych 2016, 330 (333 ff.).

Das (ODARA-)Modell verfügt über eine hohe Trennschärfe für die Schätzung des Rückfallrisikos und setzt bei der Beantwortung der Fragen kein klinisches Expertenwissen voraus. Es werden, vergleichbar mit einer Checkliste, 13 Risikofaktoren vor Ort ermittelt. Je nach Anzahl der zu bejahenden Risikofaktoren kann eine prozentuale Rückfallwahrscheinlichkeit angenommen werden.[259] Einige ODARA-Items werden in Bezug auf Merkmale des Index-Übergriffs gewertet.[260] Andere werden aufgrund von Ereignissen gewertet, die vor dem Index-Übergriff stattfanden. Informationen, die sich auf Ereignisse beziehen, die zu einem separaten Anlass nach dem Index-Übergriff stattfanden, werden bei einer ODARA-Wertung nicht berücksichtigt.

**Ontario Domestic Assault Risk Assessment (ODARA)[261]**

| | Risikofaktoren | Bewertungskriterien (exemplarisch) |
|---|---|---|
| 1 | Früherer häuslicher Vorfall | ▪ Vorfall, der zu einem separaten Anlass vor dem Index-Übergriff stattfand<br>▪ Früherer Übergriff hat sich mindestens 24 Stunden vor dem Index-Überfall ereignet |
| 2 | Früherer nicht-häuslicher Vorfall | ▪ Vorfall, der sich zu einem separaten Anlass vor dem Index-Übergriff ereignete<br>▪ Opfer, das irgendeine andere Person als die aktuelle oder frühere Lebenspartnerin des zu beurteilenden Mannes oder deren Kinder ist |
| 3 | Frühere Freiheitsstrafe von 30 Tagen oder mehr | ▪ Strafe, die vor dem Index-Übergriff gefällt wurde<br>▪ Strafe, die zu einer Inhaftierung führte |
| 4 | Versagen bei früherer bedingter Entlassung | ▪ Aktenkundiger Verstoß gegen eine bedingte Entlassung, unabhängig davon, ob Person dafür verhaftet oder angeklagt wurde oder nicht |
| 5 | Drohung beim Index-Übergriff zu verletzen oder zu töten | ▪ Drohung, irgendeine Person physisch zu schädigen<br>▪ Drohung während des Index-Übergriffs unabhängig davon, ob sie ausgeführt wurde oder nicht |
| 6 | Einsperren der Partnerin beim Index-Übergriff | ▪ Einsperren der Partnerin, die das Opfer des Index-Übergriffs ist<br>▪ Handlung, mit der der zu beurteilende Mann physisch das Opfer daran hinderte oder versuchte es zu hindern, den Ort zu verlassen<br>▪ Einsperren während des Index-Übergriffs unabhängig davon, ob das Opfer den Ort letztlich verließ |

259 *Bley*, Kriminalwissenschaften, S. 194 f.; *Becker/Michelmann*, FPR 2011, 214 (218).

260 Index-Übergriff ist der zeitnaheste polizeilich bekannte Vorfall, bei dem der Mann gewalttätig gegenüber einer Lebenspartnerin wurde.

261 https://www.knfp.ch/prognose/odara [25.4.2025].

| | Risikofaktoren | Bewertungskriterien (exemplarisch) |
|---|---|---|
| 7 | Besorgnis des Opfers | ■ Aussage der Partnerin, die das Opfer des Index-Übergriffs ist<br>■ Aussage in den ersten Berichten des Opfers gegenüber der Polizei oder gegenüber Opferberatungsstellen, falls die Information nicht für die Polizei verfügbar war, auch wenn sie anschließend keine Besorgnis mehr äußerte |
| 8 | Mehr als ein Kind | ■ Leibliche oder adoptierte Kinder des zu beurteilenden Mannes<br>■ Leibliche oder adoptierte Kinder der Partnerin, die das Opfer des Index-Übergriffs ist |
| 9 | Leibliches Kind des Opfers von einem früheren Partner | ■ Leibliche Kinder der Partnerin, die das Opfer des Index-Übergriffs ist<br>■ Minderjährige oder erwachsene Kinder<br>■ Kinder, die beim Opfer oder anderswo leben |
| 10 | Gewalt gegen andere | ■ Gewalthandlung, die von dem zu beurteilenden Mann verübt wurde<br>■ Vorfall, der sich zu einem separaten Anlass vor dem Index-Übergriff ereignete<br>■ Opfer, das irgendeine andere Person als die aktuelle oder frühere Lebenspartnerin des zu beurteilenden Mannes oder deren Kinder ist |
| 11 | Substanzmissbrauch | ■ Alkoholkonsum unmittelbar vor oder während des Index-Übergriffs<br>■ Drogenkonsum unmittelbar vor oder während des Index-Übergriffs |
| 12 | Übergriff auf das Opfer während der Schwangerschaft | ■ Gewalthandlung, die von dem zu beurteilenden Mann verübt wurde<br>■ Schwangerschaft des Opfers zum Zeitpunkt des Übergriffs |
| 13 | Barrieren der Opferunterstützung | ■ Opfer des Index-Übergriffs hat ein oder mehrere Kinder im Alter von 18 Jahren oder jünger, die bei ihr wohnen und für die sie sorgt<br>■ Opfer hat kein Telefon (d. h., kein Mobiltelefon und kein Festnetztelefon zu Hause)<br>■ Opfer ist geografisch isoliert (d. h., sie lebt in einer ländlichen Gegend mit niemandem, der in der Nähe wohnt) |

Die 13 Items werden geprüft und entweder als vorhanden oder nicht vorhanden abgehakt. Jedes ODARA-Item wird mit 0 oder 1 bewertet und der Gesamtwert entspricht der Summe aller Itemwerte. Demnach können im ODARA Werte zwischen 0 und 13 erreicht werden. Je mehr dieser Items als vorhanden markiert werden, desto wahrscheinlicher ist ein erneuter

Übergriff in Form von häuslicher Gewalt. Alle 13 Items werden gleich gewichtet. In Rheinland-Pfalz wird beispielsweise von einem Hochrisikofall ausgegangen, wenn fünf der 13 Items als vorhanden eingestuft werden.[262] Die ermittelte Interrater-Reliabilität in der ersten Validierungsstudie des ODARA an einer repräsentativen Stichprobe männlicher und weiblicher Probanden aus Deutschland, die aufgrund häuslicher Gewalttaten polizeibekannt wurden, wird unter Bezugnahme auf die von *Joseph Fleiss* 1981 angegebenen Richtwerte, wonach Beurteilerübereinstimmungen ab einem Wert von ICC = 75 als exzellent angesehen werden können,[263] als zufriedenstellend gelten.[264]

ODARA ist für die Risikoprognose durch Polizeibeamte geeignet, um Folgeentscheidungen zu unterstützen und Prozesse ökonomischer und transparenter zu machen.[265]

#### b) Danger Assessment (DA)

Ziel des DA ist es, die Wahrscheinlichkeit eines Tötungsdeliktes oder beinahe tödlich endenden Deliktes in Fällen häuslicher Gewalt vorherzusagen. Dies geschieht lediglich durch Informationen aus einem Gespräch mit dem Opfer, welches zweigliedrig erfolgt. Im Gegensatz zum ODARA werden die Daten mithin nicht durch Recherchen in polizeilichen Auskunftssystemen, sondern anhand der Angaben des Opfers erhoben. Im ersten Schritt wird dem Opfer ein Kalender vorgelegt, in dem es Tage markieren soll, an denen es zu Gewalt kam. Die Tage sollen je nach Schwere der Gewalt mit Ziffern von 1–5 kategorisiert werden (von „1 = Schlag mit offener Hand/Schubsen ohne Verletzung" bis „5 = Waffengebrauch/Verletzung durch Waffengebrauch"). Im zweiten Schritt beantwortet das Opfer 20 (Katalog-)Fragen. Alle Antworten sind – wie beim ODARA – mit Ja oder Nein (vorhanden oder nicht vorhanden) zu beantworten:

**Danger Assessment (DA)**[266]

1. Hat die körperliche Gewalt im letzten Jahr an Schwere und/oder Häufigkeit zugenommen? [1 Pkt.]
2. Besitzt Ihre(e) Partner(in) eine Schusswaffe? [5 Pkt.]

262 *Derks/Frießnegg*, Gefährdungsanalyse Häusliche Gewalt, S. 119 f.

263 *Fleiß*, Statistical methods for rates and proportions, passim.

264 *Sentürk/Wesemüller/Rettenberger*, RPsych 2026, 330 (338).

265 *Kirchhoff/Wolf*, Kriminalprognose, S. 46.

266 https://www.dangerassessment.org/DA.aspx [30.12.2023]; Fragenkatalog auch bei *Derks/Frießnegg*, Gefährdungsanalyse Häusliche Gewalt, S. 131 f.

3. Haben Sie sich von Ihrem Partner oder Partnerin getrennt, nachdem Sie mit ihm/ihr zusammengelebt haben? [5 Pkt.]

   Haben Sie niemals mit ihm zusammengelebt? [- 3 Pkt.]
4. Ist er/sie arbeitslos? [4 Pkt.]
5. Hat Sie Ihr(e) Partner(in) jemals mit einer Waffe verletzt oder bedroht? [3 Pkt.]
6. Hat Ihr(e) Partner(in) gedroht, Sie zu töten? [3 Pkt.]
7. Konnte Ihr(e) Partner(in) schon einmal einer Verhaftung wegen häuslicher Gewalt entgehen? [3 Pkt.]
8. Haben Sie ein Kind oder Kinder aus einer anderen Beziehung? [2 Pkt.]
9. Hat Ihr(e) Partner(in) Sie schon zu Sex gezwungen, obwohl Sie das nicht wollten? [2 Pkt.]
10. Hat Ihr(e) Partner(in) Sie schon gewürgt oder versucht zu ersticken? [1 Pkt.]
11. Konsumiert Ihr(e) Partner(in) illegale Drogen? (z. B. Kokain, Heroin, Meth, oder Amphetamine wie Speed) [1 Pkt.]
12. Trinkt Ihr(e) Partner(in) häufig Alkohol und ist betrunken? [1 Pkt.]
13. Kontrolliert Ihr(e) Partner(in) Ihre täglichen Aktivitäten und bestimmt z. B., mit wem Sie sich treffen können, wie viel Geld Sie verwenden dürfen oder wie viele Freiheiten Sie haben? (Auto fahren, Familie treffen, selbst etwas unternehmen) [1 Pkt.]
14. Ist Ihre(e) Partner(in) ständig extrem eifersüchtig? („Du gehörst mir allein") [1 Pkt.]
15. Wurden Sie jemals geschlagen, als Sie schwanger waren? [1 Pkt.]
16. Hat Ihr(e) Partner(in) Ihnen schon mit Suizid gedroht oder versucht, sich umzubringen? [1 Pkt.]
17. Hat Ihr(e) Partner(in) Ihnen schon gedroht, eigenen oder gemeinsamen Kindern etwas anzutun? [1 Pkt.]
18. Glauben Sie, dass Ihr(e) Partner(in) in der Lage ist, Sie zu töten? [1 Pkt.]
19. Fühlen Sie sich von Ihre(m) Partner(in) ständig kontrolliert und ausspioniert? (z. B. zahlreiche Nachrichten, Drohbriefe, ständige Anrufe) [1 Pkt.]
20. Haben Sie jemals an Suizid gedacht, damit gedroht oder bereits versucht, sich das Leben zu nehmen? [1 Pkt.]

Nicht alle Fragen bzw. Antworten werden gleich bewertet. Es werden unterschiedliche Punkte vergeben. Bei einem Punktergebniswert von 0–7 wird von einer variierenden Gefahr[267] gesprochen, 8–13 Punkte führen zu

267 Der Begriff der variierenden Gefahr wurde gewählt, um Opfern nach einer gegen sie gerichteten Gewalttat nicht zu sagen, dass ihre Situation ungefährlich sei, vgl. *Derks/Frieß-*

einer Einschätzung als erhöhte Gefahr, zwischen 14 und 17 Punkten wird eine ernste Gefahr angenommen, und ab 18 Punkten geht das Instrument von einer extremen Gefahr aus.[268]

> Die Zugrundelegung der Faktoren entbindet nicht von einer Einzelfallbeurteilung. Unter Umständen kann bereits das Vorliegen eines einzelnen Faktors ein Anhaltspunkt für ein erhöhtes Risiko sein. Liegen aber mehrere Faktoren vor, ist von einer erhöhten Wahrscheinlichkeit eines zukünftigen schweren Vorfalls auszugehen.

Ziel jedes behördlichen Einschreitens wegen häuslicher Gewalt ist die Gewährleistung der Sicherheit der gefährdeten Personen. Die Rechtsprechung des EGMR fordert dabei ein mehrstufiges Vorgehen:[269]

- die Behörden haben unverzüglich auf Verdachtsmomente häuslicher Gewalt zu reagieren,
- die Behörden haben eine eigenständige, proaktive und umfassende Gefährdungsanalyse unter besonderer Berücksichtigung der speziellen Dynamik häuslicher Gewalt durchzuführen,
- wird den Behörden auf Basis der Gefährdungsanalyse reales, unmittelbares Risiko für das Leben einer Person bekannt oder erkennbar, müssen sie unverzüglich präventive Maßnahmen zur Abwendung dieser Gefahr ergreifen.[270]

Der EGMR hat in einem Fall mehrfach die Methodik der Risikobewertung kritisiert, vor allem die fehlende Anwendung standardisierter, international anerkannter und evidenzbasierter Instrumente.

### 7. Fallkonferenzen

Fallkonferenzen stellen eine besondere Form der behörden- und institutionsübergreifenden Zusammenarbeit der beteiligten Akteure dar.[271] Durch Fallkonferenzen wird der Fokus auf die Verantwortung und Handlungsfähigkeit zum Opferschutz gelegt und eine verschärfte Wachsamkeit aller Einrichtungen durch „wiederkehrend oder turnusmäßig durchgeführte, interinstitutio-

---

*negg*, Gefährdungsanalyse Häusliche Gewalt, S. 131.

268 *Derks/Frießnegg*, Gefährdungsanalyse Häusliche Gewalt, S. 130 f.

269 EGMR, Urt. v. 15.6.2021, 62903/15, NKMR 2021, 221 (Kurt gg. Österreich): Staatliche Verantwortlichkeit im Zusammenhang mit der Tötung eines Achtjährigen durch seinen Vater.

270 *Stiebellehner*, NLMR 2021, 303 (311).

271 *Schmoll/Lampe/Holthusen*, Jugendgerichtshilfebarometer, S. 159. Der Gesetzgeber hat Fallkonferenzen als mögliche Formen der Zusammenarbeit besonders betont, BT-Drs. 19/26107, 107, zum Kinder- und Jugendstärkungsgesetz (KJSG).

nelle Beratungen“[272] für hochgefährliche Situationen initiiert.[273] Die Polizei nimmt zunächst den Sachverhalt auf und führt noch vor Ort die Gefahrenprognose durch. Danach erfolgt möglichst frühzeitig eine Weiterleitung an die zuständigen (kriminal)polizeilichen Stellen. Anschließend wird mit den Opfern Kontakt aufgenommen und ggf. zu einer Fallkonferenz geladen.[274]

## VIII. Gewaltprävention

### 1. Interventionsebenen

Gewaltprävention ist eine gesamtgesellschaftliche Aufgabe[275] und ein partizipatorisches Projekt.[276] Es beinhaltet Prävention im Sinne langfristiger vorbeugender Arbeit (primär), Interventionsstrategien zum Verhalten in aktuellen Gewalt- und Konfliktsituationen (sekundär) sowie Maßnahmen zur Konfliktregelung und Nachbearbeitung von Gewaltsituationen (tertiär).[277] Es muss auf mehreren Ebenen gleichzeitig gehandelt werden, wenn Gewalt verhindert, reduziert oder gestoppt werden soll. Erforderlich sind schnelle und zielgerichtete Interventionen.[278] Im Überblick sind folgende Interventionsebenen von entscheidender Relevanz (exemplarisch):[279]

| **Mikroebene (Zielgruppe)** | **Mesoebene (Organisationen)** | **Makroebene (Staat/Politik)** |
|---|---|---|
| ■ Unterstützung, Beratung<br>■ Aufklärung<br>■ Förderung Selbsthilfe<br>■ Sensibilisierung<br>■ Stärkung Selbstbewusstsein[280] | ■ Aus-/Fortbildung (Polizei u. a.)<br>■ Forschung<br>■ Vernetzung<br>■ Verbesserung Präsenz<br>■ Hilfsangebote | ■ Umsetzung EU-Recht<br>■ Aktionspläne<br>■ Schutz (Straf-/Zivilrecht)<br>■ Gesetzesevaluation |

272 *Kölbel*, in: Eisenberg/Kölbel, JGG, § 37a Rn. 12.

273 Hierzu *Derks/Frießnegg*, Gefährdungsanalyse Häusliche Gewalt, S. 21, 24, 109.

274 *Bley*, Kriminalwissenschaften, S. 196.

275 *Schmidbauer*, DPolBl 3/2003, 21 (26).

276 In der Praxis gibt nicht selten die Polizei den Anstoß zu einem Agieren in einem gesamtgesellschaftlichen Kontext – Polizei als „Kümmerer“. Der Ansatz, dass die Polizei den „Motor entsprechender Bemühungen“ bildet, hat sich dabei bewährt; hierzu *Bubenitschek/Greulich/Wegel*, Kriminalprävention, S. 14 ff.

277 *Hohendorf*, Bewältigungsstrategien von Frauen und Männern bei Partnergewalt, S. 36.

278 *Vogt/Giljohann*, Kriminalistik 2025, 450 (452).

279 *Hohendorf*, Bewältigungsstrategien von Frauen und Männern bei Partnergewalt, S. 37 f.; *Blum*, Opferschutz und Opferhilfe, S. 107 ff.

280 Mit einer wissenschaftlichen Analyse sog. Selbstbehauptungstrainings *Bubenitschek/Greulich/Wegel*, Kriminalprävention, S. 133 ff.

Zur Prävention häuslicher Gewalt in Deutschland gehört etwa auch der sog. AinoAidTM Chatbot, der als anonyme 24/7 erreichbare Informationsplattform Betroffenen eine niedrigschwellige erste Anlaufstelle bietet, um sich geschützt zu informieren und Hilfe zu finden.[281]

## 2. Schutzhäuser für Frauen und Männer

Da vonseiten staatlicher Organe und der traditionellen Wohlfahrtsverbände Schutz und Unterstützung für von Gewalt ihrer Partner betroffene Frauen in keiner Weise gewährleistet wurden, organisierte die Frauenbewegung in den 1970er-Jahren eigene Schutzeinrichtungen für gewaltbetroffene Frauen und Kinder: Es entstanden Frauenhäuser, Notrufe und Beratungsstellen für Frauen.[282] Als Zufluchtsorte für Betroffene von Gewalttaten, die aus Sicherheitsgründen nicht in ihrer eigenen Wohnung bleiben können, dienen Frauen- und Männerhäuser, die neben „Schutz und Beratung auch ein Wohnen auf Zeit [bieten]“[283]. In Europa löste das „International Tribunal on Crimes Against Women“ Aktivitäten aus, die in der Bundesrepublik in die Gründung von Frauenhäusern mündeten.[284] Das erste Frauenhaus wurde 1971 in London gegründet. In Deutschland entstand das erste Frauenhaus in Berlin im Jahr 1976. Mittlerweile existieren in Deutschlandweit rund 400 Frauenhäuser, in denen laut Hochrechnung im Jahr 2023 etwa 14.200 Frauen und 16.000 Kinder Schutz suchten.[285]

Mit der Einrichtung von Frauenhäusern wurde das Problem der Gewalt gegen Frauen und Kinder öffentlich gemacht und enttabuisiert. Kein Land, keine Stadt, keine Kommune konnte nach der Einrichtung eines Frauenhauses mehr behaupten: „Bei uns gibt es dieses Problem nicht.“[286]

Die Schutzhäuser bieten Frauen und Männern[287] aus Misshandlungsbeziehungen neben (akutem) Schutz und Geborgenheit die Chance, ein eigenständiges und selbstbestimmtes Leben zu beginnen.[288] Zwar sehen Frauenhäuser konzeptionell vor,

---

281 Hierzu *Vogt/Giljohann*, Kriminalistik 2025, 450 ff.

282 *Wagener/Schiewek*, Polizeiliche Berufsethik, S. 189. Etwaige Befürchtungen von Anwohnern („unzumutbare Nachbarbeeinträchtigungen“) wurden von Gerichten nicht geteilt, z.B. VGH Kassel, Beschl. v. 29.4.1992 – 3 TH 691/92, NVwZ 1992, 994, mit Hinweis auf Frauenhäuser als „Anlage für soziale Zwecke“.

283 *Thie*, Blätter der Wohlfahrtspflege 2013, 64; hierzu auch *Sabas*, Häusliche Gewalt, S. 120 ff.: „Letzte Rettung Frauenhaus.“

284 *Lamnek* et al., Tatort Familie, S. 26.

285 LT-Drs. 18/15702 (NRW) v. 17.9.2025, S. 1.

286 *Lamnek* et al., Tatort Familie, S. 27.

287 *Pollich*, in: Frevel, Kriminalität, S. 256; *Hollenberg/Keller*, Kriminalistik 2024, 560 (567).

288 Zur Frage, inwieweit dieser Veränderungsprozess auch nach dem Frauenhausaufenthalt begleitet und gefördert werden kann, *Ziegler*, Wendepunkt Frauenhaus? passim.

> „dass Frauen selbst entscheiden, wann sie das Frauenhaus verlassen möchten. Die Realität sieht jedoch vielfach anders aus. Auf der einen Seite verstärkt sich der Druck der Kostenträger, die Aufenthaltsdauer der betroffenen Frauen im Frauenhaus möglichst kurz zu halten. Auf der anderen Seite gestaltet sich die Wohnungssuche oft und zunehmend schwierig“[289]

und soll nicht im Obdach- und Wohnungslosenwesen münden.[290] In Umsetzung der Istanbul-Konvention normiert das am 27.2.2025 verkündete Gewalthilfegesetz,[291] dass für jeden Betroffenen ein bedarfsgerechtes Netz an Schutz- und Beratungsangeboten bundesweit zur Verfügung gestellt wird.

### 3. Multi Agency Risk Assessment Conference (MARAC-Prozess)

Die für die Umsetzung der Istanbul-Konvention verantwortliche Institution GREVIO (Council of Europe Group of Experts on Action against Violence against Women and Domestic Violence)[292] hat u. a. neben der Spousal Assault Risk Assessment (SARA)[293] auch die Multi-agency Risk Assessment Conference (MARAC) empfohlen.[294] Der Ablauf eines MARAC-Prozesses für die Risikoeinschätzung und Sicherheitsplanung zur Prävention bei besonders gefährdeten Opfern kann nach *Bley* (abstrakt) wie folgt ablaufen:[295]

- Identifikation von Fällen,
- Kontakt mit Betroffenen (Erhebung der Kriterien: frühere Drohungen, Verstoß gegen Wohnungsverweisung u. a.),
- Aussenden der Fallliste,
- Vorbereitung/Recherche in Einrichtungen, Einbeziehung der Opfer, i. d. R. Zustimmung des Opfers,
- Fallkonferenz (Hochrisikofälle),
- Information Betroffener,
- Durchführung der Maßnahmen,
- Follow-up in der Fallkonferenz.

---

289 *Thie*, Blätter der Wohlfahrtspflege 2013, 64 (65).

290 Hierzu *Seybold*, KommunalPraxis Bayern 2024, 202 ff.

291 BGBl. I 2025, Nr. 57.

292 GREVIO ist ein Expertengremium zur Überwachung der Umsetzung der Istanbul-Konvention (IK), *Volke*, FamRZ 2025, 481.

293 SARA ist ein Tool zur Risikobewertung von Gewalt in der Partnerschaft; es wurde in Kanada am British Columbia Institute on Family Violence entwickelt und wird in 15 Ländern weltweit verwendet. Das SARA soll sowohl Gewalt in Paarbeziehungen als auch Letalität vorhersagen, https://www.justice.gc.ca/eng/rp-pr/cj-jp/fv-vf/rr12_8/a.html [4.1.2024].

294 *Stiebellehner*, NLMR 2021, 303 (311).

295 *Bley*, Kriminalwissenschaften, S. 195 f.

### 4. Kooperationsstrukturen, Interventionsstellen/-projekte

Idealerweise erfolgt ein vernetztes Arbeiten der Polizei mit Betreuungs- und Beratungseinrichtungen („Interdisziplinäre Netzwerke“[296]). Dabei sind multi-institutionelle Kooperationen als Methode zur Verhinderung schwerer Gewalterfahrungen grundsätzlich anerkannt. Es sind Maßnahmen im Bereich Schutz- und Risikomanagement vorgesehen, deren Ziel die Umsetzung menschenrechtlicher Standards in Europa ist. Die Istanbul-Konvention verpflichtet die Bundesrepublik zum effektiven und nachhaltigen Schutz von Frauen vor Gewalt und Bedrohung.[297] Hinzuweisen ist beispielhaft auf die Interventionsstelle gegen häusliche Gewalt und Stalking in Mecklenburg-Vorpommern – CORA.[298]

## IX. Dunkelfeld

Prädeliktische Vorbeziehungen führen zwar zu einer relativ häufigen Feststellung eines Tatverdächtigen, dies aber nur dann, wenn die Tat zur Anzeige gebracht wird.[299] Um Beziehungsgewalt zu messen, greifen fast alle Dunkelfelduntersuchungen[300] auf die sog. Conflict Tactics Scale (CTS) zurück, was eine relativ problemlose Vergleichbarkeit von Studien zu diesem Thema ermöglicht. Die CTS wurde im Rahmen der Familienkonfliktforschung in den 1970er-Jahren in den USA entwickelt. Ziel war die Erarbeitung einer Skala, die es ermöglicht, anhand spezifischer Konfliktverhaltensweisen das Ausmaß von Gewalt in Familie und Partnerschaft quantitativ zu ermitteln.[301]

Das Dunkelfeld „häusliche Gewalt“ darf als hoch eingeschätzt werden, vor allem, wenn man bedenkt, dass von den Frauen, die durch körperliche Gewalt ihrer Beziehungspartner Verletzungen davongetragen hatten, lediglich etwa ein Viertel die Polizei einschaltete und noch weniger Frauen (16 %) eine Anzeige erstatteten.[302] Schon aufgrund der naturgemäß engen sozialen Beziehungen hält sich die Anzeigebereitschaft in Grenzen. Die PKS bildet nur einen Teil der tatsächlichen Kriminalität ab

296 *Cirullies*, NZF am 2022, 333 (342).

297 *Janda*, DÖV 2023, 1; grundlegend *Franke/Schwarz*, GSZ 2023, 61.

298 *Bley*, Kriminalwissenschaften, S. 194 f.; *Becker/Michelmann*, FPR 2011, 214 ff.

299 *Dienstbühl/Üzüm*, Sexualdelikte, S. 20.

300 Mit einer Dunkelfeldforschung zur häuslichen Gewalt gegen Frauen bereits *Leuze-Mohr*, Häusliche Gewalt gegen Frauen, passim.; hierzu auch *Hafner*, in: Steingen, Häusliche Gewalt – Hdb Täterarbeit, S. 26 f.

301 *Hohendorf*, in: Labouvie, Geschlecht, Gewalt und Gesellschaft, S. 144, m. w. N.

302 *Neubacher*, Kriminologie, 24. Kapitel, Rn. 5.

und unterliegt erheblichen Verzerrungen, auch weil bestimmte Deliktformen recht selten zur Anzeige gebracht werden. Hierzu zählt auch der Bereich der partnerschaftlichen Gewalt.[303]

Das „Akzeptieren" der Gewalt respektive das „Sich-Einfügen" in die Opferrolle mögen nur einige der Gründe sein, warum Opfer staatliche Hilfe nicht in Anspruch nehmen. Mangelndes Vertrauen in die Justiz, Scham, Selbstvorwürfe und Hilflosigkeit tun ein Übriges.[304] Generell sind Steigerungen im Bereich der Körperverletzungsdelikte zu verzeichnen. Dies ist indes auch zurückzuführen auf eine zunehmende Registrierung von Gewaltdelikten im Bereich häuslicher Gewalt. Es gibt jedoch eindeutige Indizien dafür, dass die statistische Entwicklung kein Beleg für eine tatsächliche Zunahme bei diesen Delikten ist, sondern vielmehr Ausdruck einer veränderten öffentlichen Wahrnehmung und gesellschaftlichen Reaktion auf das Kriminalitätsphänomen „häusliche Gewalt". Die Polizei verweist nicht mehr (nur) auf den „Rechtsweg", sondern leitet Ermittlungsverfahren durch Fertigung von Strafanzeigen ein.

## X. Notwehr bei Partnerschaftsgewalt

Die Notwehr nach § 32 StGB ist der zentrale Rechtfertigungsgrund: „Wer eine Tat begeht, die durch Notwehr geboten ist, handelt nicht rechtswidrig (§ 32 Abs. 1 StGB)."[305] Dass sich auch Angegriffene im Rahmen von Partnerschaftsgewalt auf den Rechtfertigungsgrund der Notwehr berufen können, ist selbstverständlich und bedarf an sich keiner gesonderten Erwähnung.

Andererseits wurde zurückliegend dann von einer Beschränkung des Notwehrrechts ausgegangen, wenn der Angreifer in enger persönlicher Beziehung zum Angegriffenen steht.[306] So hat der BGH 1969 judiziert, dass bei einem Streit unter Ehegatten bei Beurteilung der Verteidigungshandlung des Angegriffenen ein strenger Maßstab an die Erforderlichkeit des Verteidigungsmittels anzulegen sei.[307] Dies könnte etwa damit be-

---

303 *Schemmel/Goede/Müller*, Gewalt gegen Männer, S. 25.

304 *Vogt/Giljohann*, Kriminalistik 2025, 450 (451).

305 Grundlegend *Bosch*, JURA 2023, 410 ff.; *Bock*, ZStW 2019, 555 ff.; *Kudlich*, JA 2014, 587 ff.; *Hoven/Misch*, GA 2023, 241 ff.; *Engländer*, HRRS 2013, 389 ff.; *Greco*, GA 2018, 666 ff.; *Bülte*, NK 2016, 172 ff.

306 *Momsen/Savic*, in: von Heintschel-Heinegg, BeckOK StGB, § 32 Rn. 39; grundlegend *Midey*, in: Petzsche et al., Strafrecht und Krise, S. 179 ff.

307 H.M.: BGH, Urt. v. 26.2.1969 – 3 StR 322/68, NJW 1969, 802; BGH, Urt. v. 25.9.1974 – 3 StR 159/74, NJW 1975, 62; auch *Schroth*, NJW 1984, 2562; a. A. *Dencker*, NStZ 1983, 399; *Engels*, GA 1982, 109 ff.; *Frister*, GA 1988, 291 (307 ff.); *Spendel*, JZ 1984, 507; *Walther*, JZ 2003, 52 (56); *Wohlers*, JZ 1999, 434 (441 f.); *Zieschang* JURA 2003, 527.

gründet werden, dass auch im akuten Konflikt regelmäßig noch ein Interesse beider Seiten am Fortbestand der Beziehung und am Schutz des Partners vor gravierenden Beeinträchtigungen besteht.[308] Diese das Notwehrrecht einschränkende Restriktion soll gelten, solange die gegenseitige Garantenstellung besteht.[309] Hieraus soll sich u.U. auch die Pflicht zur Hinnahme „leichter Körperverletzungen"[310] ergeben, wenn ein Ausweichen nach Lage der Dinge nicht möglich ist.[311] Dieser Auffassung folgend stellt sich indes die Frage, was unter der „leichten Körperverletzung" zu verstehen ist.[312] Dies wurde vom BGH[313] offen gelassen. Ein Ehegatte ist aber nicht verpflichtet, (nennenswerte) Körperverletzungen durch den anderen Teil hinzunehmen.[314]

> „Auch der angegriffene Partner kann uneingeschränkt beanspruchen, mit Achtung behandelt zu werden. Wer seinen Partner in einer von Gewalttätigkeiten, Demütigungen und sexueller Ausbeutung gekennzeichneten Beziehung hält, gibt die gegenseitige Anerkennung als Grundlage jedes Rechtsverhältnisses auf."[315]

Hinzuweisen ist vor allem darauf, dass der angreifende Partner seinen Angriff jederzeit eigenständig beenden und so eigenständig die durch die Verteidigung drohende Rechtsgutsbeeinträchtigung verhindern kann.[316] Im Falle des vorsätzlichen Angriffs von Schutzbedürftigkeit zu sprechen ist daher verfehlt. In dieser Situation besteht überhaupt keine Garantenpflicht des angegriffenen Partners.[317] Dagegen kann eine Garantenpflicht dann entstehen, wenn die Verteidigung dazu geführt hat, dass der Partner nach dem Ende des Angriffs Hilfe benötigt.[318]

Auch die erstmalige und noch so leichte tatbestandliche Körperverletzung ist eine Verletzung und damit eine Misshandlung des Partners.[319] Ver-

308 *Erb*, in: Erb/Schäfer, MüKo-StGB, Band 1, § 32 Rn. 219.

309 *Kindhäuser*, in: Kindhäuser et al., § 32 Rn. 115.

310 BGH, Urt. v. 25.9.1974 – 3 StR 159/74, NJW 1975, 62 (63).

311 *Erb*, in: Erb/Schäfer, MüKo-StGB, Band 1, § 32 Rn. 219, m.w.N.

312 Kritisch *Koschmieder*, StV 2024, 138 (141 f.).

313 BGH, Urt. v. 25.9.1974 – 3 StR 159/74, NJW 1975, 62 (63).

314 *Kindhäuser*, in: Kindhäuser et al., § 32 Rn. 115; *Frister*, GA 1988, 308; *Montaner Fernandéz/Ortiz de Urbina Gimeno*, GA 2013, 649 f.

315 *Kindhäuser*, in: Kindhäuser et al., § 32 Rn. 115.

316 *Frister* GA 1988, 291 (308).

317 *Kretschmer*, JA 2015, 589 (591); *Montaner Fernández/Ortiz de Urbina Gimeno*, GA 2013, 641 (649 f.).

318 *Koschmieder*, StV 2024, 138 (140); *Zieschang*, JURA 2003, 527 (530).

319 *Zieschang*, JURA 2003, 527 (528).

steht man Partnerschaft als ein die Integrität und die Rechtsgüter ihrer Mitglieder wahrendes Verhältnis, ist eine „sozialethische[n] Einschränkung“[320] und damit eine Einschränkung des Notwehrrechts abzulehnen.[321]

| |
|---|
| Kein Mensch muss bei Vorliegen der Notwehrvoraussetzungen Körperverletzungen oder deren erhöhtes Risiko hinnehmen.[322] |

## B. Kinder im Kontext häuslicher Gewalt

### I. Kinder als (Mit-)Betroffene häuslicher Gewalt

#### 1. Unmittelbare Betroffenheit

In der Diskussion rund um die häusliche Gewalt wird der Fokus in der Literatur regelmäßig vor allem auf geschädigte Frauen gerichtet. Indes dürfen die Kinder dieser Frauen nicht vergessen werden.[323] In der rechtsmedizinischen Literatur wurde bereits 1968 auf zahlreiche Untersuchungen hingewiesen, die die zunehmenden Fälle von Kindesmisshandlungen und die damit einhergehenden „rechtliche[n] und zugleich arztethische[n] Probleme“[324] behandelten.

> „Minderjährige sind durch das familiäre Geschehen von häuslicher Gewalt unmittelbar/mittelbar betroffen und als eine eigenständige Opfergruppe anzuerkennen.“[325]

Gerade Kinder sind es, die sich nicht wehren können.[326] Kinder sind von Beziehungsgewalt auf vielfältige Art und Weise betroffen – sei es, dass sie selbst direkt misshandelt werden, dass sie die Gewalt zwischen den Erwachsenen unmittelbar miterleben oder dass sie mittelbar den Effekten der Gewalt auf ihre Eltern bzw. die Erwachsenen, mit denen sie zusam-

---

320 *Kudlich*, JA 2014, 587.

321 *Koschmieder*, StV 2024, 138 (141).

322 Ausführlich *Koschmieder*, StV 2024, 138 ff., der zu Recht für eine Aufgabe der Fallgruppe „enge persönliche Nähebeziehungen“ plädiert.

323 Wenn nachfolgend von Kindern die Rede ist, so sind gleichsam Jugendliche gemeint.

324 *Kohlhaas/Janssen*, Deutsche Zeitschrift für gerichtliche Medizin 1968 (63), S. 176 ff.

325 *Düz*, DP 1/2024, 20.

326 Grundlegend *Kraft/Keller*, Kriminalistik 2017, 148 ff. und 241 ff.; *Becker/Tochtenhagen*, Die Polizei 2011, 317 ff.

menleben, ausgesetzt sind.[327] Werden Kinder Zeugen häuslicher Gewalt, „stellt dies grundsätzlich einen gewichtigen Anhaltspunkt für die Gefährdung des Kindeswohls dar“[328].

> Miterlebte Partnerschaftsgewalt stellt eine „wichtige Fallgruppe möglicher Kindeswohlgefährdungen dar“.[329]

Studien gehen davon aus, dass bei Gewalt in der Partnerschaft der Eltern ca. 60 % der Kinder ebenfalls misshandelt werden.[330] Nach einer Auswertung in Berlin waren in 53 % der Fälle von häuslicher Gewalt Kinder anwesend.[331] Zum Teil wird gar davon ausgegangen, dass in 70–90 % aller Fälle, in denen eine Mutter durch den Lebenspartner misshandelt wird, die Kinder im gleichen Raum oder der gleichen Wohnung anwesend sind und so die Gewalt – nicht selten von den Erwachsenen unbemerkt – direkt oder indirekt miterleben.[332]

*Alice Miller* hat die verheerenden Folgen der Erziehung – die ja angeblich nur das Beste für das Kind will – und in diesem Kontext die Gewaltanwendung im Kindesalter und ihre fatalen Folgen für die Gesellschaft bereits 1983 in ihrem Buch „Am Anfang war Erziehung“ hinreichend belegt.[333] Kinder, die in Familien aufwachsen, in denen es Gewalt gibt, können unter einer Reihe von Verhaltens- und emotionalen Störungen leiden[334]. Diese können auch mit der Ausübung oder dem Erleben von Gewalt im späteren Leben in Verbindung gebracht werden. Überdies wurde Gewalt in der Partnerschaft auch mit höheren Säuglings- und Kindersterblichkeits- und Morbiditätsraten in Verbindung gebracht.[335]

Ein Kind kann körperliche, aber auch seelische Misshandlungen erleiden, die es in seinen Gefühlen, seinem Verhalten und seinem Intellekt

327 *Gläßer*, Mediation und Beziehungsgewalt, S. 246.

328 *Volke*, FamRZ 2025, 481 (482).

329 *Volke*, in: Säcker et al., MüKo-BGB, Band 10, § 1666 Rn. 70.

330 *Kavemann*, DPolBl 6/2007, 27.

331 Zu entsprechenden Untersuchungen *Kavemann*, in: Kavemann/Kreyssig, Hdb Kinder und häusliche Gewalt, S. 17 ff.

332 *Gläßer*, Mediation und Beziehungsgewalt, S. 246; grundlegend *Becker/Zelck*, DPolBl 2/2025, 28 ff.

333 *Miller*, Am Anfang war Erziehung, passim.

334 Zur Relevanz aversiver Kindheitserfahrungen für die Entwicklung einer antisozialen und psychopathischen Persönlichkeitsstörung nach dem DSM-5 Alternativmodell für Persönlichkeitsstörungen *Mäueler/Yoon/Volz/Gubi-Kelm*, RPsych 2025, 167 ff.

335 WHO, Violence Against Women; https://www.who.int/news-room/fact-sheets/detail/violence-against-women [29.12.2023].

verkrüppelt und die letztlich zu Entwicklungsgefährdungen führen können.[336] Kinder, denen Gewalt innerhalb der Familie widerfahren ist bzw. die Partnerschaftsgewalt miterlebt haben, leiden häufig unter Angstzuständen, erneut Opfer zu werden. Es besteht eine erhöhte Gefahr der Viktimisierung auch außerhalb des familiären Umfeldes bzw. einer erhöhten Straffälligkeit sowohl im Kindes- als auch im Erwachsenenalter.

„Kinder sind erst Opfer – dann Täter"[337]

Bei den Folgen des Kindesmissbrauchs ist kein typisches „Misshandlungssyndrom" vorhanden.[338]

Allerdings wurde eine große Zahl von Auffälligkeiten in unterschiedlichen psychologischen Funktionsbereichen als Folge von Kindesmisshandlung identifiziert, die wie folgt zusammengefasst werden können:[339]

- kognitive und Leistungsprobleme,
- Sprachentwicklungsstörungen,
- Auffälligkeiten im Bindungsverhalten,
- Interaktionsstörungen mit Gleichaltrigen,
- aggressives Verhalten,
- Intergenerationale Transmission von Misshandlungsverhalten in circa 30 % der Fälle.

Ansonsten erfolgt eine Unterscheidung in

- organische (z.B. Narben; Frakturen; Gedeih- und Wachstumsstörungen),
- psychosomatische (z.B. Einnässen und Einkoten; Kopfschmerzen; Bauchschmerzen),
- intellektuell-kognitive (z.B. Entwicklungsrückstände; Pseudodebilität) und
- psychische (z.B. Verhaltensstörungen; Persönlichkeitsstörungen; sexuelle Störungen) Folgen.[340]

---

336 *Nisse*, Kriminalistik 2012, 128ff.: Der Fall Karolina. Grundlegend zu kindlichen Entwicklungsprozessen *Kavšek*, in: Kracke/Noack, Hdb Entwicklungspsychologie, S. 3ff.

337 Zitat aus dem 15. Filmbeitrag der Filmreihe um die Kriminalkommissarin „Bella Block" (Hannelore Hoger), ZDF, 3.1.2004.

338 Hierzu *Nisse*, Delikte gegen Kinder, S. 48f.

339 *Pfeiffer/Lehmkuhl/Frank*, FPR 2001, 282 (283); *Nisse*, Delikte gegen Kinder, S. 48f.

340 *Leidecker*, in: von Hasseln-Grindel, Sexualisierte Gewalt gegen Kinder, S. 40ff.; *Maywald*, FPR 2003, 299 (304).

Von den Kindern, die Partnerschaftsgewalt miterleben, reagieren laut wissenschaftlichen Studien 30–40 % mit klinisch relevanten psychischen Problemen oder Auffälligkeiten und 20–25 % mit einer posttraumatischen Belastungsstörung.[341] Auszugehen ist von kognitiv-sozialen Störungen (Sprach-, Lern- und Schulschwierigkeiten, Schuld- und Schamgefühle, Störungen der Gefühlsregulation, Impulsivität);[342] somatischen und psychosomatischen Störungen (chronische Bauchschmerzen ohne körperlichen Befund, Ess-/Schlafstörungen); Störungen des Sozialverhaltens (Weglaufen von Zuhause, Übermäßiges Zutrauen zu Fremdpersonen, delinquentes Verhalten, mutwilliges Zerstören von Eigentum).[343] Viele Kinder zeigen Einschränkungen in der sozialen Entwicklung, die Wahrscheinlichkeit von Bindungsstörungen („attachment disorder"[344]) ist erhöht.[345].

Auszugehen ist auch davon, dass Kinder aggressive Verhaltensweisen ihrer Bezugspersonen übernehmen. So sollen z. B. Menschen, die als Kinder von ihren Eltern misshandelt wurden, dazu neigen, die eigenen Kinder auf ähnliche Weise zu quälen. Diese Erscheinung wird sowohl lerntheoretisch („Lernen durch Beobachtung mit der Folge der Imitation"[346] – Lernen am Modell) als auch psychoanalytisch verstanden („Misshandelte Misshandler"). Aus retrospektiver Sicht entsteht ein „Kreislauf der Gewalt"[347].

> „Gewalt *von* Kindern ist nach wie vor ein sehr seltenes Ereignis. Gewalt *an* Kindern ist ein sehr häufiges Ereignis."[348]

Da Kindesmisshandlungen allgemein weniger auffallen, wird von einem hohen Dunkelfeld ausgegangen. Ursächlich dafür dürfte (auch) sein, „dass unsere Gesellschaft gegenüber Kindesmisshandlung eine erstaunliche Langmut, Gelassenheit, ja Indifferenz zeigt"[349].

---

341 OLG Köln, Beschl. v. 6.12.2010 – 4 UF 183/10: „[…] durch häuslicher Gewalt […]. und hierdurch schwer traumatisierter die Gewalt miterlebender Kinder"; hierzu *Volke*, in: Säcker et al., MüKo-BGB, Band 10, § 1666 Rn. 70.

342 *Kraft/Keller*, Kriminalistik 2017, 241.

343 *Nisse*, Delikte gegen Kinder, S. 36.

344 *Pfeiffer/Lehmkuhl/Frank*, FPR 2001, 282 (285 f.).

345 *Volke*, in: Säcker et al., MüKo-BGB, Band 10, § 1666 Rn. 70; *Kischkel*, ZKJ 2020, 289; *Kindler*, FPR 2012, 422.

346 *Schwind/Schwind*, Kriminologie, § 6 Rn. 45.

347 *Schwind/Schwind*, Kriminologie, § 6 Rn. 45.

348 *Kraft/Keller*, Kriminalistik 2017m 241 (242). Auch bei einer Zunahme von Jugendgewalt neigt die kriminologische Forschung dazu, die eingetretene Zunahme nicht überzubewerten, *Schütrumpf*, in: Müller/Schlothauer/Knauer, MAH- Strafverteidigung, § 52 Rn. 20.

349 *Schwind/Schwind*, Kriminologie, § 19 Rn. 19.

**Beispiel:**[350]

Aus der Wohnung eines Mehrfamilienhauses – in der Nähe einer belebten U-Bahnstation – wurden von einem Tonbandgerät im Erdgeschoss bei geöffnetem Fenster das Gebrüll eines wütenden Mannes, klatschende Geräusche von Schlägen und herzzerreißende Schreie eines Kindes abgespielt. 989 Passanten sind innerhalb einer Stunde vorbeigegangen und müssen die Schreie gehört haben. Nur vier sind empört zur nahe gelegenen Polizeidienststelle gelaufen und haben den Vorfall gemeldet, drei haben an der Haustür geklingelt. Im Ergebnis sind 982 Personen einfach weitergegangen („non-helping-bystander-Effekt"[351]).

Unter dem Non-helping-bystander-Effekt ist das zunächst merkwürdig erscheinende Phänomen zu verstehen, dass die Anwesenheit anderer Personen am Ort (einer Straftat) oder eines Unglücks die individuelle Hilfsbereitschaft nicht etwa erhöht, sondern hemmt. Als Gründe hierfür werden „Verantwortungsdiffusion" und „pluralistische Ignoranz" genannt.[352]

> „Die Geschichte der Kindheit ist ein Alptraum, aus dem wir gerade erst erwachen. Je weiter wir in der Geschichte zurückgehen, desto unzureichender wird die Pflege der Kinder, die Fürsorge für sie, und desto größer die Wahrscheinlichkeit, dass Kinder getötet, ausgesetzt, geschlagen, gequält und sexuell missbraucht wurden."[353]

## 2. Mittelbare Betroffenheit

Für Kinder und Jugendliche haben nicht nur eigene Gewalterfahrungen, sondern auch das Miterleben von Gewalt zwischen den Eltern eine traumatisierende Wirkung, die unterschiedliche Auswirkungen haben kann. Männliche Gewaltausübung gegen Frauen in der Familie ist eine Form psychischer Gewalt gegen Kinder, denn sie erzeugt in Kindern Angst und Isolation und führt zu einer tiefen Verletzung ihres Rechts auf Sicherheit. Ihre Entwicklungs- und Entfaltungsmöglichkeiten werden dadurch erheblich eingeschränkt. Die Misshandlung, Erniedrigung, Bedrohung und Demütigung ihrer Mütter führen zu einer massiven Verletzung des Selbstwertgefühls der Kinder, da sie von ihren Müttern existenziell abhängig

---

350 Experiment des Kinderschutzbundes, 31.8.1983; hierzu *Schwind/Schwind*, Kriminologie, § 19 Rn. 19.

351 *Schwind/Schwind*, Kriminologie, § 19 Rn. 20a; *Schwind/Gietel/Zwenger*, Kriminalistik 1991, 233.

352 *Schwind/Schwind*, Kriminologie, § 19 Rn. 20a; eingehend *Schwind*, Unterlassene Hilfeleistung in verschiedenen öffentlichen Bereichen, S. 2 ff.

353 *deMause*, Hört ihr die Kinder weinen? S. 12. Auf Initiative von *Lloyd deMause* hat ein Team von zehn Psychohistorikern untersucht, wie sich die Beziehungen zwischen Eltern und Kindern in unserer Kultur von der Antike an verändert haben.

sind und sich in einem hohen Ausmaß mit ihnen identifizieren. Gewalt gegen Frauen in der Familie trifft die Kinder auf vielen Ebenen.[354]

> Kinder erleben die Gewalt gegen die Mutter mit. Es ist völlig illusorisch zu glauben, dass die Kinder über die Gewalt hinweg schlafen und dann vergessen haben.[355]

Es handelt sich bei einer Traumatisierung um ein vitales Diskrepanzerlebnis zwischen bedrohlichen Situationsfaktoren und individuellen Bewältigungsmöglichkeiten, welches

> „mit dem Gefühl der Hilflosigkeit und schutzloser Preisgabe einhergeht und so eine dauerhafte Erschütterung von Selbst- und Weltverständnis bewirkt".[356]

Kindesmisshandlung wird allgemein in die Kategorien Kindesvernachlässigung, seelische Misshandlung, körperliche Misshandlung sowie sexueller Missbrauch von Kindern unterteilt.[357]

### 3. Misshandlungsformen

#### a) Psychische Misshandlungen

Psychische Misshandlungen werden im Allgemeinen weniger thematisiert. Grund hierfür ist auch die „Unsichtbarkeit" des Phänomens: Psychische Kindesmisshandlung vollzieht sich meist weniger spektakulär. Sie haben keine Hämatome oder Striemen, oft nicht einmal Tränen. Es sind keine eindrucksvollen Fotos möglich.

Die Folgen psychischer Misshandlungen sind nicht direkt ersichtlich, weil sie langfristiger entstehen, d.h., sie werden auch erst später bemerkt und dann evtl. anders attributiert. Die Folgen sind auch vielfältiger, da sie sich mit dem Alter und der Bedürfnisstruktur des Kindes ändern und eine klare Abgrenzung von den Folgen anderer Misshandlungsformen ist oft nicht möglich. Besonders schwierig wird es bei „Multiproblemfamilien"[358]. Ist ein Lebensereignis derart bedrohlich, dass sich das Kind existenziell ausgeliefert und ohnmächtig fühlt oder die primäre Bezugsperson als ernsthaft bedroht erlebt (z.B. die Mutter, die vom Vater geschlagen

354 *Seifert/Püschel/Heinemann*, FPR 2011, 185 (186f.).

355 Vgl. auch *Strasser*, Kinder legen Zeugnis ab, S. 218f.

356 *Fobian/Lindenberg/Ulfers*, Jungen als Opfer von sexueller Gewalt, S. 97. Zum Verlaufsmodell der psychischen Traumatisierung *Fischer/Riedesser*, Psychotraumatologie, S. 67ff.; zu „Aufdeckungstechniken" *Goschke/Dreisbach*, in: Wittchen/Hoyer, Klinische Psychologie, S. 159.

357 *Nisse*, Delikte gegen Kinder, S. 30ff.; *Müther*, Kriminalistik 1991, 447 (451).

358 *Dettenborn*, Praxis der Rechtspsychologie 2/2005, 345.

wird), und ermöglichen die persönlichen Bewältigungsmechanismen des Kindes keine Lösung der Situation, so ist von einer traumatischen Situation auszugehen. Kinder fühlen sich hilflos, ausgeliefert, oft gar verantwortlich für „das", „was" passiert (kindliches Trauma[359]). Ständige Familienstreitigkeiten sind seelische Misshandlungen für das Kind.[360]

### b) Physische Misshandlungen

#### aa) Misshandlung von Schutzbefohlenen

Die Geburt von Kindern wird (allgemein) als größtes Glück, unvorstellbares Wunder und höchster Segen gepriesen. Natürlich wird tiefe Liebe und größter Schutz und Fürsorge versprochen. Indes beschreibt die langjährige Kriminalbeamtin *Ulrike Leimanzik*, dass in manchen Fällen aber schon wenige Wochen nach der Geburt eine „korrigierte Fassung" erscheinen müsste:[361]

- statt tiefer Liebe erhält das Kind Schläge,
- statt Schutz muss es Vernachlässigung ertragen und
- die versprochene Zuneigung endet im sexuellen Missbrauch.[362]

Was heute als Gewalt gegen Kinder oder als Kindesmisshandlungen aufgefasst wird, wurde über Jahrhunderte durch die Überzeugung gerechtfertigt, dass körperliche Strafen notwendig sind, um aus den Kindern böse Geister zu vertreiben, ihnen Disziplin beizubringen und aufrechtzuerhalten oder um bestimmte Erziehungsideale zu vermitteln.[363]

„Kinder", so die Neufassung des § 1631 Abs. 2 BGB, „haben ein Recht auf gewaltfreie Erziehung. Körperliche Bestrafungen, seelische Verletzungen und andere entwürdigende Maßnahmen sind unzulässig"[364].

Gewalttaten gegen Kinder geschehen mithin auch nicht (nur) in der „Unterschicht", sondern kommen in allen gesellschaftlichen Gruppierungen vor. Gerade das Verhalten der Eltern kann verheerende Folgen für die körperliche und seelische Entwicklung des Kindes haben.

---

359 *Döring*, in: Hoffmann/Wondrak, Häusliche Gewalt und Tötung des Intimpartners, S. 91 ff.

360 *Müther*, Kriminalistik 1991, 447 (451).

361 *Leimanzik*, DPolBl 6/2007, 22 ff.

362 Hierzu *Steffes-Enn*, Die Kriminalpolizei 4/2010, 4 ff.

363 *Bilz/Lenz/Melzer*, in: Krüger/Grunert/Ludwig, Hdb Kindheits- und Jugendforschung, S. 1241.

364 *Bilz/Lenz/Melzer*, in: Krüger/Grunert/Ludwig, Hdb Kindheits- und Jugendforschung, S. 1242.

Für Kinder sind Gewalterfahrungen – sei es, dass sie die Gewalt gegen die Mutter miterleben, sei es, dass sie selbst geschlagen werden – traumatische Erlebnisse.[365]

Körperliche Misshandlung umfasst alle Handlungen, vom einzelnen Schlag mit der Hand über Prügeln, Festhalten und Würgen bis hin zum gewaltsamen Angriff mit Riemen, Stöcken, anderen Gegenständen und Waffen, die zu einer nicht zufälligen körperlichen Verletzung eines Kindes führen, wobei es vor allem zu Blutergüssen, Prellungen, Schädel- und Knochenbrüchen, aber auch zu inneren Verletzungen und zu Verbrennungen, Verbrühungen oder Vergiftungen kommt.[366] § 225 StGB stellt die Misshandlung von Schutzbefohlenen unter Strafe.

Die Tat kann hinsichtlich des Misshandelns oder Quälens durch aktives Tun oder pflichtwidriges Unterlassen begangen werden.[367] Bei Misshandlungen eines Kindes durch einen Elternteil trifft den anderen eine Garantenpflicht zur Verhinderung weiterer Taten.[368] Bei dem Fall des böswilligen Vernachlässigens handelt es sich dagegen um ein echtes Unterlassungsdelikt.

Quälen, rohes Misshandeln und böswillige Vernachlässigung der Fürsorgepflicht sind selbstständige Begehungsformen der Misshandlung von Schutzbefohlenen.[369]

Quälen ist das Zufügen länger anhaltender oder „sich wiederholender erheblicher Schmerzen oder Leiden“[370]. Teilweise wird verlangt, dass diese Schmerzen oder Leiden über die typischen Auswirkungen der einzelnen Körperverletzungshandlungen hinausgehen müssten.[371] Sie tun das bei Sachverhalten, bei denen nur die Variante der wiederholten erheblichen Schmerzen oder Leiden in Betracht kommt. Deshalb liegt die Vermutung nahe, dass dieser Zusatz dort wohl gedacht ist als Klarstellung, dass wie-

365 Das Erleben von Gewalt in elterlichen Partnerschaftsbeziehungen ist für mitbetroffene Kinder ein tiefer Einschnitt in das Gefühl von Sicherheit und beeinflusst gravierend ihre Entwicklung; *Gatzke/Averdiek-Gröner*, Häusliche Gewalt, S. 35.

366 *Jokisch*, in: Johannsen/Henrich/Althammer, Familienrecht, § 1666 BGB Rn. 50; zu rechtsmedizinischen Befunden *Wirth/Strauch*, Rechtsmedizin, S. 183 f.; auch *Maywald*, FPR 2003, 299 (302).

367 BGH, Urt. v. 3.7.2003 – 4 StR 190/03, NStZ 2004, 94.

368 BGH, Beschl. v. 17.3.2021 – 4 StR 155/20, StV 2022, 169; BGH, Urt. v. 3.7.2003 – 4 StR 190/03, NStZ 2004, 94. Eltern als „Beschützergaranten“.

369 BGH, Beschl. v. 17.1.1991 – 4 StR 560/90, NStZ 1991, 234.

370 BGH, Urt. v. 30.3.1995 – 4 StR 768/94, NJW 1995, 2045.

371 BGH, Beschl. v. 10.10.2018 – 4 StR 414/18, NStZ-RR 2019, 77.

derholte, für sich allein genommen nicht quälerische Einwirkungen in ihrer Gesamtheit durchaus ein Quälen darstellen können.[372]

Der Begriff der Misshandlung in § 225 Abs. 1 StGB entspricht demjenigen in § 223 Abs. 1 StGB. Unstrittig sind körperliche Misshandlungen erfasst; das kann die Zufügung von Schmerzen, aber auch von schmerzlosen körperlichen Leiden sein; auch eine schmerzunempfindliche Person wird also misshandelt, wenn ihr Körper leidet.[373] § 225 StGB verlangt im Unterschied zu § 223 StGB keine körperliche Misshandlung, sodass nach dem Wortlaut wegen des Verzichts auf das Adjektiv im Umkehrschluss auch eine seelische Misshandlung genügt.[374] Roh ist die Misshandlung, wenn sie erheblich ist und der Täter dem Opfer gegenüber gefühllos agiert. Beide Voraussetzungen, die objektive wie die subjektive, sind sprachlich schon im Wort „roh" begründet.[375]

**Beispiel:**

Sicherlich ist das „Beibringen von Frakturen oder das Zufügen von Verletzungen im Anal- und Genitalbereich" als rohe Misshandlungen i. S. des § 225 Abs. 1 StGB zu werten.[376]

Tathandlung des § 225 StGB Abs. 1 StGB ist auch die Gesundheitsschädigung durch böswillige Vernachlässigung der Sorgepflicht. Der Täter muss die Pflicht haben, für das Opfer zu sorgen. Die Sorgepflichtvernachlässigung geschieht typischerweise durch Unterlassen (echtes Unterlassungsdelikt). Die Vernachlässigung der Sorgepflicht muss zu einer Gesundheitsschädigung führen, welche wiederum dem Täter nach allgemeinen Regeln objektiv zurechenbar sein muss.[377]

Unter Gesundheitsschaden ist in § 225 StGB angesichts des identischen Wortlautes („an der Gesundheit schädigt") dasselbe zu verstehen wie in § 223 StGB. Somit sind auch seelische Erkrankungen erfasst, nicht aber bloße seelische Beeinträchtigungen, die noch keine Krankheit darstellen.[378] Die Tatvariante („böswillige Vernachlässigung der Sorgepflicht") ist auch denkbar beim Münchhausen-Stellvertreter-Syndrom.[379]

---

372 *Hardtung*, in: MüKo-StGB, Band 4, § 225 Rn. 11.
373 BGH, Urt. v. 23.1.1974 – 3 StR 324/73, NJW 1974, 958.
374 *Hardtung*, in: MüKo-StGB, Band 4, § 225 Rn. 17.
375 *Hardtung*, in: MüKo-StGB, Band 4, § 225 Rn. 18.
376 BGH, Urt. v. 3.7.2003 – 4 StR 190/03, NStZ 2004, 94.
377 Hierzu *Schumacher*, JR 2023, 422 ff.
378 *Hardtung*, in: MüKo-StGB, Band 4, § 225 Rn. 22.
379 *Hardtung*, in: MüKo-StGB, Band 4, § 225 Rn. 24.

Die Tat wird zum Verbrechen, wenn der Täter die schutzbefohlene Person durch die Tat in die Gefahr des Todes oder einer schweren Gesundheitsschädigung oder einer erheblichen Schädigung der körperlichen oder seelischen Entwicklung bringt (Vorsatzqualifizierung gem. § 225 Abs. 3 StGB). Auch mit dem vorsätzlichen Töten eigener Kinder hat sich die Rechtsprechung auseinanderzusetzen.

**Beispiel:**[380]

Der BGH hat im Februar 2024 mit Beschluss die Verurteilung einer Mutter wegen Mordes an ihrem Sohn bestätigt. Die Vorinstanz hatte die Angeklagte wegen Mordes zu einer lebenslangen Freiheitsstrafe verurteilt. Nach den Feststellungen der Strafkammer tötete die Angeklagte Anfang Februar 2023 ihren neunjährigen Sohn, indem sie ihm mit einer Bratpfanne auf den Kopf schlug und ihn sodann in einer Badewanne ertränkte. Anschließend versuchte sich die Angeklagte selbst zu töten.

Tathandlungen sind oftmals nicht konkret geplant (aktuelle „Überforderungssituation“[381]). Anlässe sind oft nichtig, oft besteht eine Überforderung erziehungsunfähiger Eltern. Zugrunde liegen wirtschaftliche Motive (Kindern wird die notwendige Nahrung oder Kleidung versagt – „unnützer Esser“), Ich-bezogene Motive (Unzufriedenheit über persönliche Belastung – Kind wird als „Last“ empfunden), fremdbezogene Motive (Dominanz von Eitelkeit, Ehrgeiz, Fanatismus – Kind soll mehr leisten als es kann) sowie Leichtsinn und Übermut (unerfahrene, meist junge Eltern – Shaken-Baby-Syndrom).[382] Ein Quälen aus (reiner) Böswilligkeit („Rabenmutter“) dürfte Ausnahmecharakter haben.[383] Zu Kindesmisshandlungen kommt es vielmehr eher dann, wenn das Kind „schwierig“ ist – sich etwa im „Trotzalter“[384] befindet.[385]

Phänomenologisch kann unterschieden werden zwischen

- Deprivation,
- Unterdrückungsbeziehung („wenig Liebe, viel Hiebe“),

380 BGH, Beschl. v. 26.2.2024 – 4 StR 37/24.

381 BVerfG, Beschl. v. 16.9.2022 – 1 BvR 1807/20, NZFam 2023, 17 (19).

382 *Clages/Nisse*, Kriminologie, S. 183.

383 *Schwind/Schwind*, Kriminologie, § 19 Rn. 19.

384 In dieser Entwicklungsphase beginnen Kinder typischerweise Grenzen auszutesten und einen eigenen Willen zu bilden, den sie auch gegen den Widerstand der Eltern durchsetzen und behaupten wollen („Autonomiephase“). Diese Phase ist nicht selten mit emotionalen Ausbrüchen (Wutanfälle) und Trotzreaktionen des Kindes verbunden; OLG Nürnberg, Beschl. v. 10.6.2015 – 9 UF 1430/14, FamRZ 2015, 1908.

385 *Schwind/Schwind*, Kriminologie, § 19 Rn. 19.

- Shaken-Baby-Syndrom[386],
- Münchhausen-by-proxy-Syndrom,
- Kaspar-Hauser-Syndrom (Isolierung).

Auf die drei zuletzt genannten Erscheinungsformen wird nachfolgend eingegangen.

#### bb) Shaken-Baby-Syndrom

Eine relativ unbekannte Form der Kindesmisshandlung ist das sog. Shaken-Baby-Syndrom („Schütteltrauma“-Syndrom – STS[387]),[388] das als Körperverletzung strafbar ist.[389] Im Allgemeinen handelt es sich bei den sog. Schüttelfällen mit teils tödlichem Ausgang um Konstellationen, in denen sich (junge) Eltern in affektiver Erregung über fortwährendes Schreien der Kinder zu massiven Gewaltausbrüchen gegenüber dem Kind als Schützling in Wut hinreißen lassen.[390] Ein Schütteltrauma wird durch das Schütteln eines Säuglings oder Kleinkindes hervorgerufen.[391] Das Kind wird zumeist am Thorax oder an den Oberarmen gehalten und geschüttelt. Der Kopf des Kindes fällt hierbei ruckartig vor und zurück. Die Nackenmuskulatur ist (noch) nicht in der Lage, das Gewicht des Kopfes zu halten. Äußere Verletzungen können ganz fehlen, manchmal sind Kratzer oder Druckmarken (Finger) sichtbar.

Auch der für Fälle der Verursachung eines Schütteltraumas bei Säuglingen oder Kleinkindern typische affektive Erregungszustand führt im Allgemeinen nicht dazu, dass die Gefährlichkeit der Handlung nicht ins Bewusstsein des Täters dringt.

**Beispiel:**[392]

Der Angeklagte (A) hatte am 6.11.2015 in der Zeit zwischen 14.30 und 15.00 Uhr seinen zwei Monate alten Sohn aus Verärgerung und Ungeduld wegen seines Schrei-

---

386 Zu typischen Verletzungen *Birngruber/Lasczkowski/Dettmeyer*, Forensische Verletzungskunde, S. 133. Wird das geschüttelte Kind zusätzlich auf den Boden oder gegen einen Gegenstand geworfen oder schlägt der Kopf beim Schütteln gegen ein Widerlager, so spricht man vom „Shaken-Impact-Syndrome“, welches in 15 bis 27 % der Fälle von Schütteltrauma-Syndrom vorliegt.

387 Zu kriminalsoziologischen Untersuchungen zum sozioökonomischen Status tatverdächtiger Personen mit abgegebenem Tatgeständnis nach Gewaltanwendungen gegen Kinder mittels Schütteltrauma *Hahnemann/Tolasch/Feld/Wittschieber*, MschrKrim 2022, 164 ff.

388 Zu den Aspekten des Kindeswohls in diesem Zusammenhang *Salzgeber*, Familienpsychologische Gutachten, Kapitel J. Rn. 905a ff.

389 BGH, Beschl. v. 19.10.2006 – 4 StR 359-06.

390 *Tauber*, FD-StrafR 2018, 405606, Anm. zu BGH, Urt. v. 21.3.2018 – 1 StR 404/17.

391 Aus rechtsmedizinischer Sicht *Huckenbeck*, Rechtsmedizin, S. 72.

392 BGH, Urt. v. 21.3.2018 – 1 StR 404/17.

ens kräftig geschüttelt. In der Folge waren ein Schädel-Hirn-Trauma mit Blutungen unter die harte und weiche Hirnhaut, Diffusionsstörungen des Gehirns und Netzhautblutungen entstanden. Die Hirnschädigungen waren konkret lebensgefährlich gewesen und hätten irreversible Gesundheitsschäden zur Folge haben können.

Die für eine rohe Misshandlung i. S. des § 225 Abs. 1 StGB erforderliche gefühllose Gesinnung kann auch bei einem nur wenige Sekunden andauernden Schütteln eines Säuglings zu bejahen sein, wenn es mit massiver Gewalt aus nichtigem Anlass erfolgt, um das Kind zu maßregeln und ohne Rücksicht auf Verluste zur Ruhe zu bringen.[393]

#### cc) Münchhausen-by-proxy-Syndrom

Eine besondere Form der Kindesmisshandlung stellt das sog. Münchhausen-by-proxy-Syndrom (MbpS) dar (Münchhausen-Stellvertreter-Syndrom – MSS[394]), welches sich eng anlehnt an das schon 1951 erstmalig beschriebene Münchhausen-Syndrom.[395]

Es handelt sich hierbei um eine „Kombination von physischer und psychischer Misshandlung“[396], „bei der eine Mutter ihr Kind willentlich ‚krank‘ macht bzw. eine Krankheit des Kindes vortäuscht, sodass dieses zu einem Opfer zahlloser – z. T. schmerzhafter – medizinischer Untersuchungen und Behandlungen wird, die sich oftmals über Jahre hinziehen.“[397]

Es wird eine körperliche Störung manipulativ erzeugt, um es „stellvertretend“ für die eigene Person ärztlichen Behandlungen zu unterziehen, um dann bei der nachfolgenden ärztlichen Behandlung als besorgte Mutter ebenfalls im Mittelpunkt des Geschehens zu stehen und auf diese Weise Aufmerksamkeit zu erzielen.[398] Manchmal handelt es sich auch nur um er-

---

393 BGH, Urt. v. 21.3.2018 – 1 StR 404/17.

394 *Voß*, Stalking, S. 56 f.

395 Beim MbpS handelt es sich um eine Erweiterung des sog. Münchhausen-Syndroms (Vortäuschung von Krankheit oder Verletzung) durch dritte Personen. Hier schädigen nahe Verwandte nicht sich selbst, sondern sozusagen stellvertretend für sich Kleinkinder, um Scheinvorteile zu gewinnen (Mitleid der Umgebung, stationäre Aufnahme zusammen mit dem Kind). Meist sind die eigenen Mütter die Täter; *Huckenbeck*, Rechtsmedizin, S. 75. Das Münchhausen-by-proxy-Syndrom wurde erstmalig im Jahr 1977 durch den englischen Kinderarzt *Roy Meadow* beschrieben; dazu *de Vries*, Kriminalistik für die Strafrechtspraxis, Rn. 161. Zur straf- und zivilrechtlichen Bedeutung *Mertens*, NJW 2009, 1712 ff.; zum Forschungsstand *Heubrock*, NZFam 2022, 579 ff.

396 *Maywald*, FPR 2003, 299 (302).

397 *Mertens*, NJW 2009, 1712: Das Münchhausen-by-proxy-Syndrom und seine zivil- und strafrechtliche Bedeutung.

398 *Hölscher*, Der Kriminalist 1999, 66. Zur Feststellung einer Kindesmisshandlung in Form eines sog. Münchhausen-by-proxy-Syndroms OLG Celle, Beschl. v. 3.2.2006 – 10 UF 197/04, FamRZ 2006, 1478; zur verminderten Schuldfähigkeit wegen Vorliegens des Münchhausen-by-proxy-Syndroms BGH, Beschl. v. 24.3.2010 – 5 StR 29/10.

fundene, berichtete Krankheitssymptome, manchmal werden jedoch auch körperliche Symptome herbeigeführt, um eine Krankheit vorzutäuschen.[399]

Um bei einem grundsätzlich gesunden Kind Krankheitssymptome vorzutäuschen, können von den Tätern verschiedene Schädigungstechniken angewandt werden:

| **Vorgetäuschte Symptome** | **Ursachen** |
|---|---|
| „Anfälle, Apnoen, Schwindel | Vergiftung, Ersticken, Druck auf Karotis |
| Blutungen | Mütterliches Blut (z. B. Tampon), rohes Fleisch, Verschmieren kindlichen Blutes (z. B. Nase, Vulva) |
| Fieber | Erwärmtes Thermometer, manipulierte Temperaturkurven, Injektion kontaminierten Materials in die Vene oder in einen Zentralen Venenkatheter |
| Durchfall | Gabe von Laxantien |
| Erbrechen | Mechanische Induktion oder Gabe von Salz und Emetika |
| Koterbrechen (Miserere) | Erbrechen induzieren und mit Stuhl vermengen |
| Bluthochdruck | Manipulation der Blutdruckkurven oder Manschetteninstruktionen |
| Nierensteine | Gries in kindlichem Urin, der zuvor mit Blut kontaminiert wurde“[400] |

Eine Pilotstudie hat ergeben, dass Personen, die in ihrer Kindheit Opfer des Münchhausen-by-proxy-Syndroms geworden sind, später unter Suizidgedanken, Ängsten, Depressionen, niedrigem Selbstwertgefühl, Problemen dauerhafte Beziehungen zu führen, Selbstzweifeln, vergeblichen Bemühungen, von der Mutter Anerkennung und Liebe zu bekommen, sowie globalen Schwierigkeiten, äußere Realität und innere Fantasien zu differenzieren, leiden.[401]

### dd) Kaspar-Hauser-Syndrom

Von einem „Kaspar-Hauser-Syndrom“[402] oder Hospitalismus[403] wird gesprochen, wenn Kinder mit entsprechend negativen Folgen schwer körper-

399 *Maywald*, FPR 2003, 299 (302).

400 Zit. nach *Heubrock*, NZFam 2022, 579; auch *Leidecker*, in: von Hasseln-Grindel, Sexualisierte Gewalt gegen Kinder, S. 42 f.

401 *Noeker/Keller*, Monatsschrift Kinderheilkunde 2002, 1357 (1364).

402 *Koch*, Der Kaspar-Hauser-Effekt, passim.

403 Der Begriff Hospitalismus beschreibt psychische, geistige und auch körperliche Beeinträchtigungen, die durch längere Krankenhausaufenthalte entstehen; *Oppermann/Schmidt*, in: Münch et al., Kranke Kinder haben Rechte, S. 123, dort Fn. 1.

lich oder psychisch vernachlässigt werden. So wird eine Pseudodebilität – Leistungsversagen trotz ausreichender Begabung – (auch) zurückgeführt auf soziale Isolierung und/oder emotionale Verwahrlosung („Kaspar-Hauser-Syndrom“).[404]

### 4. Sexueller Missbrauch

Weltweit werden 15–20 % der Mädchen und 8 % der Jungen Opfer von sexuellem Missbrauch.[405] Dabei kommen im Hellfeld registrierte Täter aus allen Gesellschaftsschichten und Altersgruppen. Die meisten sexuellen Übergriffe sind der Polizei nicht bekannt „und finden vorrangig im sozialen Nahbereich des Opfers statt“[406]. So ist es nur konsequent, dass Kinder und Jugendliche im Kontext der Sexualdelikte als besonders schutzwürdige Opfergruppen im Gesetz hervorgehoben werden.[407] Der Schutz vor sexueller (sexualisierter) Gewalt bzw. sexuellem Missbrauch sowie vor sexueller Ausbeutung ist eine Staatsaufgabe, „die insbesondere aus der grundrechtlichen Pflicht zum Schutz von psychophysischer Integrität und Selbstbestimmung (Art. 2 Abs. 1 i. V. m. Art. 1 Abs. 1, 2 Abs. 2 Satz 1 GG) folgt.“[408] Die Bekämpfung sexualisierter Gewalt gegen Kinder ist deshalb eine der „wichtigsten gesellschaftspolitischen Herausforderungen unserer Zeit und zentrale Aufgabe des Staates“[409].

Sexueller Missbrauch[410] wird u. a. dann als besonders schwerwiegend bewertet, wenn es wiederholt oder über einen längeren Zeitraum dazu kam[411] und/oder die Übergriffe sich innerhalb der Familie ereigneten.[412]

---

404 *Payk*, Psychopathologie, S. 238.

405 *Egli-Alge/Ciurlia*, Kriminalistik 2025, 175, m. w. N.

406 *Schütte*, DP 10/2025, 23: „Massive Dunkelziffer.“

407 *Pollich*, in: Frevel, Kriminalität, S. 173. Zu Reflexionen der deutschen Forschung zu sexualisierter Gewalt von, an Jugendlichen *Weller*, in: Krolzik-Matthei/Linke/Urban, Sexuelle Traumatisierung, S. 41 ff.

408 *Rixen*, NVwZ 2025, 805.

409 BT-Drs. 19/23707, S. 1, zum Entwurf eines Gesetzes zur Bekämpfung sexualisierter Gewalt gegen Kinder v. 27.10.2020.

410 Zur Begriffswahl und zur Einordnung der Zwangsmittel in die Missbrauchstatbestände *Turhan*, KriPoZ 2021, 1: „Sexualisierte Gewalt“ statt „Sexueller Missbrauch“.

411 Zu Strafzumessungserwägungen wegen sexuellen Missbrauchs eines Kindes in mehreren Fällen BGH, Beschl. v. 26.9.2023 – 2 StR 336/23, NStZ-RR 2024, 17.

412 *Büttner*, in: Büttner Hdb Häusliche Gewalt, S. 12; hierzu auch *Paulus*, Kriminalistik 2025, 136 ff.; vgl. auch *Simons*, in: von Hasseln-Grindel, Sexualisierte Gewalt gegen Kinder, S. 520: „Kindesmissbrauch in der Familie als Extremfall der maximalen Umkehrung ihrer kindeswohlfördernden Funktion.“

Der Deliktsbereich des sexuellen Missbrauchs von Kindern wurde in mehrere Tatbestände aufgeteilt, um ihn übersichtlicher und handhabbarer zu gestalten.[413] Es ergibt sich folgende Struktur:[414]

| | |
|---|---|
| § 176 StGB: | Sexueller Missbrauch von Kindern |
| § 176a StGB: | Sexueller Missbrauch von Kindern ohne Körperkontakt mit dem Kind |
| § 176b StGB: | Vorbereitung des sexuellen Missbrauchs von Kindern („Cybergrooming“) |
| § 176c StGB: | Schwerer sexueller Missbrauch von Kindern |
| § 176d StGB: | Sexueller Missbrauch von Kindern mit Todesfolge |
| § 176e StGB: | Verbreitung und Besitz von Anleitungen zu sexuellem Missbrauch von Kindern |

Pönalisiert wurde durch die zum 22.9.2021[415] eingefügte Strafvorschrift des § 176e StGB auch die Verbreitung und/oder öffentliche Zugänglichmachung von Anleitungen, die beschreiben, wie sexueller Missbrauch von Kindern vorbereitet, ermöglicht, durchgeführt oder verschleiert werden kann („Grooming Manuals“[416]).[417] Hintergrund sind Erkenntnisse, dass im Internet (vor allem im sog. Darknet) Anleitungen abrufbar sind, die beschreiben, wie sexueller Missbrauch von Kindern vorbereitet, ermöglicht, durchgeführt oder verschleiert werden kann. Solche „Missbrauchsanleitungen“ werden nicht selten bei Beschuldigten aufgefunden, die des sexuellen Missbrauchs verdächtigt werden.[418] Derlei „Missbrauchsanleitungen“ fördern die sexuelle Ausbeutung von Kindern.

Zur Schließung von Schutzlücken wurde mit § 184l außerdem ein Straftatbestand eingefügt,[419] der den Besitz, die Herstellung und die Verbreitung von Sexpuppen mit kindlichem Erscheinungsbild unter Strafe stellt.[420] Diese bergen die

413 *Reuter*, Die Polizei 2022, 108 ff.

414 Zum Schutz von Kindern durch spezielle Strafnormen („Kinderschutzstrafrecht“) auch *Mosbacher/Khabi*, JuS 2022, 402 (403 f.).

415 Eingefügt durch das Gesetz zur Verbesserung des strafrechtlichen Schutzes gegen sog. Feindeslisten vom 14.9.2021 (BGBl. I 2021, S. 4250).

416 *Wittmer*, Strafverfolgung im Darknet, 2023, S. 75 f.

417 Hierzu *Vassilaki*, DuD 2022, 107 ff.; *Kubiciel*, jurisPR-StrafR 13/2021, Anm. 1.

418 BT-Drs. 19/31115, S. 10.

419 Eingefügt durch Gesetz zur Bekämpfung sexualisierter Gewalt gegen Kinder vom 16.6.2021 (BGBl. I 2021, S. 1810), mit Wirkung zum 1.7.2021; hierzu *Bullmann*, JM 2022, 184 ff.; *Ernst*, FamRZ 2021, 993 ff. Für eine Entkriminalisierung des Umgangs mit Sexpuppen mit kindlichem Erscheinungsbild *Lederer*, StV 2025, 139 ff.; kritisch auch *Grafe*, DÖV 2023, 945 ff.: „[...] wie gefühlte Strafwürdigkeit von evidenzbasierter Kriminalisierung abweicht.“

420 Zur Relevanz im Kontext von Sexualstraftaten zum Nachteil von Kindern *Bogutt/Frey*, Kriminalistik 2023, 89 ff.

Gefahr in sich, die sexuelle Ausbeutung von Kindern mittelbar zu fördern, die Hemmschwelle zu sexualisierter Gewalt gegen Kinder abzusenken sowie den Wunsch zu wecken bzw. zu verstärken, die eingeübten Handlungen auch in der Realität an einem Kind vorzunehmen. Insgesamt können sie die Gefahr für Kinder, Opfer sexueller Gewalt zu werden, steigern.[421]

Problematisch ist es, wenn Opfer in Missbrauchsfällen die Tat nicht bei der Polizei anzeigen wollen, sondern „private Ermittler" einschalten. Bekannt geworden sind Fälle in Coesfeld und Worms I und II, die in die Justizgeschichte eingegangen sind. Dort hatten sich angeblich „professionelle Missbrauchsforscherinnen" von einem Medizinprofessor in „multiprofessioneller Aufdeckungsarbeit" ausbilden lassen und so althergebrachte kriminalistische Grundsätze über Bord geworfen. Selbstbewusstes Auftreten verhinderte lange Zeit, dass Vorwürfe kritisch hinterfragt wurden. Im Falle des Montessori-Kindergartens in Coesfeld sollte der Angeklagte 750 sexuelle Handlungen an 55 Kindern im Alter von vier bis sieben Jahren begangen haben.[422] Ein beschuldigter Kindererzieher hat deshalb sechs Monate in U-Haft verbringen müssen. Er wurde später freigesprochen.[423]

Hinzuweisen ist zudem auf den sexuellen Missbrauch von Schutzbefohlenen. § 174 StGB schützt die sexuelle Selbstbestimmung und die ungestörte Entwicklung von Kindern und Jugendlichen innerhalb bestimmter Abhängigkeitsverhältnisse.[424]

### 5. Verletzung der Fürsorge- oder Erziehungspflicht

Eine spezifische strafrechtliche Ausgestaltung der Kindesmisshandlung erfolgt durch § 171 StGB. Erfasst wird im Wesentlichen die gröbliche Vernachlässigung der Fürsorge- und Erziehungspflicht gegen die Person unter 16 Jahren.

> „Verantwortung ist die als Pflicht anerkannte Sorge um ein anderes Sein, die bei Bedrohung seiner Verletzlichkeit zur ‚Besorgnis' wird."[425]

---

421 *Reuter*, Die Polizei 2022, 108 (112).

422 *de Vries*, Kriminalistik für die Strafrechtspraxis, Rn. 168.

423 Zum sexuellen Missbrauch in Institutionen *Rössner*, in: von Hasseln-Grindel, Sexualisierte Gewalt gegen Kinder, S. 462 ff.

424 BGH, Urt. v. 22.3.1995 – 3 StR 625/94, NJW 1995, 2234.

425 *Jonas*, Das Prinzip Verantwortung, S. 84.

Unter den Tatbestand fällt z. B. die extreme Nichtversorgung.[426] Die Tat ist konkretes Gefährdungsdelikt; der Eintritt einer nachweisbaren Fehlentwicklung ist jedoch nicht erforderlich. Erscheinungsformen der Kindesvernachlässigung sind vielfältig. Erwähnt werden sollen insbesondere:[427]

- Halten unter schlechtesten hygienischen Bedingungen
- Vernachlässigung bei ernster Erkrankung,
- Ausüben des Geschlechtsverkehrs im Beisein des Kindes,
- Einsperren in unterkühlte/überhitzte Räume,
- funktionsunfähige, eingekotete Toilette,
- Erbrochenes oder Kot essen, Urin trinken lassen,
- Isolierung (Kaspar-Hauser-Syndrom).[428]

Welchen Martyrien Kinder ausgesetzt sein können, illustriert folgender Fall aus der Praxis:

**Beispiel:**

„Sie lebten zwischen Mülltüten, vollen Aschenbechern, leeren Bierflaschen und dreckigem Geschirr: Zum vierten Mal binnen einer Woche hat die Polizei in Berlin verwahrloste Kinder aus ihrer Elternwohnung gerettet. Ihre Mutter torkelte betrunken durch das Chaos. Mit Fliegen übersät und von Urin durchnässt: Schon wieder hat die Polizei ein Kleinkind aus einer verwahrlosten Wohnung in Berlin geholt."[429]

Bei den Opfern handelt es sich überwiegend um Kleinkinder. Kindesmisshandlung durch Vernachlässigung geht meist mit katastrophalen Lebensumständen, mit Suchtkrankheiten und (auch) Arbeitslosigkeit einher.[430] In Familien mit gutem Einkommen ist eher eine emotionale „Unterversorgung" festzustellen. Daraus lässt sich allerdings nicht die Folgerung ableiten, arme Familien wären für Kindervernachlässigungen besonders gefährdet. Erst in einer besonderen Kombination ist dieser Zusammenhang relevant.[431]

---

426 BGH, Urt. v. 3.9.2008 – 2 StR 305/08, NStZ-RR 2009, 173: Tödliche Vernachlässigung eines Kleinkindes durch die Eltern; zur Frage, unter welchen tatsächlichen Voraussetzungen die Mutter und der Vater eines Kleinkindes, das nach grober Vernachlässigung durch die Eltern verhungert und verdurstet, wegen Mordes strafbar sind.

427 *Leidecker*, in: von Hasseln-Grindel, Sexualisierte Gewalt gegen Kinder, S. 44 f.

428 BGH, Urt. v. 12.7.2005 – 1 StR 65/05, NStZ-RR 2006, 174: Körperverletzung durch totale Isolierung der Familie; zur Frage, ob Eltern, die ihre Familie gegenüber der Außenwelt komplett isolieren und dadurch bei ihren Kindern schwere gesundheitliche Schäden verursachen, Körperverletzung durch Unterlassen oder positives Tun begehen und die Voraussetzungen einer wissentlich schweren Körperverletzung erfüllen.

429 *Hunsicker*, Der Kriminalist 2008, 405.

430 *Huckenbeck*, Rechtsmedizin, S. 70.

431 *Nisse*, Delikte gegen Kinder, S. 37.

## 6. Verdachtskriterien Kindesmisshandlung

Wird eine Kindesmisshandlung durch einen behandelnden Arzt angezeigt, so stellt die Verdachtsfindung i. d. R. keine Schwierigkeit dar. Anders sieht das beim Einschreiten der Polizeibeamten im häuslichen Umfeld aus. Das Vorliegen von Auffälligkeiten allein stellt noch keinen strafrechtlich relevanten Anfangsverdacht dar, hierzu müssen zureichende tatsächliche Anhaltspunkte (Anfangsverdacht, § 152 Abs. 2 StPO) für eine Straftat vorliegen. Es muss auch nicht direkt der Anfangsverdacht der Misshandlung Schutzbefohlener nach § 225 StGB begründbar sein. Vielfach gelingt der Einstieg in eine Ermittlungsführung wesentlich einfacher

> „über den Verdacht der Körperverletzung bzw. der fahrlässigen Körperverletzung zum Nachteil des Kindes oder der Verletzung der Fürsorge- und Erziehungspflicht nach § 171 StGB“[432].

Gleichwohl ist zu berücksichtigen, dass es eindeutige Kriterien zwischen akzidentellen, also zufällig, nicht bewusst herbeigeführten Verletzungen und misshandlungsbedingten Verletzungen nicht gibt. Es gibt aber Hinweise, die eher auf ein Unfallgeschehen hindeuten.

Zu berücksichtigen ist, dass Verletzungsbilder der Kinder häufig von den Eltern durch lebensnahe Unfalldarstellungen erklärt werden. So gibt es bei Unfällen immer eine („plausible“) Erklärung für das Unfallgeschehen.[433] Eltern, deren Kind einen Unfall erlitten hat, werden ihr Kind schnellstmöglich zum Arzt bringen, sie verhalten sich aufgeregt und panisch. In einem Missbrauchsfall steht das Ausmaß der Verletzungen häufig in einem Missverhältnis zur Geringfügigkeit der Verletzungen. Einbezogen werden muss indes auch die Möglichkeit, dass Eltern ein tatsächliches Unfallgeschehen nicht zugeben, da sie sich ihr eigenes Versagen nicht eingestehen wollen und Angst vor möglichen Konsequenzen z. B. des Jugendamtes haben. Letztlich muss durch eine Differenzialdiagnose ausgeschlossen werden, dass es Erkrankungen oder Gesundheitsstörungen gibt, die ursächlich für vorliegende Verletzungen sein können, z. B. Glasknochenkrankheit, sog. Mongolenflecke.[434]

Die körperlichen Spuren der Gewalt sind von den normalen Verletzungen, die Kinder in besonderem Maße aufweisen, abzugrenzen. Blaue Flecken an

---

432 *Frings*, PSP 3/2016, 15 (16).

433 LG München I, Urt. v. 7.1.2009 – 9 O 20622/06. Schmerzensgeld nach falscher ärztlicher Diagnose zum Kindesmissbrauch.

434 *Meyer*, in: Artkämper/Clages, Kriminalistik, Schriftenreihe DGfK, Band 5, S. 203; OLG Bamberg, Urt. v. 19.12.2001 – 4 U 103/01.

den Beinen eines 5-jährigen Jungen sind sicher nichts ungewöhnliches, bei einer Mehrzeitigkeit dieser blauen Flecken kann der Fall anders liegen.[435]

**Beispiel:**[436]

Körperliche Übergriffe gegenüber einem 2-jährigen Jungen durch Lebensgefährten (L) einer Angeklagten (A). Als L sich dauerhaft in der Wohnung der A aufhielt, zeigte der Körper des Jungen „fortan zunehmend blaue Flecken. Insbesondere am 10.10.2021 war sein Gesicht aufgrund mehrerer Hämatome nebst einem geschwollenen Auge in weiten Teilen dunkel bzw. rot verfärbt. L erklärte die Verletzungen regelmäßig damit, dass der Junge sich ‚angestoßen' habe oder ‚heruntergefallen' bzw. beim Zahnarzt gewesen sei. Zu jeweils nicht genau feststellbaren Zeitpunkten in der Zeit spätestens vom 16.10.2021 bis wenige Tage vor dem 21.10.2021 fügte L dem Jungen durch mehrere Handlungen folgende Verletzungen zu: ein Zentimeter tiefe Rissverletzungen im Frontzahnbereich nebst vollständigem Abriss der Lippenbändchenverwachsungen, Wangenhämatome infolge mehrfachen kräftigen Griffs in – ggf. Schläge auf – die Wangen, Bissverletzungen auf der rechten Wange, dem rechten Unterschenkel und dem rechten Oberschenkel, Hautdefekte und Hämatome durch festen Zug an beiden Ohrmuscheln bzw. deren Verdrehen, kleinfleckige Hautdefekte durch Kniffe in die Peniswurzel und den Bereich der rechten Brustwarzen. [...] Zu einem späteren Zeitpunkt [...] trat L dem auf dem Rücken liegenden Jungen unter massiver Kraftaufwendung auf den Bauch. Er rechnete mit etwaigen tödlichen Folgen des Trittes und nahm diese zumindest billigend in Kauf. Durch den Tritt riss eine ca. 18 Zentimeter lange Dünndarmschlinge vom Darmgekröse ab. Der Junge erlitt beidseitige Aufreißungen des Darmgekröses, Einblutungen in das Darmgekröse, eine Aufreißung des rückwärtigen Bauchfells unterhalb der linken Niere sowie Widerlagerverletzungen (Hämatome) am Rücken. Der betroffene Darmabschnitt wurde nicht ausreichend mit Blut versorgt, sodass Darmanteile abstarben mit der Folge einer Darmlähmung. Die Darmwand durchwandernde Bakterien verursachten eine Peritonitis. Diese bewirkte eine Stoffwechselentgleisung. [...] Er verstarb am Abend des 21.10.2021. Todesursächlich war ein Herz-Kreislauf-Versagen infolge einer Stoffwechsel- und Elektrolytenentgleisung."

Die Polizei nimmt bei Gefahrenlagen immer eine qualifizierte Bewertung der Gefahrensituation vor, um daran orientiert entsprechende Maßnahmen zu treffen. Die polizeilichen Maßnahmen richten sich dabei vor allem an dem Gefährdungsgrad und der Sicherheit der gefährdeten Minderjährigen aus. Im Rahmen einer Gefährdungsbewertung ist gerade bei Fällen häuslicher Gewalt auch auf Anzeichen von Kindeswohlgefährdung

435 Zu typischen Verletzungsmustern *Birngruber/Lasczkowski/Dettmeyer*, Forensische Verletzungskunde, S. 127 ff.

436 BGH, Urt. v. 14.6.2023 – 1 StR 399/22, NStZ 2024, 88.

und Kindesmisshandlungen zu achten, wobei diese nicht immer äußerlich erkennbar sind.[437]

Nachfolgend aufgeführte Kriterien sind Erkennungsmöglichkeiten aus kriminalistischer Sicht, indes darf dieser Kriterienkatalog nicht als abschließend verstanden werden:[438]

**Äußeres Erscheinungsbild Minderjähriger**

- multiple Verletzungen unterschiedlichen Alters
- Blutergüsse und Hämatome, insbesondere in größerer Zahl mit unterschiedlichen Stadien der Abheilung (Mehrzeitigkeit von Verletzungen)[439]
- Verletzungen an Wangen, Ohren, Rücken, Gesäß, Rückseite der Beine[440]
- Gruppierungen von mehreren Verletzungen in einer Körperregion[441]
- Kopfverletzungen bei einem Säugling, der sich noch nicht allein bewegen kann
- parallel gestellte Verletzungen bzw. geformte Verletzungen, die auf schlagtypische Komplementärgegenstände (so z. B. Gürtel/Stock) hindeuten[442]
- Verletzungen an untypischen Stellen, z. B. im Kopfbereich („Hutkrempenregel“[443]),
- multiple Frakturen unterschiedlichen Alters und klinisch unerwartete Frakturen; bei Säuglingen sind Frakturen in der Regel Anzeichen für eine Misshandlung.[444] Dagegen sind bei Kindern ab fünf Jahren die meisten Frakturen unfallbedingt

---

437 *Müller*, FPR 2009, 561.

438 *Leidecker*, in: von Hasseln-Grindel, Sexualisierte Gewalt gegen Kinder, S. 48 f.; *Franzheld*, Verdachtsarbeit im Kinderschutz, S. 97 ff. Zu (typischen) körperlichen Spuren bei Kindesmisshandlung *Meyer*, in: Artkämper/Clages, Kriminalistik, Schriftenreihe DGfK, Band 5, S. 212 f.; *de Vries*, Kriminalistik für die Strafrechtspraxis, Rn. 161; *Huckenbeck*, Rechtsmedizin, S. 71 ff.; *Frings*, PSP 3/2016, 15 (16 f.); *Kraft/Keller*, Kriminalistik 2017, 2241 (243 f.); mit Praxisfall eines zwei Wochen alten Mädchens mit Hirnblutungen; *Mätzler/Wirth*, Todesermittlung, S. 150 ff.: „Von der Mutter geschlagen – oder gar gestochen?“.

439 Die Haut ist das größte Organ des Menschen und am häufigsten von Misshandlungsverletzungen betroffen.

440 Unverdächtig dagegen dürften Verletzungen über den Kniegelenken, an den Ellbogen und an der Vorderseite der Unterschenkel sein.

441 So eine Gruppierung lässt Zweifel an der „Sturzversion“ aufkommen.

442 Typische Doppelstriemen lassen eine Einschätzung der Breite des Tatwerkzeugs zu, auch Gürtelschnallen können charakteristische Abdrücke hinterlassen.

443 Nach dieser Hutkrempenregel deuten Verletzungen oberhalb der Hutkrempe eher auf Schläge, Verletzungen unterhalb der Hutkrempe eher auf Stürze hin; hierzu *Wirth/Schmeling*, Rechtsmedizin, S. 88.

444 Durch stumpfe Gewalteinwirkung wird die Biegungselastizität der Knochenstruktur überschritten; allgemein zu den Folgen stumpfer Gewalteinwirkung *Mätzler/Wirth*, Todesermittlung, S. 233 ff.; grundlegend *Wirth/Schmeling*, Rechtsmedizin, S. 75 ff.

- Parierspuren[445]
- Bisswunden (kein Haustier)[446]
- Apathie des Kindes (als neuropsychologisches Syndrom[447])[448]
- Verbrennungen, Verbrühungen[449]
- Desolate Körperhygiene, schlechter Zahnstatus, eingekotete Kinder
- der Witterung unangemessene Kleidung

**Verhalten Minderjähriger**

- frozen watchfulness (gespannter und trauriger Gesichtsausdruck),[450]
- altersunangemessenes, pseudoerwachsenes Verhalten
- Neigung zu Wutausbrüchen
- Schul- und Leistungsprobleme
- fehlendes bzw. geringes Selbstwertgefühl
- zutrauliches Verhalten gegenüber Fremden – Suchen körperlicher Nähe
- Äußerungen – in Fällen sexuellen Missbrauchs auch Zeichnungen

**Verhalten der Erziehungspersonen**

- Gewalt zwischen Erziehungspersonen
- häufiges massives Beschimpfen, Erniedrigen
- detailarme Erklärungen bei Verletzungen – Schutzbehauptungen
- häufiger Ärztewechsel („Ärzte-Hopping") bzw. keine Arztbesuche

**Familiäre Situation**

- Zustand der Wohnung (vermüllt, keine geeigneten Schlafplätze)
- zahlreiche Haustiere auf engstem Raum

---

445 Hierbei kann es sich um (Parier-)Verletzungen an den Unterarmen handeln, die während eines Abwehrkampfes entstanden sind; *Mätzler/Wirth*, Todesermittlung, S. 215: „Parierfrakturen"; *Wirth/Schmeling*, Rechtsmedizin, S. 144.

446 BGH, Beschl. v. 29.4.2020 – 2 StR 386/19, mit dem Hinweis, dass Bisswunden (hier am Körper eines Säuglings) nicht nur am unbekleideten Körper, sondern auch durch zumindest leichte Kleidung hindurch zugefügt werden können.

447 Neuropsychologische Störungen sind hirnorganisch bedingte Veränderungen psychischer Prozesse bzw. höherer Hirnleistungen; *Gauggel*, in: Wittchen/Hoyer, Klinische Psychologie, S. 270.

448 In der Psychologie ist Apathie der Begriff für einen Zustand der Teilnahmslosigkeit, der gekennzeichnet ist durch einen Mangel affektiver Erregbarkeit (grch. apathés: leidenschaftslos, stumpfsinnig). Dabei fehlt es den Betroffenen an Gefühlen und Emotionen, sie zeigen weder Lust noch Schmerz; *Spohrer*, in: *Möllers*, WB-Polizei: „Apathie".

449 Es ist z. B. möglich, die Leiche eines Säuglings restlos zu verbrennen; *Mätzler/Wirth*, Todesermittlung, S. 366.

450 *Pfeiffer/Lehmkuhl/Frank*, FPR 2001, 282 (285).

- Abhängigkeit von Transferleistungen
- geringe soziale Kontakte
- Suchtmittelabhängigkeit
- (eigene) Gewalterfahrungen der Erziehungsberechtigten.

Es ist nachdrücklich darauf hinzuweisen, dass die „Kriterien [...] als Hinweise zu verstehen [sind], die einen an eine Kindesmisshandlung überhaupt erst denken lassen."[451]

Bei polizeilichen Einsätzen im Falle der Anwesenheit von Kindern ist darauf zu achten, ob Hinweise auf Kindeswohlgefährdungen bzw. Kindesmisshandlungen vorhanden sind.[452] Wenn die Polizei entsprechende Kriterien nicht feststellt oder zwar feststellt, aber nicht mit einer Kindesmisshandlung in Verbindung bringt, wird ein „Anderer" oftmals nicht (mehr) kommen. Insofern kommt den am Ereignis- bzw. Tatort eingesetzten Beamten eine „Schlüsselrolle" zu.[453]

> Die psychische und physische Befindlichkeit der Kinder ist genau zu dokumentieren!

## 7. Neonatizid

Zuweilen sind den Medien Berichte zu entnehmen, in denen Frauen nach oftmals verheimlichter Schwangerschaft und Niederkunft ihre Kinder nach der Geburt getötet haben („Totes Baby im Park entdeckt"[454]).[455] Die Kindesmütter lassen ihre Neugeborenen unversorgt liegen, bis sie sterben, ersticken, ertränken, erdrosseln, werfen sie aus dem Fenster oder entsorgen sie in die Mülltonne oder setzen sie schlicht draußen aus.[456]

Im Schrifttum werden für die Kindestötung die Begriffe Infantizid, Filizid, Familizid und Neonatizid gebraucht. Während unter lnfantizid im Allgemeinen die Tötung eines Kindes durch die Eltern bzw. durch einen Elternteil zu verstehen ist, bezeichnet der Terminus Filizid die Tötung von

---

451 *Meyer*, in: Artkämper/Clages, Kriminalistik, Schriftenreihe DGfK, Band 5, S. 212.

452 *Nisse*, Delikte gegen Kinder, S. 62.

453 *Paulus*, Kriminalistik 2025,136 f., zur sexuellen Gewalt an Kindern.

454 *Pollich/Erdmann/Eifler/Ernst*, Kriminalistik 2016, 743.

455 Zur Phänomenologie des Neonatizid *Behnsen*, Neonatizid, S. 1 f.; *Csef*, Kriminalistik 2024, 159 ff.

456 BGH, Urt. v. 24.1.2024 – 1 StR 2/24; vorinstanzlich LG Traunstein, Urt. v. 9.10.2023 – 7 KLs 402 Js 13263/23. Aussetzung eines Neugeborenen in der Rosenheimer Innenstadt; zum Phänomen eingehend *Hübl*, in: Artkämper/Clages, Kriminalistik, Schriftenreihe DGfK, Band 4, S. 237 ff.

Kindern über den Geburtstermin hinaus durch einen Elternteil, also Vater oder Mutter. Bei Familizid handelt es sich um die gleichzeitige Tötung eines oder mehrerer Kinder (Filizid) und des Partners (Uxorizid) durch den anderen Ehepartner.[457] Der Terminus Neonatizid entspricht dem in Deutschland umgangssprachlich verwendeten Begriff der Kindestötung, unter dem die Tötung des Kindes durch die Mutter unter oder nach der Geburt zu verstehen ist.[458] Als zeitliche Eingrenzung gelten dafür die ersten 24 Stunden nach der Entbindung, da in diesem Zeitraum die durch die Geburt hervorgerufene Gemütsbewegung noch andauert.[459] Nahezu jeder Neonatizid wird durch die Mutter des Kindes verübt, wobei das Alter der handelnden Frauen bei Begehung über den gesamten gebärfähigen Zeitraum reicht.[460]

Die Literatur unterscheidet bei der Tötung von Neugeborenen die aktive und die passive Tatbegehung. Die Mehrzahl der Opfer wird aktiv getötet. Das bedeutet, dass die Mutter unter Anwendung von Gewalt auf das Kind einwirkt und dadurch dessen Tod verursacht. Beispiele hierfür sind das Ersticken mit Handtüchern oder Kleidungsstücken, das Erwürgen aber auch Schläge und Tritte. Bei der passiven Form der Tötung führt meist die fehlende Versorgung des Säuglings zu dessen Tod, z. B. durch Unterkühlung. Insgesamt gilt als Haupttodesursache das Ersticken des Säuglings.[461]

Die kriminalistische Problematik besteht darin, dass es zu den Schwangerschaften und Geburten meistens keine Zeugen gibt und nur die Kindsmütter von der Existenz der Neugeborenen wissen. Suchmaßnahmen nach den Kindern werden aus diesem Grund nicht durchgeführt. Dies unterscheidet Neonatizide von Tötungsdelikten zum Nachteil von Erwachsenen, bei denen auch die Angaben des sozialen Umfeldes mit in die Ermittlungen einfließen. Der Tatort bzw. der Geburtsort sind meist unbekannt. Spuren am Geburtsort, häufig in Badezimmern, werden von der Kindsmutter beseitigt, was die Ermittlungen zusätzlich erschwert. Generell bietet ein Neonatizid erfahrungsgemäß wenig Spuren für Ermittlungsansätze. Ist die

457 *Hübl*, in: Artkämper/Clages, Kriminalistik, Schriftenreihe DGfK, Band 4, S. 239.

458 Mit einer Analyse zur Tötungskriminalität zum Nachteil von sechs- bis 13-jährigen Kindern unter Berücksichtigung von Opfer-, Täter- und Tatmerkmalen sowie der strafrechtlichen Aufbereitung dieser Fälle in Deutschland zit. *Haug/Zähringer*, Tötungsdelikte an Kindern in Deutschland, passim.

459 *Hübl*, in: Artkämper/Clages, Kriminalistik, Schriftenreihe DGfK, Band 4, S. 237 ff.; *Csef*, Kriminalistik 2024, 159.

460 *Hahn/Maldener*, DP 2/2017, 4 (5), die von einem hohen Dunkelfeld ausgehen.

461 Zum Phänomen Neonatizid *Hahn/Maldener*, Kriminalistik 2016, 749 ff.; zur polizeilichen Ermittlungsarbeit *Matt*, Kriminalistik 2021, 444 ff.; zur strafrechtlichen Einordnung *Höffler/Marsch*, JA 2017, 677 ff.

Kindesmutter ermittelt, wird von ihr nicht selten versucht, den Tod des Neugeborenen durch Komplikationen beim Geburtsablauf zu erklären:

- Sturzgeburt[462]
- Verbluten aus der Nabelschnur[463]
- Umschlingung des Halses durch die Nabelschnur[464]
- Erstickung (unter Bettdecke) nach Ohnmacht bei der Geburt.[465]

Um Todesfälle im Neugeborenenalter medizinisch hinreichend zu klären, kann die Mitarbeit eines Kinderpathologen, eines spezialisierten Kinderarztes (Neonatologe) und eines Geburtshelfers erforderlich sein.[466]

## II. Polizeiliches Vorgehen bei (betroffenen) Minderjährigen

### 1. Gefahrenabwehr

Die Tatsache, dass die Jugendämter auf dem Gebiet der Abwehr von „familienspezifischen" Gefahren für Kinder und Jugendliche die originär zuständige Ordnungsbehörde sind, mag fälschlich zu der Annahme führen, dass die Polizei eben nur hilfsweise – subsidiär – für unaufschiebbare Gefahren abwehrende und ggf. strafverfolgende Maßnahmen zuständig sei. Dies stimmt jedoch nur teilweise, denn alle Polizeigesetze Deutschlands beinhalten u.a., dass die Polizei und keine andere Ordnungsbehörde die originär zuständige Behörde zur Verhütung von Straftaten ist.[467] Nach den Polizeigesetzen der Länder hat die Polizei die Aufgabe, Gefahren für die öffentliche Sicherheit und Ordnung abzuwehren (z.B. § 1 Abs. 1 Satz 1 PolG NRW).

Maßgebend zur Beantwortung der Frage, ob eine Gefahr vorliegt und welche Handlungsverpflichtungen daraus erwachsen, ist der Kenntnisstand zum Zeitpunkt der Entscheidung (ex ante). So kann beispielsweise der verwahrloste Zustand einer Wohnung für die darin aufhältigen Kinder nach den objektiv festgestellten Umständen als eine konkrete Gefahr ein-

462 Tödliche Sturzverletzungen durch Sturz des Kindes aus dem Geburtskanal der Mutter heraus auf den Boden; hierzu *Wirth/Schmeling*, Rechtsmedizin, S. 286.

463 Im Allgemeinen unglaubhaft, weil bei durchtrennter Nabelschnur spontane Blutstillung eintritt; *Wirth/Schmeling*, Rechtsmedizin, S. 287.

464 Umschlingung ist zwar nicht ganz selten, führt aber nur bei abnorm kurzer Nabelschnur zu ernsten Komplikationen; *Wirth/Schmeling*, Rechtsmedizin, S. 287.

465 Derartige Fälle bei komplikationslosem Geburtsverlauf praktisch ausgeschlossen; *Wirth/Schmeling*, Rechtsmedizin, S. 287.

466 *Wirth/Schmeling*, Rechtsmedizin, S. 287.

467 *Becker*, DP 1/2007, 6. Vernachlässigte und misshandelte Kinder – nur eine Aufgabe der Jugendämter?

gestuft werden. Gefährdungssituationen werden der Polizei nicht nur im Rahmen „häuslicher Gewalt" bekannt, sondern natürlich auch im Rahmen anderweitiger Ermittlungsmaßnahmen. Müllanhäufungen, verdorbene Lebensmittel, Mehrfachbenutzung ungespülten Geschirrs, unzureichend bekleidete Kinder oder erhebliche Rauchbelastungen in der Wohnung durch Zigarettengenuss mögen als Indikatoren genannt werden.[468]

Sind Kinder in der Wohnung, ist mithin nicht nur das „Opfer Ehefrau" zu beachten, sondern insbesondere auch die Kinder. Eine besondere Verantwortung obliegt dabei der Polizei, die regelmäßig als erste Behörde mit entsprechenden Sachverhalten konfrontiert wird. Bei Einsätzen in Fällen häuslicher Gewalt kommt es immer wieder vor, dass die Polizei erfährt, dass neben der Partnerin auch die in der Wohnung lebenden Kinder geschlagen worden sind.

Im Akuteinsatz sind Kinder zunächst aus dem Einsatzgeschehen zu entfernen und – soweit möglich – in die Obhut von Verwandten oder Nachbarn zu geben. Einer der im Einsatz befindlichen Polizeibeamten sollte sich dem Kind bzw. den Kindern widmen. Kinder sind in das Einsatzgeschehen „einzubinden".[469] Das beinhaltet eine persönliche Ansprache der anwesenden Kinder/Jugendlichen, Transparenz der polizeilichen Maßnahmen sowie die „Vermeidung von Zwangsmaßnahmen gegen ein Elternteil vor den Augen der Kinder"[470]. Kinder gehen nicht von sich aus auf die Beamten zu.[471] Allerdings kann schon aus Eigensicherungsgründen nicht erwartet werden, dass sich ein Beamter aus dem Einsatz „ausklinkt" und sich ausschließlich mit dem jeweiligen Kind beschäftigt. Leistbar wäre es aber, dem Kind „durch kleine Gesten und kurze Ansprache zu signalisieren, dass man es wahrgenommen hat."[472] Ideal wäre mithin eine dritte Person, die sich ausschließlich dem Kind widmen könnte – diese muss nicht zwingend Angehörige der Polizei sein.[473]

In Bezug auf Kinder im Haushalt ist zu beachten:[474]

- Datenabgleich mit Melderegister/Einwohnermeldeamt: Überprüfung aller Kinder, Inaugenscheinnahme aller Kinder (auch die nicht anwesenden),[475]

468 *Kraft/Keller*, Kriminalistik 2017, 148 (152).

469 *Nöthen-Schürmann*, in: Kavemann/Kreyssig, Hdb Kinder und häusliche Gewalt, S. 468.

470 *Nöthen-Schürmann*, in: Kavemann/Kreyssig, Hdb Kinder und häusliche Gewalt, S. 468.

471 *Fröhlich*, in: Kavemann/Kreyssig, Hdb Kinder und häusliche Gewalt, S. 489.

472 *Fröhlich*, in: Kavemann/Kreyssig, Hdb Kinder und häusliche Gewalt, S. 489.

473 *Fröhlich*, in: Kavemann/Kreyssig, Hdb Kinder und häusliche Gewalt, S. 489; *Kraft/Keller*, Kriminalistik 2017 241 (244).

474 *Bley*, Kriminalwissenschaften, S. 198; *Becker*, Die Polizei 2020, 179 (183f.).

475 Zur gefahrenabwehrenden Inaugenscheinnahme von Geschwisterkindern bei Hinweisen auf Kindeswohlgefährdung *Becker*, Die Polizei 2009, 108ff.

- Drohungen und Suizidabsichten ernst nehmen,
- Kinder in altersgerechter Sprache in Abläufe einbeziehen, Maßnahmen (z. B. Wohnungsverweisung, Rückkehrverbot) erklären.

## 2. Strafverfolgung

### a) Strafantragsberechtigung Minderjähriger

Handelt es sich bei der entsprechenden Straftat um ein Antragsdelikt, ist zu beachten, dass Minderjährige nach § 77 Abs. 3 StGB nicht berechtigt sind, selbstständig Strafantrag zu stellen. Erforderliche Strafanträge sind deshalb beim gesetzlichen Vertreter einzuholen. Ist ein antragsberechtigtes Elternteil selbst an der Tat als Täter, Mittäter, Anstifter oder Gehilfe beteiligt, welche nur auf Antrag verfolgt werden kann, ist er rechtlich an der Antragstellung gehindert. Sind beide Eltern vertretungsberechtigt, ist der andere Teil in diesen Fällen nun auch von der Vertretung ausgeschlossen. In diesen Fällen ist z. B. durch die Staatsanwaltschaft, das Jugendamt oder auch durch die Polizei ein Verfahren zur Bestellung eines Ergänzungspflegers[476] beim Familiengericht einzuleiten.[477]

In Fällen von Kindesmisshandlung geht die Staatsanwaltschaft auch namenlosen und vertraulichen Hinweisen grundsätzlich nach (Ziff. 235 Abs. 1 Satz 1 RiStBV). Ein besonderes öffentliches Interesse an der Strafverfolgung ist grundsätzlich zu bejahen. Konsequent bezeichnet Nr. 236 Abs. 2 Satz 2 die Verweisung auf den Privatklageweg als i. d. R. nicht angezeigt.[478]

Der Gesetzgeber hat zum Schutz der von Straftaten betroffenen Kinder im Strafverfahren eine ganze Reihe schützender Normen erlassen, die sich unter dem Begriff des „Kinderschutz-Strafprozessrechts"[479] zusammenfassen lassen. Gerichte und Staatsanwaltschaften sind rechtlich verpflichtet, in ihrer täglichen Arbeit bei allen Entscheidungen das Wohl des betroffenen Kindes als Gesichtspunkt vorrangig zu berücksichtigen. Von besonderer Bedeutung im Ermittlungsverfahren im Kontext häuslicher Gewalt sind Vernehmung und Untersuchung von minderjährigen Opfern. Die Problematik besteht vor allem darin, dass gesetzliche Vertreter zumeist Beschuldigte sind.

---

476 Zur Abgrenzung von Ergänzungspflegschaft, Verfahrensbeistandschaft und Umgangspflegschaft *Kuleisa-Binge*, FPR 2012, 363 ff.

477 *Fischer*, StGB, § 77 Rn. 9. Ein Pfleger ist zu bestellen, wenn der gesetzliche Vertreter an der Antragsstellung gehindert ist oder sich weigert, den Antrag zu stellen; zum Aufgabengebiet des Ergänzungspflegers *Kuleisa-Binge*, FPR 2012, 363 f.

478 *Kreiner*, in: Graf, BeckOK StPO, RiStBV 235 Rn. 7.

479 *Mosbacher*, NStZ 2024, 263 (272).

### b) Vernehmung minderjähriger Zeugen

#### aa) Belehrung, Zeugnisverweigerungsrecht

Ein Minderjähriger, der zugleich Verletzter der Straftat ist, ist als Opferzeuge zunächst wie jeder minderjährige Zeuge zu behandeln. Danach ist also ein Kind, wenn es mit dem Ziel der Ermittlung der Straftat weitergehend befragt werden soll, als Zeuge zu belehren und auf sein Zeugnisverweigerungsrecht hinzuweisen (§ 52 Abs. 3 StPO). Ihm muss dabei eine genügende Vorstellung von der Bedeutung des Zeugnisverweigerungsrechts vermittelt werden.[480] Als kindliche Zeugen werden Personen zwischen dem ersten und 14. Lebensjahr bezeichnet, wobei von einer Aussagetüchtigkeit erst ab einem Alter von sieben Jahren ausgegangen werden kann. Gleichwohl ist einzelfallabhängig über die Ergiebigkeit des Zeugenbeweises nach pflichtgemäßem Ermessen zu entscheiden.[481]

Kinder haben einen unverfälschten Blick auf das, was sie hören und sehen und somit auch auf das, was sie wahrnehmen. Es gilt der Grundsatz:

> „Kinder nehmen das wahr, was sie sehen."[482]

Eine Deutung oder gar Wertung des Verhaltens anderer Personen oder eines Geschehens trauen sie sich nicht zu bzw. ist ihnen unmöglich, wie nachfolgendes Beispiel eines 8-jährigen Mädchens illustriert:

**Beispiel:**[483]

„Wenn der Opa mir ein Küsschen gab, hat er mir immer mit der Zunge die Zähne geputzt." Das Mädchen kann nur die Handlung als solche beschreiben, kann diese aber nicht interpretieren.[484]

Ob Eltern bei einer Anhörung des Kindes anwesend sind, hängt von einer Vielzahl von Gegebenheiten ab. Treten die Eltern als Täter in Erscheinung, ist deren Anwesenheit ausgeschlossen (§ 52 Abs. 2 Nr. 2 StPO) und ein Ergänzungspfleger (§ 1809 BGB) hinzuzuziehen. Grundsätzlich gilt aber, dass die Erziehungsberechtigten die Entscheidungshoheit haben, was mit ihrem Kind geschieht, und somit auch, ob eine Anhörung stattfindet und sie anwesend sind oder nicht.[485]

---

480 BGH, Urt. v. 29.6.1983 – 2 StR 150/83, NJW 1984, 621.

481 *Artkämper/Hussels/Artkämper*, Kriminalistik 2022, 387 (391).

482 *Artkämper/Floren/Schilling*, Vernehmungen, Rn. 1312.

483 *Bender/Nack/Treuer*, Tatsachenfeststellung vor Gericht, Rn. 348.

484 *Artkämper/Hussels/Artkämper*, Kriminalistik 2022, 387 (391). Zu „Besonderheiten" bei minderjährigen Zeugen *Niegisch/Thielgen*, Vernehmungspraxis, S. 91 ff.

485 *Artkämper/Floren/Schilling*, Vernehmungen, Rn. 1329 f.

Die Belehrung eines kindlichen Zeugen unterscheidet sich deutlich von der eines tatverdächtigen Kindes, da der Fokus mehr auf den Bereich der Wahrnehmung des Kindes bzw. der Wahrheit der Aussage gerichtet wird und der erzieherische Aspekt in den Hintergrund tritt.

*Artkämper/Floren/Schilling* geben ein Beispiel, welches nachfolgend wiedergegeben wird:[486]

**Beispiel:**

„Du weißt ja, wo du hier bist und dass du hier (bei der Polizei/Staatsanwaltschaft/ Gericht) etwas sagen sollst, was du am … (konkretisieren) gesehen/gehört hast. Der/die hat vielleicht etwas falsch gemacht und genau das möchte ich mit dir zusammen herausfinden. Dazu ist es wichtig, dass du mir die Wahrheit sagst. Du sollst mir nur das sagen, was du gesehen/gehört hast und woran du dich erinnern kannst. Erzähl mir davon, was ‚du' gesehen hast und nicht, was deine Eltern, deine Freunde gesehen oder dir gesagt haben. Wichtig für mich ist nur das, was du selbst gesehen oder gehört hast. Das ist wichtig, damit der Staatsanwalt oder Richter später keine falsche Entscheidung trifft und ein Mensch ins Gefängnis kommt, der gar nichts Unrechtes gemacht hat."

Steht dem Zeugen ein umfassendes Zeugnisverweigerungsrecht nach § 52 StPO zu, kann die Vernehmung nicht durchgeführt werden, wenn er sich darauf beruft. Ob ein Zeugnisverweigerungsrecht vorliegt, richtet sich nach § 52 Abs. 1 StPO. Verwandtschaftsverhältnisse und Schwägerschaften sind nach den §§ 1589, 1590 BGB zu ermitteln. Ergänzend gilt § 11 LebensPartG. Entscheidend ist, ob Betroffene in der Lage sind, die Bedeutung einer Zeugnisverweigerung zu erfassen und die Konsequenzen einer Aussage zu überblicken. Diese Kompetenz wird bei Minderjährigen mit dem Fachausdruck der Verstandesreife beschrieben. Sie nimmt mit dem Alter zu und ist individuell zu bestimmen. Eine feste Altersgrenze gibt es nicht. Kinder unter 12 bzw. 14 Jahren können regelmäßig kaum den Sinn und Zweck und die Grenzen der Zeugnisverweigerungsrechte erkennen; allerdings kann auch hier keine starre Altersgrenze angegeben werden und im Einzelfall ist es denkbar, dass auch jüngere Kinder die erforderliche Verstandesreife aufweisen.[487] Verallgemeinerungen sind unzulässig.[488] Als eine ausreichend vorhandene Verstandesreife wird ein Zustand angesehen, in dem das Kind verstehen kann, dass der Beschuldigte eine falsche/strafbare Handlung begangen hat und die in der Anhörung des Kin-

486 *Artkämper/Floren/Schilling*, Vernehmungen, Rn. 1361.

487 *Kraft/Keller*, Kriminalistik 2017, 148 (153).

488 *Hinrichs*, in: Schäfer/Fresemann/Hinrichs, Die Praxis des Strafverfahrens, Rn. 549.

des erfolgte Aussage zu seiner Bestrafung führen kann.[489] Die Rechtsprechung nimmt mangelnde Verstandesreife etwa bei 7- oder 8-jährigen Kindern an.[490] Demgegenüber wird davon ausgegangen, dass Kinder ab 14 Jahren eine genügende Vorstellung von der Bedeutung des Zeugnisverweigerungsrechts haben.[491] Entscheidend sind die Umstände des Einzelfalls. Es kommt dabei darauf an, ob das Kind erkennen kann, dass der Beschuldigte etwas Unrechtes getan hat, dass ihm hierfür Strafe droht und dass die Zeugenaussage womöglich zu der Bestrafung beitragen kann. Zu prüfen ist, ob der Minderjährige –

> „unbeschadet des Alters und der möglichen Erkenntnis, dass seinem Angehörigen aufgrund des Vorwurfs, Unrechtes getan zu haben, eine Strafe droht – über die erforderliche geistige Reife verfügt, um eine mögliche Konfliktlage zwischen der Pflicht zu wahrheitsgemäßer Aussage und den familiären Rücksichten (Hilfestellung für Angehörigen) verstandesmäßig genügend erfassen zu können."[492]

Haben Minderjährige wegen mangelnder Verstandesreife oder haben Minderjährige oder Betreute wegen einer psychischen Krankheit oder einer geistigen oder seelischen Behinderung von der Bedeutung des Zeugnisverweigerungsrechts keine genügende Vorstellung, so dürfen sie nur vernommen werden, wenn sie zur Aussage bereit sind und auch ihr gesetzlicher Vertreter der Vernehmung zustimmt (§ 52 Abs. 2 Satz 1 StPO).[493] Unterbleibt die gebotene Belehrung des Zeugen oder die Einholung der Zustimmung nach Abs. 2, darf die Aussage nicht verwertet werden.[494] Sie kann auch nicht verlesen werden.[495] Die Entscheidung der Aussageperson (Kind), ob sie zur Aussage bereit ist oder die Aussage verweigert, ist maßgebend, vorausgesetzt, die Belehrung ist verstanden worden. Das ist dann der Fall, wenn das Kind fähig ist zu erkennen, dass seine Aussage möglicherweise zur Bestrafung eines Angehörigen beitragen kann. Wenn eindeutig ist, dass der kindliche oder jugendliche Zeuge in der Lage ist, eine selbstständige Entscheidung zu treffen, dann ist diese Entscheidung für oder gegen eine Aussage für die Vernehmer, die Eltern bzw. andere Sorgeberechtigte

---

489 BGH, Urt. v. 2.3.1960 – 2 StR 44/60, NJW 1960, 1396 (BGHSt. 14, 159); *Artkämper/Floren/Schilling*, Vernehmungen, Rn. 1333.

490 Z. B. BGH, Urt. v. 15.11.1994 – 1 StR 461/94, NStZ 1995, 198.

491 *Fresemann*, in: Schäfer/Fresemann/Hinrichs, Die Praxis des Strafverfahrens, Rn. 1380.

492 BGH, Beschl. v. 17.4.2012 – 1 StR 146/12, NStZ 2012, 578.

493 *Mosbacher*, NStZ 2024, 263 (266).

494 BGH, Urt. v. 10.2.2021 – 6 StR 326/20, NStZ-RR 2021, 142.

495 BGH, Beschl. v. 29.11.1995 – 5 StR 531/95, NStZ-RR 1996, 106.

(bei Kindern und Jugendlichen) oder Betreuer (bei Erwachsenen) bindend. Zu prüfen ist somit, ob der Minderjährige – unbeschadet des Alters und der möglichen Erkenntnis, dass seinem Angehörigen aufgrund des Vorwurfs, Unrechtes getan zu haben, eine Strafe droht – „über die erforderliche geistige Reife verfügt, um eine mögliche Konfliktlage zwischen der Pflicht zu wahrheitsgemäßer Aussage und den familiären Rücksichten (Hilfestellung für Angehörigen) verstandesmäßig genügend erfassen zu können".[496] Hat das Kind die Belehrung verstanden und ist es aussagebereit, so ist seine Entscheidung ausschlaggebend;[497] eine entgegenstehende Meinung des gesetzlichen Vertreters ist unbeachtlich, sollte aber in Form eines Vermerks aktenkundig gemacht werden (Nr. 65 RiStBV).[498]

In Fällen häuslicher Gewalt oder sexuellen Missbrauchs ist nicht selten ein gesetzlicher Vertreter Beschuldigter. In diesem Fall ist er wegen des Interessenkonflikts von der Entscheidung über die Ausübung des Zeugnisverweigerungsrechts ausgeschlossen; dies gilt, sofern die gesetzliche Vertretung beiden Eltern zusteht, auch für den anderen Elternteil (§ 52 Abs. 2 Satz 2 StPO).[499]

### bb) Zeugnisverweigerungsrecht und Ergänzungspfleger

Hat ein Zeuge von der Bedeutung seines Weigerungsrechtes keine genügende Vorstellung, ist eine Entscheidung des gesetzlichen Vertreters erforderlich (§ 52 Abs. 2 StPO).[500] Ist der gesetzliche Vertreter ausgeschlossen, muss für den Zeugen nach § 1809 Abs. 1 Satz 1 BGB ein Ergänzungspfleger bestellt werden,[501] der seinerseits nach § 52 Abs. 3 StPO zu belehren ist.[502] Ungeschriebenes Tatbestandsmerkmal ist das Vorliegen eines Fürsorgebedürfnisses. Das bedeutet, dass in einer Angelegenheit des Minderjährigen eine Entscheidung getroffen werden muss, die der gesetzliche Vertreter nicht treffen kann.[503] Das ist bei den hier in Rede stehenden Fallkonstellationen unstreitig gegeben. Die Staatsanwaltschaft wirkt möglichst frühzeitig beim zuständigen Familiengericht auf die Bestellung hin (Nr. 19 Abs. 3 RiStBV). An ihre Einschätzung mangelnder Verstandesreife

---

496 BGH, Beschl. v. 17.4.2012 – 1 StR 146/12, NStZ 2012, 578.

497 *Niegisch/Thielgen*, Vernehmungspraxis, S. 91 f.

498 Die letzte „Entscheidungsinstanz über das Treffen einer Aussage" liegt bei dem minderjährigen Zeugen, *Niegisch/Thielgen*, Vernehmungspraxis, S. 92.

499 *Mosbacher*, NStZ 2024, 263 (266).

500 BGH, Urt. v. 20.9.1996 – 2 StR 289/96, NStZ 1997, 145; hierzu *Eisenberg*, Beweisrecht, Rn. 1225 f.

501 OLG Frankfurt a. M., Beschl. v. 25.5.2023 – 6 UF 55/23, NJW-RR 2023, 918; mit Anm. *Hoffmann*, NZFam 2023, 903 ff.

502 *Fresemann*, in: Schäfer/Fresemann/Hinrichs, Die Praxis des Strafverfahrens, Rn. 1381.

503 *Kemper*, in: Schulze, BGB, § 1809 Rn. 3.

ist das Familiengericht gebunden und prüft diese Voraussetzung ebenso wenig nach wie die Aussagebereitschaft des Kindes.[504] Eine persönliche Anhörung der gesetzlichen Vertreter ist in diesen Fällen nicht erforderlich, ihnen ist aber rechtliches Gehör zu gewähren.[505]

Der Ergänzungspfleger unterscheidet sich explizit vom Verfahrensbeistand, da ihm Teilbereiche des Sorgerechts übertragen werden.[506]

Voraussetzung für die Ergänzungspflegerbestellung ist zusammenfassend, dass ein gesetzlicher Vertreter Beschuldigter eines Strafverfahrens ist. Diese Voraussetzung ist durch die Strafverfolgungsbehörden zu prüfen.[507] Der Pfleger entscheidet über die Ausübung des Zeugnisverweigerungsrechtes. Das Rechtskonstrukt hat von vornherein die Zielrichtung, das Wohl des Kindes in den Vordergrund zu stellen. Für den Bereich der polizeilichen Ermittlungen rückt der Ergänzungspfleger in die Rolle der Erziehungsberechtigten.[508]

Die Belehrung eines kindlichen Zeugen ist vor allem dann problematisch, wenn das Kind als Zeuge gegen seinen gesetzlichen Vertreter aussagen soll. Regelmäßig ist dann die Einrichtung einer Ergänzungspflegschaft erforderlich.[509] Dies gilt auch bei einer vorläufigen Einstellung, solange dem Elternteil noch Verfolgung droht.[510]

#### cc) Verwertungsverbot für frühere Aussagen (Zeugnisverweigerung)

Gem. § 252 StPO darf die Aussage eines vor der Hauptverhandlung vernommenen Zeugen, der erst in der Hauptverhandlung von seinem Recht, das Zeugnis zu verweigern, Gebrauch macht, nicht verlesen werden. Beruft sich ein Zeuge auf dieses Zeugnisverweigerungsrecht, unterliegen sämtliche frühere Aussagen grundsätzlich einem Beweisverwertungsverbot (§ 252 StPO).[511] Um eine Umgehung und Aushöhlung der §§ 52 ff. StPO zu verhindern, begründet § 252 StPO darum über seinen Wortlaut hinaus

504 BGH, Beschl. v. 22.4.2020 – XII ZB 477/19, NZFam 2020, 631; mit Anm. *Schöpflin*.

505 OLG Brandenburg, Beschl. v. 27.6.2023 – 13 WF 72/23.

506 *Kuleisa-Binge*, FamRZ 2012, 363. Zu Inhalt und Grenzen der Ergänzungspflegschaft *Schneider*, FamRZ 2022, 1821 ff.

507 *Splitt*, FamRZ 2019, 507.

508 *Artkämper/Floren/Schilling*, Vernehmungen, Rn. 1363; hierzu auch *Splitt*, FamRZ 2019, 507 (510).

509 Zu „Besonderheiten" bei minderjährigen Zeugen *Niegisch/Thielgen*, Vernehmungspraxis, S. 91 ff.

510 OLG Brandenburg, Beschl. v. 27.6.2023 – 13 WF 72/23.

511 Grundlegend *Farthofer/Rückert*, HRRS 2017, 123 ff.

nicht nur ein Verlesungsverbot, sondern ein Verwertungsverbot.[512] Die vor der Hauptverhandlung gemachten, den Beschuldigten be- oder entlastenden Aussagen des Zeugen dürfen also weder durch Verlesen der Vernehmungsprotokolle noch durch die Vernehmung der (nicht richterlichen) Verhörspersonen in die Hauptverhandlung eingeführt werden, auch nicht durch Vorhalte aus der früheren Vernehmung.[513] Beim Zeugen mit Zeugnisverweigerungsrecht führt das Zusammenspiel der §§ 52, 252 StPO somit dazu, dass polizeiliche und staatsanwaltliche Vernehmungen grundsätzlich nicht durch die Vernehmung der Verhörsperson rekonstruiert werden können.

#### dd) Rückgriff auf frühere Aussagen (Zeugnisverweigerung)

##### (1) Verzicht auf Verwertungsverbot

Der BGH erlaubt eine Verwertung früherer Aussagen, wenn der nach § 52 StPO weigerungsberechtigte Zeuge nach (qualifizierter) Belehrung mitteilt, dass er die Verwertung seiner früheren Aussage gestattet.[514] In diesem Fall unterliegt das Verwertungsverbot der Disposition des Zeugen. Anderen Verfahrensbeteiligten steht diese Befugnis nicht zu.[515] Der Zeuge kann also auf die Sperrwirkung der Zeugnisverweigerung verzichten. Frühere Angaben können auf diese Weise dann trotzdem in die Hauptverhandlung einfließen.

Ein (nur) teilweiser Verzicht auf das Zeugnisverweigerungsrecht kommt nicht in Betracht:

**Beispiel:**[516]

Das Landgericht (LG) hatte einen 21-Jährigen der Vergewaltigung seiner Schwester in fünf Fällen, der gefährlichen Körperverletzung in zehn Fällen und der vorsätzlichen Körperverletzung in 40 Fällen für schuldig gesprochen und eine Haftstrafe von viereinhalb Jahren verhängt. Die Schwester des Angeklagten, die in dem Verfahren als Nebenklägerin auftritt, hatte gestattet, Angaben, die sie bei einer aussagepsychologischen Sachverständigen gemacht hatte, zu verwerten. Die Jugendkammer berücksichtigte daraufhin diese Aussage, nicht aber eine Aussage aus einer polizeilichen Vernehmung, deren Verwertung die Schwester nicht zugestimmt hatte.

---

512 BGH, Urt. v. 15.1.1952 – 1 StR 341/51, NJW 1952, 356.

513 BGH, Urt. v. 3.2.1955 – 4 StR 582/54, NJW 1955, 721.

514 *Fresemann*, in: Schäfer/Fresemann/Hinrichs, Die Praxis des Strafverfahrens, Rn. 1386 und 1394.

515 BGH, Beschl. v. 13.6.2012 – 2 StR 112/12, NJW 2012, 3192; hierzu *Kudlich* JA 2012, 873 ff.

516 BGH, Beschl. v. 18.10.2023 – 1 StR 222/23; mit Anm. *Jahn*, JuS 2024, 179; *Jäger*, JA 2024, 429; *Beukelmann*, NJW-Spezial 2024, 88: „Kein Teilverzicht auf Unverwertbarkeit".

Eine Zeugin, die ihr Zeugnisverweigerungsrecht nach § 52 Abs. 1 StPO in der Hauptverhandlung wahrnimmt, kann zwar erlauben, dass entgegen § 252 StPO ihre vorherigen Aussagen in die Hauptverhandlung eingeführt und verwertet werden. Dabei kann sie sich dem BGH zufolge aber nicht auf einzelne Vernehmungen beschränken. Tue sie es dennoch, sind alle vorherigen Aussagen unverwertbar.[517]

#### (2) Richterliche Vernehmung

Gemäß § 252 StPO darf zwar die Aussage eines Zeugen u. U. nicht nicht verlesen und damit nicht gegen seinen Willen verwertet werden. Dieser Grundsatz ist allerdings – ohne gesetzliche Grundlage – vom BGH für Aussagen vor dem Richter durchbrochen worden.[518] Ein Richter kann über eine frühere Aussage des ordnungsgemäß über sein Weigerungsrecht nach § 52 StPO belehrten Zeugen vernommen werden.[519]

Hat eine richterliche Vernehmung des Zeugen im Ermittlungsverfahren stattgefunden, ist die Vernehmung des Richters (nicht aber des Protokollführers) insoweit zulässig.[520] Die verschiedene Behandlung von richterlichen und nicht richterlichen Vernehmungen beruht u. a. darauf, weil richterlichen Vernehmungen „allgemein höheres Vertrauen"[521] entgegengebracht werden. Erinnert sich der Richter nicht mehr an den Inhalt der früheren Aussage des Zeugen, darf das Protokoll im Urkundenbeweis nicht verwertet werden. Allerdings darf dem richterlichen Zeugen sein Vernehmungsprotokoll vorgehalten werden.[522]

> „Wenn sich ein Opfer häuslicher Gewalt an die Polizei wendet und die Tat somit aus dem Dunkel- ins Hellfeld bringt, ist es die Pflicht der Ermittlungsbehörden, diese Möglichkeit zu nutzen. Der polizeiliche Vernehmungsbeamte muss in einschlägigen Fällen unverzüglich beim Staatsanwalt die Beantragung einer richterlichen Vernehmung anregen."[523]

517 BGH, Beschl. v. 18.10.2023 – 1 StR 222/23.
518 *Frister*, in: Lisken/Denninger, Hdb PolR, Kapitel F. Rn. 63.
519 *Fresemann*, in: Schäfer/Fresemann/Hinrichs, Die Praxis des Strafverfahrens, Rn. 1389 ff.
520 *Artkämper/Floren/Schilling*, Vernehmungen, Rn. 369 f.
521 Explizit BGH, Urt. v. 14.3.1967 – 5 StR 540/66, NJW 1967, 1094 (1095).
522 *Fresemann*, in: Schäfer/Fresemann/Hinrichs, Die Praxis des Strafverfahrens, Rn. 1391.
523 *Jaklin*, NStZ 2021, 70 (76); *Artkämper/Floren/Schilling*, Vernehmungen, Rn. 340 und 371; *Becker/Zelck*, DPolBl 2/2025, 28 (31).

#### ee) Videovernehmung

Die Dokumentation der Anhörung eines Kindes sowie Jugendlichen unterscheidet sich grundsätzlich nicht von der einer Vernehmung einer erwachsenen Person.[524] Es stehen die gleichen Dokumentationsformen wie Protokoll, Tonband oder Videovernehmung zur Verfügung. Nach Nr. 19 RiStBV ist eine mehrmalige Vernehmung von Kindern und Jugendlichen vor der Hauptverhandlung wegen der damit verbundenen seelischen Belastung dieser Zeugen nach Möglichkeit zu vermeiden. Seelische Belastungen der minderjährigen Opfer sind auf ein Minimum zu reduzieren. Untersuchungen belegen, dass Kinder durch mehrfache Befragungen zum Tatvorwurf mit wiederholter Erinnerung an das Tatgeschehen, die Vernehmung im Gerichtssaal in Anwesenheit fremder Personen und ganz besonders durch die Begegnung mit dem Beschuldigten ganz erheblich belastet werden.[525] Anzustreben ist eine „Belastungsreduktion bei Vernehmungen"[526].

In Betracht kommt eine audio-visuelle Vernehmung.

Dadurch, dass mit Videoaufzeichnungen auch das non- und paraverbale Verhalten festgehalten werden können, wird ihnen im Vergleich zum schriftlichen Wortprotokoll ein Dokumentationsvorsprung zugeschrieben.[527] Mithin ist aus kriminaltaktischen Gründen eine Videodokumentation anzustreben.[528] Durch den Einsatz der Videotechnologie können insbesondere belastende Mehrfachvernehmungen vermieden werden.[529] Einer „sekundären Viktimisierung"[530] kann so entgegengewirkt werden.

Rechtliche Grundlage für die Aufzeichnung außerhalb einer Hauptverhandlung sind §§ 58a und 168e Satz 4 StPO.[531] Nach § 58a Abs. 1 Satz 1 StPO kann die Aussage immer aufgezeichnet werden. Nach Satz 2 soll sie aber bei Zeugen unter 18 Jahren und bei Straftaten im Rahmen des § 255a Abs. 2 StPO grundsätzlich aufgezeichnet werden, wenn dadurch deren schutzwürdige Interessen besser gewahrt werden können bzw. bei Nichtvernehmbarkeit in der Hauptverhandlung, wenn dies zur Erforschung der

---

524 Eingehend *Mewes*, in: Kölbel/Walther, Audiovisuelle Vernehmung, S. 68 ff.

525 Hierzu *Niehaus/Volbert/Fegert*, Entwicklungsgerechte Befragung von Kindern im Strafverfahren, S. 22.

526 *Mosbacher*, NStZ 2024, 263 (264).

527 *Peter*, in: Kölbel/Walther, Audiovisuelle Vernehmung, S. 29.

528 *Niegisch/Thielgen*, Vernehmungspraxis, S. 88 f. Zu etwaigen Nachteilen im Hinblick auf die Aussagebereitschaft *Peter*, in: Kölbel/Walther, Audiovisuelle Vernehmung, S. 29 f.

529 BT-Drs. 13/7165, S. 6 f.

530 *Müller*, FPR 2009, 561 (563).

531 Zu den rechtlichen Grundlagen *Mewes*, in: Kölbel/Walther, Audiovisuelle Vernehmung, S. 60 ff.

Wahrheit erforderlich ist und die weiteren Voraussetzungen der Norm vorliegen.[532]

Gem. § 58a Abs. 1 Satz 3 StPO muss die Vernehmung nach Würdigung der dafür jeweils maßgeblichen Umstände aufgezeichnet werden und als richterliche Vernehmung erfolgen, wenn damit die schutzwürdigen Interessen von Personen, die durch Straftaten gegen die sexuelle Selbstbestimmung (§§ 174 bis 184j des Strafgesetzbuches) verletzt worden sind, besser gewahrt werden können und der Zeuge der Bild-Ton-Aufzeichnung vor der Vernehmung zugestimmt hat.

Neben den allgemeinen Belehrungen nach §§ 52 ff. StPO müssen Zeugen im Fall des § 58a Abs. 1 Satz 3 StPO über das Zustimmungserfordernis belehrt werden. Diese Belehrung sollte den Hinweis enthalten, dass man mit einer Videovernehmung in den Fällen des § 255a Abs. 2 StPO die Chance hat, dem Kind eine erneute Aussage vor Gericht zu ersparen. Die ggf. erforderliche Belehrung nach § 52 StPO muss kindgerecht, aber präzise erfolgen.[533] Dem Kind muss deutlich gemacht werden, dass es in dem Verfahren überhaupt keine Angaben machen muss. Ein „Negativbeispiel“ für eine nicht ausreichende Formulierung ist einer BGH-Entscheidung zu entnehmen:

**Beispiel:**[534]

„Und wenn wir jetzt Fragen stellen nach deinem Papa und du sagst, ach, das will ich lieber nicht beantworten, dann sagst du mir das. Dann sagst du mir, das will ich lieber nicht erzählen, okay?“

Diese Formulierung deutet eher auf ein Auskunftsverweigerungsrecht auf einzelne Fragen nach § 55 StPO als auf ein umfassendes Zeugnisverweigerungsrecht nach § 52 StPO hin.

Auch ist der Zeuge darauf hinzuweisen, dass er sein Recht auf Verweigerung des Zeugnisses auch ungeachtet der vom gesetzlichen Vertreter bzw. Ergänzungspfleger erteilten Zustimmung ausüben kann. Im Schrifttum wird folgende Formulierung vorgeschlagen:

**Beispiel:**[535]

„Du musst hier überhaupt nichts sagen, weil es um deinen Papa geht. Das kannst du ganz allein entscheiden, egal ob jemand anderes der Vernehmung zustimmt. Wenn du etwas sagen möchtest, musst du die Wahrheit sagen.“

---

532 *Hinrichs*, in: Schäfer/Fresemann/Hinrichs, Die Praxis des Strafverfahrens, Rn. 504.

533 *Mosbacher*, NStZ 2024, 263 (268).

534 BGH, Urt. v. 14.12.2022 – 6 StR 340/21, NStZ 2024, 56 (57).

535 *Mosbacher*, NStZ 2024, 263 (268), mit Hinweis auf BGH, Urt. v. 15.11.1994 – 1 StR 461/94, NStZ 1995, 198.

Grundsätzlich liegen in den Fällen der Kindesmisshandlung die Voraussetzungen der Aufzeichnung der Vernehmung auf Bild-Ton-Träger (Videovernehmung) nach § 58a StPO vor. Im Rahmen der späteren Vernehmung durch die Sachbearbeitung ist grundsätzlich bei Kooperation der Kinder die Vernehmung nach § 58a StPO auf Video aufzuzeichnen. Ggf. kann dem kindlichen Zeugen später bei Kooperation der Beschuldigten dadurch eine Aussage vor Gericht erspart werden.[536] Wird wegen des Verdachts ermittelt, eine noch nicht 16 Jahre alte Jugendliche sei Opfer schwerwiegender Sexualverbrechen geworden, so begründet § 58a Abs. 1 Satz 2 StPO eine grundsätzliche Verpflichtung der Ermittlungsbehörden, die Aussagen der Jugendlichen aufzuzeichnen.[537]

Ergänzend sei darauf hingewiesen, dass nach § 168 StPO der Grundsatz gilt, dass über jede richterliche Untersuchungshandlung, also auch über eine Vernehmung, ein Protokoll aufzunehmen ist, sei es mit oder ohne Protokollführer. Die Videoaufzeichnung als solche ersetzt ein Protokoll nicht. Der seit 2021 neu gestaltete § 168a StPO regelt die Art der Protokollierung und den Umgang mit Aufzeichnungen. § 168a Abs. 2 Satz 1 StPO unterscheidet zwischen Wortprotokoll und zusammenfassendem Inhaltsprotokoll, wobei beide während der Verhandlung oder danach erstellt werden können. Möglich ist aber auch die wörtliche Aufzeichnung der gesamten Verhandlung oder einer Inhaltszusammenfassung (§ 168a Abs. 1 Satz 3 StPO). Jedes zusammenfassende Inhaltsprotokoll muss von den Beteiligten genehmigt und hierfür zuvor zur Kenntnis gegeben werden, es sei denn, sie verzichten darauf; Gleiches gilt für ein während der Verhandlung erstelltes Wortprotokoll (§ 168a Abs. 3, 4 StPO).[538]

### 3. Körperliche Untersuchung anderer Personen

#### a) Untersuchungsverweigerungsrecht

Nach § 81c StPO dürfen andere Personen als Beschuldigte, wenn sie als Zeugen in Betracht kommen, ohne ihre Einwilligung nur untersucht werden, soweit zur Erforschung der Wahrheit festgestellt werden muss, ob sich an ihrem Körper eine bestimmte Spur oder Folge einer Straftat befindet. Untersuchungen zur Feststellung der Abstammung und die Entnahme von Blutproben sind ohne Einwilligung der zu untersuchenden Person zulässig, wenn kein Nachteil für die Gesundheit zu befürchten und die Maßnahme zur Erforschung der Wahrheit unerlässlich ist. Zu beachten ist, dass entgegen dem Wortlaut bereits die Zeugenfähigkeit aus-

---

536 *Frings*, PSP 3/2016, 15 (20).

537 BGH, Beschl. v. 3.8.2004 – 1 StR 288/04, NStZ-RR 2004, 336.

538 *Mosbacher*, NStZ 2024, 269.

reicht. Auch Säuglinge, Personen mit schweren geistigen Erkrankungen oder bewusstlose Tatopfer können untersucht werden.[539]

Personen, denen ein Zeugnisverweigerungsrecht zusteht, steht gleichfalls ein Untersuchungsverweigerungsrecht zu (§ 81c Abs. 3 StPO).[540] Das Untersuchungsverweigerungsrecht knüpft an § 52 StPO an; die §§ 53, 53a und 54 StPO kommen als Grundlage eines Untersuchungsverweigerungsrechts nicht in Betracht. Die in § 52 StPO genannten Personen sollen nicht dazu gezwungen sein, den Beschuldigten durch die passive Bereitstellung von Beweismaterial zu belasten.[541] Wird das Beweismaterial allerdings nicht durch eine körperliche Untersuchung, sondern durch die Sicherstellung von Gegenständen mit DNA-fähigem Material (z.B. einer Haarbürste) gewonnen, steht der betroffenen Person ein Verweigerungsrecht aus § 81c Abs. 3 StPO nicht zu.[542] Die Regelung schützt die Angehörigenbelastungsfreiheit in stärkerem Maß als die Selbstbelastungsfreiheit. Da es für die Konfliktlage des Betroffenen unerheblich ist, ob sein Angehöriger schon Beschuldigter ist oder durch die Untersuchung erst zum Beschuldigten zu werden droht, ist § 81c Abs. 3 StPO auch auf ein wegen der Belastung eines Angehörigen bestehendes Auskunftsverweigerungsrecht nach § 55 StPO anzuwenden.[543] Für das Untersuchungsverweigerungsrecht gelten gemäß § 81c Abs. 3 StPO die Vorschriften über das Zeugnisverweigerungsrecht entsprechend. Zu beachten ist, dass Angehörige über ihr Recht zur Untersuchungsverweigerung belehrt werden müssen. Ist eine Belehrung des Zeugen entsprechend § 81c Abs. 3 Satz 2 StPO i.V.m. § 52 Abs. 3 Satz 1 StPO über sein Recht, die Mitwirkung an der Begutachtung verweigern zu können, nicht erfolgt, so führt dies nicht zu einem Beweisverwertungsverbot, wenn sicher auszuschließen ist, dass der Zeuge bei einer formell ordnungsgemäß erfolgten Belehrung von seinem Untersuchungsverweigerungsrecht Gebrauch gemacht hätte.[544]

Hinzuweisen ist darauf, dass die bloße Inaugenscheinnahme von offensichtlichen Verletzungen bei Kindern, ohne dass Bekleidungsstücke dafür abgelegt werden müssen, noch nicht als körperliche Untersuchung nach § 81c StPO anzusehen ist.

---

539 *Haumer*, in: Dust et al., Strafrecht. Verkehrsrecht. Eingriffsrecht, S. 174.

540 Trotz der nahen Verwandtschaft zwischen Zeugnis- und Untersuchungsverweigerungsrecht können diese unabhängig voneinander ausgeübt werden, d.h., der Betroffene kann entweder nur die Untersuchung oder nur das Zeugnis oder auch beides verweigern; *Müller*, Strafverfahrensrecht, Rn. 352.

541 *Hinrichs*, in: Schäfer/Fresemann/Hinrichs, Die Praxis des Strafverfahrens, Rn. 547ff.

542 BGH, Beschl. v. 1.8.2018 – 1 BGs 324/18, NStZ-RR 2018, 319.

543 *Frister*, in: Lisken/Denninger, Hdb PolR, Kapitel F. Rn. 280.

544 BGH, Beschl. v. 10.10.2016 – 4 StR 100/16, NStZ-RR 2016, 377.

#### b) Untersuchungsverweigerungsrecht und Ergänzungspfleger

Bei Personen, die keine genügende Vorstellung von ihrem Weigerungsrecht haben, entscheidet über die Untersuchungsverweigerung der gesetzliche Vertreter, soweit er nicht selbst Beschuldigter ist. Eine Besonderheit besteht allerdings darin, dass in Fällen, in denen die Entscheidung eines befugten gesetzlichen Vertreters nicht rechtzeitig erlangt werden kann, die Untersuchung zur einstweiligen „Beweissicherung"[545] zunächst vorgenommen werden darf (§ 81c Abs. 3 Satz 3 StPO). Bedarf es einer Eiluntersuchung eines kindlichen Opfers mit nicht genügender Verstandesreife und der gesetzliche Vertreter ist aus tatsächlichen oder rechtlichen Gründen (§ 52 Abs. 2 Satz 2 StPO) von der Entscheidung ausgeschlossen, so sind diese Maßnahmen nur auf besondere Anordnung des Gerichts[546] und, wenn dieses nicht rechtzeitig erreichbar ist, der Staatsanwaltschaft zulässig. Polizeibeamte sind in einer solchen Fallkonstellation nicht anordnungsbefugt.[547] Die Verwertung der so erhobenen Untersuchungsergebnisse ist nur mit der nachträglichen Zustimmung des gesetzlichen Vertreters/Ergänzungspflegers möglich (§ 81c Abs. 3 Satz 5 StPO).[548]

## III. Polizei und Jugendamt

Kinder und Jugendliche sind besonders schutzbedürftig. Ihre Eltern tragen Sorge dafür, dass sie sicher aufwachsen – sie haben „in der Pflege und Erziehung ihrer Kinder grundsätzlich Vorrang vor dem Staat"[549]. Das GG geht von der Überzeugung aus, dass es die Eltern sind, „die aufgrund ihrer natürlichen Verbundenheit mit ihrem Kind am ehesten in der Lage sind, das Kindeswohl zu fördern"[550]. Insofern bestätigt Art. 6 Abs. 1 Satz 1 GG „die Pflege und Erziehung der Kinder als das natürliche Recht der Eltern und die zuvörderst ihnen obliegende Pflicht. Sie können daher grundsätzlich frei von behördlichen Einflüssen nach eigenen Vorstellungen darüber entscheiden, wie sie ihr Kind versorgen und erziehen, und Hilfe aktivieren, wenn sie Unterstützung benötigen"[551]. Können die natürlichen Eltern der ihnen nach Art. 6 Abs. 2 Satz 1 GG zuvörderst obliegenden Pflicht zur

545 *Krause*, in: LR-StPO, § 81c Rn. 49 („nur Beweissicherung").

546 Zur grundsätzlichen Notwendigkeit des Richtervorbehalts bei körperlichen Untersuchungen *Böger/Gellenbeck*, KriPoZ 2023, 386 (391 f.)

547 *Haumer*, in: Dust et al., Strafrecht. Verkehrsrecht. Eingriffsrecht, S. 176.

548 Hierzu *Fresemann*, in: Schäfer/Fresemann/Hinrichs, Die Praxis des Strafverfahrens, Rn. 1396 f.; *Müller*, FPR 2009, 561 (563).

549 BVerfG, Beschl. v. 20.11.2024 – 1 BvR 1404/24, MDR 2025, 108; mit Anm. *Hufen*, JuS 2025, 707.

550 *Robbers*, in: Huber/Voßkuhle, GG, Art. 6 Rn. 146.

551 *Kirchhoff*, NJW 2020, 1993.

Pflege und Erziehung eines Kindes nicht gerecht werden, weil sie nicht bereit oder in der Lage sind, die Erziehungsaufgabe wahrzunehmen, oder können sie ihrem Kind den erforderlichen Schutz und die notwendige Hilfe aus anderen Gründen nicht bieten, dann kommt das „Wächteramt des Staates“[552] nach Art. 6 Abs. 2 Satz 2 GG zum Tragen.[553]

> „Ist das Kindeswohl gefährdet, so ist der Staat nicht nur berechtigt, sondern auch verpflichtet, die Pflege und Erziehung des Kindes sicherzustellen; das Kind hat insofern einen grundrechtlichen Anspruch auf den Schutz durch den Staat.“[554]

§ 1666 BGB ist Ausprägung des staatlichen Wächteramtes aus Art. 6 Abs. 2 Satz 2 GG und setzt den Verfassungsauftrag des Kinderschutzes auf der Ebene des bürgerlichen Rechts um.[555] Das Wohl des Minderjährigen umfasst das körperliche, geistige und seelische Wohlergehen.

So wurde eine Kindeswohlgefährdung in folgenden Fällen bejaht:

- gewalttätiges Verhalten des Vaters kombiniert mit einer Alkoholabhängigkeit und einer emotional instabilen Persönlichkeitsstruktur der Mutter, was bei den Kindern zu einer reaktiven Depression geführt hat,[556]
- Hemmung der altersgerechten Entwicklung eines Säuglings als Folge von Partnerschaftsgewalt,[557]
- mangelnde Erziehungsfähigkeit, weil der Vater nachgewiesene Partnerschaftsgewalt (Verursachung u.a. von Unterarmbrüchen) ignoriert.[558]

---

552 *Kunkel/Kepertit*, in: Kunkel/Kepert/Pattar, SGB VIII, § 1 Rn. 10 ff.

553 BVerfG, Beschl. v. 28.8.2023 – 1 BvR 1088/23, NJW 2023, 3282; mit Anm. *Heilmann* NJW 2023, 3267; *Hufen*, JuS 2024, 279.

554 BVerfG, Beschl. v. 5.9.2022 – 1 BvR 65/22, NJW 2022, 3570; mit Anm. *Hufen*, JuS 2023, 698; *Keuter*, NZFam 2022, 1023.

555 Grundlegend *Wapler*, Kinderrechte und Kindeswohl, S. 30 ff. Aus kriminalpolitischer Sicht wird bereit seit längerer Zeit diskutiert, ob Kinderrechte ins Grundgesetz aufgenommen werden sollen. Trotz des Scheiterns jüngster Bestrebungen um eine Aufnahme von Kinderrechten in die Verfassung ist das Thema nach wie vor virulent; hierzu *Wallrabenstein*, in: Donath et al., Der Schutz des Individuums durch das Recht, S. 1015 ff.; *Dittrich*, NZFam 2024, 1 ff.; *Lischewski*, DÖV 2020, 102 ff.; *Kirchhof*, RuP 2021, 63 ff.; *Veit*, JZ 2023, 11 ff.

556 OLG Hamm, Beschl. v. 19.1.2010 – 11 UF 184/09, FamRZ 2010, 1742.

557 OLG Koblenz, Beschl. v. 13.1.2020 – 9 UF 526/19.

558 *Volke*, in: Säcker et al., MüKo-BGB, Band 10, § 1666 Rn. 71.

Jugendämter haben Kindeswohlgefährdungen abzuwehren.[559] So ist die Inobhutnahme von Kindern und Jugendlichen (§ 42 SGB VIII)[560] durch das Jugendamt als gegenüber einer Leistung andere Aufgabe der Kinder- und Jugendhilfe eine Ausprägung der dem Staat gegenüber Kindern und Jugendlichen obliegenden Schutzfunktion. Damit das Jugendamt seine Aufgaben wahrnehmen kann, benötigt es Kenntnis von entsprechenden Sachverhalten. Informationen ergeben sich regelmäßig aus der Arbeit der Polizei oder der Staatsanwaltschaften, weil sie Einblicke in Wohn- und Lebensverhältnisse von Familien erhalten, die Jugendämter bis dahin noch nicht hatten.[561]

Im engen Zusammenhang mit § 42 steht § 8a SGB VIII. Die Norm gilt

> „als ‚rechtsgestaltende Spitzenvorschrift', regelt den Schutzauftrag des Jugendamtes und strukturiert – zumindest im Ansatz – den Handlungsablauf im Falle einer Kindeswohlgefährdung"[562].

So müssen bei Vorliegen gewichtiger Anhaltspunkte für eine Kindes- oder Jugendwohlgefährdung mehrere Fachkräfte i. S. der §§ 72, 72a SGB VIII das Gefährdungsrisiko abschätzen (§ 8a Abs. 1 Satz 1 SGB VIII).[563]

Bleiben Mitarbeiter des Jugendamtes untätig, machen sie sich ggf. strafbar, da ihnen aus tatsächlicher Übernahme die Rolle als Beschützergarant zukommen kann. Die Garantenstellung entsteht, wenn objektiv eine dringende Kindeswohlgefährdung vorliegt.[564]

Jugendamtsmitarbeiter haben sich zeitnah nach Übernahme eines Falles einen persönlichen Eindruck zu verschaffen oder bei einer Weigerung der Mutter das Familiengericht anzurufen.[565]

Leben Kinder in einem Haushalt, in dem sie Gewalt gegen eine Erziehungsperson oder der Erziehungspersonen untereinander miterleben

---

559 Viele Jugendämter betrachten häusliche Gewalt zwischen den Erziehungspersonen nicht als Kindeswohlgefährdung, sondern (unzutreffend) nur als „Partnerschaftskonflikt"; vgl. *Becker/Zelck*, DPolBl 2/2025, 28 (29). Zu den Aufgaben des Jugendamtes beim Kinderschutz *Hampe-Grosser*, FPR 2009, 564 ff. („Alltag im Hochrisikobereich"); zu den Strukturen der Kinder- und Jugendhilfe in Deutschland *Rätz*, in: Böllert, Kinder- und Jugendhilfe, S. 65 ff.; *Becker/Zelck*, Die Polizei 2025, 48 ff.

560 Grundlegend *von Hasseln-Grindel*, Sexualisierte Gewalt gegen Kinder, S. 91 ff.; *Kirchhoff*, NVwZ 2025, 451 ff.

561 *Kirchhoff*, NJW 2020, 1993.

562 *Tillmanns*, in: MüKo-BGB, Band 10, § 8a SGB VIII Rn. 1; zum Verfahren *Sabas*, Häusliche Gewalt, S. 102 ff.; hierzu auch *Oberloskamp/Lewe*, FPR 2009, 553.

563 Grundlegend *Leidecker*, in: von Hasseln-Grindel, Sexualisierte Gewalt gegen Kinder, S. 66 ff.; *Sabas*, Häusliche Gewalt, S. 95: „Kooperation mit dem Wächteramt."

564 LG Arnsberg, Urt. v. 7.1.2020 – 3 Ns-411 Js 274/16-101/17; mit Anm. *Dießner*, FD-StrafR 2020, 428140; OLG Hamm, Beschl. v. 22.10.2020 – III-5 RVs 83/20.

565 Zur Risikoeinschätzung *Hampe-Grosser*, FPR 2009, 564 (566).

müssen, oder sind sie gar selbst von der Gewalt mitbetroffen, liegt eine erhebliche Kindeswohlgefährdung vor, die unmittelbar oder mittelbar schwerwiegende Auswirkungen auf sie und ihre weitere Persönlichkeitsentwicklung haben kann. Aus diesem Grunde ist ausnahmslos das hierfür zuständige Jugendamt darüber zu informieren.[566] Das den polizeirechtlichen Ermächtigungen intendierte Ermessen dürfte trotz des Wortlauts („Die Polizei *kann* [...] personenbezogene Daten übermitteln") – z. B. § 27 Abs. 2 PolG NRW[567] – entsprechend reduziert sein.

Gibt es hinreichende Anhaltspunkte für eine Kindeswohlgefährdung, so *ist* das Jugendamt zu informieren („ohne Ausnahme"[568]).

Neben Jugendkriminalität und häuslicher Gewalt gehören misshandelte, vernachlässigte und missbrauchte Kinder und Jugendliche zu den Hauptberührungspunkten von Jugendamt und Polizei. Bei Gefahren für Leib und Leben Minderjähriger treffen beide Professionen aufeinander und müssen zum Schutz des Kindes effektiv zusammenarbeiten.[569]

Über die Fälle „häuslicher Gewalt" hinaus sollte daher bei allen Einsätzen, in denen es Hinweise auf eine psychische Störung oder Erkrankung eines Adressaten gibt, im Rahmen einer Befragung und eines Melderegisterabgleichs geklärt werden, ob die betroffene Person allein lebt oder gemeinsam mit Kindern einer anderen Erziehungsperson. In derartigen Fällen – auch bei der Polizei bekannt gewordenen Suizidversuchen – ist neben dem Jugendamt auch der für Suchtprobleme oder psychische Störungen/Erkrankungen der Erziehungspersonen zuständige Sozialpsychiatrische Dienst des Gesundheitsamtes unverzüglich zu informieren.[570]

566 *Becker*, Die Polizei 2020, 179 (181); *Müller*, FPR 2009, 561 (563).

567 Z. B. *Blum/Mokros/Vahle*, PolG NRW, § 27 Rn. 4 ff.

568 *Becker*, Die Polizei 2020, 179 (181); auch *Kirchhoff*, NJW 2020, 1993 (1995); *Wick-Rentrop/Wick*, DPolBl 2/2025, 15 f.

569 *Becker/Tochtenhagen*, Die Polizei 2011, 317.

570 *Becker*, Die Polizei 2020, 179 (182).

## IV. Gerichtliche Maßnahmen bei Gefährdung des Kindeswohls

Art. 31 Abs. 1 IK verpflichtet die Beteiligten in Kindschaftsverfahren, Vorfälle häuslicher Gewalt bei Entscheidungen im Kindschaftsrecht zu berücksichtigen.[571] Überdies fordert Abs. 2 des Art. 31 IK den Schutz der Rechte und der Sicherheit von Opfern und Zeugen. Beide Vorgaben haben Konsequenzen auf den Inhalt kindschaftsrechtlicher Entscheidungen bei häuslicher Partnerschaftsgewalt.[572]

Wenn dem Familiengericht[573] Anhaltspunkte für eine Gefährdung des körperlichen, geistigen oder seelischen Wohls des (minderjährigen) Kindes bekannt werden, hat es – ohne dass ein Antrag erforderlich wäre – ein Verfahren nach den §§ 1666, 1666a BGB i. V. mit den §§ 151 Nr. 1, 155, 157 FamFG einzuleiten und zu prüfen, ob Maßnahmen zum Schutz des Kindes zu ergreifen sind. Es ist primäre Aufgabe des Familiengerichts, Kinderschutz durchzusetzen.[574] Häusliche Gewalt und Stalking sind – unter vielfältigen anderen – solche Anhaltspunkte.[575]

Hinzuweisen ist ergänzend auf die §§ 13 ff., 17 EGGVG, die unter bestimmten Voraussetzungen den Familiengerichten erlauben, Strafverfolgungsbehörden zu informieren, etwa im Falle des sexuellen Kindesmissbrauchs. Hierbei ist vor allem eine sorgfältige Abwägung der öffentlichen Interessen mit den Interessen des Betroffenen gesetzlich vorgeschrieben. Nur in besonderen Fällen kann sich im Rahmen einer Ermessensabwägung die Erlaubnis, die Behörden zu informieren, zu einer Mitteilungspflicht des Familiengerichts verdichten. Pauschale Aussagen wie „im Zweifel ist anzuzeigen“ bzw. „nicht anzuzeigen“ haben keine gesetzliche Grundlage.[576] Zu berücksichtigen ist, dass eine Strafanzeige zu gravierenden Belastungen des Kindes und seines unmittelbaren Umfeldes führen kann, die bei fehlender fachlicher Unterstützung (weitere) Schäden des Kindes oder Jugendlichen in seiner psychischen und seelischen Entwicklung nach sich ziehen können (Sekundärfolgen aufgrund der Strafverfolgung). Dies gilt vor allem für die in der Praxis eher anzutreffenden „Verfahren im Graubereich, wo ein Nachweis des sexuellen Missbrauchs schwierig zu führen ist.“[577]

---

571 LG Saarbrücken, Beschl. v. 17.4.2024 – 6 UF 22/24, NZFam 2024, 670, zur Umsetzung von Art. 31 Istanbul-Konvention in Sorgerechtsverfahren bei häuslicher Gewalt.

572 Hierzu *Volke*, FamRZ 2025, 481 ff.

573 Bei den Amtsgerichten werden Abteilungen für Familiensachen (Familiengerichte) gebildet, § 23b Abs. 1 GVG.

574 *Strnad*, FamRZ 2024, 1 (7).

575 *Ernst*, FPR 2011, 195.

576 *Strnad*, FamRZ 2024, 1 (7).

577 *Strnad*, FamRZ 2024, 1 (8).

## V. Frühwarnsysteme (RISKID)

Das „Risiko Kinder Informationssystem Deutschland" (RISKID) ist ein detailbasiertes, elektronisches Informationssystem, das dem innerärztlichen Informationsaustausch dienen soll.[578] Auf RISKID haben nur behandelnde Ärzte Zugriff, nicht Jugendämter, Polizei oder andere Behörden. So wird es Ärzten unter Berücksichtigung der ärztlichen Schweigepflicht ermöglicht, sich gegenseitig über Befunde und Diagnosen zu informieren.[579] RISKID dient dem innerärztlichen Informationsaustausch mit dem Ziel, frühzeitig eine richtige Diagnose zu stellen (Nachweis oder Ausschluss von Kindesmisshandlung (ICD 10 T 74.0-3 ff.). Ziel dieser Datei ist es, das Phänomen des sog. Ärzte-Hoppings zu vermeiden und Diagnosen und Verdachtsmomente auch über einen Arztwechsel hinaus zu erhalten. Auch soll erkannt werden, wenn vorgeschriebene Untersuchungen (U 1 bis U 9) nicht wahrgenommen werden. Über das System besteht die Möglichkeit, Informationen über Patienten, bei denen der Verdacht auf Misshandlung oder Vernachlässigung besteht, einzuholen, oder, wenn keine Daten vorliegen, den Patienten selbst in die Datei einzustellen.

## VI. Kindesmisshandlung – Maßnahmen im Überblick („Checkliste")

Misshandlungen und Vernachlässigungen von Kindern werden durch staatliche Stellen vielfach nur anlässlich anderer Einsätze (z. B. häusliche Gewalt) festgestellt. Immer dann, wenn sich Kinder am Einsatzort aufhalten, ist vor allem auf nachfolgend skizzierte Umstände zu achten, die gezielt geprüft und ggf. nachgefragt werden können.[580] Mittlerweile wurden an vielen Orten Kinderschutz- bzw. Meldebögen, Checklisten, Prüfbögen, Einschätzskalen und Leitfäden mit Bezug zu Kindeswohlgefährdung und Kindesmisshandlungen zur Datenerhebung und Risikoeinschätzung entwickelt.[581] Entsprechende Gefährdungsmerkmale beziehen sich vor allem auf die körperliche Situation

578 Die Experimentierklausel des § 4 Abs. 6 KKG ist Ergebnis eines über ein Jahrzehnt andauernden Lobbyierens der Initiatoren der elektronischen Datenbank „RISKID-Datei" für Pädiater:innen in Duisburg; *Meysen*, in: Münder/Meysen/Trenczek, SGB VIII, Anhang I. Rn. 115. RISKID wurde 2005 in Duisburg ins Leben gerufen. Initiatoren waren der Kriminalbeamte *Heinz Sprenger* und der Kinder-/Jugendarzt *Dr. Ralf Kownatzki*. Auslöser war eine Reihe von Kindestötungen innerhalb eines Jahres im Raum Duisburg; zur Entstehungsgeschichte *Meyer*, in: Artkämper/Clages, Kriminalistik, Schriftenreihe DGfK, Band 5, S. 213 ff.

579 Grundlegend zu rechtlichen Bedenken gegen RISKID *Huster/Rux*, NWVBl 2008, 455 ff.

580 *Nisse*, Delikte gegen Kinder, S. 62.

581 Hierzu *Maywald*, FPR 2011, 190, mit Hinweisen auf das „Glinder Manual", den „Stuttgarter Kinderschutzbogen", das Münchner Verfahren zur „Qualitätssicherung in der Bezirkssozialarbeit bei Kindeswohlgefährdung", das „Handbuch Kindeswohlgefährdung" des Deutschen Jugendinstituts und die Arbeitshilfe „Der Schutzauftrag bei Kindeswohlgefährdung" des Instituts für soziale Arbeit e. V., Münster 2006.

(z.B. Hämatome an unterschiedlichen Körperstellen), die psychische Situation (z.B. apathischer Zustand), die kognitive Situation (z.B. verzögerte sensomotorische Entwicklung), das Sozialverhalten (z.B. Angst vor Eltern), die Interaktion des Kindes mit den Eltern und die Versorgungssituation (Körperpflege, Sauberkeit usw.).[582] Die nachfolgende Übersicht – die sich nur als Anhaltspunkt versteht – orientiert sich an diesen Checklisten, die verschiedentlich vor allem für die polizeiliche Praxis (u.a. LKA Berlin, Weiterentwicklung durch Fachhochschule für öffentliche Verwaltung, Polizei und Rechtspflege in Güstrow, Mecklenburg-Vorpommern) zusammengestellt wurden.[583]

**Grundsätze**

- Im Regelfall Einsatzwahrnehmung durch mindestens 2 Polizeibeamte (Mann/Frau) – im Idealfall dritte Person bei Anwesenheit von Kindern
- Maßnahmen: Überblick, Trennung Streitparteien, erste Befragungen
- Erst Opferversorgung, dann Aufnahme der Ermittlungen
- Wohnungsverweisung und Rückkehrverbot
- Sicherung objektiver und subjektiver Tatbefund
- ggf. Sicherstellung Wohnungsschlüssel beim Täter – Austausch Schloss Wohnungstür
- Dokumentation
- Unterbringung Kinder (Jugendamt, ggf. Kindernotdienst)[584]
- Bericht an Jugendamt
- Einleitung Ermittlungsverfahren – Strafanzeige (§ 171 StGB ist Offizialdelikt)
- Befragung/Vernehmung – Belehrungen, Zeugnis-/Untersuchungsverweigerungsrechte
- Beachten:
  - Grundsätze der PDV 382[585]
  - Begutachtung durch einen Rechtsmediziner

582 *Dienstbühl/Üzüm*, Sexualdelikte, S. 188.

583 Vgl. *Matschinsky/Becker*, DP 3/2009, 24 ff.; *Becker*, POLIZEIreport 6/2009, 15 ff.; *Fröhlich*, in: Kavemann/Kreyssig, Hdb Kinder und häusliche Gewalt, S. 481 ff.; *Nisse*, Delikte gegen Kinder, S. 62.

584 Ob das Kind nach dem Einsatz aus der Familie herausgenommen werden muss, hängt von den Umständen ab. Wird gegenüber dem Gewaltanwender eine Wohnungsverweisung entsprechend dem jeweiligen Polizeigesetz ausgesprochen, ist ein Verbleib des Kindes in der Wohnung möglich. Auf jeden Fall ist eine zeitnahe Information an das zuständige Jugendamt erforderlich. Misshandelte Kinder/Jugendliche dürfen nicht im Handlungsbereich des Täters zurückgelassen werden.

585 Polizeidienstvorschrift (PDV): Bearbeitung von Jugendsachen, Ziff. 3.2. (Allgemeine Verfahrensgrundsätze).

**Zustand der Wohnung**

- Allgemeiner Zustand der Wohnung, auch im Hinblick auf Schimmel-/Ungezieferbefall, starke Verbreitung von Spinngeweben, menschliche/tierische Exkremente usw.
- Versteckte besondere Gelasse für Kinder, z. B. „Abseiten", Räume, hinter Schränken?
- Kindgerechte Kleidung, auch im Hinblick auf Witterungsverhältnisse
- Funktionsfähige Kochgelegenheiten
- Adäquate sanitäre Einrichtungen, Zustand, insbesondere benutzbares WC
- Hygieneartikel
- Spielzeug
- Kinderzimmer, Zustand, Schlafstätte, Bettzeug
- Temperaturverhältnisse (Wohnung, Kinderzimmer)

**Kinder in der Wohnung**

- Pflege-/Ernährungszustand, körperlicher Zustand
- Haare: verfilzt, Kopfläuse, ungewaschen
- auffallende Blässe und Abmagerung des Kindes
- Über- oder Untergewicht
- Mangelnde Hygiene
- Körpergeruch: Urin/Kot, extreme Körperausdünstung
- Zahnschäden
- Ekzeme, Parasiten (Läuse, Krätze)
- Defizite in der Feinmotorik (Greifen, Malen, Schreiben, Schneiden)
- Entwicklungsstand – sprachliche oder körperliche Zeichen einer Fehlentwicklung – des Kindes – auffällige Unruhe
- Sprachstörungen: Stottern, Poltern, Lispeln, Nuscheln
- Offenkundige gesundheitliche Schäden
- Verletzungen an nicht mit Bekleidungsstücken bedeckten Körperteilen erkennbar
- Abwesende Geschwister – nachträgliche Inaugenscheinnahme veranlassen
- Körperliche Untersuchung (§ 81c StPO) veranlassen – Bestellung Ergänzungspfleger

**Verletzungen bei Kindern**

- Hämatome in unterschiedlichen Ausprägungsformen[586]
- Striemen, Narben im Gesicht, an Wangen, im Mundbereich, Brust- und Bauchbereich, am Gesäß, an den Oberschenkeln
- Unterschiedliche Farben der Hämatome
- Platzwunden an den Lippen
- Verbrennungen am Körper, durch Pressen an Heizkörper, Herdplatte
- Lage von Verbrühungen
- Fesselungsspuren
- Bissspuren
- Griffmarken (Hände, Oberschenkel)
- Stauungsblutungen
- Verbrennungen Mundschleimhaut, Riss des oberen Lippenbändchens (Zuführung von zu heißer Nahrung)
- Verletzungen hinter den Ohren durch Reißen und Schläge

**Verhaltensmuster Erziehungsberechtigte**

- „Ausreden" für offensichtliche Verletzungen (auch spontan, ohne Nachfrage – Diskrepanz zwischen Erklärung und Befund)
- Bejahung des elterlichen Züchtigungsrechts
- Bagatellisierung
- Interesselosigkeit
- ungewöhnlich starkes, besorgtes Verhalten

**Maßnahmen: Täter**

- Wohnungsverweisung und Rückkehrverbot
- Gefährderansprache-/schreiben
- Körperliche Untersuchung, Blut-/ggf. Urinprobe (§ 81a StPO)
- Erkennungsdienstliche Maßnahmen, § 81b StPO

586 Die häufigste Verletzungsart bei Kindesmisshandlung ist stumpfe Gewalt. Es wird mit der Hand geschlagen, mit den Füßen getreten, ein Schlagwerkzeug benutzt oder das kindliche Opfer einfach auf den Boden oder gegen Möbelstücke und Wände geschleudert; *Huckenbeck*, Rechtsmedizin, S. 71.

- Molekulargenetische Untersuchung, §§ 81e ff. StPO
- Festnahme, §§ 127 Abs. 2 i.V.m. 112, 112a StPO

Es bedarf einer „multiprofessionelle[n] Ermittlung bei Misshandlungsvorwürfen“[587]

# C. Häusliche Gewalt gegen Männer

## I. Phänomenologische Einführung

Während die mediale und polizeiliche Aufmerksamkeit meist vornehmlich den weiblichen Opfern gilt und für diesen Bereich eine Vielzahl an Studien und Fachbeiträgen existiert, bleiben männliche Betroffene von Partnerschaftsgewalt bisher eine wenig beachtete Gruppe.[588] Auch im sozialen Hilfesystem sind gegenwärtig blinde Flecken gegenüber männlichen Opfern vorherrschend. So wird der in den Helferprofessionen dominierende Diskurs um Geschlecht und Gewalt meist auf häusliche Gewalt gegen Frauen reduziert und die im häuslichen und außerhäuslichen Bereich gegen Männer gerichtete Gewalt überwiegend vernachlässigt.[589]

Auch Männer, Transpersonen und Menschen mit nicht heterosexuellen Orientierungen sind von Gewalt in ihren Beziehungen betroffen, wie durch eine quantitativ sehr begrenzte, aber inhaltlich aufschlussreiche Anzahl von Studien belegt wird.[590] Eine ganzheitliche Betrachtung, die explizit auch diese Personen einbezieht, ist sinnvoll, um effektive Präventions- und Unterstützungsangebote für jede und jeden Betroffenen zu entwickeln. Dies unterstreicht die Notwendigkeit, das gesellschaftliche Bewusstsein und Forschung in Bezug auf alle Opfer häuslicher Gewalt zu

587 *Weisz*, NK 2025, 66.

588 *Kolbe/Büttner*, Rechtsmedizin S. 88. Zur Forschungsgeschichte und wissenschaftlichen Diskussion um Partnerschaftsgewalt gegen Männer; *Fiedeler*, Beratung Aktuell 2/2021, 4 (6f.); grundlegend *Hollenberg/Keller*, Kriminalistik 2025, 560ff.: „Häusliche Gewalt gegen Männer.“

589 *Lenz/Kapella*, Männer, Gewalt, Verletzlichkeit, S. 311; *Büttner*, Häusliche Gewalt und die Folgen für die Gesundheit, S. 3; eingehend *Karystianis* et al.: Merkmale erwachsener männlicher Opfer in intimen heterosexuellen Beziehungen aus polizeilichen Erzählungen häuslicher Gewalt, Crime Sci 13, 28 (2024).

590 *Büttner*, Hdb Häusliche Gewalt, S. 3; *Hollenberg/Keller*, Kriminalistik 2025, 560ff.

erweitern und zu vertiefen, unabhängig vom Geschlecht oder Gender der Täter und Opfer.[591]

Männer werden in der sozialen Rollenzuschreibung zumeist auf die Rolle der Täter festgelegt.[592] In der Geschlechterforschung wird in diesem Zusammenhang von einem „kulturellen Paradox“[593] gesprochen: „Entweder ist jemand ein Opfer oder er ist ein Mann“[594] – „männlich und Tätersein [werden] gleichgesetzt“[595]. Eine Gleichsetzung kann aber den Blick auf männliche Opfer häuslicher Gewalt vernebeln. Es ist wichtig zu betonen, dass die Diskussion um häusliche Gewalt gegen Männer nicht dazu dienen soll, das Leid der Betroffenen oder die Schuld der Täterinnen zu vergleichen oder zu hierarchisieren. Mitunter greifen antifeministische Maskulinisten die Thematik „Gewalt gegen Männer“ auf und stilisieren sich dabei selbst zum Opfer. Es geht mithin nicht darum, die Tatsache zu verharmlosen, dass im häuslichen Umfeld überwiegend Frauen die Leidtragenden sind.[596] Jeder Fall von häuslicher Gewalt hat eine individuelle Konstellation und verlangt nach Prävention, angemessener Intervention und adäquater Repression.

Im Wesentlichen werden drei Hauptgründe dafür verantwortlich gemacht, dass Gewalt gegen Männer nicht als soziales Problem gesehen wurde bzw. wird:

1. Es gibt kein organisiertes Bemühen vonseiten der männlichen Opfer.
2. Es gibt keine massenmediale Aufmerksamkeit in Fällen „Gewalt gegen Männer“ im Zusammenhang mit häuslicher Gewalt.
3. Es besteht eine Tendenz zur Verhinderung der Anerkennung von Gewalt gegen Männer als soziales Problem durch bestimmte Geschlechtsrollenstereotypen.[597]

Zwar ist der wissenschaftliche Fokus zu Recht weiterhin deutlich auf misshandelte Frauen gerichtet, weil häusliche Gewalt „meistens von Männern gegen Frauen und Kinder ausgeübt“[598] wird.[599] Zum Teil wird indes davon ausgegangen, dass die männlichen Gewaltopferraten im Bereich häuslicher

---

591 *Lenz/Kapella*, in: Theunert, Männerpolitik, S. 311.

592 *Fiedeler*, Partnerschaftsgewalt gegen Männer, S. 59. Zur Typologie *Steingen*, Männer als Täter häuslicher Gewalt, S. 47 ff.

593 *Fiedeler*, Beratung Aktuell 2/2021, 4.

594 *Lenz*, Kritische Männerforschung, S. 362.

595 *Lenz*, Aus Politik und Zeitgeschichte 2004, S. 12.

596 *Gesterkamp*, DP 4/2024, 30; vgl. auch *Wagener/Schiewek*, Polizeiliche Berufsethik, S. 197.

597 *Lamnek* et al., Tatort Familie, S. 190.

598 *Neubacher*, Kriminologie, 24. Kapitel, Rn. 5.

599 *Gläßer*, Mediation und Beziehungsgewalt, S. 192.

Gewalt nahezu gleich sind.[600] Die Datenlage erscheint derzeit noch unsicher, gerade für Tatkonstellationen, in denen die Opfer nicht Frauen, sondern Personen anderen Geschlechts sind. Erkenntnisse beruhen auf vergleichsweise kleinen und selektiven Samples.[601] Internationale und nationale Untersuchungen legen aber nahe, dass auch Partnerschaftsgewalt gegen Männer in relevanten Größenordnungen vorkommt.[602] Die Datenlage über die Gewalt, die Männer erleiden, darf aber als unzureichend bezeichnet werden („Männer haben alles erforscht, nur nicht sich selbst."[603]). Es gibt kaum verlässliche Zahlen zur Prävalenz; vorliegende empirische Studien kommen zu unterschiedlichen Ergebnissen je nach Methode, Forschungssetting und Fragestellung.[604] Im Hinblick auf relevante Variablen, die mit der Viktimisierung von Männern durch Partnerschaftsgewalt zusammenhängen, erscheint die internationale Studienlage insgesamt nicht konsistent.[605]

Wenn auch in Deutschland Partnerschaftsgewalt gegen Männer lange Zeit kaum systematisch untersucht wurde, so ist seit den 2010er-Jahren ein zunehmendes wissenschaftliches Interesse an Partnerschaftsgewalt allgemein zu verzeichnen, in diesem Kontext vermehrt auch Gewalt gegen Männer.[606]

Nach dem Bundeslagebild „Häusliche Gewalt" 2023 waren von 256.276 Opfern 29,5 % männlich (75.561)[607]. Dies bedeutet eine (leichte) Steigerung gegenüber dem Vorjahr: 2022 waren von 240.547 Opfern 28,9 % männlich (69.471).[608] Nach dem Lagebild des LKA NRW waren im Jahr 2021 30,9 % der Opfer aller Straftaten im Bereich häuslicher Gewalt (10.583) männlich.[609]

---

600 *Bock*, Kriminologie, § 26 Rn. 1022: „Frauen und Männer in annähernd gleichem Umfang Täter und Opfer häuslicher Gewalt."

601 *Zähringer*, in: Kemme/Groß, Kriminologie, S. 213.

602 *Hellmann*, Repräsentativbefragung zu Viktimisierungserfahrungen in Deutschland, passim; zur Studienlage *Hollenberg/Keller*, Kriminalistik 2025, 560 ff.

603 *Lenz*, in: Bettermann/Feenders, Stalking, S. 273: Männliche Opfer – über eine vorsätzliche Wahrnehmungslücke in der viktimologisch-kriminologischen Forschung.

604 *Fiedeler*, Partnerschaftsgewalt gegen Männer, S. 60; zur Studienlage *Hollenberg/Keller*, Kriminalistik 2025, 560 (561 ff.).

605 *Schemmel/Goede/Müller*, Gewalt gegen Männer, S. 24.

606 Hierzu *Hollenberg/Keller*, Kriminalistik 2025, 560 ff.

607 BKA, Bundeslagebild Häusliche Gewalt 2023, S. 4.

608 BKA, Bundeslagebild Häusliche Gewalt 2022, S. 5.

609 LKA NRW – Häusliche Gewalt 2021.

## II. Gründe für Nichtanzeige

Die Barrieren für Männer, sich Hilfe suchend an die Polizei zu wenden, sind groß und vielschichtig.[610] Einer Dunkelfeldstudie zufolge soll das Anzeigeverhalten von Fällen häuslicher Gewalt – ohne Vornahme einer Geschlechtsdifferenzierung – bei lediglich 3 % liegen.[611] Es ist anzunehmen, dass die Dunkelziffer betroffener Männer deutlich höher liegt. Nach Forschungsergebnissen aus einer repräsentativen Befragung zu Partnerschaftsgewalt in Niedersachsen sprachen ca. 75 % der von Partnerschaftsgewalt betroffenen Männer mit keiner anderen Person über die Gewalterfahrung.[612]

Nach Angaben der britischen Hilfsorganisation „ManKind Initiative“ sprechen betroffene Männer nur sehr selten über häusliche Gewalt, u.a. aus folgenden Gründen:[613]

- „Männern fällt es schwer, sich als Opfer zu sehen und mit der Opferrolle zu identifizieren.
- Im männlichen Selbstbild sind Männer stark und wehrhaft.
- Männer schämen sich, Opfer eines vermeintlich Schwächeren zu sein.
- Männer möchten nicht gerne zu den Details der Gewalttaten und zu den Gründen, weshalb sie sich nicht wehren, befragt werden.
- Männer stehen unter Druck, nach außen so zu tun, als ob alles in Ordnung wäre.
- Männer wollen nicht, dass ihr Problem unter Verwandten, Freunden, Kollegen oder Nachbarn publik wird.
- Männer haben Angst, dass man ihnen nicht glaubt und dass sie selbst als Täter angesehen und verhaftet werden.
- Männer wissen nicht, wohin sie sich mit ihrem Problem wenden sollen.“

Männliche Opfer von Partnerschaftsgewalt vertrauen sich eher einem Freund oder Verwandten an. Beratungsstellen und Hilfsorganisationen werden dagegen selten in Anspruch genommen.[614] Männer dürften mitunter auch Angst haben, dass ihnen nicht geglaubt wird, wenn sie häusliche Gewalt anzeigen.

---

610 *Taylor/Bates/Colosi/Creer*, Journal of interpersonal violence 2022, 19ff.

611 *Kolbe/Büttner*, Rechtsmedizin 2020, S. 90, mit Hinweis auf *Balschmiter* et al., Studie Befragung zu Sicherheit und Kriminalität in Mecklenburg-Vorpommern.

612 *Fiedeler*, in: Büttner, Hdb Häusliche Gewalt Partnerschaftsgewalt gegen Männer, S. 60; *Hollenberg/Keller*, Kriminalistik 2025, 560 (565).

613 Nachfolgende Items zitiert nach *Sonnenmoser*, Deutsches Ärzteblatt 2017, S. 118.

614 *Sonnenmoser*, Deutsches Ärzteblatt 2017, S. 118.

Die Hürde für Männer, sich mit ihren verletzlichen Anteilen zu zeigen bzw. eine psychische oder physische Verletzung überhaupt erst wahrzunehmen und zur (Straf-)Anzeige zu bringen und damit kundzutun, Opfer geworden zu sein, steht nicht nur im Widerspruch zu gesellschaftlichen Rollenerwartungen, sondern auch zum internalisierten Selbstbild vieler Männer: „Ein Indianer kennt keinen Schmerz."[615] Die Entwicklung von Männlichkeitsbildern beinhaltet bereits für Jungen den Anspruch einer „Verpflichtung zur Dominanz". In der Sozialisation wird Jungen nach wie vor z. T. der Anspruch auf Überlegenheit vermittelt, keine Probleme zu haben, die Konkurrenz oder die Externalisierung von Gefühlen zu suchen.[616] U. a. wird die These der „toxischen Männlichkeit" vertreten. Hierbei handelt es sich um ein männliches Rollenbild, das allgemein von Dominanz geprägt ist, das Aggressivität zur Präsentation der eigenen Männlichkeit nahelegt und eine Unterordnung von Frauen befürwortet, kurzum also als „Macho-Gehabe" oder Macho-Orientierung bezeichnet werden kann.[617] Die Erkenntnis, dass auch Männer Opfer von Beziehungsgewalt werden können, kann als Bedrohung vorherrschender Männlichkeitsbilder wahrgenommen und dementsprechend abgewehrt werden.[618] Da Männern, wie oben skizziert, bisweilen qua Geschlecht Gewalttätigkeit zugeschrieben wird, kann dies den Effekt haben, dass der Gang zu Strafverfolgungsbehörden oder Hilfsorganisationen schwerer fällt:

> „Wer von vornherein zur Tätergruppe gerechnet wird, kann sich schwerlich als Opfer wahrnehmbar äußern."[619]

Das eingeschränkte Täterbild in der Gesellschaft führt aufseiten der Männer zu einem „Opferdilemma"[620].

> „Mit dem Satz ‚es trifft keinen Falschen' beginnt der Blick in den Abgrund der Rechtlosigkeit".[621]

---

615 *Fiedeler*, in: Büttner, Hdb Häusliche Gewalt, S. 59.

616 *Drogand-Strud*, Lebenswelten/Männlichkeitsbilder, S. 15 ff.; auch *Stern/Löppmann*, in: Fobian/Ulfers, Jungen und Männer als Betroffene sexualisierter Gewalt, S. 31 ff.

617 *Baier* et al., Kriminalistik 2019, S. 465 ff.

618 *Wagener/Schiewek*, Polizeiliche Berufsethik, S. 195.

619 *Hagemann-White*, in: Heitmeyer/Schröttle, Gewalt, S. 120; *Hollenberg/Keller*, Kriminalistik 2025, 560 (565 f.).

620 *Fiedeler*, in: Büttner, Hdb Häusliche Gewalt, S. 59 f.

621 *Prantl*, StV 2024 (H. 1), I.; hierzu auch *Kelter/Majer/Stirn*, JSE 2023, 69 ff.

## III. Formen weiblicher (Partnerschafts-)Gewalt gegen Männer

Bei dem gezielten Einsatz von Gewalt zur Ausübung von Macht und Kontrolle in einer Paarbeziehung („intimate terrorism") findet sich in der großen Mehrheit der Fälle die Konstellation von männlichem Täter und weiblichem Opfer. Dagegen sind bei Paaren leichtere, situativ motivierte Formen aggressiven Verhaltens weit verbreitet („common couple violence") und werden von Männern wie Frauen gleichermaßen angewandt.[622] Da Frauen in der Regel das körperlich „schwächere Geschlecht" sind, bedienen sie sich überwiegend psychischer Gewalt,[623] etwa durch abwertende Äußerungen gegenüber dem Mann, auch im Beisein anderer Personen, oder durch das Verbreiten von Gerüchten („Psychoterror"). Auch das sog. Gaslighting[624] wird eingesetzt, d. h., Opfer werden so stark durch Lügen, Leugnen und Einschüchterungstaktiken manipuliert, dass sie anfangen, eine falsche Darstellung der Realität zu akzeptieren.[625] Es handelt sich um eine subtile Form der Suggestion und Manipulation (aus Sicht des Verfolgers) bzw. um eine fremdindizierte Veränderung in der Selbstwahrnehmung als voll funktionsfähige Person (aus Sicht des Opfers).[626] Die Vorstellung, dass Männer in Beziehungen häufiger physische Gewalt ausüben, Frauen dagegen vor allem psychische Gewalt einsetzen, ist zwar weit verbreitet. Indes stellt psychische Gewalt weder ein einseitig weibliches Phänomen noch die Alternative zu körperlicher Gewalt dar. Psychische Gewalt stellt aber im Kontext mit den anderen Gewaltformen eine verbreitete Strategie zur Ausübung von Dominanz und Kontrolle in Partnerschaften dar.[627]

> „Je mehr der Begriff Gewalt auf Demütigung, Bedrohung, Beschimpfung, umfassende Kontrolle oder andere psychische Angriffe ausgedehnt wird, desto mehr nähern sich die Erfahrungen von Frauen und Männern an."[628]

---

622 *Wagener/Schiewek*, Polizeiliche Berufsethik, S. 195 f.

623 *Carmo/Grams/Magalhães*, J Forensic Leg Med 2011, (18[8]:355-9).

624 Gaslighting beschreibt eine der grausamsten Formen psychischer Manipulation. Der Begriff wird auch im Zusammenhang mit Desinformationen russischer Staatsmedien in Zeiten des Ukrainekriegs verwendet, wenn offensichtliche Tatsachen abgestritten und negiert werden, *Setz/Seyda*, ZD-Aktuell 2022, 01167; *Vogt/Giljohann*, Kriminalistik 2025, 450.

625 Der Begriff Gaslighting geht auf das Theaterstück „Gas Light" von Patrick Hamilton aus dem Jahr 1938 zurück, das kurz darauf mit Ingrid Bergman und Charles Boyer (1944) verfilmt wurde. Der Begriff wurde von Psychologen übernommen und fand so in den Alltagssprachgebrauch. „Gaslighting" beschreibt die heute oft in toxischen Liebesbeziehungen beschriebene Form verbaler Attacken, die das Gegenüber durch Vorwürfe im Sinne von: „Das bildest du dir ein!" oder „Das habe ich nie gesagt" diskreditieren.

626 *Voß*, Stalking, S. 54.

627 *Wagener/Schiewek*, Polizeiliche Berufsethik, S. 196.

628 *Gesterkamp*, DP 4/2024, 30 (32).

Allerdings ist auch ein wachsender Trend zur physischen Auseinandersetzung zu verzeichnen.[629]

## IV. Folgen von häuslicher Gewalt

Häusliche Gewalt gegen Männer kann „gravierende Folgen für die Betroffenen haben“[630]. Zu den Folgen der Gewalt gehören meist leichte körperliche Verletzungen,[631] eine beeinträchtigte körperliche Gesundheit, psychische Probleme wie Angstzustände oder auch ein erhöhter Konsum von Alkohol und/oder illegalen Drogen.[632] Stress, Furcht, Scham, Wut und körperliche sowie seelische Verletzungen führen bei vielen Männern zu Depressionen, Angsterkrankungen, Krankheits- bis hin zu Traumasymptomen, einem verminderten Selbstwertgefühl, sozialer Isolation und Suizidabsichten.[633]

## V. Risikofaktoren

Aus der therapeutischen Praxis werden Merkmale beschrieben, die in ähnlicher Weise auch bei gewaltbetroffenen Frauen vorliegen, z. B. erhöhen Gewalterfahrungen in der Kindheit[634] oder im Erwachsenenalter die Vulnerabilität und können in der Konsequenz zu erlernter Hilflosigkeit oder erlernten Mustern der Gewalttoleranz bzw. eigener Gewaltausübung als Mittel der Konfliktaustragung führen:

> „Je weniger selbstfürsorgliche Anteile und Abgrenzungskompetenzen vorhanden sind, desto eher sind Männer gefährdet, in einer Partnerschaft Gewalt zu erfahren.“[635]

Auch belastende Ereignisse (z. B. Trennungssituationen) oder andere Krisen[636] und damit einhergehende (akute) Belastungen können ursächlich

---

629 *Sonnenmoser*, Deutsches Ärzteblatt 2017, S. 117.

630 *Zähringer*, in: Kemme/Groß, Kriminologie, S. 211 f.

631 Illustrierend aus rechtsmedizinischer Sicht *Kolbe/Büttner*, Rechtsmedizin 2020, S. 88 ff.

632 *Kolbe/Büttner*, Deutsches Ärzteblatt International 2020, S. 534 ff.

633 *Sonnenmoser*, Deutsches Ärzteblatt 2017, S. 118 f.

634 *Schemmel/Goede/Müller*, Gewalt gegen Männer, S. 24.

635 *Fiedeler*, in: Büttner, Hdb Häusliche Gewalt, S. 64.

636 Hinzuweisen ist darauf, dass im Zuge der Coronapandemie allgemein Fälle von Partnergewalt zugenommen haben; vgl. *Schwind/Schwind*, Kriminologie, § 33 Rn. 48; *Schüttler* et al., Sexuelle Selbstbestimmung und geschlechtsspezifische Gewalt, S. 43, 45; *Abramowski/Meyerhuber*, in: Abramowski/Meyerhuber/Rust, Gewaltfrei arbeiten und leben, S. 11; zum Forschungsstand „Partnerschaftsgewalt“ während der Coronapandemie *Gehringer/Wössner*, in: Bartsch et al., Gender & Crime, S. 119 ff.; auch *Jacobi*, Psychotherapeut 2020,

sein. Verantwortlich gemacht werden auch geschlechtsspezifische Aspekte, wie das Fehlen eines sozialen Rollenskripts für männliche Opfer, die gesellschaftliche Tabuisierung männlicher Gewaltbetroffenheit (Gewalt gegen Männer als „Tabuthema“[637]), die Stigmatisierung und Ausgrenzung von Betroffenen sowie unzureichende ambulante und stationäre psychosoziale Versorgungsstrukturen.[638] Als ursächlich werden außerdem gewalttätige Konfliktaustragungen und Alkoholismus im elterlichen Haushalt angesehen.[639]

## D. Wohnungsverweisung und Rückkehrverbot zum Schutz vor häuslicher Gewalt

### I. Grundrechtseingriffe

Im Einzelnen ist umstritten, in welche Grundrechte durch Wohnungsverweisung und Rückkehrverbot eingegriffen werden kann. Unbestritten ist, dass das Grundrecht auf Freizügigkeit i.S. des Art. 11 GG[640] betroffen sein kann, weil der Adressat der Maßnahme über einen möglicherweise nicht unerheblichen Zeitraum dazu verpflichtet werden kann, seine Wohnung zu verlassen und nicht wieder zu betreten.[641] Für Nichtdeutsche gilt insoweit Art. 2 Abs. 1 GG.[642] Eingriffe in die Berufsfreiheit gem. Art. 12 GG[643] und die Eigentumsfreiheit Art. 14 GG kommen insbesondere dann in Betracht, wenn die betroffene Person in ihrer Wohnung oder in deren näherer Umgebung ihrem Beruf nachgeht und die Anwesenheit der betroffenen Person im Betrieb für

176 ff. Besondere Belastungssituationen können zu abweichendem Verhalten, wie beispielsweise Gewalttätigkeit, führen. Dies ist insbesondere dann, wenn Stress nicht durch stabilisierende Faktoren aufgefangen wird. Studien zeigen, dass psychische Probleme wie Angst und Depression in der Coronapandemie zugenommen haben und insbesondere durch Arbeitsplatzunsicherheit und finanzielle Belastungen bedingt waren; hierzu *Wollinger/Wollinger/Bode*, in: Frevel/Heinicke, Managing Corona, S. 249 ff.

637 *Weber*, Forum Opferhilfe 2/2018, 12.

638 *Fiedeler*, in: Büttner, Hdb Häusliche Gewalt, S. 64 f.

639 *Schemmel/Goede/Müller*, Gewalt gegen Männer, S. 24.

640 Es stehen erhebliche Beeinträchtigungen des Aufenthaltsrechts in Rede, *Braun*, Staatsrecht, S. 176; *Braun/Stienkemeier*, PSP 0/2011, 3 (6); zum Schutzbereich des Art. 11 GG *Hildebrand*, in: Sensburg, Staats- und Europarecht, Rn. 678 ff.; zur Abgrenzung zum Grundrecht „Freiheit der Person“ im Kontext der Wohnungsverweisung *Enders*, in: Möstl/Trurnit, BeckOK POR BW, § 30 BWPolG Rn. 5.

641 Statt vieler: *Leggereit/Müller*, in: Möstl/Bäuerle, BeckOK POR Hessen, § 31 HSOG Rn. 3.

642 OVG Münster, Urt. v. 12.12.2017 – 5 A 2428/15, Rn. 17; *Hofrichter/Fickenscher*, in: Möstl/Fickenscher, BeckOK POR Bbg, § 16a PolG Rn. 10.

643 Vertiefend: *Mann/Worthmann*, JuS 2013, 385 ff.; *Nolte/Tams*, JuS 2006, 31 ff. (Grundfälle).

dessen Erhalt oder den Erhalt wichtiger Produktionsmittel zur Sicherheit der wirtschaftlichen Existenzgrundlage unerlässlich ist.[644] In derartigen Fällen muss das Rückkehrverbot möglichst so eingeschränkt gefasst werden, dass der Betroffene weiterhin seiner beruflichen Tätigkeit nachgehen kann (z.B. Rückkehrverbot nur hinsichtlich der „Privaträume").[645]

Streitig ist, ob die Norm auch in Art. 13 Abs. 1 GG eingreift.[646] Zum Teil wird angenommen, dass die Wohnungsverweisung auch in Art. 13 Abs. 1 GG eingreift.[647] Das Wohnungsgrundrecht schützt aber nicht davor, dass die Wohnung der eigenen Verfügung oder Nutzung entzogen wird.[648]

Art. 13 Abs. 1 GG schützt nicht das Besitzrecht an der Wohnung, sondern ausschließlich deren Privatheit.[649] Art. 13 GG wird aber berührt, wenn Polizeibeamte die Wohnung – gegen den Willen des Berechtigten – betreten, um sie zu klären oder um die Maßnahme zwangsweise durchzusetzen.[650] Auch Eingriffe in den Schutz von Ehe und Familie (Art. 6 GG)[651] sowie Eingriffe in das Selbstbestimmungsrecht des Opfers (Art. 2 Abs. 1 GG) sind denkbar.

Durch die Maßnahme kann auch der grundrechtlich geschützte Bereich autonomer Selbstgefährdung berührt sein (Selbstbestimmungsrecht aus Art. 2 Abs. 1 GG).[652] Dies wird aber in der Regel zu verneinen sein, da es zugleich meist um die Verhütung nicht einwilligungsfähiger Straftaten

644 *Hofrichter/Fickenscher*, in: Möstl/Fickenscher, BeckOK POR Bbg, § 16a PolG Rn. 12.

645 *Keller*, in: Schütte/Braun/Keller, PolG NRW, § 34a Rn. 3.

646 Zur Diskussion *Hofrichter/Fickenscher*, in: Möstl/Fickenscher, BeckOK POR Bbg, § 16a PolG Rn. 11.1f.

647 OVG Münster, Beschl. v. 15.2.2002 – 5 B 278/02; VG Gelsenkirchen, NWVBl 2002, 361. Für einen Grundrechtseingriff in Art. 13 GG auch *Tegtmeyer/Vahle*, PolG NRW, § 34a Rn. 2; *Thiel*, POR, § 10 Rn. 92; *Baldarelli*, Kriminalistik 2011, 789 (791); *Krugmann*, NVwZ 2006, 152 (154); zum Schutzbereich des Wohnungsgrundrechts *Braun*, in: Sensburg, Staats- und Europarecht, Rn. 730ff.

648 *Kingreen/Poscher*, POR, § 15 Rn. 5; *Ogorek/Traub*, in: Möstl/Kugelmann, BeckOK POR NRW, § 34a PolG Rn. 6; *Möstl*, JURA 2011, 840 (851).

649 *Bittmann/Braun/Keller/Ullrich*, in: Heusch/Ullrich/Posse, Hdb Verfassungsrecht, § 7 Rn. 208; *Schoch/Kießling*, in: Schoch/Eifert, BesVerwR, Kapitel 1, Rn. 562, m.w.N; *Braun*, Staatsrecht, S. 103ff.; *Bösch* JURA 2009, 650 (653).

650 Wie hier *Haumer*, in: Dust et al., Strafrecht. Verkehrsrecht. Eingriffsrecht, S. 188; auch *Guckelberger*, JA 2011, 1 (2).

651 Wie die Eheleute die Verantwortungsbereiche in einer Ehe aufteilen und wie sie mit Seitensprüngen oder auch dauerhaften Affären eines Ehepartners umgehen, ist Sache der Eheleute und für die Frage der Schutzwürdigkeit ihrer Ehe ohne Belang; VG Berlin, Beschl. v. 28.3.2012 – 5 K 192/11, NVwZ-RR 2012, 824. Eingriffe in das Eherecht und das Familiengrundrecht können zumindest durch verfassungsimmanente Schranken gerechtfertigt sein; *Waechter*, in: Möstl/Weiner, BeckOK POR Nds, § 17a NPOG Rn. 6.

652 Zur eigenverantwortlichen Selbstgefährdung im Strafrecht *Fahl*, GA 2018, 418ff. Sinn insbesondere der Beschützergarantenstellung, z.B. unter Ehegatten, ist es regelmäßig, die Rechtsgüter des Beschützten vor äußeren Gefahren zu bewahren und nicht vor sich selbst.

geht. Jedenfalls wird aber von der Polizei zu beachten sein, dass gerade Opfer längerer Gewaltbeziehungen oft dazu neigen, das Geschehen zu verharmlosen und den Gewalttäter aus Angst vor Racheakten, wirtschaftlicher oder emotionaler Abhängigkeit vor der Polizei in Schutz zu nehmen.[653]

> Das Gewaltopfer soll nicht bis zur zivilgerichtlichen Entscheidung mit dem häuslichen Gewalttäter weiterhin eine Wohnung teilen müssen.[654]

## II. Rechtsnatur

Wohnungsverweisung und Rückkehrverbot sind (befristete) Dauerverwaltungsakte.[655] Insofern ist die Behörde dazu verpflichtet, ihre Ermessenserwägungen auch nach dem Erlass zu aktualisieren und die Anordnung ggf. aufzuheben.[656] Das Gebot, die Wohnung zu verlassen, und das Verbot, dorthin zurückzukehren, aktualisieren sich innerhalb des seitens der Polizei festgelegten Geltungszeitraums ständig.[657] Ein Antrag der gefährdeten Person ist ebenso wenig vorgesehen wie die Möglichkeit, auf ihren Antrag hin die Maßnahme aufzuheben oder auszusetzen. Vielmehr soll ein Schutz- und Rückzugsraum freigehalten werden, um gefährdeten Personen die Möglichkeit zu geben, über eine Geltendmachung und Durchsetzung ihrer zivil- und öffentlich-rechtlichen Ansprüche zu entscheiden.[658]

## III. Rechtsfolge

### 1. Wohnungsverweisung

Als Rechtsfolge nennt § 34a PolG NRW die Wohnungsverweisung und das Rückkehrverbot zum Schutz vor häuslicher Gewalt. Wohnungsverweisung ist die Aufforderung an eine Person, eine Wohnung für eine bestimmte Frist zu verlassen, ein Rückkehrverbot die Aufforderung, die Wohnung für einen bestimmten Zeitraum nicht mehr zu betreten.[659] Ein ggf. entgegenstehender Wille der gefährdeten Person ist im Allgemeinen

---

653 VG Aachen, Beschl. v. 17.2.2004 – 6 L 145/04, NJW 2004, 1888; mit Anm. *Vahle*, Kriminalistik 2004, 541.

654 LT NRW-Drs. 13/1525, S. 1.

655 *Hofrichter/Fickenscher*, in: Möstl/Fickenscher, BeckOK POR Bbg, § 16a PolG Rn. 13.

656 OVG Münster, Beschl. v. 23.12.2014 – 5 E 1202/14, NJW 2015, 1468.

657 VG Münster, Urt. v. 11.12.2009 – 1 K 2338/08.

658 *Gusy/Eichenhofer*, POR Rn. 279.

659 *Basteck*, in: Möstl/Kugelmann, BeckOK POR NRW, § 35 Rn. 56.

unbeachtlich.[660] Dies wird zwar von einer Minderheit psychosozialer Berufsgruppen als Bevormundung der Opfer kritisiert.[661] Dieser Ansatz soll aber den gewaltbetroffenen Frauen

> „in dieser Phase der Intervention den Zwang der Entscheidung ‚gegen den eigenen Partner' als auch die ‚Sündenbockrolle' nehmen"[662].

Der Wunsch der gefährdeten Person, mit der betroffenen Person zusammenzuleben, kann allenfalls dann eine Rolle spielen, wenn er auf Freiwilligkeit beruht und eine Lebensgefahr für die gefährdete Person auszuschließen ist.[663]

## 2. Rückkehrverbot

Eine Wohnungsverweisung wird zumeist nicht isoliert ausgesprochen. So würde eine Verweisung aus der Wohnung ohne ein – ggf. gegenüber dem Regelfall von zehn Tagen verkürztes – Rückkehrverbot der betroffenen Person erlauben, die Wohnung schon kurz nach Verlassen wieder zu betreten. Dies würde einer effektiven Gefahrenabwehr zuwiderlaufen.[664] Befindet sich die (gewalttätige) Person nicht mehr in der Wohnung, wird nur noch ein Rückkehrverbot ausgesprochen. In diesen Fällen – der Störer ist nicht anwesend – wird die Verfügung regelmäßig schriftlich ergehen und an eine bekannte Anschrift zugestellt werden, ggf. erfolgt Ersatzzustellung.[665]

Nach dem eindeutigen Gesetzeswortlaut enden die polizeilichen Maßnahmen mit dem Tag der gerichtlichen Entscheidung bzw. dem Ablauf der (weiteren) zehn Tage eo ipso. Es bedarf also keiner ausdrücklichen Aufhebung des Rückkehrverbots durch die Polizei. Dies gilt auch für den Fall, dass eine ablehnende gerichtliche Entscheidung innerhalb des (ersten) Zehn-Tages-Zeitraums ergeht.[666] Damit ist allerdings nicht ausgeschlossen, dass die Polizei bei erneuter häuslicher Gewalt eine weitere Wohnungsverweisung anordnet.[667]

---

660 VG Aachen, Beschl. v. 17.2.2004 – 6 L 145/04, NJW 2004, 1888.

661 *Nöthen-Schürmann*, in: Kavemann/Kreyssig, Hdb Kinder und häusliche Gewalt, S. 465.

662 *Nöthen-Schürmann*, in: Kavemann/Kreyssig, Hdb Kinder und häusliche Gewalt, S. 465; aus verfassungsrechtlicher Sicht *Keller*, in: Heusch/Ullrich/Posser, Hdb Verfassungsrecht, § 7 Rn. 209 f.; auch *Schoch/Kießling*, in: Schoch/Eifert, BesVerwR, Kap. 1 Rn. 566; *Guckelberger*, JA 2011, 1 (6).

663 *Tegtmeyer/Vahle*, PolG NRW, § 34a Rn. 11.

664 *Ogorek/Traub*, in: Möstl/Kugelmann, BeckOK POR NRW, § 34a PolG Rn. 33.

665 *Keller*, in: Schütte/Braun/Keller, PolG NRW, § 34a Rn. 4.

666 *Ogorek/Traub*, in: Möstl/Kugelmann, BeckOK POR NRW, § 34a PolG Rn. 48.

667 *Tegtmeyer/Vahle*, PolG NRW, § 34a Rn. 30.

### 3. Wiederholungsfall während der Dauer des Rückkehrverbotes

Begeht die gewalttätige Person innerhalb der Frist des Rückkehrverbotes erneut eine Straftat gegen dasselbe Opfer, kann ein neuer Verwaltungsakt gem. § 34a Abs. 1 PolG NRW erst nach Fristablauf des zuvor erlassenen Verwaltungsaktes ausgesprochen werden. Bei der Aufhebung des ursprünglichen und dem Erlass eines neuen Verwaltungsaktes würde es sich ansonsten ggf. um eine rechtlich unzulässige Dauerverweisung handeln, die das Zusammenspiel von § 34a PolG und § 2 GewSchG umginge. § 2 GewSchG gibt dem Opfer eine deliktsrechtliche Anspruchsgrundlage für die Wohnungsüberlassung bei Gewalttaten in häuslichen Gemeinschaften.[668] Die verletzte Person kann vom Täter verlangen, ihr die gemeinsam genutzte Wohnung zur alleinigen Benutzung zu überlassen, wenn sie zum Zeitpunkt der Tat mit dem Täter einen auf Dauer angelegten gemeinsamen Haushalt geführt hat. Dagegen dient § 34a PolG NRW (nur) der Überbrückung des Zeitraums bis zur Einholung einer gerichtlichen Entscheidung, der gem. § 2 GewSchG der Vorrang gegenüber der polizeilichen Verfügung einzuräumen ist. Die Festsetzung einer Höchstdauer für die Geltung der polizeilichen Maßnahmen nach § 34a PolG NRW liegt nicht in der endgültigen, dauerhaften Sicherung von Gewaltopfern.[669] Um ein wirkungsvolles Zusammenwirken zwischen polizeilichen und gerichtlichen Maßnahmen zu ermöglichen, kann das Gericht nach § 214 FamFG auf Antrag durch einstweilige Anordnung eine vorläufige Regelung nach § 1 GewSchG oder § 2 GewSchG treffen.[670]

## IV. Tatbestandliche Voraussetzungen

### 1. Gegenwärtige Gefahr für Leib, Leben oder Freiheit einer Person

Die Ermächtigung des § 34a Abs. 1 PolG NRW setzt

- eine gegenwärtige Gefahr
- für Leib, Leben oder Freiheit einer Person
- durch häusliche Gewalt (Überschrift vor Abs. 1)

voraus.[671]

---

668 BT-Drs. 14/5429, S. 27; hierzu *Wick-Rentrop/Wick*, DPolBl 2/2025, 14 (17 f.).

669 *Ogorek/Traub*, in: Möstl/Kugelmann, BeckOK POR NRW, § 34a PolG Rn. 48.

670 *Ogorek/Traub*, in: Möstl/Kugelmann, BeckOK POR NRW, § 34a PolG Rn. 42.

671 Mit entsprechenden Fallbearbeitungen *Keller*, PSP 0/2011, 29 ff.; *Braun/Wohlfarth*, Kriminalistik 2011, 653 ff.; *Kay/Pieper*, apf 2009, 57 ff.; zu den tatbestandlichen Voraussetzungen „auf einen Blick“ *Keller/Rekel*, Streifendienst NRW, S. 89 ff., *Frankewitsch*, POR NRW, S. 89.

**Definition**

Eine gegenwärtige Gefahr ist ein Geschehen, das zu der Besorgnis Anlass gibt, dass ein Schaden für die öffentliche Sicherheit in allernächster Zeit mit an Sicherheit grenzender Wahrscheinlichkeit eintreten wird, oder eine Sachlage, bei der sich eine bereits eingetretene schädigende Einwirkung der polizeirechtlichen Sicherheitsgüter fortsetzt, sodass ein Eingreifen zur Gefahrenabwehr zeitlich dringlich ist.[672]

Die Intensität und Häufigkeit eines Streites sowie (auch) verursachte Verletzungen können Maßstab der Prognoseentscheidung sein.

Eine Wohnungsverweisung mit Rückkehrverbot setzt grundsätzlich

> „entweder eine Gewaltbeziehung mit konkreten Anzeichen für wiederholte Misshandlungen voraus oder eine erstmalige Gewalttat, wenn auf Grund der Intensität des Angriffs und der Schwere der Verletzungen mit einer jederzeitigen Wiederholung der Gewaltanwendung zu rechnen ist."[673]

Nicht ausreichend ist die Einschätzung, dass in Zukunft weitere verbale Streitigkeiten zu befürchten seien. „Vielmehr müssen die Umstände auf eine Gewaltbeziehung mit konkreten Anzeichen für wiederholte Misshandlungen hindeuten."[674]

Vor dem Hintergrund, dass insbesondere häusliche Gewalt in einen Gewaltkreislauf eingebunden ist, muss in den Fällen, in denen Anhaltspunkte dafür vorhanden sind, dass die betroffene Person bereits zum wiederholten Male gegenüber der gefährdeten Person Gewalt ausgeübt hat, mit einer jederzeitigen Wiederholung der Gewaltanwendung gerechnet werden[675] – dies auch in allernächster Zeit,

> „nämlich frühestens dann, wenn die Beamten die Wohnung unverrichteter Dinge wieder verlassen würden"[676].

Die Wegweisung ist keine Sanktion für geschehenes Unrecht, sondern zukunftsorientiert. Demzufolge muss nicht nur eine aktuelle Gefahr bestehen, sondern auch eine Gefahrenprognose für die Zukunft angestellt werden. Grundlage dieser Prognose des zukünftigen hypothetischen Geschehensablaufs müssen ausreichende tatsächliche Anhaltspunkte, Er-

---

672 *Frankewitsch*, POR NRW, S. 89; vgl. auch BVerwG, Urt. v. 6.9.1974 – I C 17/73 – BVerwGE 47, 31, NJW 1975, 130: Sog. „je-desto-Formel" oder „Variabilitätsformel"; hierzu *Braun/ Schmidt*, Ad Legendum 2023, 89 (92).

673 OVG Münster, Beschl. v. 23.12.2014 – 5 E 1202/14, NJW 2015, 1468.

674 OVG Münster, Beschl. v. 23.12.2014 – 5 E 1202/14, NJW 2015, 1468 (1469).

675 LT-Drs. 13/1525 – Allgemeine Begründung zu Art. 1, S. 12.

676 *Braun/Schmidt*, Grundlagen Eingriffsrecht, S. 88.

fahrungen des täglichen Lebens, das Erfahrungswissen der Polizei oder wissenschaftliche und technische Erkenntnisse sein.[677] Auch wird die Polizei sich maßgeblich auf die Aussagen der Beteiligten stützen.[678]

**Beispiel:**

**OVG Münster, Urt. v. 17.10.2023 – 5 A 3548/20**

Eine polizeiliche Wohnungsverweisung mit Rückkehrverbot setzt grundsätzlich „entweder eine Gewaltbeziehung mit konkreten Anzeichen für wiederholte Misshandlungen voraus oder eine erstmalige Gewalttat, wenn aufgrund der Intensität des Angriffs und der Schwere der Verletzungen mit einer jederzeitigen Wiederholung der Gewaltanwendung zu rechnen ist."[679] In diesem Zusammenhang darf die Polizei ihre Gefahreneinschätzung nicht allein auf einseitige Aussagen stützen, sondern muss den mutmaßlichen Gefährder mit den Vorwürfen konfrontieren und ihn dazu anhören.[680]

Folgende Anhaltspunkte können Grundlage für eine Gefahrenprognose sein:[681]

- grundsätzliche Erkenntnisse zur Phänomenologie
- polizeiliche Erkenntnisse (z. B. Kriminalakte)
- Feststellungen zur grundsätzlichen Gewaltbereitschaft des Störers
- Aggression unter Alkohol-/Drogeneinfluss
- Art und Intensität der Gewalt
- ob, wie oft, mit welchem zeitlichen Abstand und aus welchen Anlässen es in der Vergangenheit bereits zu Gewalttätigkeiten gekommen ist
- Feststellungen zum Zustand der (Tat-)Wohnung
- Informationen über aktuelle gerichtliche Schutzanordnungen
- Aussagen von gefährdeten Personen

Der klassische Begriff der gegenwärtigen Gefahr ist auch dann anwendbar, wenn die gefährdende Person gar nicht mehr vor Ort ist. In diesem Fall sind Erkenntnisse aus der Psychologie und Kriminologie heranzu-

677 *Lambrecht*, in: Johlen, MFB Verwaltungsrecht, Kapitel J. Ziff. V.4. Rn. 5.

678 VG Göttingen, Urt. v. 19.1.2012 – 1 A 94/10; *Peters/Fertig*, GSZ 2018, 225 (229).

679 OVG Münster, Urt. v. 17.10.2023 – 5 A 3548/20, Rn. 24, NJW 2024, 688 (690); mit Anm. *Stuttmann*, RÜ 2024, 45; *Kingreen*, JURA 2024, 792; *Vahle*, DVP 2024, 416 f.

680 Hierzu *Kingreen*, JURA 2024, 792; *Vahle*, Kriminalistik 2025, 305.

681 *Lambrecht*, in: Johlen, MFB Verwaltungsrecht, Kapitel J. Ziff. V.4. Rn. 5; auch Innenministerium des Landes Nordrhein-Westfalen, Broschüre „Häusliche Gewalt und polizeiliches Handeln – Informationen für die Polizei und andere Beteiligte“, 2002, S. 18, 19, RdErl. vom 21.3.2002 – 42.1-2761.

ziehen und mit dem Phänomen der Gewaltspirale zu belegen, dass es jederzeit zu einem schädigenden Ereignis für Leben, Gesundheit und/oder Freiheit der bedrohten Person kommen kann.

## 2. Häusliche Gewalt

Aus der Überschrift des § 34a PolG NRW ist zu entnehmen, dass Wohnungsverweisung und Rückkehrverbot dem Schutz vor häuslicher Gewalt dienen.[682]

**Definition**

Häusliche Gewalt liegt vor, wenn zwei oder mehrere Personen in einer Wohnung leben, und zwar in häuslicher Gemeinschaft, und es im Rahmen dieser Beziehung von mindestens einer Person gegenüber einer anderen Person zu gewalttätigen Handlungen kommt.[683]

Nach Auffassung des BKA kann häusliche Gewalt indes auch dann vorliegen,

> „wenn sie unabhängig von einem gemeinsamen Haushalt innerhalb der Familie oder in aktuellen oder ehemaligen Partnerschaften geschieht“[684].

Überdies wird angeführt, dass bei einer Beschränkung auf den häuslichen Bereich außer Acht gelassen würde, dass Gewalt auch bei Paaren stattfinden kann, die nicht (mehr) zusammenwohnen, oder dass Gewalt von Ex-Partnern ausgehen kann.[685] Wenn die Partner bereits getrennt leben, er-

---

682 Soweit das Erfordernis einer „häuslichen Gemeinschaft“ mit dem Zweck der Norm begründet wird, häusliche Gewalt einzudämmen, ist dem allerdings entgegenzuhalten, dass dieser Begriff zwar in der Überschrift des § 34a PolG NRW zu finden ist, als einschränkende Tatbestandsvoraussetzung aber keinen Niederschlag im Gesetzeswortlaut gefunden hat. Der Normtext lässt eine Wohnung ausreichen, in der die gefährdete Person wohnt, so auch *Kay*, NVwZ 2003, 521 (523).

683 *Sabas*, Häusliche Gewalt, S. 4; *Thiel*, POR, § 10 Rn. 96; *Tegtmeyer/Vahle*, PolG NRW, § 34a Rn. 4; *Braun/Wohlfarth*, Kriminalistik 2011, 653 (654); *Keller*, in: Schütte/Braun/Keller, PolG NRW, § 34a Rn. 8; *Haurand/Vahle*, DVP 2024, 432 (436); a. A. *Ogorek/Traub*, in: Möstl/Kugelmann, BeckOK POR NRW, § 34a PolG Rn. 26. Gegen das Erfordernis einer „häuslichen Gemeinschaft“ spricht entscheidend die Absicht des Gesetzgebers, die polizeilichen Maßnahmen gem. § 34a mit den gerichtlichen Maßnahmen nach dem GewSchG in Einklang zu bringen. Wie sich aus § 1 Abs. 2 Nr. 2b GewSchG ergibt, sind auch Maßnahmen möglich, die sich gegen sog. Stalker richten. Das spricht dafür, dass Maßnahmen nach § 34a – unabhängig von einer „häuslichen Gemeinschaft“ – z. B. auch gegenüber Personen ergriffen werden können, die einer gefährdeten Person regelmäßig im Hausflur auflauern, wenn die Schwelle einer gegenwärtigen Gefahr für Leib, Leben oder Freiheit dadurch überschritten wird; hierzu auch *Böger/Gellenbeck*, in: Haumer/Klein, Eingriffsrecht, Band 1, S. 17 f.

684 BKA, Bundeslagebild Häusliche Gewalt 2023, S. 1; auch *Bouziani/von Prondzinski*, DPolBl 2/2025, 4.

685 *Gehringer/Wössner*, in: Bartsch et al., Gender & Crime, S. 120; *Sabas*, Häusliche Gewalt, S. 4.

scheint eine verfehlte Nomenklatur besonders ungeeignet.[686] Ist die wohnliche Gemeinschaft aufgelöst, wird von häuslicher Gewalt aber nur ausgegangen werden können, wenn die Gewalt im Kontext zu der früheren Beziehung steht. Allerdings stellt sich dann die Frage, aus welcher Wohnung der Störer verwiesen werden soll. Nach hier vertretener Auffassung setzt die Anwendbarkeit der Eingriffsermächtigung das Vorliegen einer häuslichen Gemeinschaft voraus.[687] Insofern sind abweichende soziologische und kriminologische Beschreibungen von häuslicher Gewalt für die Anwendbarkeit der Ermächtigung unerheblich. Für das Erfordernis einer gemeinsamen Wohnung spricht, dass dem Betroffenen gem. § 34a Abs. 2 PolG NRW Gelegenheit zur Mitnahme der dringend benötigten Gegenstände des persönlichen Bedarfs zu geben ist.[688] Da § 34a Abs. 1 PolG NRW den typischen Gefahren einer häuslichen Lebensgemeinschaft begegnen will, muss im Einzelfall geklärt werden, ob eine solche Gemeinschaft vorliegt. Besuche und andere vorübergehende Beherbergungen von Personen eröffnen den Anwendungsbereich des § 34a nicht.[689] Bei einem bloßen Hausfriedensbruch (§ 123 StGB) kommt keine Wohnungsverweisung, sondern vielmehr ein Platzverweis nach § 34 Abs. 1 PolG NRW in Betracht.[690]

Allerdings setzt häusliche Gewalt nicht die Tatbegehung in der gemeinsamen Wohnung voraus.[691] Es ist nicht maßgeblich, ob die tatsächlichen Anhaltspunkte für die Gefahr in der Wohnung oder außerhalb begründet worden sind.[692]

Unbeachtlich ist, wem die Wohnung gehört.[693] Ist der Gewalttäter alleiniger Eigentümer oder Mieter, hindert das nicht, auch ihn zum Schutz seines mit ihm in häuslicher Gemeinschaft lebenden Opfers vorüberge-

---

686 Hierzu auch *Seifert/Püschel/Heinemann*, FPR 2011, 185.

687 Insofern kann die Überschrift des § 34a PolG NRW als Tatbestandsmerkmal gedeutet werden, in diese Richtung auch *Tetsch/Baldarelli*, PolG NRW, § 34a Ziff. 3.2; auch *Söllner*, in: Pewestorf/Söllner/Tölle, POR, § 29a ASOG Rn. 7; Schutzgut: „Bewohner derselben Wohnung."

688 *Dietlein/Hellermann*, Öffentliches Recht NRW, § 3 Rn. 169; *Götz/Geis*, Allgemeines POR, § 8 Rn. 29; *Schoch/Kießling*, in: Schoch/Eifert, BesVerwR, Kap. 1 Rn. 564: „(Mit-)Bewohner einer Wohnung"; *Schmidbauer*, Kriminalistik 2002, 457 (458): „in einem Haushalt leben".

689 *Baldarelli*, Kriminalistik 2011, 789 (791).

690 OLG Hamm, Urt. v. 22.1.2016 – 11 U 67/15, NJW 2016, 154.

691 OVG Münster 7.11.2011 – 5 A 1352/10, DÖV 2012, 160; mit Anm. *Mokros* PSP 4/2012, 41.

692 *Gusy/Eichenhofer*, POR, Rn. 278. Wer etwa seine Lebensgefährtin in der Öffentlichkeit verprügelt, kann dennoch Adressat der Maßnahme werden, wenn mit hinreichender Wahrscheinlichkeit davon auszugehen ist, dass er sein Verhalten auch in der Wohnung fortsetzen wird.

693 *Gusy/Eichenhofer*, POR, Rn. 278. Maßgeblich ist allein die Verhaltensverantwortlichkeit („von ihr ausgehende gegenwärtige Gefahr") bzw. Störereigenschaft, nicht die sachen- oder schuldrechtliche Rechtslage.

hend aus der Wohnung zu verweisen und die Rückkehr zu verbieten; denn ausschlaggebend ist nach § 2 GewSchG lediglich das Führen eines auf Dauer angelegten gemeinsamen Haushalts.[694]

### 3. Unbeachtlicher Wille des Opfers

Unterschiedlich beurteilt wird die Frage, ob die Polizei Maßnahmen nach § 34a PolG NRW auch gegen den Willen der gefährdeten Person vornehmen darf. Zwar darf die Polizei Aussagen der gefährdeten Person im Rahmen ihrer Gefahrenprognose berücksichtigen. Allerdings lassen sich dem Wortlaut des § 34a PolG NRW keine Anhaltspunkte dafür entnehmen, dass ein entgegenstehender Wille des (potenziellen) Opfers beachtlich sein soll.[695] Das Selbstbestimmungsrecht des Einzelnen schließt zwar auch die Selbstgefährdung ein.[696] Im Falle der häuslichen Gewalt ist aber zu berücksichtigen, dass Opfer oft dazu neigen, die Vorfälle zu verharmlosen und zu verdrängen. Zuweilen gehen sie sogar so weit, die betroffene Person gegenüber der Polizei in Schutz zu nehmen.[697] Beziehungen und Strukturen sind oftmals von Angst und emotionaler und/oder finanzieller Abhängigkeit geprägt. Vor diesem Hintergrund ist die Annahme einer autonomen, selbstbestimmten Willensbildung der gefährdeten Person zu relativieren, sodass Maßnahmen letztlich auch gegen den Willen der gefährdeten Person zulässig sind. Dies muss insbesondere in Fällen gelten, in denen die gegenwärtige Gefahr bei derselben Person wiederholt auftritt, zumal häusliche Gewalt oft ein Seriendelikt mit immer kürzer werdenden Abständen zwischen den Wiederholungstaten und steigender Intensität der Gewalt ist.[698]

Der Wille der gefährdeten Person kann auf der Rechtsfolgenseite bei der Ausübung des Ermessens berücksichtigt werden.[699] Im Einzelfall kann auch die vorzeitige Aufhebung eines Rückkehrverbots geboten sein, wenn die gefährdete Person und der Maßnahmeadressat sich erkennbar ausgesöhnt haben und eine Gefahrenlage daher nicht mehr gegeben ist.[700]

---

694 VG Gelsenkirchen, NWVBl 2002, 361, 363; bestätigt durch OVG Münster, NJW 2002, 2195.

695 *Dietlein/Hellermann*, Öffentliches Recht NRW, § 3 Rn. 170.

696 *Kingreen/Poscher*, POR, § 15 Rn. 29.

697 LT-Drs. 13/1525, S. 12.

698 *Keller*, in: Schütte/Braun/Keller, PolG NRW, § 34a Rn. 6; *Kay*, NVwZ 2003, 521 (522).

699 *Thiel*, POR, § 10 Rn. 97; *Schenke*, POR, § 3 Rn. 138.

700 *Ogorek/Traub*, in: Möstl/Kugelmann, BeckOK POR NRW, § 34a PolG Rn. 19; *Dietlein/Hellermann*, Öffentliches Recht NRW, § 3 Rn. 170.

## V. Adressatenregelung

Gem. § 34a Abs. 1 Satz 1 PolG NRW ist Adressat die Person, von der die Gefahr ausgeht. Die Richtung der Maßnahme wird von § 34a Abs. 1 Satz 1 PolG NRW selbst bestimmt („... Person ... einer von ihr ausgehenden Gefahr ...").[701] § 34a PolG NRW enthält insofern eine Spezialregelung über den Adressaten, die gem. § 4 Abs. 4 PolG NRW vorrangig ist gegenüber den allgemeinen Vorschriften über die polizeirechtliche Verantwortlichkeit.[702] Nach a. A. gelten die allgemeinen Regeln zur Verantwortlichkeit im Polizei- und Ordnungsrecht.[703]

## VI. Verfahrensvorschriften

### 1. Allgemeine Verfahrensvorschriften (VwVfG)

#### a) Bestimmtheit des Verwaltungsaktes

Zu beachten sind (allgemeine) Verfahrensvorschriften aus dem VwVfG sowie Vorschriften, die sich direkt aus § 34a PolG NRW ergeben.

Generell sind folgende Verfahrensvorschriften zu beachten:

- § 28 VwVfG NRW (Anhörung),
- § 37 Abs. 2 VwVfG NRW (Form),
- § 39 VwVfG NW (schriftliche Begründung des schriftlichen Verwaltungsaktes) und
- §§ 41, 43 VwVfG NRW (Bekanntgabe des Verwaltungsaktes).

Überdies müssen entsprechende Verwaltungsakte inhaltlich hinreichend bestimmt sein (§ 37 Abs. 1 VwVfG).[704] Die Bestimmung trägt damit insbesondere der Individualisierungs- und Klarstellungsfunktion des Verwaltungsaktes Rechnung. Die Behörde wird gezwungen, sich eindeutig und unmissverständlich gegenüber dem Adressaten zu äußern. Die Nichtbeachtung des Bestimmtheitsprinzips führt zu fehlerhaften Verwaltungsentscheidungen.[705] Durch eine unbestimmte Anordnung ist der Verwaltungs-

701 *Kay*, NVwZ 2003, 521 (523).

702 Inhaltlich stimmt der Begriff der Person, von der eine Gefahr „ausgeht", mit dem Verhaltensstörer gem. § 4 Abs. 1 PolG NRW überein, sodass die allgemeinen Grundsätze über die Verhaltensverantwortlichkeit, insbesondere die sog. Theorie von der unmittelbaren Verursachung herangezogen werden können.

703 *Schoch/Kießling*, in: Schoch/Eifert, BesVerwR, Kapitel 1, Rn. 571.

704 Ob es sich um ein materiell-rechtliches oder formell-rechtliches Erfordernis handelt, mag dahingestellt sein. Für die praktische Anwendung ist die Frage nicht von Bedeutung; hierzu *Weber*, VR 2008, 181 ff.

705 *Weber*, VR 2008, 217.

akt materiell rechtswidrig.[706] Maßnahmen der Verwaltungsvollstreckung scheiden aus.[707] Ein unbestimmter oder unverständlicher Verwaltungsakt kann regelmäßig nur durch eine Neufassung wirksam werden.

### b) Anhörung

Nach § 28 Abs. 1 VwVfG ist, bevor ein Verwaltungsakt erlassen wird, der in Rechte eines Beteiligten eingreift, diesem Gelegenheit zu geben, sich zu den für die Entscheidung erheblichen Tatsachen zu äußern.[708] Durch seine Äußerungen kann der Betroffene der Behörde die besonderen Aspekte seiner persönlichen Sphäre und den Grad seines Betroffenseins vermitteln. Dies ist insbesondere im Polizei- und Ordnungsrecht von Bedeutung, wo die Behörden meistens nach ihrem Ermessen über die im jeweiligen Einzelfall angemessenen Maßnahmen entscheiden.[709] Polizeibeamte erhalten zudem Kenntnis von etwaigen der Wohnungsverweisung entgegenstehenden Interessen, welche z. B. für die Verhältnismäßigkeit der Maßnahme bedeutsam sein können.[710]

Ein Verzicht auf die Anhörung ist möglich.[711] So formuliert § 28 Abs. 2 VwVfG fünf Fallgruppen, in denen von einer Anhörung abgesehen werden kann.[712] Von besonderer praktischer Bedeutung ist die Ausnahme nach § 28 Abs. 2 Nr. 1 VwVfG. Hiernach kann von einer Anhörung abgesehen werden, wenn eine sofortige Entscheidung wegen Gefahr im Verzug oder im öffentlichen Interesse notwendig erscheint. Gefahr im Verzug i. S. von § 28 Abs. 2 Nr. 1 VwVfG liegt vor,

> „wenn durch eine vorherige Anhörung auch bei Gewährung kürzester Anhörungsfristen ein Zeitverlust eintreten würde, der mit hoher Wahrscheinlichkeit zur Folge hätte, dass die durch den Verwaltungsakt zu treffende Regelung zur Erreichung ihres Zwecks zu spät käme, was in jedem Einzelfall ‚ex ante' zu beurteilen ist".[713]

---

706 *Schenke*, POR, Rn. 500; *Hartmann*, JuS 2008, 984 (986).

707 VGH Mannheim, Urt. v. 10.1.2013 – 8 S 2919/11, VBlBW 2013, 341.

708 Eingehend *Sasse*, VR 2019, 197 ff.

709 *Guckelberger*, JuS 2011, 577 (578).

710 *Petersen-Thrö*, SächsVBl 2004, 173 (177).

711 *Sachs*, in: Stelkens/Bonk/Sachs, VwVfG, § 45 Rn. 91.

712 Im Überblick *Frankewitsch*, POR NRW, S. 56 ff.

713 VG Köln, Urt. v. 24.1.2008 – 20 K 2146/06. Da der potenzielle Maßnahmeadressat einer Wohnungsverweisung bei Durchführung der Anhörung von einer Gefährdung der Rechtsgüter des Opfers abgehalten wird, ist regelmäßig eine Gefahr im Verzug zu verneinen, *Guckelberger*, JA 2011, 1 (3).

Ist der Polizei ein Anhörungsfehler unterlaufen, kann dieses Defizit nach § 45 Abs. 1 Nr. 3 VwVfG durch ein Nachholen der Anhörung geheilt werden,[714] indem z. B. dem Betroffenen am nächsten Tag Gelegenheit zur Äußerung gegeben und diese von der zuständigen Stelle in ihre Überlegungen hinsichtlich der Aufrechterhaltung der Verfügung einbezogen wird. Das Nachholen der Anhörung bewirkt indes nur dann Heilung, wenn der Sinn der Anhörung noch erreicht werden kann, die Entscheidung anhand der Stellungnahme der Beteiligten zu überprüfen.[715] Problematisch ist indes, ob die Behörden auch dann noch eine Heilung herbeiführen können, wenn sich die Wohnungsverweisung infolge Zeitablaufs längst erledigt hat, der Betroffene mithin erst nach einem Monat zur bereits „ausgelaufenen" Wohnungsverweisung angehört wird. Nach Auffassung des VG Köln ist eine Heilung durch Anhörung des Betroffenen nach Erledigung der Wohnungsverweisung ausgeschlossen.[716]

#### c) Form der Anordnung

##### aa) Mündliche Anordnung

Angesichts der besonderen Umstände werden Wohnungsverweisung und Rückkehrverbot regelmäßig mündlich erlassen (§§ 37 Abs. 2 Satz 1, 41 Abs. 1 Satz 1 VwVfG). Deshalb wird auch nicht die Begründungspflicht des § 39 Abs. 1 Satz 1 VwVfG ausgelöst. Wenn der Betroffene dies aber (unverzüglich) verlangt und wenn er, was wegen der Grundrechtsrelevanz sowie der andauernden Wirkung der Maßnahme in aller Regel zu bejahen ist,[717] ein berechtigtes Interesse hat, ist dieser mündliche Verwaltungsakt schriftlich oder elektronisch zu bestätigen (§ 37 Abs. 2 Satz 2 VwVfG) und dann auch mit einer Begründung zu versehen (§ 39 Abs. 1 Satz 1 VwVfG).[718] Die Bestätigung ist als Realakt (schlicht hoheitliche Maßnahme) zu qualifizieren. Sie ist selbst kein Verwaltungsakt.[719]

Eine Kopie der schriftlichen Bestätigung der mündlichen Verfügung kann der betroffenen Person vor Ort oder im weiteren Verlauf auf der Dienststelle ausgehändigt werden. Entweder folgt der Täter zur Polizei-

---

714 *Sachs*, in: Stelkens/Bonk/Sachs, VwVfG, § 45 Rn. 70. Zum „Rechtmäßigwerden rechtswidrig erlassener Verwaltungsakte" *Schenke*, NVwZ 2015, 1341 ff. vgl. auch *Hufen/Siegel*, Fehler im Verwaltungsverfahren, Rn. 321, zu den spezifischen Folgen von Anhörungsfehlern.

715 *Sachs*, in: Stelkens/Bonk/Sachs, VwVfG, § 45 Rn. 74.

716 VG Köln, Urt. v. 25.9.2008 – 20 K 4987/07.

717 *Derks*, Häusliche Gewalt, S. 126 f.

718 *Guckelberger*, JA 2011, 1 (4).

719 OVG Münster, Beschl. v. 25.11.1993 – 10 B 360/93, NVwZ-RR 1994, 549 ff.; mit Anm. *Dollinger*, IBR 1994, 296.

dienststelle, sodass er das Formular nach Fertigstellung von Hand zu Hand erhält, oder seine Erreichbarkeit kann sichergestellt werden und die schriftliche Bestätigung der Maßnahme wird zeitnah persönlich gegen Quittung mittels Unterschrift (oder im Wege anderer Zustellungsarten) ausgehändigt.[720]

Bei der Anordnung wird es sich regelmäßig um eine unaufschiebbare Maßnahme i. S. des § 80 Abs. 2 Nr. 2 VwGO handeln.

> „Unaufschiebbarkeit liegt vor, wenn die Maßnahme so eilbedürftig ist, dass auch die kleinste Zeitverzögerung zur Folge hätte, dass mit hoher Wahrscheinlichkeit die durch die Maßnahme bezweckte Regelung ihren Zweck nicht mehr erreichen würde. Praktisch fallen vor allem Verwaltungsakte unter § 80 Abs. 2 Satz 1 Nr. 2 VwGO, die aufgrund ihrer Eilbedürftigkeit mündlich oder durch tatsächliches Handeln ergehen, die so eilbedürftig sind, dass keine Zeit bleibt, einen schriftlichen Verwaltungsakt zu erlassen und das besondere Vollzugsinteresse zur Anordnung seiner sofortigen Vollziehung darzulegen. Hatte der Polizeivollzugsbeamte die Zeit, einen schriftlichen Verwaltungsakt zu erlassen, deutet dies darauf hin, dass keine Unaufschiebbarkeit vorgelegen hat."[721]

Die Regelung des § 80 Abs. 2 Nr. 2 VwGO will primär solche Fälle erfassen, in denen ein Polizeibeamter vor Ort angesichts der besonderen Eilbedürftigkeit seines Handelns tätig werden muss und den Eintritt der Unanfechtbarkeit aus naheliegenden Gründen nicht abwarten kann. Gedacht ist deshalb vor allem an Verwaltungsakte, die „auf der Straße" ergehen.[722] Die Maßnahme muss sofort getroffen werden, ein Aufschub scheidet aus, ebenso die Erforderlichkeit einer ausführlichen Begründung seitens der Polizeivollzugsbeamten – entsprechende Erklärungen sollten, wenn möglich, natürlich immer lageangepasst und im angemessenen Umfang erfolgen, um die Maßnahmen für den Adressaten nachvollziehbar machen zu können.[723]

---

720 *Derks*, Häusliche Gewalt, S. 127.

721 VG Minden, Urt. v. 25.1.2010 – 11 K 2254/09, Rn. 18; VG Frankfurt, Beschl. v. 5.10.1989 – V/2 H 1826/89, Ls. 2: „Es spricht eine – widerlegbare – Vermutung dafür, dass keine Unaufschiebbarkeit im Sinne von § 80 Abs. 2 Satz 1 Nr. 2 VwGO vorliegt, wenn eine Verfügung schriftlich erlassen wurde und daher die Zeit ausgereicht hätte, um ggf. eine Anordnung nach § 80 Abs. 2 Satz 1 Nr. 4 VwGO zu treffen."

722 *Vahle*, Kriminalistik 1992, 157 (232).

723 Die Sonderregelung, dass Polizeivollzugsbeamte bei Durchführung unaufschiebbarer Maßnahmen keine sofortige Vollziehung der Maßnahme (entgegen § 80 Abs. 2 Satz 1 Nr. 4 VwGO – Anordnung der sofortigen Vollziehung) besonders begründen müssen, ergibt sich allein aus der besonderen Eilbedürftigkeit einer solchen Maßnahme. Es ist den Beamten in einer konkreten Einsatzsituation nicht zuzumuten, dass sie jede Verfügung gegenüber dem Adressaten tiefgreifend erläutern; *Derks*, Häusliche Gewalt, S. 142; *Kay*, NVwZ 2003, 521 (524).

#### bb) Schriftliche Anordnung

In den Fällen, in denen der Täter gar nicht mehr vor Ort ist und sein Aufenthaltsort in angemessener Zeit nicht ermittelt werden kann, kann das Rückkehrverbot nicht sofort mündlich verfügt werden. In diesem Fall ist es durch schriftlichen Verwaltungsakt zu erteilen und im Wege der Ersatzzustellung zuzustellen.[724] Somit wird der Verwaltungsakt schriftlich erlassen, bevor der Betroffene der Maßnahme überhaupt Kenntnis von ihm erlangt. Gleiches gilt, wenn der Sachverhalt im Zuge einer Anzeigenaufnahme auf der Polizeidienststelle dargelegt wird. Der Täter ist in diesem Fall nicht vor Ort, sodass die Maßnahme schriftlich begründet werden kann.

Ergeht eine schriftliche Anordnung, so ist in ihr (auch) die Anordnung der sofortigen Vollziehung nach § 80 Abs. 2 Satz 1 Nr. 4, Abs. 3 VwGO zu begründen.[725] Die Beamten fertigen die erforderlichen schriftlichen Vorgänge (Strafanzeige, Dokumentation, schriftliche Verfügung) vorab, noch bevor sie die Maßnahme mündlich aussprechen. Es gibt daher in diesen Fällen keine Begründung dafür, warum keine Zeit für die Ausgestaltung der sofortigen Vollziehung gem. § 80 Abs. 2 Satz 1 Nr. 4 VwGO mitsamt der erforderlichen Begründung gem. § 80 Abs. 3 VwGO bliebe.[726] Die Begründung nach § 80 Abs. 3 Satz 1 VwGO muss im Zeitpunkt der Anordnung schriftlich vorliegen.[727] Bloß formelhafte Wendungen und erst recht die schlichte Wiedergabe des Gesetzestextes genügen dem Begründungserfordernis nicht.[728]

Im Schrifttum wird beispielsweise folgende Formulierung im Hinblick auf das besondere öffentliche Interesse zur Durchführung der Maßnahme vorgeschlagen:[729]

---

724 *Kay*, NVwZ 2003, 521 (523).

725 VG Berlin, Beschl. v. 23.4.2004 – 1 A 100.04. Sofortige Vollziehung eines Kontaktverbotes zu Ehefrau und Kindern: „Wenn aber genug Zeit besteht, einen schriftlichen Bescheid zu verfassen, kann sich die Behörde auch über die Notwendigkeit einer Anordnung der sofortigen Vollziehung schlüssig werden."

726 Unter dem Blickwinkel, dass die schriftliche Ausgestaltung der Begründung der sofortigen Vollziehung in Fällen von häuslicher Gewalt nur wenige Sätze beinhaltet und sich teilweise bereits aus der formulierten Gefahrenprognose ergibt, kann deren Verzicht nicht allein auf das Argument gestützt werden, diese Verfahrensweise sei praktisch nicht durchführbar gewesen; *Derks*, Häusliche Gewalt, S. 143.

727 OVG Schleswig, Beschl. v. 6.10.2023 – 4 MB 30/23, NordÖR 2023, 661. Fehlt die schriftliche Begründung nach § 80 Abs. 3 Satz 1 VwGO im Zeitpunkt des Ausspruchs der Sofortvollzugsanordnung, kann diese nicht nachgeholt werden.

728 *Vahle*, Kriminalistik 1992, 157 (232).

729 *Derks*, Häusliche Gewalt, S. 146, mit weiteren Formulierungsvorschlägen. Grundlegend zur behördlichen Anordnung der sofortigen Vollziehung *Barthel/Weidemann*, DVP 2023, 301 ff.; *Kiehne*, VerwArch 2020, 270 ff.

> „Durch Ihr Verhalten haben Sie eine gegenwärtige Gefahr für Leib, Leben oder Freiheit einer anderen Person verursacht, indem Sie […]. Aus diesem Grunde ist es zur Abwehr dieser von Ihnen ausgehenden gegenwärtigen Gefahr für Leib, Leben oder Freiheit erforderlich, Ihnen ein Rückkehrverbot für die betreffende Wohnung auszusprechen.“ (Schritt 1). „Nach erfolgter Rechtsgüterabwägung ist das Recht auf Leben, körperliche Unversehrtheit oder die Freiheit der anderen Person höher zu bewerten als Ihr Recht auf Rückkehr in die betreffende Wohnung. Somit ordne ich hiermit die sofortige Vollziehung des Rückkehrverbots an.“ (Schritt 2)

Sofort vollziehbare Anordnungen können auch Personen, deren freie Willensbestimmung durch Alkoholeinwirkung vorübergehend ausgeschlossen ist, wirksam bekannt gegeben und unter besonderer Berücksichtigung des Grundsatzes der Verhältnismäßigkeit im Wege des Verwaltungszwangs vollstreckt werden.[730]

### d) Begründung

Die Begründung von Hoheitsakten gehört zu den Essentialia des Rechtsstaats.[731] Inhaltlich verlangt § 39 Abs. 1 Satz 2 VwVfG eine Darstellung der wesentlichen tatsächlichen und rechtlichen Gründe der Entscheidung. Vorbehaltlich der Ausnahmefälle des Abs. 2 ist der entscheidungserhebliche Sachverhalt („tatsächliche Gründe“) darzustellen. Daneben sind die Rechtsgrundlagen der Verfügung zu nennen und in ihren Grundlagen zu subsumieren („rechtliche Gründe“). Die Mindestanforderungen des § 39 Abs. 1 Satz 2 VwVfG für die Begründung einer schriftlichen Ermessensentscheidung sind nicht erfüllt, wenn sich die „Begründung nur auf formelhafte Erwägungen [beschränkt], die zum konkreten Fall nichts hergeben“[732].

### e) Bekanntgabe

Gem. § 41 Abs. 1 Satz 1 VwVfG ist ein Verwaltungsakt demjenigen Beteiligten bekannt zu geben, für den er bestimmt ist oder der von ihm betroffen wird.[733] Ein Verwaltungsakt wird gegenüber demjenigen, für den er bestimmt ist oder der von ihm betroffen wird, in dem Zeitpunkt wirksam, indem er ihm bekannt gegeben wird. Der Verwaltungsakt wird mit dem Inhalt wirksam, mit dem er bekannt gegeben wird (§ 43 Abs. 1 VwVfG).[734]

---

730 OVG Münster, Beschl. v. 24.8.2009 – 5 E 967/09, NWVBl 2010, 108.

731 *Lindner/Jahr*, JuS 2013, 673.

732 OVG Lüneburg, Urt. v. 14.12.1982 – 9 A 34/81, NJW 1984, 1138.

733 Hierzu auch BVerwG, Urt. v. 29.11.2023 – 6 C 3/22: Darlegung von Zweifeln am Zugang eines Verwaltungsakts durch einfaches Bestreiten.

734 Zum Zusammenhang zwischen Bekanntgabe und Wirksamkeit *Weber*, VR 2024, 53 ff.

Muss das Rückkehrverbot ausnahmsweise besonders angeordnet werden, z. B. weil der Störer bei Aufnahme des Sachverhaltes durch die Polizei die Wohnung bereits verlassen hat, erfolgt die Bekanntgabe i. S. v. § 41 VwVfG durch Zustellung.

> Eine Abwesenheit des Störers ist kein Grund, auf ein Rückkehrverbot zu verzichten.

### 2. Verfahrensvorschriften (PolG NRW)

#### a) Bezeichnung des räumlichen Bereichs

Gem. § 34a Abs. 1 Satz 2 PolG NRW ist der räumliche Bereich, auf den sich Wohnungsverweisung und Rückkehrverbot beziehen, nach dem Erfordernis eines wirkungsvollen Schutzes der gefährdeten Person zu bestimmen und genau zu bezeichnen. Wohnungsverweisung und Rückkehrverbot können sich auch auf „Bereiche außerhalb der Wohnung erstrecken, um der gefährdeten Person einen wirkungsvollen Schutz zu gewähren“[735]. Der räumliche Bereich außerhalb der Wohnung ist genau zu bestimmen, z. B. das Treppenhaus oder der Innenhof in einem Mehrfamilienhaus oder auch gemeinschaftlich genutzte Gartenflächen. In besonders begründeten Einzelfällen können die Maßnahmen nach Satz 1 auf Wohn- und Nebenräume beschränkt werden (§ 34a Abs. 1 Satz 3 PolG NRW). Bestimmte Räume können von der Maßnahme ausgenommen werden, wenn die Person in diesen Räumen beruflich tätig ist und ansonsten ihre wirtschaftliche Existenz gefährdet wäre (Art. 12 GG). Das aber setzt voraus, dass die örtlichen Verhältnisse so beschaffen sind, dass der Schutz der gefährdeten Person auch durch eine auf den reinen Wohnbereich beschränkte Verweisung der betroffenen Person gewährleistet ist.

Im Übrigen kann durch Ausnahmeregelungen besonderen Lebensumständen des Betroffenen nach Maßgabe des Verhältnismäßigkeitsgrundsatzes Rechnung getragen werden.[736]

#### b) Mitnahme persönlicher Gegenstände

Der betroffenen Person ist bei oder auch noch nach der Wohnungsverweisung Gelegenheit zur Mitnahme dringend benötigter Gegenstände des persönlichen Bedarfs (z. B. Kleidung, persönliche Papiere, Medikamente, Geld

735 *Tegtmeyer/Vahle*, PolG NRW, § 34a Rn. 14.

736 Als Beispiel wird genannt, dass der Hausarzt des Störers in dem betreffenden Gebäude seine Praxis hat und die Polizei dem Störer im Einzelfall mithin erlaubt, diese Praxis aufzusuchen, *Schmidbauer*, DPolBl 3/2003, 21 (25).

usw., aber keine Möbelstücke) zu geben. Durch diese in § 34a Abs. 2 PolG NRW normierte Verpflichtung der Polizei soll dem mit der befristeten Wohnungsverweisung verbundenen Eingriff in das Grundrecht der betroffenen Person aus Art. 14 GG „ein Teil seiner Härte genommen werden"[737].

> Der aus einer Wohnung verwiesene Ehemann hat einen Anspruch auf Abholung seiner persönlichen Gegenstände. Dieser Anspruch kann im verwaltungsgerichtlichen Eilrechtsschutzverfahren geltend gemacht werden.[738]

Sollte der Störer nach Verlassen der Wohnung feststellen, dass er einige Gegenstände vergessen hat, so kann er diese unter Darlegung gegenüber der Polizei, um welche Gegenstände es sich handelt und warum diese dringend benötigt werden, von der Polizei in der Wohnung abholen lassen. Ein erneutes Betreten der Wohnung, um die benötigten Sachen selbst abzuholen, ist dagegen – auch in Begleitung von Polizeibeamten – nur in Ausnahmefällen möglich. Je nach Lage des Falles könnte die Polizei die gefährdete Person bitten, die Gegenstände des Störers herauszusuchen und bei Dritten abzugeben, damit sie dort abgeholt werden können.[739] Denkbar ist das Betreten der Wohnung durch den Störer in Begleitung der Polizei, damit dieser (noch) dringend benötigte Gegenstände mitnehmen kann.[740]

#### c) Bekanntgabe der neuen Anschrift; Zustellung

Nach § 34a Abs. 3 PolG NRW hat die Polizei den Maßnahmeadressaten aufzufordern, eine Anschrift oder eine zustellungsbevollmächtigte Person zu benennen, an die behördliche oder gerichtliche Entscheidungen, die zur Abwehr einer Gefahr i. S. des § 34a Abs. 1 PolG NRW ergehen, zugestellt werden können. Der Betroffene soll aufgefordert werden, den künftigen Aufenthaltsort zu nennen. Erzwingen lässt sich die Angabe nach § 34a Abs. 3 PolG NRW letztlich nicht, dem Störer wird oftmals sein neuer Aufenthaltsort zum Zeitpunkt der Wohnungsverweisung auch (noch) nicht bekannt sein. Das ist insofern vor allem dann problematisch, wenn gerichtliche Entscheidungen auf Grundlage des GewSchG zugestellt werden sollen.[741]

---

737 LT-Drs. 13/1525, S. 14.

738 OVG Bautzen, Beschl. v. 3.12.2022 – 6 B 303/22.

739 *Tegtmeyer/Vahle*, PolG NRW, § 34a Rn. 17.

740 *Thiel*, in: Schönenbroicher/Heusch, Gefahrenabwehrrecht NRW, § 34a PolG Rn. 23.

741 *Thiel*, in: Schönenbroicher/Heusch, Gefahrenabwehrrecht NRW, § 34a PolG Rn. 24.

Andererseits liegt es im Interesse der betroffenen Person,

> „ihre neue Anschrift bzw. eine zustellungsbevollmächtigte Person der Polizei bekannt zu geben, weil sich die Frist des Rückkehrverbots – verfahrensabhängig – ändern kann und in bestimmten Fällen auch eine Verkürzung des ausgesprochenen Rückkehrverbots in Betracht kommt“[742].

Die Zustellung erfolgt nach den Bestimmungen des Verwaltungszustellungsgesetzes für das Land Nordrhein-Westfalen (Landeszustellungsgesetz – LZG NRW).[743] Etwaige Zustellungsmängel sind heilbar (§ 8 LZG NRW).[744]

Nach dem LZG NRW (i. V. m. §§ 177–182 ZPO) kommen folgende Zustellungsarten in Betracht:

- Zustellung durch die Post mit Zustellungsurkunde (§ 3 LZG NRW)
- Zustellung durch die Post mittels Einschreiben (§ 4 LZG NRW)
- Zustellung durch die Behörde gegen Empfangsbekenntnis (§ 5 Abs. 1 LZG NRW)
- Elektronische Zustellung gegen Abholbestätigung über De-Mail-Dienste (§ 5a LZG NRW)
- Ersatzzustellung in der Wohnung, Geschäftsräumen, Einrichtungen (§ 5 Abs. 2 Nr. 1 LZG NRW)
- Ersatzzustellung durch Einlegen in den Briefkasten (§ 5 Abs. 2 Nr. 3 LZG NRW, § 180 ZPO)
- Ersatzzustellung durch Niederlegung (§ 5 Abs. 2 Nr. 3 LZG NRW, § 181 ZPO)
- Zustellung an gesetzliche Vertreter (§ 6 LZG NRW)
- Zustellung an Bevollmächtigte (§ 7 LZG NRW).

Die Zustellung durch die Behörde nach § 5 Abs. 1 VwVG NRW hat den gleichen Rang wie eine Zustellung durch die Post mit Zustellungsurkunde nach § 3 LZG NRW.[745]

---

742 *Tegtmeyer/Vahle*, PolG NRW, § 34a Rn. 18.

743 VG Aachen, Urt. v. 18.9.2015 – 6 K 378/14; *Thiel*, in: Schönenbroicher/Heusch, Gefahrenabwehrrecht NRW, § 45 PolG Rn. 11. Im Übrigen ist eine Behörde auch dann den einschlägigen Zustellungserfordernissen unterworfen, wenn sie, ohne gesetzlich dazu verpflichtet zu sein, die Zustellung als Bekanntgabeform wählt, OVG Lüneburg, Beschl. v. 13.3.2009 – 11 PA 157/09.

744 Grundlegend *Allesch*, NVwZ 1993, 544. Zur Amtshaftung wegen fehlerhafter Zustellung durch Zustellungsbeamten BGH, Urt. v. 21.2.2019 – III ZR 115/18, DVBl 2020, 40.

745 *Rost*, in: Bader/Ronellenfitsch, BeckOK VwVfG, § 5 VwZG Rn. 1.

§ 5 Abs. 2 LZG NRW regelt die Ersatzzustellung von Dokumenten durch die Behörde in den Fällen, in denen eine persönliche und vorrangig anzustrebende „Hand zu Hand"-Zustellung nicht möglich ist, namentlich weil der Störer die Tatörtlichkeit bereits vor Eintreffen der Polizei verlassen hat. Voraussetzung für die Ersatzzustellung ist, dass der Zustellungsadressat in der Wohnung, seinen Geschäftsräumen oder der Einrichtung nicht angetroffen wird. Durch die Ersatzzustellung wird das Scheitern der Zustellung verhindert.[746] § 5 Abs. 2 Satz 1 LZG NRW eröffnet die Anwendbarkeit der §§ 177–181 ZPO. In Betracht kommen folgende Formen der Ersatzzustellung,[747] die nach einer Entscheidung des VG Aachen[748] grundsätzlich auch in der Reihenfolge erfolgen sollen:[749]

- Ersatzzustellung in der Wohnung, in Geschäftsräumen und Einrichtungen (§ 178 ZPO),
- Ersatzzustellung bei verweigerter Annahme (§ 179 ZPO),
- Ersatzzustellung durch Einlegen in den Briefkasten (§ 180 ZPO),
- Ersatzzustellung durch Niederlegung (§ 181 ZPO).

Durch die Ersatzzustellung wird das Scheitern der Zustellung verhindert. § 5 Abs. 2 Satz 1 LZG NRW eröffnet die Anwendbarkeit der §§ 177–181 ZPO.

#### d) Hinweise und Informationen

§ 34a Abs. 4 PolG NRW enthält die Verpflichtung der Polizei, die gefährdete Person auf die Möglichkeit einer Beantragung zivilrechtlichen Schutzes und die Möglichkeit einer Unterstützung durch geeignete Beratungsstellen hinzuweisen.[750]

Die in § 34a Abs. 4 PolG NRW getroffene Regelung entspricht indessen nicht dem sog. „Pro-aktiven-Ansatz", soweit man darunter die Weitergabe von persönlichen Daten an eine Beratungseinrichtung ohne oder gegen den Willen des Gewaltopfers zwecks obligatorischer Beratung versteht.

Eine polizeiliche Übermittlung personenbezogener Daten an eine Beratungsstelle ist somit nur mit Einwilligung der gefährdeten Person zulässig.

---

746 *Rost*, in: Bader/Ronellenfitsch, BeckOK VwVfG, § 5 VwZG Rn. 13.

747 *Rost*, in: Bader/Ronellenfitsch, BeckOK VwVfG, § 5 VwZG Rn. 14.

748 VG Aachen, Urt. v. 18.9.2015 – 6 K 378/14.

749 Näher hierzu *Derks*, Häusliche Gewalt, S. 149 ff.

750 Hierzu *Wick-Rentrop/Wick*, DPolBl 2/2025, 14 ff.

> „Es reicht, wenn in der polizeilichen Einsatzdokumentation festgehalten wird, dass die gefährdete Person eingewilligt hat."[751]

### e) Fristen

Gem. § 34a Abs. 5 Satz 1 PolG NRW enden Wohnungsverweisung und Rückkehrverbot außer in den Fällen des Satzes 2 mit Ablauf des zehnten Tages nach ihrer Anordnung, soweit nicht die Polizei im Einzelfall ausnahmsweise eine kürzere Geltungsdauer festlegt.[752] Die Länge der Wegweisung aus einer Wohnung ist daran auszurichten, für welche Zeit eine Gefahr droht, die es abzuwehren gilt.[753] Eine Wohnungsverweisung und die Bemessung deren Dauer setzt eine situationsgerechte Sachverhaltsaufklärung voraus. Der Geltungszeitraum der Maßnahme darf nur bei Vorliegen besonderer Umstände unterschritten werden. Ein kürzerer Zeitraum kommt etwa in Betracht, wenn bei Erlass der polizeilichen Verfügung feststeht, dass die gefährdete Person vor Ablauf der Zehn-Tages-Frist längerfristig verreisen oder den Wohnort wechseln wird.[754] Nicht nur dem Rückkehrverbot kommt diese Geltungsdauer zu, sondern auch der Wohnungsverweisung. Verstößt die betroffene Person gegen das Rückkehrverbot und hält sich in der Wohnung oder ihrer unmittelbaren Nähe auf, „wird der Regelungsgehalt der Wohnungsverweisung ‚(re-)aktiviert' und führt zu einer erneuten Entfernungspflicht"[755]. Die Anordnungen gelten sofort, für die Berechnung der zehn Tage zählt aber der „Erlasstag" nicht mit („mit Ablauf des zehnten Tages nach ihrer Anordnung").[756]

> „Es steht nicht in der Freiheit der Ehefrau, sich der von der Polizei angenommenen Gefahr auszusetzen. Dem steht der Schutzauftrag des Staates für Leben und körperliche Unversehrtheit entgegen."[757]

Gem. § 34a Abs. 5 Satz 2 PolG NRW enden Wohnungsverweisung und Rückkehrverbot mit dem Tag der gerichtlichen Entscheidung, wenn die gefährdete Person während der Dauer der von der Polizei angeordneten Maßnahmen i.S. des Abs. 5 Satz 1 einen Antrag auf zivilrechtlichen Schutz mit dem Ziel des Erlasses einer einstweiligen Anordnung stellt.

---

751 *Tegtmeyer/Vahle*, PolG NRW, § 34a Rn. 20.

752 *Haumer*, in: Dust et al., Strafrecht. Verkehrsrecht. Eingriffsrecht, S. 188; *Dietlein*, in: Dietlein/Hellermann, Öffentliches Recht NRW, § 3 Rn. 168.

753 OVG Lüneburg, Beschl. v. 12.7.2010 – 11 LA 362/09, NVwZ-RR 2010, 841.

754 VG Osnabrück, Beschl. v. 10.12.2010 – 6 B 83/10, NJW 2011, 1244.

755 *Thiel*, in: Schönenbroicher/Heusch, Gefahrenabwehrrecht NRW, § 34a PolG Rn. 28.

756 *Thiel*, in: Schönenbroicher/Heusch, Gefahrenabwehrrecht NRW, § 34a PolG Rn. 28.

757 VG Aachen, Beschl. v. 22.12.2011 – 6 L 545/11, FamRZ 2012, 1951.

Damit verlängert sich das Rückkehrverbot über den zunächst von der Polizei verfügten Zeitraum (sei es der Regelfall einer zehntägigen Dauer, sei es ein im Ausnahmefall von der Polizei festgelegter kürzerer Zeitraum) hinaus bis zum Tag der gerichtlichen Entscheidung, ohne dass es dafür einer gesonderten Anordnung bedarf. Insofern können Wohnungsverweisung und Rückkehrverbot insgesamt bis zu 20 Tage andauern.[758]

Mit der Entscheidung des Gerichts innerhalb der (zweiten) Zehn-Tages-Frist endet das polizeirechtliche Rückkehrverbot, mithin auch dann, wenn noch keine gerichtliche Entscheidung über den Antrag auf Erlass einer einstweiligen Anordnung getroffen sein sollte. Eine solche Situation dürfte allerdings nur selten eintreten, da es dem Gericht in der Regel möglich sein müsste, über Anträge auf Erlass einstweiliger Anordnungen in Gewaltschutzsachen nach § 214 FamFG innerhalb von zehn Tagen zu entscheiden.[759]

Eine Anwendung des § 34a Abs. 5 Satz 2 PolG NRW scheidet aus, wenn der Antrag auf zivilrechtlichen Schutz mit dem Ziel einer einstweiligen Anordnung nach dem GewSchG erst nach Fristablauf beim Familiengericht gestellt wird. In diesem Fall verlängert sich das Rückkehrverbot also nicht.[760]

Insgesamt ist das Regelungskonzept des § 34a PolG NRW darauf ausgerichtet, dass die gefährdete Person möglichst zeitnah einen entsprechenden Antrag nach dem GewSchG stellt.[761]

Für die Berechnung der Fristen sind § 31 VwVfG NRW und – in entsprechender Anwendung – die §§ 187 bis 193 BGB anwendbar.[762]

In Nordrhein-Westfalen werden Opfer häuslicher Gewalt künftig länger vor Tätern geschützt.

Nach dem Gesetzesentwurf des „Achten Gesetzes zur Änderung des Polizeigesetzes des Landes Nordrhein-Westfalen" werden in § 34a Abs. 5 die Fristen für die Dauer von Wohnungsverweisung und Rückkehrverbot von bisher jeweils zehn Tagen auf künftig jeweils 14 Tage angehoben. Die bisherige festgelegte Gültigkeitsdauer von zehn Tagen für Wohnungsverweisungen und Rückkehrverbote (§ 34a Abs. 5) sowie deren etwaige Verlängerung um nochmals bis zu zehn Tage in Fällen der Beantragung zivilgerichtlichen Schutzes (Abs. Satz 2) reicht nach Auffassung der Landesre-

---

758 *Tegtmeyer/Vahle*, PolG NRW, § 34a Rn. 26.

759 *Ogorek/Traub*, in: Möstl/Kugelmann, BeckOK POR NRW, § 34a PolG Rn. 48.

760 *Tegtmeyer*/Vahle, PolG NRW, § 34a Rn. 26.

761 *Thiel*, in: Schönenbroicher/Heusch, Gefahrenabwehrrecht NRW, § 34a PolG Rn. 29. Das Polizeirecht kann die Verhältnisse nur zur Gefahrenabwehr vorübergehend regeln, nicht aber längerfristig zum Schutz der gefährdeten Person ordnen.

762 *Ogorek/Traub*, in: Möstl/Kugelmann, BeckOK POR NRW, § 34a PolG Rn. 46.

gierung nicht aus, „um in der Praxis einen wirksamen Schutz von Opfern häuslicher Gewalt zu gewährleisten“[763].

### f) Verfahrensrechtliche Regelungen

Gem. § 34a Abs. 6 PolG NRW hat das Gericht der Polizei die Beantragung zivilrechtlichen Schutzes sowie den Tag der gerichtlichen Entscheidung unverzüglich mitzuteilen; die §§ 18 bis 22 des Einführungsgesetzes zum Gerichtsverfassungsgesetz bleiben unberührt. Die Polizei hat die gefährdete und die betroffene Person unverzüglich über die Dauer der Maßnahmen nach Abs. 1 in Kenntnis zu setzen. Die Mitteilung des Gerichts über die Beantragung zivilrechtlichen Schutzes nach dem GewSchG sowie der Tag der gerichtlichen Entscheidung sind der Polizei unverzüglich mitzuteilen („ohne schuldhaftes Zögern“, § 121 BGB).

### g) Überprüfung des Rückkehrverbotes

Die Einhaltung des Rückkehrverbotes ist mindestens einmal während der Geltung zu überprüfen (§ 34a Abs. 7 PolG NRW). Die Verpflichtung dient dem Schutz der gefährdeten Person und steht nicht im Ermessen der Polizei. Es handelt sich um eine zwingend zu beachtende Verfahrensvorschrift („*ist* mindestens einmal während [...] zu überprüfen.“). Diese Regelung dient auch dazu, „im Rahmen der Verpflichtung zur ‚Aktualisierung‘ der Ermessensentscheidung zu ermitteln, ob sich an der maßgeblichen Erkenntnislage etwas geändert hat“[764]. Ausgegangen wird davon, dass eine Kontrolle innerhalb der ersten drei Tage sachgerecht ist.[765]

Bei Zuwiderhandlungen gegen das Rückkehrverbot kann ein zuvor angedrohtes Zwangsgeld[766] festgesetzt und/oder die betroffene Person gem. § 35 Abs. 1 Nr. 4 PolG NRW in Gewahrsam genommen werden.

---

763 Landtag Nordrhein-Westfalen, 18. Wahlperiode, Vorlage 18/4141, S. 20; LT-Drs. 18/15921, S. 42. Kritisch hierzu *Braun*, Stellungnahme, Achtes ÄndGPolG NRW, S. 17 f.: „ Entwurfsbegründung [...] erschöpft sich in der bloßen Vermutung, dass die bisherige Regelung nicht immer als ausreichend erscheint [sic!], um in der Praxis einen wirksamen Schutz von opfern [sic!] häuslicher Gewalt zu gewährleisten [...]. Für eine Verlängerung der fristen [sic!] müssten [...] die Entwurfsverfasser nachweisen oder es zumindest als plausibel erscheinen lassen, dass die bisherige 10-tägige Frist nicht ausreicht, um eine einstweilige Verfügung vor den Familiengerichten beantragen zu können.“

764 *Thiel*, in: Schönenbroicher/Heusch, Gefahrenabwehrrecht NRW, § 34a PolG Rn. 34.

765 *Tegtmeyer/Vahle*, PolG NRW, § 34a Rn. 32.

766 Nach einem Verstoß gegen ein vollziehbares Unterlassungsgebot kann ein angedrohtes Zwangsgeld auch dann noch festgesetzt werden, wenn ein weiterer Verstoß nicht mehr möglich ist, OVG Münster, Urt. v. 9.2.2012 – 5 A 2152/10, DÖV 2012, 448; mit Anm. *Waldhoff*, JuS 2012, 1151. Gegen den Kläger war mittels sofort vollziehbarer polizeilicher Verfügung unter Androhung eines Zwangsgeldes i.H. von 500 Euro eine Wohnungsverweisung mit Rückkehrverbot für zehn Tage ausgesprochen worden, da er seine Lebensgefährtin geschlagen und lebensbedrohlich misshandelt hatte. Drei Tage vor Ablauf der Zehn-

## VII. Ermessen, Übermaßverbot

Die Polizei trifft ihre Maßnahmen nach pflichtgemäßem Ermessen (§ 3 Abs. 1 PolG NRW).[767] Je nach den Umständen kann das Ermessen mit Blick auf die zu schützenden hochrangigen Rechtsgüter des Opfers „auf Null" reduziert sein.[768] Nur noch eine Entscheidung, „nämlich die, tätig zu werden, ist dann richtig"[769]. Der Schutz etwa vor Gewalt auch und gerade im häuslichen Bereich und in persönlichen Näheverhältnissen ist essenziell.[770] Es besteht dann eine Pflicht zum Einschreiten.[771]

Bei der Ausübung des Entschließungs- und Auswahlermessens ist die verfassungsrechtliche Bedeutung der betroffenen Schutzgüter, nämlich Leben, körperliche Unversehrtheit und Freiheit der Person (Art. 2 Abs. 2 Satz 1, 2 GG) angemessen zu berücksichtigen.[772] Dies bedeutet allerdings nicht, dass in jedem Einzelfall, in dem die Tatbestandsvoraussetzungen des § 34a erfüllt sind, eine Ermessensreduzierung und damit eine Pflicht der Polizei zum Erlass einer Wohnungsverweisung bejaht werden müsste. Es ist durchaus denkbar, dass in weniger gravierenden Fällen eine Gefährderansprache zur effektiven Gefahrenabwehr ausreichen kann.[773]

Wenn Betroffene an ihrer Lebenssituation nichts ändern wollen und die gewalttätigen Partner nach Ablauf der 10 Tage Rückkehrverbot wieder aufnehmen, bedeutet das nicht, dass die polizeiliche Arbeit „nutzlos" war. Keinesfalls darf die Polizei bei weiteren Einsatzanlässen ihren Schutzauftrag relativieren. Zu berücksichtigen ist, dass Frauen in diesen Lebenssitua-

---

tagesfrist hielt sich der Kläger erneut in der besagten Wohnung auf. Einen Monat später wurde das Zwangsgeld in der angedrohten Höhe festgesetzt.

767 Instruktiv *Braun/Schmidt*, Grundlagen Eingriffsrecht, S. 247 ff.

768 VG Aachen, Beschl. v. 29.7.2009 – 6 K 112/09; *Petersen-Thrö*, SächsVBl 2004, 173 (179).

769 *Braun/Schmidt*, Grundlagen Eingriffsrecht, S. 247.

770 *Chebout*, Aufgedrängte Natürlichkeit, S. 24.

771 *Burmeister/Dohr*, Staat. Verfassung. Politik, S. 277. Allerdings verbietet sich eine schematische Anwendung des § 34a PolG NRW. So weist die Richterin am VG Düsseldorf, Andrea Houben, in einer Stellungnahme v. 17.6.2024 darauf hin, dass „geschätzt [...] derzeit rund die Hälfte der beim Verwaltungsgericht Düsseldorf zur Überprüfung gestellten Polizeiverfügungen einer Rechtmäßigkeitskontrolle nicht stand[halten] (in den Jahren davor waren es etwa 1/3 der Bescheide). Hintergrund ist oft entweder die Verkennung der tatbestandlichen Voraussetzungen, eine unzureichende Gefahrenprognose oder eine unzureichende Ermessensausübung, etwa bei der Störerauswahl. So sind zuletzt vermehrt Fälle zur gerichtlichen Prüfung gestellt worden, in denen lediglich verbale Streitigkeiten im Raum standen, die nach der derzeitigen Rechtslage eine Wohnungsverweisung nicht rechtfertigen können. Auch leiden viele Bescheide an Ermessensfehlern (z. B. Ermessensausfall), etwa weil bei widerstreitenden Sachverhaltsschilderungen ‚blind' einem der Beteiligten Glauben geschenkt wurde, ohne in der Einsatzdokumentation nachvollziehbar darzulegen, weshalb der einen Schilderung gefolgt und der anderen kein Glauben geschenkt wird", *Houben*, Stellungnahme zu LT-Drs. 18/8125 (NRW), S. 4 f.

772 *Guckelberger* JA 2011, 1 (7).

773 *Ogorek/Traub*, in: Möstl/Kugelmann, BeckOK POR NRW, § 34a PolG Rn. 31.

tionen mitunter mehr Zeit brauchen, „bis sie sich aus einer gewachsenen Gewaltbeziehung lösen können“[774].

Durch das Übermaßverbot[775] werden die äußeren Ermessensgrenzen konstituiert. Es ist geboten, bei der Bestimmung der Dauer der Maßnahme darauf abzustellen, dem Gewaltopfer eine Ruhephase zu gönnen, um zivilrechtliche Schritte zu überlegen und einzuleiten. Wer wegen einer tätlichen Auseinandersetzung mit seiner Ehefrau von der Polizei der Wohnung verwiesen wird, kann beispielsweise nicht darauf hoffen, wegen der Weihnachtsfeiertage vor Ablauf der gesetzlichen Frist von 10 Tagen wieder nach Hause zu dürfen.[776] An der Erforderlichkeit der Maßnahme kann es etwa fehlen, wenn die gefährdete Person erklärt, die betroffene Wohnung endgültig verlassen zu wollen.[777]

Drohende Obdachlosigkeit der „betroffenen Person“ führt nicht zur Unverhältnismäßigkeit der Maßnahme, weil die Polizei bzw. Ordnungsbehörde auf Antrag zur Gewährung von Obdach verpflichtet ist.[778] Ggf. ist der Betroffene auf eine Obdachlosenunterkunft zu verweisen.[779]

## VIII. Zwang

### 1. Unmittelbarer Zwang

Wohnungsverweisung und Rückkehrverbot können grundsätzlich nach den allgemeinen Regelungen der §§ 50 ff. PolG NRW vollstreckt werden.[780] Sie sind häufig als unaufschiebbare Anordnungen und Maßnahmen von Polizeivollzugsbeamten i.S. des § 80 Abs. 2 Satz 1 Nr. 2 VwGO zu qualifizieren. Das hat zur Folge, dass die Polizei die sofortige Vollziehung nicht gem. § 80 Abs. 2 Satz 1 Nr. 4 VwGO anordnen muss.[781] Wohnungsverweisung und Rückkehrverbot verlangen dem Adressaten eine nicht vertretbare Handlung ab. Dementsprechend scheidet die Ersatzvornahme als Zwangsmittel aus. Stattdessen kann die Polizei Maßnahmen nach § 34a PolG NRW im Wege des unmittelbaren Zwangs nach §§ 55, 57 ff. durchsetzen.[782]

---

774 *Nöthen-Schürmann*, in: Kavemann/Kreyssig, Hdb Kinder und häusliche Gewalt, S. 466.

775 Grundlegend *Lindner*, NJW 2024, 564 ff.

776 VG Aachen, Beschl. v. 22.12.2011 – 6 L 545/11, FamRZ 2012, 1951.

777 *Guckelberger/Gard*, NJW 2014, 2822 (2825 ff.).

778 *Gusy/Eichenhofer*, POR, Rn. 279.

779 *Guckelberger*, JA 2011, 1(7).

780 *Böger/Gellenbeck*, in: Haumer/Klein, Eingriffsrecht, Band 1, S. 13 (20 f.).

781 Ausführlich zum Zwang *Braun*, PSP 3/2013, 8 ff.; PSP 4/2013, 9 ff. PSP 2/2014, 2 ff.; PSP 3/2014, 3 ff.

782 *Ogorek/Traub*, in: Möstl/Kugelmann, BeckOK POR NRW, § 34a Rn. 59; zu den Regelungen des unmittelbaren Zwangs *Elzermann*, SächsVBl 2023, 126 ff.

### 2. Zwangsgeld

Bei Nichtbeachtung des Rückkehrverbots kommt die Festsetzung des bereits angedrohten und zusätzlich die Androhung eines erhöhten Zwangsgeldes in Betracht (§§ 51 Abs. 1 Nr. 2, 53 PolG NRW).[783] Zwangsgeld meint die Auferlegung einer bestimmten Geldschuld, die vom Polizeipflichtigen zu begleichen ist, wenn er sich nicht wie polizeilich gefordert verhält. Das Zwangsgeld kann nicht nur (wie die Ersatzvornahme) zur Durchsetzung vertretbarer Handlungen verhängt werden, sondern kommt auch zur Erzwingung unvertretbaren Verhaltens in Betracht.[784]

Der Zweck des Zwangsgeldes ergibt sich aus seinem Charakter als Beugemittel, um vor allem ein angeordnetes Unterlassen durchzusetzen. Hier ist von vornherein eine Ersatzvornahme nicht möglich. Ebenfalls scheidet der unmittelbare Zwang als weiteres und letztes Zwangsmittel aus, wenn bereits ein Zwangsgeld zum Ziele führt oder tunlich ist (vgl. §§ 58 Abs. 3 und 62 Abs. 1 VwVG NRW).[785] Ein Zwangsgeld darf nach einem Verstoß gegen das Rückkehrverbot auch dann noch festgesetzt werden, wenn ein weiterer Verstoß nicht mehr in Betracht kommt, weil die Geltungsdauer des Verbots bereits abgelaufen ist.[786] Zu beachten ist, dass die Anordnung einer Ersatzzwangshaft gegen den Betroffenen wegen Uneinbringlichkeit der festgesetzten Zwangsgelder nicht erfolgen darf, wenn keinem der Zwangsgelder eine hinreichend bestimmte Zwangsgeldandrohung zugrunde liegt.[787]

### 3. Ersatzzwangshaft

Ersatzzwangshaft ist kein primäres (selbstständiges) Vollstreckungsmittel. Sie tritt als Beugehaft bzw. „Beugemittel“[788] (akzessorisch) an die Stelle des Zwangsgeldes, wenn dies uneinbringlich ist.[789]

Das Verwaltungsgericht kann auf Antrag der Polizei die Ersatzzwangshaft anordnen, wenn bei Androhung des Zwangsgeldes hierauf hingewiesen worden ist.[790] In entsprechenden Fällen sollte in der Verbotsverfügung mit der Zwangsgeldandrohung auf die Ersatzzwangshaft hingewiesen werden (§ 54 PolG NRW).[791]

---

783 Zu Androhung und Festsetzung von Zwangsmitteln *Lange*, DVP 2023, 332 ff.

784 *Braun*, PSP 3/2013, 8 (9).

785 *Vockeroth*, DVP 2024, 53 (55).

786 OVG Münster, Urt. v. 9.2.2012 – 5 A 2152/10, DÖV 2012, hierzu *Waldhoff*, JuS 2012, 1151; mit einer Fallbearbeitung *Kay/Pieper*, apf 2009, 57 ff.

787 VG Aachen, Beschl. v. 17.1.2011 – 6 M 20/10.

788 VG Cottbus, Beschl. v. 29.10.2018 – 3 M 20/18; *Waldhoff*, JuS 2015, 862; Anm. zu OVG Lüneburg, Beschl. v. 2.2.2015 – 4 LA 249/13, NVwZ-RR 2015, 857.

789 *Waechter*, in: Möstl/Weiner, BeckOK POR Nds., § 68 NPOG Rn. 1.

790 *Graulich*, in: Lisken/Denninger, Hdb PolR, Kapitel E. Rn. 947.

791 *Kay*, NVwZ 2003, 521 (526).

## IX. Rechtliche Einzelaspekte im Überblick

### 1. Aufhebung der Maßnahme

Gem. § 34a Abs. 5 Satz 3 PolG NRW bleiben die §§ 48, 49 VwVfG unberührt. Maßnahmen nach § 34a PolG NRW können also bei Vorliegen der entsprechenden Voraussetzungen nach § 48 VwVfG NRW zurückgenommen oder nach § 49 VwVfG NRW widerrufen werden.

Eine Rücknahme nach § 48 VwVfG NRW kommt insbesondere in Betracht, wenn sich die Anordnung der Maßnahme als rechtswidrig erweist, z.B. weil lediglich eine sog. Scheingefahr (Putativgefahr) vorgelegen hat. Ein Widerruf nach § 49 VwVfG NRW ist möglich, wenn ursprünglich zwar eine gegenwärtige Gefahr bestand, diese aber während der angeordneten Dauer der Maßnahmen weggefallen ist.

### 2. Gewaltanwendung außerhalb des häuslichen Bereichs

Häusliche Gewalt setzt nicht die Tatbegehung in der gemeinsamen Wohnung voraus.[792] Bei einer Gefahrenprognose können Vorkommnisse außerhalb der Wohnung ebenso berücksichtigt werden wie solche im häuslichen Bereich.[793] Tatorte können auch Geschäftsräume oder auch der öffentliche Raum sein.[794] Wer gegenüber seiner Lebensgefährtin in der Öffentlichkeit gewalttätig wird, kann dennoch Adressat der Maßnahme werden, wenn mit hinreichender Wahrscheinlichkeit davon auszugehen ist, dass er sein Verhalten auch in der Wohnung fortsetzen wird.[795]

### 3. Wohnungsverweisung bei freiwilligem Verlassen der Wohnung durch das Opfer

Für den Erlass einer Wohnungsverweisung gegenüber dem Störer trotz Verlassens der Wohnung durch das Opfer ist von entscheidender Bedeutung, ob sich die dafür notwendige gegenwärtige Gefahr für Leib, Leben oder Freiheit des Opfers während der zeitlichen Dauer der Anordnung bejahen lässt. Dafür ist eine Prognose aus der Sicht eines gewissenhaften, besonnenen und sachkundigen Amtswalters vorzunehmen.[796]

> „Allein der Umstand, dass das Opfer die Wohnung verlässt, führt regelmäßig nicht dazu, dass man nicht mehr von einer gemeinsamen Wohnung sprechen

---

792 OVG Münster, Beschl. v. 7.11.2011 – 5 A 1352/10; hierzu *Mokros* PSP 4/2012, 41.

793 VG Aachen, Beschl. v. 18.5.2010 – 6 L 190/10.

794 *Böger/Gellenbeck*, in: Haumer/Klein, Eingriffsrecht, Band 1, S. 15.

795 *Gusy/Eichenhofer*, POR, Rn. 278.

796 *Guckelberger/Gard*, NJW 2014, 2822 (2827); *Trierweiler*, Wohnungsverweisung und Rückkehrverbot zum Schutz vor häuslicher Gewalt, S. 62.

kann. Solange sich noch Sachen des Opfers in der Wohnung befinden und es seinen bisherigen Lebensmittelpunkt nicht endgültig aufgegeben hat, lässt sich das Merkmal des ‚Mitbewohnens' weiterhin bejahen."[797]

## 4. Wohnungsverweisung gegen den Willen des Opfers

Klärungsbedürftig ist, ob ein dem Erlass der Maßnahmen entgegenstehender Wille der gefährdeten Person unter dem Gesichtspunkt des Selbstbestimmungsrechts[798] und des Rechts auf Selbstgefährdung (Art. 2 Abs. 1 GG) entscheidend zu berücksichtigen ist, ob also Wohnungsverweisung und Rückkehrverbot zu unterbleiben haben, wenn diese ihnen aktiv widerspricht oder äußert, sie fühle sich nicht weiter gefährdet, wolle nicht von der betroffenen Person getrennt werden, bevorzuge etwa zur Versorgung gemeinsamer Kinder ihren Verbleib in der Wohnung usw.[799] Das Menschenbild des Grundgesetzes ist darauf angelegt, dass sich natürliche Personen in Freiheit selbst bestimmen und entfalten,[800] das Polizeirecht schützt dementsprechend den Einzelnen nicht „vor sich selbst"[801]. Zumindest die nordrhein-westfälischen Verwaltungsgerichte halten etwaige „Verbleibenswünsche" gefährdeter Personen aber für unbeachtlich, da dem Schutzauftrag aus Art. 2 Abs. 2 Satz 1 GG nachgekommen werde und der Einzelne auf diesen Schutz vorliegend nicht verzichten könne.[802]

> Das Verhalten des Gewaltopfers kann Einfluss auf die Maßnahme haben. Zieht das Opfer seine Anzeige zurück und erklärt sich einverstanden, dass der Täter in die Wohnung zurückkehrt, ersetzt dies die Gefahrprognose nicht, sondern kann im Einzelfall allenfalls Indizwirkung haben.[803]

Ein entgegenstehender Wille des Opfers ist aber ggf. im Rahmen der Ermessenserwägungen zu berücksichtigen, polizeiliche Maßnahmen werden aber nicht „gesperrt"[804]. Aufgrund der staatlichen Schutzpflicht (Art. 2

797 VG Aachen, Beschl. v. 8.2.2011 – 6 L 49/11.

798 Hierzu *Cirullies*, FamRZ 2016, 953 ff.

799 *Thiel*, in: Schönenbroicher/Heusch, Gefahrenabwehrrecht NRW, § 34a PolG Rn. 14.

800 BVerfGE 30, 173 (193); 27, 1 (7).

801 *Ogorek/Traub*, in: Möstl/Kugelmann, BeckOK POR NRW, § 34a PolG Rn. 16.

802 Für einen regelmäßigen Vorrang des staatlichen Schutzauftrags VG Aachen, Beschl. v. 1.12.2004 – 6 L 1077/04; VG Düsseldorf, Beschl. v. 15.7.2003 – 18 L 2660/03; nach VG Münster, Beschl. v. 6.11.2002 – 1 L 1685/02, hat sich der Gesetzgeber bewusst für eine Überlegungsfrist entschieden, sodass in sog. stabilen Gewaltbeziehungen der Wille der gefährdeten Person unbeachtlich ist.

803 *Lambrecht*, in: Johlen, MFB Verwaltungsrecht, Kapitel J. Ziff. V.4. Rn. 7.

804 *Thiel*, POR, Rn. 430; *Schenke*, POR, Rn. 135. A. A. *Petersen-Thrö*, SächsVBl 2004, 173 (180).

Abs. 2 GG) ist der entgegenstehende Wille bei lebensbedrohender Lage der gefährdeten Person oder bei Gefährdung (in der Wohnung lebender) minderjähriger Kinder unbeachtlich.[805]

> Wohnungsverweisung und Rückkehrverbot können grundsätzlich auch gegen den Willen des Opfers bzw. seinen Wunsch, der Täter möge in die Wohnung zurückkehren, angeordnet und durchgesetzt werden.

### 5. Adressatenregelung/Störerauswahl

Aus § 34a PolG NRW ergibt sich unmittelbar, dass sich die Maßnahme gegen die Person oder den Mitbewohner bzw. die Mitbewohnerin zu richten hat, von welcher die Gefahr ausgeht.

Die Verteilung der Verantwortlichkeit kann aber dann Probleme bereiten, wenn sich Personen wechselseitig Gewalt zufügen. Das Polizeirecht regelt nicht, wer im Falle der „Störermehrheit“[806] für die Gefahrenabwehr heranzuziehen ist. Insoweit wird man davon ausgehen müssen, dass beide (oder mehrere) Personen als Adressaten in Betracht kommen. Die Polizei hat dann ihr Störerauswahlermessen pflichtgemäß auszuüben und zu entscheiden, welche Person(en) aus der Wohnung verwiesen werden.[807] Bei der Auswahl, welcher Störer in Anspruch genommen wird, ist der Grundsatz der Effektivität der Gefahrenabwehr maßgeblich. Derjenige, der die Gefahrenschwelle unmittelbar selbst überschritten hat, steht als Verhaltensstörer der Gefahrenquelle am nächsten. Derjenige, der Leib und Leben eines anderen gefährdet, ist Verhaltensstörer, das Opfer ist dagegen zumeist Nichtstörer.[808] Die Inanspruchnahme eines Nichtstörers dürfte indessen nur in sehr engen Grenzen zulässig sein.[809] Adressat kann letztlich nur der Täter der häuslichen Gewalt sein, grundsätzlich aber nicht das Opfer. Der Gewaltanwender soll nicht noch dadurch belohnt werden, dass er die Wohnung allein und uneingeschränkt nutzen kann.[810] Der Auszug des Opfers aus der Wohnung ist keine der Polizei zur Verfügung stehende Handlungs-

805 *Bittmann/Braun/Keller/Ullrich*, in: Heusch/Ullrich/Posse, Hdb Verfassungsrecht, § 7 Rn. 210; *Schoch/Kießling*, in: Schoch/Eifert, BesVerwR, Kapitel 1, Rn. 566.

806 *Schoch/Kießling*, in: Schoch/Eifert, BesVerwR, Kapitel 1, Rn. 423; *Frankewitsch*, POR NRW, S. 146.

807 *Storr*, ThürVBl 2005, 97 (103).

808 VG Lüneburg, Beschl. v. 13.6.2003 – 3 B 47/03, NdsVBl 2003, 273; *Roggenkamp/König*, Eingriffsrecht, Rn. 1851; *Guckelberger/Gard*, NJW 2014, 2822 (2825).

809 *Guckelberger/Gard*, NJW 2014, 2822 (2825).

810 *Thiel*, POR, Rn. 434.

alternative, die an pflichtgemäßen und sachgerechten Erwägungen orientiert ist.[811] Nach der Rechtsprechung ist derjenige Partner der Wohnung zu verweisen, „der den größeren Anteil" am Streit trägt oder dem – bei gleichen Anteilen – der Auszug aus der gemeinsamen Wohnung für kurze Zeit am ehesten zugemutet werden kann. Ist nicht feststellbar, wer den „größeren Anteil" an der Auseinandersetzung trägt bzw. von wem die (größere) Gefahr ausgeht, ist ebenfalls derjenige aus der Wohnung zu verweisen,

> „dem es eher zuzumuten ist, diese zu verlassen bzw. dessen Verweisung das am wenigsten eingriffsintensive Mittel darstellt"[812].

## 6. Wohngemeinschaften

Der Tatbestand des § 34a Abs. 1 PolG NRW setzt keine spezielle familiäre oder partnerschaftliche Beziehung zwischen dem Adressaten der Verweisung und dem Opfer voraus.[813] Voraussetzung ist eine gemeinsam bewohnte Wohnung (hierzu oben D.IV.2.).[814] Insofern kann auch eine Wohngemeinschaft als häusliche Gemeinschaft unter den Schutzbereich der Norm fallen,[815] sodass Adressaten von Wohnungsverweisung und Rückkehrverbot somit auch Mitglieder einer Wohngemeinschaft z. B. von Studierenden oder Senioren sein können.[816] Ist bei einem Wohnheim einziger Bezugspunkt eine gemeinsam genutzte Küche und leben die Bewohner ansonsten „jeder für sich" allein, ist von einer „gemeinsam bewohnten Wohnung" wohl nicht auszugehen.[817]

---

811 *Petersen-Thrö*, SächsVBl 2004, 173 (180).

812 VG Göttingen, Beschl. v. 18.8.2020 – 1 B 229/20. In concreto waren entsprechende Erwägungen von den Einsatzbeamten vor Ort – schon aufgrund der fehlenden Anhörung – überhaupt nicht angestellt worden. Wären die hier vorliegenden Umstände des Einzelfalls berücksichtigt worden, hätte sich ergeben, dass es einem der Beteiligten bereits nach einer vorherigen Wohnungsverweisung und auch danach noch einmal ohne Weiteres kurzfristig gelungen war, bei einer Schwägerin unterzukommen, während der andere Beteiligte nach seinen unbestrittenen Angaben über keinerlei Freunde oder Familienangehörige verfügt, die ihn hätten aufnehmen können. Aufgrund dessen war er faktisch obdachlos und war gezwungen, in seinem Pkw zu übernachten. Im Übrigen wird im Falle drohender Obdachlosigkeit eine Verpflichtung der Polizei angenommen, dem Betroffenen eine Unterkunft zu verschaffen; *Gusy/Eichenhofer*, POR, Rn. 279.

813 *Thiel*, POR, § 10 Rn. 95.

814 *Thiel*, POR, § 10 Rn. 96; *Tegtmeyer/Vahle*, PolG NRW, § 34a Rn. 7; *Keller*, in: Schütte/Braun/Keller, PolG NRW, § 34a Rn. 8.

815 *Dietlein*, in: Dietlein/Hellermann, Öffentliches Recht NRW, § 3 Rn. 169; *Keller*, in: Schütte/Braun/Keller, PolG NRW, § 34a Rn. 8.

816 LT-Drs. 13/1525, S. 11; *Dietlein/Hellermann*, Öffentliches Recht NRW, § 3 Rn. 169.

817 *Tegtmeyer/Vahle*, PolG NRW, § 34a Rn. 7.

### 7. Rechtswidrigkeit der Wohnungsverweisung bei einer Putativgefahr

Von der für ein rechtmäßiges polizeiliches Handeln genügenden Anscheinsgefahr[818] ist die sog. Schein- oder Putativgefahr zu unterscheiden.[819] Die Putativgefahr existiert nur in der subjektiven Vorstellung des Beamten. Während die Anscheinsgefahr auf einer sachgerechten und sorgfältigen Sachverhaltswürdigung beruht, wird bei der Putativgefahr von handelnden Polizeibeamten die Situation wegen nicht ordnungsgemäßer oder nicht hinlänglich eigener Aufklärung falsch eingeschätzt. Eine solche Maßnahme ist rechtswidrig.[820]

## X. Begleit-/Folgemaßnahmen

### 1. Gewahrsam

Gem. § 35 Abs. 1 Nr. 4 PolG NRW kann die Polizei eine Person in Gewahrsam nehmen, wenn das unerlässlich ist, um eine Wohnungsverweisung oder ein Rückkehrverbot nach § 34a durchzusetzen. Während die praktische Relevanz des Gewahrsamstatbestands als eher gering eingeschätzt wurde, dürfte die Bedeutung steigen, da die Gewahrsamshöchstfrist nach § 38 Abs. 2 Nr. 3 PolG NRW mittlerweile so lange bestimmt werden kann, wie Wohnungsverweisung und Rückkehrverbot gelten.

Bestimmt ist eine gesetzliche Höchstdauer (entsprechend § 34a PolG NRW). Die Verlängerung der möglichen Gewahrsamsdauer in § 38 Abs. 2 Nr. 3 PolG NRW auf bis zu 10 Tage bezweckt eine Verbesserung des Opferschutzes und soll einen Gleichlauf der Dauer des Rückkehrverbotes mit der möglichen Gewahrsamsdauer erreichen.[821]

Die nach § 34a Abs. 5 Satz 2 PolG NRW bei einem Antrag der gefährdeten Person auf zivilrechtlichen Schutz nach dem GewSchG mögliche weitere Verlängerung des Rückkehrverbots hat für die richterliche Entscheidung nach § 38 Abs. 2 Nr. 3 PolG NRW keine Relevanz; es bleibt bei einer zeitlichen Grenze von 10 Tagen.[822]

---

818 *Schoch/Kießling*, in: Schoch/Eifert, BesVerwR, Kapitel 1, Rn. 565; *Guckelberger*, JA 2011, 1 (5).

819 Zu den Gefahrenbegriffen im Polizei- und Ordnungsrecht *Braun/Schmidt*, Ad Legendum 2/2023, 89 ff.; *Voßkuhle*, JuS 2007, 908 ff.

820 *Guckelberger*, JA 2011, 1 (5); mit Fallbearbeitung *Proppe*, JA 2012, 458 ff.

821 LT-Drs. 17/2351 S. 46.

822 *Basteck*, in: Möstl/Kugelmann, BeckOK POR NRW, § 38 PolG Rn. 19; *Thiel*, in: Schönenbroicher/Heusch, Gefahrenabwehrrecht NRW, § 38 PolG Rn. 13.

### 2. Betreten und Durchsuchen der Wohnung

Wird aufgrund von Tatsachen festgestellt, dass der Störer sich (wieder) in der Wohnung befindet und wird trotz mehrfacher Aufforderung die Wohnungstür nicht geöffnet, so kann die Wohnung unter den Voraussetzungen des § 41 Abs. 1 Nr. 1, Nr. 4 PolG NRW betreten und ggf. auch durchsucht werden.

### 3. Sicherstellung Wohnungsschlüssel

In Fällen der Wohnungsverweisung ist auch die Sicherstellung der Wohnungsschlüssel in Erwägung zu ziehen. Um den Erfolg der Wohnungsverweisung sicherzustellen, ist die Abnahme des Schlüssels entscheidendes Mittel.

Die Aufforderung an den Täter, Haus- und Wohnungsschlüssel an das Opfer auszuhändigen, ist aber nicht (mehr) als bloßer Begleiteingriff zu qualifizieren, sondern geht darüber hinaus. Hergestellt wird eine „Situation nach Auszug". Die Maßnahme dauert hier aber nur 10 Tage an. Eine entsprechende Aufforderung lässt sich nicht auf § 34a PolG NRW stützen – in Betracht kommt § 43 Nr. 1 PolG NRW.[823]

Der Täter kann seine Schlüssel nach Ablauf des Rückkehrverbots zurückerhalten, es sei denn, das Opfer hat zwischenzeitlich eine einstweilige Anordnung nach dem GewSchG beantragt oder erwirkt. Nimmt die Polizei die Wohnungsschlüssel in Verwahrung, so sind die Schlüssel nicht an das Opfer auszuhändigen. Sollte die Polizei die Schlüssel des Täters (öffentlich-rechtliches Verwahrungsverhältnis) sicherstellen und dem Opfer übergeben, drohen in dem Falle Ersatzansprüche gegen die Polizeibehörde, wenn das Opfer dem Täter die Schlüssel nach Ablauf des Rückkehrverbots nicht wieder aushändigt.[824]

Neben der Sicherstellung der Schlüssel kann auch ein Wechseln des Türschlosses bzw. des Schließzylinders in Betracht kommen.[825]

### 4. Elektronische Aufenthaltsüberwachung

Bei einem besonders hohen Risiko kommen auch weitergehende Maßnahmen in Betracht, z. B. eine Aufenthaltsvorgabe und/oder ein Kontaktverbot[826] oder das Tragen einer „Fußfessel" (Elektronische Aufenthaltsüberwachung – EAÜ). Neben Nordrhein-Westfalen (§ 34c PolG NRW) haben

---

823 *Kay*, NVwZ 2003, 521 (523).

824 *Derks*, Häusliche Gewalt, S. 227.

825 LT-Drs. 13/1525, S. 14; *Kay*, NVwZ 2003, 521 (523).

826 *Tegtmeyer/Vahle*, PolG NRW, § 34a Rn. 15.

auch andere Länder Befugnisse zur elektronischen Aufenthaltsüberwachung in ihre Polizeigesetze aufgenommen (z.B. § 32 BWPolG; Art. 34 BayPAG; § 30 HmbPolDVG; § 31a HSOG; § 36c SOG LSA; § 67a SOG M-V; § 17c NPOG; § 61 SächsPVDG).[827] Die Befugnis hat sich aber nicht als Standard in sämtlichen Polizeigesetzen durchgesetzt.[828]

### 5. Aufenthaltsvorgabe und Kontaktverbot

In Nordrhein-Westfalen wurden §§ 34b bis 34d PolG NRW durch das Gesetz zur Stärkung der Sicherheit in Nordrhein-Westfalen v. 13.12.2018 eingeführt (§ 31 BWPolG; Art. 16 Abs. 2 BayPAG; § 31a HSOG; § 67b MVSOG; § 17b NPOG; § 21 SächsPVDG; § 36a LSASOG).[829] Sie regeln die Aufenthaltsüberwachung und zielen dabei in erster Linie, wenngleich nicht ausschließlich (vgl. insbesondere § 34c Abs. 2 PolG NRW, der Straftaten gegen die sexuelle Selbstbestimmung, des Stalkings sowie aus dem familiären Nahbereich vorbeugen soll), auf terroristische „Gefährder". § 34b PolG NRW ermöglicht auf Rechtsfolgenseite die Anordnung einer Aufenthaltsvorgabe (§ 34b Abs. 1 Satz 1 PolG NRW) und eines Kontaktverbots (§ 34b Abs. 1 Satz 2 PolG NRW), wobei diese Maßnahmen zueinander in einem Alternativverhältnis stehen.[830] Die Maßnahmen werden jeweils durch die Möglichkeit einer elektronischen Aufenthaltsüberwachung (§ 34c PolG NRW: „Elektronische Fußfessel") ergänzt, die regelmäßig als begleitende Maßnahme zu anderen verhaltenssteuernden Vorgaben im Zusammenhang mit der Aufenthaltskontrolle fungiert. Gem. § 34b Abs. 1 Satz 3 PolG NRW stehen die Befugnisse nach Satz 1 und 2 der Polizei auch zur Abwehr einer Gefahr für Leib, Leben oder Freiheit einer Person oder für den Bestand oder die Sicherheit des Bundes oder des Landes zu.

Im Schrifttum wird teils ein mögliches Nebeneinander von Maßnahmen nach § 34a PolG NRW und § 34b Abs. 1 Satz 3 PolG NRW bejaht.[831] Andererseits wird von einem Subsidiaritätsverhältnis dergestalt ausge-

---

827 Die Möglichkeit der Anordnung der EAÜ bei bestimmten Straftätern ist bereits seit 2011 im Strafgesetzbuch (§ 68b Abs. 1 Satz 1 Nr. 12 StGB) normiert. Zu den Ergebnissen eines kriminologischen Experiments zum Einsatz der elektronischen Aufsicht im Vollzug der Freiheitsstrafe in Baden-Württemberg *Wößner/Meuer*, MschrKrim 2019, 202 ff. Zur Verfassungsmäßigkeit der elektronischen Aufenthaltsüberwachung BVerfG, Beschl. v. 1.12.2020, 2 BvR 916/11; mit Anm. *Eifert*, JURA 2021, 1531.

828 *Graulich*, in: Lisken/Denninger, Hdb PolR, Kapitel E. Rn. 465.

829 GV. NRW. 684; hierzu etwa *Thiel* GSZ 2019, 1 (2 ff.).

830 *Barczak*, in: Möstl/Kugelmann, BeckOK POR NRW, § 34b, vor Rn. 1.

831 So etwa *Bachetzki-Knust*, in: Schönenbroicher/Heusch, Gefahrenabwehrrecht NRW, § 34b Rn. 24b f.; *Tegtmeyer/Vahle*, PolG NRW, § 34b Rn. 8; *Blum/Mokros/Vahle*, PolG NRW, § 34b Rn. 2; *Hofrichter/Fickenscher*, in: Möstl/Fickenscher, BeckOK POR Bbg, § 16a PolG Rn. 45; wohl auch *Gammon/Klein*, Kriminalistik 2019, 654.

gangen, dass die Anwendbarkeit des § 34b Abs. 1 Satz 3 PolG NRW im Falle „häuslicher Gewalt“ gesperrt ist.[832] Dafür sprechen die unterschiedlichen Eingriffsschwellen der Normen („gegenwärtige Gefahr“ in § 34a PolG NRW vs. eine lediglich „konkrete Gefahr“ in § 34b Abs. 1 Satz 3 PolG NRW, obwohl die Norm tiefgreifendere Grundrechtsbeeinträchtigungen zu vermitteln vermag) oder die Regelung in § 34c PolG NRW, die eine elektronische Aufenthaltsüberwachung bei häuslicher Gewalt ausdrücklich durch Verweis auf § 34a PolG NRW ermöglicht, während diesbezüglich § 34b PolG NRW schweigt.[833]

## XI. Wohnungsverweisung und Rückkehrverbot: Parallelnormen

Mit Ausnahme von Bayern gibt es zwischenzeitlich in allen Bundesländern polizeirechtliche Sonderregelungen zur Bekämpfung von häuslicher Gewalt bzw. Standardmaßnahmen, die mit § 34a PolG NRW vergleichbar sind.

§ 30 Abs. 3 BWPolG; § 29a Abs. 1 BerlASOG; § 16a Abs. 1 BbgPolG; § 12 Abs. 1 BremPolG; § 12b Abs. 1 HambSOG; § 31 Abs. 2 HSOG; § 52 Abs. 2 MVSOG; §§ 17 Abs. 2, 17a NdsPOG; § 13 Abs. 2, 4 Nr. 1 RPPOG; § 12 Abs. 2 SPolG; § 19 Abs. 1 SächsPVDG; § 36 Abs. 3 LSASOG; § 201a SHLVwG; § 18 Abs. 2 ThürPAG.

In Bayern wird die Maßnahme auf Art. 16 BayPAG (Platzverweis, Kontaktverbot, Aufenthalts- und Meldeanordnung) gestützt.[834]

In Nordrhein-Westfalen können Maßnahmen nach § 34a PolG NRW nur von der Polizei angeordnet werden (z. B. auch § 201a SHLVwG, § 18 ThürPAG). Die Ermächtigung ist nicht in § 24 OBG NRW aufgezählt, in dem die entsprechende Geltung von bestimmten Normen des PolG NRW für die Ordnungsbehörden vorgesehen ist. Der Grund hierfür liegt darin, dass bei „Gewalt in der häuslichen Sphäre ein besonders sensibles Vorgehen der einschreitenden Behörde erforderlich“[835] ist. Überdies verfügen Polizeibe-

832 *Dietlein*, in: Dietlein/Hellermann, Öffentliches Recht NRW, § 3 Rn. 170a. In diese Richtung auch *Barzak*, in: Möstl/Kugelmann, BeckOK POR NRW, § 34b PolG Rn. 11: „[…] enthält § 34a für Fälle häuslicher Gewalt nach wie vor die speziellere Regelung“.

833 Zum Konkurrenzverhältnis zwischen Wohnungsverweisung/Rückkehrverbot (§ 34a PolG NRW) und Kontaktverbot/Aufenthaltsbeschränkung eingehend *Braun*, PSP 4/2024, 9 ff.

834 *Grünewald*, in: Möstl/Schwabenbauer, BeckOK PSR Bayern, Art. 16 PAG Rn. 15; *Kingreen/Poscher*, POR, § 15 Rn. 11; *Schmidbauer*, in: Schmidbauer/Steiner, PAG/POG, Art. 16 PAG Rn. 68.

835 LT-Drs. 13/1525, S. 20.

amte regelmäßig über entsprechendes Erfahrungswissen im Umgang mit „HG-Fällen“. Durch die alleinige Zuständigkeit der Polizei soll außerdem verhindert werden, dass während des Zeitraums eines Rückkehrverbots die Eilfallzuständigkeit der Polizei nach § 1 Abs. 1 Satz 3 PolG NRW entfällt und deshalb im Einzelfall andere Behörden – namentlich die Ordnungsbehörden – den Geltungszeitraum der angeordneten Maßnahmen nachträglich verlängern oder verkürzen.[836] Dem Opfer bleiben letztlich (auch) weitere Behördengänge erspart. In anderen Ländern sind zudem die Ordnungsbehörden zuständig[837] z. B. in Sachsen-Anhalt (§ 36 Abs. 3 SOG LSA).

Auch wenn die einschlägigen Befugnisnormen je nach Bundesland etwas variieren, liegt diesen polizeilichen Standardermächtigungen ein einheitliches Regelungskonzept zugrunde.[838] Zur Gefahrenlage wird in nahezu allen Gesetzen eine qualifizierte Gefahr gefordert, mithin eine gegenwärtige bzw. dringende oder unmittelbar bevorstehende (erhebliche) Gefahr für das Schutzgut.[839] Die zuständige Polizeibehörde wird dazu ermächtigt, zur Abwehr der Gefahr für Leib, Leben oder Freiheit eines Mitbewohners oder einer Mitbewohnerin diejenige Person, von der die Gefahr ausgeht, aus der Wohnung und dem angrenzenden Bereich zu verweisen (sog. Wohnungsverweisung) und ihr gegebenenfalls die Rückkehr dorthin zu verbieten.

In Bayern können Maßnahmen auf die allgemein formulierte Vorschrift des Art. 16 BayPAG gestützt werden.[840] In diesen Fällen kann die Polizei ein Aufenthaltsverbot nach Art. 16 Abs. 2 Satz 1 Nr. 2a oder einen Platzverweis nach Abs. 1 BayPAG aussprechen. Nach dieser Vorschrift ist auch die Anordnung eines Aufenthaltsverbotes oder eines Platzverweises gegenüber dem Wohnungsinhaber in seiner eigenen Wohnung zulässig, soweit dies zur Abwehr einer gegenwärtigen erheblichen Gefahr erforderlich ist. Diese Voraussetzungen sind bei Gewalttaten im sozialen Nahraum (häuslicher Gewalt) erfüllt, bei denen aufgrund der Umstände des Einzelfalles eine Fortsetzung der Gewalt zu befürchten ist.[841]

---

836 LT-Drs. 13/1525, S. 20.

837 *Lambrecht*, in: Johlen, MFB Verwaltungsrecht, Kapitel J. Ziff. V.4. Rn. 4.

838 *Bittmann/Braun/Keller/Ullrich*, in: Heusch/Ullrich/Posse, Hdb Verfassungsrecht, § 7 Rn. 209.

839 *Schoch/Kießling*, in: Schoch/Eifert, BesVerwR, Kapitel 1, Rn. 564.

840 *Grünewald*, in: Möstl/Schwabenbauer, BeckOK PSR Bayern, Art. 16 PAG Rn. 15; *Kingreen/Poscher*, POR, § 15 Rn. 11.

841 *Schmidbauer*, in: Schmidbauer/Steiner, PAG/POG, Art. 16 PAG Rn. 68; *Schmidbauer*, BayVBl 2002, 257.

# E. Polizeiliches Handeln bei häuslicher Gewalt

## I. Polizeiliches Einsatzverhalten

In einer akuten Krisensituation kann das Opfer schnellen Schutz vor Gewalt nur durch eine sofortige Intervention der Polizei erreichen.[842] Von Bedeutung ist schnelles Eingreifen, da es für die Betroffenen zu einer über die Gewaltanwendung hinaus belastenden Situation kommen kann, wenn infolge der Gefahrenlage die Grundbedürfnisse von Sicherheit und Versorgung über Stunden nicht gewährleistet sind.[843] Für die Polizei stellt sich das Einschreiten in Fällen häuslicher Gewalt indes regelmäßig als sog. Gemengelage dar, d.h., sie enthalten sowohl Aspekte der Gefahrenabwehr als auch solche der Strafverfolgung.[844] Aus polizeitaktischer Sicht sind die Grundsätze aus der Einsatzlehre zu beachten.

In der (polizeilichen) Einsatzlehre wird folgendes Modell beschrieben:[845]

**Vorbereitungsphase**
- Information
- Einstimmung
- Absprache/Führung

**Aktionsphase**
- Annäherung
- Handlungsalternativen (offensiv/defensiv)

**Nachbereitungsphase**
- Information/Kommunikation
- Aufbereitung
- Vorsatzfassung

842 So die Einschätzung bei Schaffung des Gewaltschutzgesetzes; BT-Drucks. 14/5429, S. 23.

843 *Hochstätter*, Opfer im Strafprozess, S. 57, hier im Zusammenhang mit der Versorgung von Geschädigten, die mit dem Risiko eines „second hit“ beginnt, weil die Einsatzkräfte die Betroffenen nicht erreichen können, ohne sich selbst in Gefahr zu begeben. Dies stellt zwar eine Besonderheit bei Terroranschlägen dar, auch wenn das Phänomen, über einen längeren Zeitraum einer Gefahrensituation ausgesetzt zu sein, ebenso bei anderen Deliktsbereichen vorkommen kann wie Entführung, häusliche Gewalt oder Stalking. In letzteren Fällen ist das Helfersystem jedoch nicht gleichzeitig vom Ereignis belastet und steht den Betroffenen zur Verfügung.

844 Vertiefend: *Bürger*, Kriminalistik 2015, 399ff.: Kriminalstrategische Überlegungen zu einem zukunftsfähigen Bekämpfungskonzept; im Überblick *Kirchhoff/Wolf*, Kriminalprognose, S. 78f.

845 *Zeitner*, Einsatzlehre, S. 54ff. Mit einer Beschreibung eines „HG-Einsatzes“ *Korn*, DPolBl 2/2025, 18ff.; Fallbearbeitungen bei *Frings/Zeitner*, PSP 3/2023, 33ff.; PSP 1/2020, 21ff.; *Gehrke*, PSP 11/2016, 28ff.

Auf eine nähere Struktur der Einsatzlehre soll hier nicht eingegangen werden. Von Bedeutung ist insbesondere das Prinzip der Deeskalation beim „Ersten Zugriff“[846].

Besondere Fälle von häuslicher Gewalt sind (strukturiert) nachzubereiten.[847] Die Einsatznachbereitung dient u.a. dazu, Einsatzerfahrungen zu analysieren, zu strukturieren und über den eigenen Arbeitsbereich hinaus verwertbar zu machen sowie Lösungsmöglichkeiten für erkannte Schwachstellen zu erarbeiten. Dadurch wird es ermöglicht, die Qualität polizeilicher Arbeit zu sichern und zu steigern. Dies kommt schlussendlich den Opfern zugute.

Erfährt die Polizei von (konkreten) Bedrohungen, so hat sie die (einmalige) Chance, „vor der Tat am Tatort“ zu sein. Von besonderer Bedeutung sind grundsätzlich folgende Aspekte:

- zeitnahe Situationseinschätzung („Beurteilung der Lage“)
- zeitnahe Gefährdungsanalyse – Elemente der Risikobewertung
- konsequente Gefährderansprachen
- Ausschöpfen aller präventiven/repressiven Maßnahmen gegen den Gefährder
- Opferberatung (verhaltensorientiert/sicherungstechnisch)
- Öffentlichkeitsarbeit (Aufklärung/Sensibilisierung)

Konzeptionellen Ansätzen zur Verhinderung von Gewaltdelikten nach Bedrohungen in Fällen häuslicher Gewalt liegen etwa folgende Zielsetzungen zugrunde:[848]

- Gewährleistung eines effektiven Schutzes der Opfer vor weiterer Gewalt
- Konsequente Strafverfolgung
- Frühzeitiges Erkennen relevanter Faktoren (Gefährdungsanalyse), insbesondere auf konflikt- und/oder selbstwertbelastende Ereignisse
- Konsequente polizeiliche Intervention mit Fokus auf den Täter
- Vermittlung von Wissen über die Dynamik von Gewalt, somit Erzeugen von Handlungssicherheit

Folgende Interventionsmaßnahmen kommen grundsätzlich in Betracht:[849]

---

846 *Zeitner*, Einsatzlehre, S. 54 ff.

847 Zur strukturierten Einsatznachbereitung *Lorenz/Pülm/Riekmann*, Die Polizei 2021, 374 ff.

848 *Menke/Schilling*, in: Hoffmann/Wondrak, Häusliche Gewalt und Tötung des Intimpartners, S. 173.

849 *Menke/Schilling*, in: Hoffmann/Wondrak, Häusliche Gewalt und Tötung des Intimpartners, S. 174.

- Unverzügliches Aufsuchen des Täters nach Anzeigenerstattung bzw. Bekanntwerden des Sachverhaltes
- Aufklärung am Einsatzort
- Wohnungsverweisung und Rückkehrverbot
- Festnahme oder Ingewahrsamnahme
- Erkennungsdienstliche Behandlung
- Verantwortliche Vernehmung
- Gefährderansprache (erneute)[850]
- Erstellung einer Gefährdungsanalyse durch den Sachbearbeiter, der eine Prognose zur Gefährlichkeit des Täters erstellt; Übermittlung dieser Analyse zu Entscheidungsträgern
- Beurteilung der Gefährdungslage und Festlegung einer Gefährdungsstufe gem. PDV 129
- Ggf. Anordnung weiterer Schutzmaßnahmen
- Parallele Maßnahmen: Kontaktaufnahme mit Opfer durch Opferschutzbeauftragten

> Aufgrund der Emotionalisierung der Beteiligten bei Einsätzen „häusliche Gewalt" ist das polizeiliche Einschreiten konfliktträchtig. Eine professionelle Einsatzbewältigung erfordert das strikte Beachten von Grundsätzen der Eigensicherung (Leitfaden 371).[851]

In einer australischen Studie (1.1.2010–31.12.2023) wurden anhand von Chi-Quadrat-Analysen[852] 170 verurteilte Fälle von Übergriffen auf Polizisten dahin gehend untersucht, ob die Reaktion auf Einsätze bei häuslicher Gewalt im Vergleich zu anderen Arten von Vorfällen ein erhöhtes Risiko für Angriffe auf Polizeibeamte darstellt. Häusliche Gewalt wurde als

850 Eine weitere Gefährderansprache sollte durchgeführt werden, wenn der Beschuldigte zur Vernehmung erscheint, und zwar unabhängig davon, ob bereits zum Zeitpunkt des Einsatzes eine Gefährderansprache durchgeführt wurde.

851 *Zeitner*, Einsatzlehre, S. 48. Der Leitfaden 371 – Eigensicherung im Polizeidienst – bildet eine wesentliche Grundlage für Ausbildung und Anwendung der Eigensicherung. Er enthält wesentliche Verhaltensempfehlungen, die für alle Länder und den Bund gleichermaßen gelten; grundlegend *Mentzel/Schmitt-Falckenberg/Wischnewski*, Eigensicherung, S. 24 ff.

852 Die Chi-Quadrat-Verteilung wird definiert als Verteilung der Summe von (n) quadrierten Zufallsvariablen, die unabhängig von einander sind und standardnormal verteilt; *Schlegel*, Sozialwissenschaftliche Datenanalyse, S. 67; mit Anwendungsbeispiel *Steiniger/Knaus*, Journal für Endokrinologie, Diabetologie und Stoffwechsel, 1/2025, 31 ff.

„hochriskante Begegnungen mit der Polizei" eingestuft. Ursächlich für diesen Befund waren vor allem situative Faktoren, insbesondere, wenn der Notruf durch einen Nachbarn einging oder die Situation noch aktiv war.[853]

Im Zuge der Entgegennahme des Notrufs (110) und der Einsatzvergabe sind alle zur Verfügung stehenden Systeme zur Informationsgewinnung zu nutzen – auch unter Einbeziehung einer OSINT-Recherche (Open Source Intelligence).[854]

## II. Gefahrenabwehr

Neben der typischen Maßnahme der Wohnungsverweisung und des Rückkehrverbotes (§ 34a PolG NRW) kommen alle polizeirechtlichen Maßnahmen in Betracht, vor allem:

- Gefährderansprache
- Ingewahrsamnahme gem. § 35 Abs. 1 PolG NRW
- Längerfristige Ingewahrsamnahme gem. §§ 35 Abs. 1 i. V. m. 38 Abs. 2 PolG NRW
- Durchsuchung von Personen und Sachen gem. §§ 39 ff. PolG NRW (z. B. zum Auffinden von gefährlichen Gegenständen, Wohnungsschlüsseln bzw. Zweitschlüssel des Täters)
- Betreten und Durchsuchen von Wohnungen gem. § 41 Abs. 1 PolG NRW
- Sicherstellung gem. § 43 PolG NRW (insbesondere von gefährlichen Gegenständen und Wohnungsschlüsseln)
- Ausschreibung zur Gefahrenabwehr
- Datenbereitstellung in Verbundsystemen
- Beurteilung der Gefährdungslage (PDV 129 VS-NfD)
- Personen- und Objektschutzmaßnahmen

Liegt ein Hochrisikofall vor, ist auf Grundlage der Gefahrenprognose eine Beurteilung der Gefährdungslage nach der Polizeidienstvorschrift (PDV) 129 (Personen- und Objektschutz) vorzunehmen und fortzuschreiben –

853 *Creamer et al.*, Übergriffe auf die Polizei bei Einsätzen gegen häusliche Gewalt, Das Polizeijournal, 28.7.2025.

854 Die Bezeichnung Open Source Intelligence (OSINT) entstammt der Welt der Nachrichtendienste. OSINT ist eine der nachrichtendienstlichen Disziplinen zur Informationsgewinnung. Im Gegensatz zu anderen Methoden, die sich für gewöhnlich geheimer Quellen (engl. closed source) bedienen, werden bei Open Source Intelligence offene Quellen genutzt; grundlegend *Lolagar*, DPolBl 3/2021, 21 ff.; *Wissert*, Kriminalistik 2023, 414 ff.; zur Organisation von OSINT in Sicherheitsbehörden *Jarvers*, Kriminalistik 2024, 98 ff.

ggf. ist eine Gefährdungsstufe festzulegen sowie in Abhängigkeit davon eine Schutzkonzeption zu erstellen.[855] In Betracht kommen überdies folgende Maßnahmen:

- polizeiliche Beobachtung
- Aufenthaltsvorgabe und Kontaktverbot
- Elektronische Aufenthaltsüberwachung
- längerfristige Ingewahrsamnahme
- Zeugenschutzmaßnahmen
- Maßnahmen des operativen Opferschutzes

In Fällen von häuslicher Gewalt ist zu prüfen, ob der Täter über waffenrechtliche Erlaubnisse verfügt, die ggf. aufgrund des festgestellten Aggressionspotenzials zu widerrufen sind.[856] Der Erwerb und Besitz von Waffen im Sinne des Waffengesetzes (WaffG) ist erlaubnispflichtig. Die Erlaubnis wird durch eine Waffenbesitzkarte oder durch Eintragung in eine bereits vorhandene Waffenbesitzkarte erteilt (§ 10 Abs. 1 Satz 1 WaffG).[857] Treten nachträglich Tatsachen ein, die zur Versagung der Erlaubnis hätten führen müssen, so ist die Erlaubnis nach § 45 Abs. 2 Satz 1 WaffG zu widerrufen.[858]

## III. Strafverfolgung

### 1. Legalitätsprinzip

In Bezug auf die Strafverfolgung gilt das Legalitätsprinzip (§ 163 Abs. 1 Satz 1 StPO).[859] Sobald der Anfangsverdacht einer Straftat vorliegt, muss die Polizei nach dem Legalitätsprinzip die notwendigen Ermittlungen und Maßnahmen zur Aufklärung der Straftat und zur Verfolgung des Verdächtigen bzw. Beschuldigten veranlassen[860] – mithin ein Ermittlungsverfahren einleiten.[861] Das Legalitätsprinzip ist gleichbedeutend mit einem Verfolgungszwang bzw. einer Erforschungspflicht, welche neben der Staatsanwaltschaft

---

855 Die PDV 129 ist als Verschlusssache NUR FÜR DEN DIENSTGEBRAUCH (VS-NfD) eingestuft.

856 Zur waffenrechtlichen Zuverlässigkeits- und Eignungsprüfung *Jürgensen/Blanc*, GSZ 2023, 131 ff.

857 Instruktiv *Schäfer/Baldus*, JA 2021, 839 ff.

858 *Paschke*, in: Amian/Pießkalla, Waffenrecht, § 45 Rn. 14 („konkrete Gefahr der Fremdgefährdung"). Eingehend *Scheidler*, Kriminalistik 2008, 386 ff.

859 *Braun/Schmidt*, Grundlagen Eingriffsrecht, S. 98.

860 *Braun/Schmidt*, Grundlagen Eingriffsrecht, S. 100: „Erster Zugriff".

861 Instruktiv *Nowrousian*, in: Keller, Basislehrbuch Kriminalistik, S. 129 ff.; *von Hasseln-Grindel/Jünemann*, in: von Hasseln-Grindel, Sexualisierte Gewalt gegen Kinder, S. 104 ff.

als „Herrin des Ermittlungsverfahrens“ auch die Polizei trifft, sofern sie in die Ermittlungen eingeschaltet ist.[862] Der Wille der gewaltbetroffenen Opfer ist unerheblich. Es wird ein klares Signal an den Täter gegeben,

> „dass er die Strafanzeige und das Rückkehrverbot nicht abwenden kann, indem er weiterhin Druck auf die Frau oder seine Kinder ausübt und eine vordergründige Versöhnung erzwingt, um seine Bleibe sicherzustellen“[863].

Ein Anfangsverdacht einer Straftat besteht, wenn zureichende tatsächliche Anhaltspunkte für eine Straftat vorliegen (§ 152 Abs. 2 StPO).[864] Mögliche Maßnahmen der Strafverfolgung sind insbesondere[865]

- Ermittlungshandlungen, Auskunftsersuchen, § 163 Abs. 1 Satz 2 StPO
- Betreten (Durchsuchen) der Wohnung, §§ 102 ff. StPO
- Identitätsfeststellung beim Verdächtigen, § 163b Abs. 1 StPO
- Identitätsfeststellung bei Unverdächtigen (Zeugen), § 163b Abs. 2 StPO
- Vorläufige Festnahme, § 127 i. V. m. § 112 StPO
- Körperliche Untersuchung bei Beschuldigten, § 81a StPO
- Körperliche Untersuchung bei Zeugen, § 81c StPO
- Erkennungsdienstliche Behandlung, § 81b StPO
- Molekulargenetische Untersuchungen (DNA-Analyse), §§ 81e ff. StPO
- Sicherstellung/Beschlagnahme von Beweismitteln, §§ 94, 98 StPO
- Beschlagnahme von Einziehungsgegenständen, §§ 73, 74 StGB i. V. m. §§ 111b ff. StPO
- Festnahme bei Störung einer Amtshandlung, § 164 StPO
- Vorlage einer Strafanzeige, § 163 Abs. 2 StPO[866]
- Vernehmungen: Zeugen/Beschuldigte[867]

---

862 Grundlegend *Pommer*, JURA 2007, 662 ff.; *Roos*, Kriminalistik 2009, 670 ff.; *Weiss*, JA 2023, 462 ff.

863 *Sabas*, Häusliche Gewalt, S. 95.

864 Vertiefend: *Braun/Keller*, Kriminalistik 2014, 283 ff.

865 Im Überblick *Keller/Rekel*, Streifendienst NRW, S. 193 ff.; *Averdiek-Gröner/Frings*, Standardmaßnahmen im Ermittlungsverfahren, S. 24 ff.; grundlegend *Müller*, Strafverfahrensrecht, passim.

866 In allen Fällen häuslicher Gewalt ist von Amtswegen ein Strafverfahren einzuleiten; Erl. IM NRW v. 31.1.1996 – IV D 1-6506: „Einschreiten und Sachbearbeitung durch die Polizei bei Gewalt in Beziehungen“; hierzu *Nowrousian*, in: Keller, Basislehrbuch Kriminalistik, S. 143 ff.

867 In Fällen von häuslicher Gewalt ist von einer Bearbeitung im schriftlichen Anhörungsverfahren generell abzusehen; hierzu *Artkämper/Floren/Schilling*, Vernehmungen, Rn. 243 ff.

> Eine konsequente Strafverfolgung ist wesentlicher Bestandteil einer effektiven Bekämpfung häuslicher Gewalt.[868]

## 2. Zeitnahe Opfervernehmung

Von Bedeutung ist, dass das Opfer möglichst zeitnah, umfassend und professionell zur Tat vernommen wird. Eine zeitnahe Vernehmung ist bereits deshalb geboten, weil viele Geschädigte zwar in den ersten Tagen unter dem Eindruck der Gewalttat noch aussagebereit sind, sich aber dann oft nach einiger Zeit entscheiden, den Täter doch nicht zu belasten.[869] Die Informationen, die sich die Ermittlungsbehörden zu Beginn verschaffen können, sind ein wichtiger Baustein für die Planung des weiteren Vorgehens. Durch Hinweise auf weitere Zeugen lassen sich die Ermittlungen später auch dann noch fortsetzen, wenn die Geschädigte irgendwann nicht mehr aussagebereit ist.[870]

**Beispiel:**[871]

Wenn die Geschädigte in ihrer ersten Vernehmung von einem Vorfall berichtet, nach dem sie sich zu ihrer besten Freundin geflüchtet hat, und die Vernehmungsperson hier die Personalien der Freundin festhält, dann kann diese auch bei späterer Zeugnisverweigerung der Geschädigten dazu vernommen werden. Aus ihren Angaben dazu, was die Geschädigte über die Tat erzählte und welche Verletzungen zu sehen waren, kann der Nachweis einer Körperverletzung geführt werden, auch ohne Aussage der Geschädigten selbst.

Die Vernehmung des Opfers muss umfassend sein und darf sich nicht allein auf die Anlasstat beschränken. Wenn die Vernehmungsperson über entsprechendes Hintergrundwissen verfügt, dass häusliche Gewalt in der Regel kein einmaliges Delikt ist („Gewaltkreislauf"), wird sie die Geschädigte nicht nur zu der aktuellen Tat befragen, sondern auch dazu, ob es in der Vergangenheit zu weiteren Taten kam.

---

868 Zu den Maßnahmen aus kriminalistischer Sicht *Keller*, in: Keller, Basislehrbuch Kriminalistik, S. 766 ff.; *Platzen*, DPolBl 2/2025, 22 ff.

869 *Kräuter-Stockton*, djbZ 2013, 39 (40).

870 Untersuchungen haben ergeben, dass Opfervernehmungen aufgrund ihrer Bedeutsamkeit für das weitere Verfahren mit hoher Priorität angestrebt werden, vgl. *Pollich/Stewen*, Kriminalistik 2025, 2 ff.

871 *Kräuter-Stockton*, djbZ 2013, 39 (40, dort Fn. 5).

## IV. ED-Behandlungen zur Strafverfolgungsvorsorge

Bei der Anordnung erkennungsdienstlicher Maßnahmen gegen Beschuldigte gem. § 81b Abs. 1 2. Alt. StPO zum „Zwecke des Erkennungsdienstes" dient die Datenerhebung und Speicherung – ohne unmittelbaren Bezug zu einem konkreten Strafverfahren[872] – der Strafverfolgungsvorsorge[873] durch Bereitstellung sächlicher Hilfsmittel für die Erforschung und Aufklärung von Straftaten als der Polizei durch § 163 Abs. 1 Satz 1 StPO zugewiesene Aufgabe.[874]

Die Strafverfolgungsvorsorge gehört zum gerichtlichen Verfahren.[875] Die Vorsorge erfolgt in zeitlicher Hinsicht präventiv, betrifft aber gegenständlich das repressiv ausgerichtete Strafverfahren.[876] Das BVerfG hat zur präventiv-polizeilichen Telekommunikationsüberwachung judiziert, dass die entsprechenden Daten zu dem Zweck der Verfolgung einer in der Zukunft möglicherweise verwirklichten konkreten Straftat und damit letztlich nur zur möglichen Verwertung in einem künftigen Strafverfahren erhoben werden.[877] Dem Land fehlt die Gesetzgebungskompetenz für eine Regelung, welche die Polizei zur Vorsorge für die Verfolgung künftiger Straftaten zur Ausschreibung zur polizeilichen Beobachtung ermächtigt, weil der Bund insoweit von seiner konkurrierenden Gesetzgebungskompetenz abschließend Gebrauch gemacht hat.[878]

Die Anordnung ist ein Justizverwaltungsakt. Die Rechtmäßigkeit der polizeilichen Zwangsanwendung ist unmittelbar nach Strafprozessrecht zu bewerten – für eine direkte oder analoge Anwendung des Polizeirechts gibt es keine Grundlage.[879] Die für Strafverfolgungsmaßnahmen geltende

---

872 Für die Zwecke der Durchführung des Strafverfahrens kommt § 81b Abs. 1 1. Alt. StPO in Betracht. Voraussetzung ist, dass gegen den Beschuldigten ein Strafverfahren geführt wird und die einzelnen Maßnahmen jeweils für den Zweck der Durchführung des Strafverfahrens konkret notwendig sind; BVerfG, Beschl. v. 29.7.2022 – 2 BvR 54/22; mit Anm. *Vahle*, Kriminalistik 2022, 544 f.; *Muckel*, JA 2022, 1049 ff.

873 Grundlegend zum Begriff der Strafverfolgungsvorsorge *Graulich*, NVwZ 2014, 685 ff.; auch *Plank*, Die Polizei 2023, 333 ff.; *Trurnit*, VBlBW 2011, 458 ff.

874 BVerwG, Urt. v. 27.6.2018 – 6 C 39/16, NJW 2018, 3194.

875 BVerfG, Urt. v. 27.7.2005 – 1 BvR 668/04 – BVerfGE 113, 348, NJW 2005, 2603 (zur präventiv-polizeilichen Telefonüberwachung); mit Anm. *Lepsius*, JURA 2006, 929 ff.; *Sachs*, JuS 2005, 1121 ff.; *Winkler*, JA 2006, 179 ff.; BVerfG, Beschl. v. 9.12.2022 – 1 BvR 1345/2 – BVerfGE 165, 1, K&R 2023, 266 (zur polizeilichen Beobachtung); hierzu *Ziegler*, jurisPR-ITR 11/2023, Anm. 6; *Muckel*, JA 2023, 344 ff.

876 *Mayer*, Kriminalistik 2015, 520 (522).

877 BVerfGE 113, 348 (370 f.).

878 BVerfGE 165, 1 (164 f.).

879 Grundlegend *Keller*, in: Haumer/Klein, Eingriffsrecht, Band 2, S. 103 ff.

StPO ist für die Beurteilung maßgeblich.[880] Die Befugnis zur Anwendung unmittelbaren Zwangs ergibt sich mithin unmittelbar aus § 81b Abs. 1 2. Alt. StPO.[881]

Ein professionelles polizeiliches Agieren in Fällen von häuslicher Gewalt bedingt auch eine entsprechende Spezialisierung bei der polizeilichen Sachbearbeitung. Im Schrifttum wird überdies angeregt, bei den Staatsanwaltschaften Sonderdezernate „häusliche Gewalt" einzurichten. Bei der Zuständigkeit von „HG-Verfahren" in allgemeinen Abteilungen der Staatsanwaltschaften besteht die Gefahr, dass diese ohne spezielle Kenntnisse („Know-how") bearbeitet werden oder in der Masse „untergehen". Dies kann zu vermehrten Einstellungen bzw. Privatklageverweisungen führen.[882]

## F. Beweissicherung in Gewaltambulanzen

Betroffene von sexualisierter Gewalt können oft nicht (sofort) entscheiden, ob sie Anzeige erstatten und damit ein Strafverfahren in Gang setzen wollen. Dies gilt insbesondere, aber nicht nur, wenn die Gewalt von einem bekannten oder nahestehenden Täter ausgeübt wurde. Von Bedeutung ist die opferorientierte Lösung des Konfliktes zwischen der erforderlichen zeitnahen Spurensicherung und dem möglichen Vorbehalt des Opfers gegenüber einer (sofortigen) Strafverfolgung. Informiert das Opfer die Polizei (und erstattet dort ggf. Strafanzeige), gerät bei konkreten tatsächlichen Anhaltspunkten ein Strafverfahren in Gang, das durch das Legalitätsprinzip geprägt ist und weder durch die Polizei noch durch das Opfer angehalten oder beendet werden kann. So hat die anonyme Spurensicherung den Vorteil, dass sie für viele Frauen einen einfacheren ersten Schritt im Vergleich zur Anzeige bei der Polizei darstellt, weitere Schritte aber folgen können.[883]

---

880 OLG Dresden, Beschl. v. 1.8.2001 – 3 Ss 25/01, NJW 2001, 3643; kritisch hierzu *Rulinski*, SächsVBl 2022, 305 ff.; zur Durchsetzung strafprozessualer Maßnahmen durch die Polizei auch *Brenneisen/Busck-Nielsen*, Kriminalistik 2015, 444 ff.; auch bereits *Benfer*, NJW 2002, 2688 ff.

881 *Mayer*, Kriminalistik 2015, 520 (524); auch bereits *Kaefer*, Kriminalistik 1993, 709 (711): „Aus dem Sinn und Zweck des § 81b Alt. 2 StPO ergibt sich, dass der Betroffene zur erkennungsdienstlichen Behandlung vorgeführt werden darf. Die Vorführung ist eine Freiheitsbeschränkung. § 81b Alt. 2 StPO ist das förmliche Gesetz i. S. des Art. 104 Abs. 1 GG, das diese Freiheitsbeschränkung zulässt. Die Bestimmungen der Polizeigesetze sind nicht anzuwenden, weil § 81b StPO als materielles Bundesrecht diesen Bestimmungen vorgeht."; grundlegend *Keller*, PSP 1/2016, 3 ff. und Kriminalistik 2014, 103 ff. und 263 ff.

882 *Kräuter-Stockton*, djbZ 2013, 39.

883 *Neuhaus/Artkämper/Weise*, Kriminaltechnik und Beweisführung im Strafverfahren, 1. Teil, D.II.3.d, Rn. 72.

In einer Gewaltambulanz können sich Opfer von Gewalttaten untersuchen und ihre Verletzungen feststellen lassen, auch wenn sie noch keine Anzeige erstattet haben.[884] Solche Gewaltambulanzen stehen vor allem Opfern von sexualisierter Gewalt zur Verfügung, die nicht bereit oder in der Lage sind, die Tat zur Anzeige zu bringen. Die Bedeutung klinisch-rechtsmedizinischer Untersuchungen im Rahmen von Gewaltopferambulanzen ist unbestritten.[885] Geschädigte von häuslicher Gewalt wenden sich mit ihren Verletzungen häufig zunächst an ihre Hausärzte oder Ärzte in Notaufnahmen. Eine nicht fachgerechte Dokumentation von Verletzungen hält einem späteren strafrechtlichen Verfahren jedoch oft nicht stand, weshalb sich vielerorts eine enge interdisziplinäre Zusammenarbeit klinischer und rechtsmedizinisch tätiger Ärzte entwickelt hat.[886]

Ohne Strafanzeige findet in der Regel keine Spurensicherung statt. Tatspuren stehen dann nicht als Beweismittel in einem zukünftigen Strafverfahren zur Verfügung. Eine mündliche Aussage der Opferzeugin reicht jedoch meist nicht aus, um eine Klage zu erheben, da weitere Beweismittel fehlen, etwa wenn die Angaben der Verletzten in „nicht auflösbaren Widersprüchen" zu glaubhaften Aussagen anderer Zeuginnen und/oder Zeugen stehen. Verfahren werden womöglich eingestellt und Taten sexualisierter Gewalt nicht geahndet.[887] Opfer haben aber die Möglichkeit, sich anzeigeunabhängig ärztlich untersuchen zu lassen und die Ergebnisse des medizinischen Befundes im Nachgang den Strafverfolgungsbehörden zur Verfügung zu stellen.[888]

Um Mädchen und Frauen auch zu einem späteren Zeitpunkt eine Anklageerhebung mit ausreichenden Beweisen zu ermöglichen, gibt es in Nordrhein-Westfalen seit 2001/2002 Modelle einer anzeigenunabhängigen, anonymen und vertraulichen Befunddokumentation und Spurensicherung nach sexualisierter Gewalt. Betroffene haben damit die Chance, sich ohne Druck für oder gegen eine Strafanzeige zu entscheiden. In der Regel wer-

---

884 Dazu *Yen*, Deutsche Polizei 1/2014, 16 ff.

885 *Kolbe/Büttner*, Rechtsmedizin 2020, 88.

886 *Kolbe/Büttner*, Rechtsmedizin 2020, 88, mit Hinweis auf die Gewaltopferambulanz am Institut für Rechtsmedizin der Universitätsmedizin Rostock Ende 2010. Hier wurde nicht nur für Geschädigte, sondern auch für klinische Kollegen ein niederschwellig verfügbares Beratungs- und Unterstützungsangebot geschaffen.

887 Zu möglichen Entscheidungsgründen, die zu Einstellungen nach § 170 Abs. 2 StPO sowie Freisprüchen in Vergewaltigungsfällen führen *Elz*, NStZ 2023, 711 ff.

888 Zu den Risiken beim Einsatz von Suggestivfragen bei der ärztlichen Anamnese im Rahmen der anzeigenunabhängigen Spurensicherung im Vergleich zur kriminalistischen Vernehmung *Floren*, in: Gundlach/Floren/Ley, Kriminalistik, Schriftenreihe DGfK, Bd. 7, S. 85 ff.

den die Tatspuren mehrere Jahre für einen möglichen Gerichtsprozess aufbewahrt. Seit 2014 wird ein „Gewaltopfer-Beweissicherungs- und Informationssystem“ (GOBSIS) aufgebaut.[889] Diese einrichtungsübergreifende elektronische Plattform erlaubt Ärzten bei der Versorgung von Opfern häuslicher Gewalt bzw. von Sexualstraftaten, Befunde rechtssicher und datenschutzkonform zu archivieren. In Berlin besteht die entsprechende Gewaltschutzambulanz (GSA) an der Charité seit dem 17.2.2014. (Nur) knapp ein Drittel der Betroffenen nehmen die Möglichkeit der angebotenen rechtsmedizinischen Untersuchung nach der Anzeigenaufnahme bei der Polizei in Anspruch. Im Umkehrschluss heißt das, dass andere Betroffene die GSA ohne Anzeige aufsuchen und eine entsprechende Dokumentation möchten, um ggf. später, wenn sie eine Anzeige erstatten, die Verletzungen nachzuweisen.[890]

Bei der Untersuchung wird eine körperliche Untersuchung durchgeführt. Ablauf und Ergebnis werden protokolliert. Auch werden – soweit möglich – Spuren der Straftat (z. B. Sperma des Täters, DNA u. a.) gesichert. Die gesicherten Spuren werden mithilfe von Chiffren anonymisiert und an ein kriminaltechnisches Labor gesandt.[891] Hinzuweisen ist darauf, dass der die Untersuchung durchführende Arzt der Verschwiegenheit unterliegt. Die ärztliche Schweigepflicht umfasst nicht nur die medizinischen Daten im engeren Sinne. Sie betrifft daher neben der konkreten Identität des Patienten auch schon solche Umstände, die einen Rückschluss darauf erlauben könnten, um wen es sich handelt.[892] Ist anzunehmen, dass es zu weiteren Übergriffen kommen könnte, gerät der Arzt in einen Gewissenskonflikt. In so einem Fall steht nicht das repressive Verfolgungsinteresse im Vordergrund, sondern die präventive Verhinderung weiterer Straftaten und damit eine allgemeine – nicht auf die anonyme Spurensicherung bei Sexualdelikten beschränkte – berufsrechtliche Problematik der Ärzteschaft: „Schweigepflicht versus Recht (nicht: Pflicht!) zur Offenbarung.“[893] Eine Offenbarung setzt unter Berücksichtigung des

---

889 LT-Drs. (NRW) 18/5679 v. 1.9.2023, S. 1. Am 1.3.2020 ist auf Bundesebene mit der Aufnahme von § 27 Abs. 1 Satz 6 SGB V und § 132k SGB V eine Gesetzesänderung in Kraft getreten, die die Finanzierung der vertraulichen Spurensicherung als Leistung der gesetzlichen Krankenversicherung ermöglichen soll; hierzu bereits *Müller*, Der Kriminalist 12/2018, 13 ff.

890 *Schmidt/Etzold*, Die Polizei 2023, 429.

891 Zum Ablauf *Müller*, Anonyme Spurensicherung, Der Kriminalist 12/2018, 13 ff.

892 *Erdmann*, in: Möllers, WB-Polizei: „Ärztliche Schweigepflicht“.

893 *Neuhaus/Artkämper/Weise*, Kriminaltechnik und Beweisführung im Ermittlungsverfahren, 1. Teil, D.II.3.d, Rn. 75.

Verhältnismäßigkeitsgrundsatzes eine Güterabwägung voraus.[894] Gesetzlich verankert ist die Schweigepflicht in dem durch Art. 2 Abs. 1 i.V.m. Art. 1 Abs. 1 GG verankerten Recht auf informationelle Selbstbestimmung (§ 9 MBO-Ä und § 203 Abs. 1 Nr. 1 1. Alt. StGB)[895]. Neben der Einwilligung[896] des Betroffenen kann sich ein Offenbarungsrecht des Arztes insbesondere aus § 34 StGB ergeben.[897] Außerhalb dessen Voraussetzungen kann die Mitteilung eines Geheimnisses aufgrund einer Abwägung der kollidierenden Rechtsgüter bzw. Interessen erfolgen, ohne dass dabei auf § 34 StGB selbst zurückgegriffen werden muss.[898]

Der BGH hat die Frage der Offenbarung bei tatsachengestützter Gefahr der Begehung weiterer nicht nur leichter Straftaten bereits 1968 letztlich der Gewissensentscheidung des Arztes unterworfen.[899]

Das rechtsmedizinische Institut, bei dem die Spur eingelagert wird, ist nicht berechtigt, eine molekulargenetische Untersuchung durchzuführen und das (DNA-)Ergebnis mit den Inhalten bestehender Datenbanken abzugleichen. In so einem Fall liegt keine freiwillige Untersuchung des Opfers – wie in § 81c Abs. 1 StPO gefordert – vor, wenn die Probe anschließend gegen den ausdrücklichen Willen des Opfers doch untersucht und somit möglicherweise eine Strafverfolgung in Gang gesetzt wird.[900]

> Maßnahmen der vertraulichen Beweissicherung müssen flächendeckend und wohnortnah eingeführt werden. Hierbei sind die medizinische Erstversorgung zu regeln sowie die Finanzierung der Materialien und notwendiger Schulungen für die erfolgreiche Durchführung vertraulicher Beweissicherung zu garantieren.[901]

894 *Ulsenheimer*, in: Laufs/Kern/Rehborn, Hdb Arztrecht, § 165 Rn. 61.

895 Hierzu *Bock/Wilms*, JuS 2011, 24 ff.

896 Eine Rechtfertigung kommt nach den Grundsätzen der mutmaßlichen Einwilligung in Betracht, d. h., die Handlung wird im Interesse des Betroffenen vorgenommen, wobei dieser vermutlich einwilligen würde, aber nicht rechtzeitig einwilligen kann; BGH, Beschl. v. 25.3.1988 – 2 StR 93/88, NJW 1988, 2310; vgl. auch LG Düsseldorf, Urt. v. 20.4.2022 – Az. 12 O 49/22, zu einer vertraglichen Vereinbarung zwischen dem Schlagersänger *Michael Wendler* und einem Schönheitschirurgen vor einer Nasen-OP des Sängers.

897 *Hirthammer-Schmidt-Bleibtreu/Wiese*, MedR 2017, 199 ff.

898 Z. B. OLG Köln, Beschl. v. 4.7.2000 – Ss 254/00, NJW 2000, 3656.

899 BGH, Urt. v. 8.10.1968 – VI ZR 168/67, NJW 1968, 2288 (2289).

900 *Neuhaus/Artkämper/Weise*, Kriminaltechnik und Beweisführung im Strafverfahren, 1. Teil, D.II.3.d, Rn. 76.

901 *Wersig/Lembke/Steinl*, Istanbul-Konvention: Effektive Strafverfolgung von sexualisierter Gewalt, S. 4.

# Teil 2
# Stalking

## A. Kriminologie des Stalkings

### I. Einleitung

Nicht wenige Menschen werden von anderen Menschen belästigt oder gar verfolgt. In diesem Kontext fällt sodann der Begriff „Stalking". Es gilt als sozialwissenschaftlich abgesichert, dass rd. 10 % der Bevölkerung einmal im Leben von Stalking betroffen sind, wobei die Opfer zu etwa 90 % weiblichen Geschlechts sind. In einem Drittel aller Fälle droht der Täter gar explizit Gewalt an; auch kommt es bisweilen zu Tötungsdelikten.[1]

Der englische Begriff Stalking[2] basiert auf dem englischen Verb „stalk", stammt aus der Jägersprache und bedeutet so viel wie „anpirschen" oder „anschleichen"[3]. Der Stalker ist in direkter Übersetzung ein Pirschgänger. Der Ausdruck des Stalkings hat sich im angloamerikanischen Raum eingebürgert für Verhaltensweisen, bei denen Personen von anderen Personen verfolgt, belästigt und drangsaliert werden.[4] In der amerikanischen Sprache bezeichnet „stalking" nach neuerer Bedeutung zusammengefasst das zwanghafte Verfolgen und Belästigen einer anderen Person. Der Begriff „Stalking" wurde Ende der Achtzigerjahre in den USA eingeführt, um das immer häufiger beobachtete Phänomen des zwanghaften und systematischen Verfolgens und Belästigens einer Person zu erfassen[5]. Der Begriff tauchte verstärkt in der US-amerikanischen Yellow Press auf und bezeichnete das exzessive Verfolgen von Prominenten durch besessene „Fans". Zum Teil kennen sich Täter und Opfer aufgrund einer noch bestehenden oder aber bereits beendeten, mehr oder weniger intensiven persönlichen Beziehung. In anderen Fällen kennt das Opfer den Täter nicht, sondern wird von einem Fremden belästigt. Hiervon sind vor allem Prominente wie z.B. Filmschauspieler, Fernsehmoderatoren oder auch berühmte Sportler betroffen.[6]

---

1 Zur Prävalenz bereits *Endrass/Rossegger/Noll/Urbaniok*, MschrKrim 2007, 1 ff.

2 Zu Begriff und Erscheinungsformen auch *Stange/Rilinger*, StraFo 2003, 194 ff.

3 *von Prondzinski*, DPolBl 6/2006, 31.

4 *Brüne*, in: Hoffmann/Voß, Psychologie des Stalking, S. 105.

5 *Richter*, Kriminalistik 2008, 449 ff.

6 *Kaboth*, ZUM 2003, 342.

Mit der Ermordung der Schauspielerin *Rebecca Schaeffer* und dreier nicht prominenter Frauen 1989 in Kalifornien wurde die Gewalttätigkeit von „Stalking“ öffentlich thematisiert. Die Ermordung von *Schaeffer* brachte dabei einen regelrechten Schub an wissenschaftlichen, aber auch polizeilichen Aktivitäten.[7] Neben der Einführung einer speziellen Anti-Stalking-Gesetzgebung in Kalifornien und später auch in allen anderen US-Bundesstaaten rief das Los Angeles Police Department 1990 eine sog. „Threat Management Unit“ ins Leben. Zugrunde lag die Idee, Bedrohungen früh zu erkennen und durch gezielte Intervention eine Eskalation möglichst bereits im Vorfeld zu verhindern. Man setzte hierbei mithin auf die Zusammenarbeit von Polizei mit Psychologen und Psychiatern. Nachdem man anfangs nur Prominenten-Fälle bearbeitete, wurde immer mehr deutlich, dass Stalking ein Phänomen war, das „jedermann“ treffen kann.[8] 1990 trat in den USA mithin das erste Anti-Stalking-Gesetz in Kraft. Bereits drei Jahre später verfügten alle 50 Staaten sowie der District of Columbia über entsprechende Vorschriften.

In der deutschen Sprache gibt es keinen entsprechenden Begriff für dieses Verhalten.[9] Dies ist auch

> „darauf zurückzuführen, dass Stalking sich als äußerst facettenreich darstellt, sodass es schwerfällt, eine einheitliche Begriffsbestimmung vorzunehmen. Zudem kann Stalking in der Grauzone zwischen sozialadäquater Kommunikation und Belästigung liegen. Die Grenzen sind mitunter fließend und vom subjektiven Empfinden des Opfers abhängig“.[10]

Durch die durch § 238 StGB eingeführte Bezeichnung „Nachstellung“ ist der Begriff „Stalking“ zwar nicht genau übersetzt, gleichwohl scheint die Prämisse „Nachstellung“ der Wortbedeutung „Stalking“ recht nahe zu kommen.

Im Schrifttum wird folgende Definition zugrunde gelegt:[11]

**Definition**

„Stalking bezeichnet Handlungen einer Person (Stalker), welche geeignet sind, die psychische und körperliche Unversehrtheit einer anderen Person (Zielperson) zu verletzen, indem dadurch deren Lebensgestaltung nicht unerheblich beeinträchtigt wird und häufig Gefühle wie Angst, Besorgnis oder Panik hervorgerufen werden.“

---

7 *Hoffmann*, Kriminalistik 2001, 34 ff.

8 *Hoffmann*, Kriminalistik 2003, 726; ders., Polizei & Wissenschaft 4/2002, 35 ff.

9 *Freudenberg*, NJ 2006, 535; *Meyer*, ZStW 2003, 249; *Goebel/Lapp*, Kriminalistik 2003, 370; *Rinio*, Kriminalistik 2002, 531; *Sieverding*, Kriminalistik 2004, 763 (765).

10 *Bieszk/Sadtler*, NJW 2007, 3382 (3384).

11 *Voß*, Stalking, S. 16; vgl. auch *Meyer*, ZStW 2003, 249 ff.

Das Delikt der Nachstellung (§ 238 StGB) wurde kriminalstatistisch mit der Einführung des Tatbestandes erstmalig 2007 erfasst. Das Gesetz trat am 31.3.2007 in Kraft. Deshalb wurden im Jahr 2007 nur insgesamt 11.401 dieser Straftaten registriert. Bereits im Folgejahr stiegen die Fallzahlen auf 29.273 deutlich an, wobei dies gleichzeitig das Jahr mit der höchsten Fallzahl war. Seit 2008 gingen die Fallzahlen zunächst zurück, sodass im Jahr 2019 nur noch 18.905 Nachstellungstaten registriert wurden. In den Folgejahren 2020 und 2021 stiegen die Delikte aber auf 19.666 und schließlich 2021 auf 20.464 und in 2022 auf 21.426 Taten an.

Im Berichtsjahr 2024 stieg die Anzahl der Taten gegenüber 2023 (23.156) um 1.587 auf 24.743 (+ 6,9 %).[12] Damit stieg ihre Zahl das fünfte Jahr in Folge und auf einen Höchststand im betrachteten Zeitraum.

## II. Phänomenologie

### 1. Stalking-Handlungen

Stalking beschreibt ein Verhaltensmuster, das in seiner Ausgestaltung, Dauer oder Schwere nicht konkret definiert ist. Charakteristisch ist gleichwohl, dass es sich um wiederholte Handlungen der Kontaktaufnahme, Annäherung oder Belästigung handelt, die sich über einen längeren Zeitraum hinziehen. Der formale Oberbegriff des Stalkings stellt aus soziologisch-forensischer Sicht nur eine Plakette für gänzlich disparate Erscheinungsformen (und Täterprofile) dar.[13] Auch gilt, dass beim Stalking nicht nur die einzelnen („nachstellenden") Handlungen des Täters von Bedeutung sind, sondern primär die Täter-Opfer-Beziehung.[14] Die Beziehung zwischen Stalker und Opfer kann hierbei variieren. Typische Konstellationen sind ehemalige Intimpartner, Bekannte, Arbeitskollegen und berufliche Kontakte und seltener Fremde, Familienmitglieder und Personen des öffentlichen Lebens. Die meisten Fälle geschehen allerdings im sozialen Nahraum, bei schwerem Stalking sind sogar die Hälfte der obsessiven Verfolger und Belästiger ehemalige Intimpartner.[15]

> „Ich bin wertvoll. Und das bringe ich Dir jetzt bei."[16]

Zu den häufigsten Stalking-Handlungen zählen unerwünschte Telefonanrufe (etwa vier von fünf Fällen) und schriftliche Kontaktaufnahmen (z. B.

12 Quelle: BKA, PKS 2024.

13 *Dreßing/Kühner/Gass*, FPR 2006, 176 ff.

14 *Köhn*, Kriminologie, S. 132.

15 *Hoffmann/Küken-Beckmann/Voß*, FPR 2011, 211.

16 *Plemper*, Psychologie-heute 6/2007, 21 (22): „Dir werde ich's zeigen".

per Brief, E-Mail, WhatsApp etc.). Überdies finden häufig physische Annäherungen statt, z. B. durch Herumtreiben in der Nähe des Opfers in zwei Dritteln der Fälle, Verfolgung des Opfers (etwa 40 % der Fälle), Herumstehen der Stalker vor der Haustür/vor dem Arbeitsplatz der Betroffenen (32 % bis 50 % der Fälle) sowie Auflauern (ein Drittel der Fälle).[17] In etwa 50 % der Fälle wird zudem Kontakt über Dritte zum Opfer aufgenommen, in 25–30 % der Fälle erfolgt die Kontaktaufnahme über das Internet bzw. in Chats/Onlineforen. Häufig werden dem Opfer unerwünschte Geschenke zugesandt oder aber in geringerer Ausprägung (zwischen 6 % und 12,7 %) schockierende oder ekelerregende Dinge zugestellt bzw. am Haus hinterlassen.[18] Auch kommt es zu Beleidigungen, Beschimpfungen und Verleumdungen auch beispielsweise durch Anzeigen gegen das Opfer bei der Polizei. Nicht untypisch sind zudem im Namen des Opfers ausgeführte Warenbestellungen und Dienstleistungsangebote, auch mit sexuellem Hintergrund, sowie Adressänderungen und An- bzw. Abmeldungen bei Ämtern oder falsche Informationen über das Opfer im Internet.[19] Ebenfalls – wenn auch nicht so häufig – kommt es zu Eigentumsdelikten, etwa zu Diebstählen von Postsendungen, was in der Folge zur weiteren Informationsgewinnung auf Täterseite führen kann.

In gravierenden Fällen kommt es zu aggressiven Handlungen (ca. 15–25 % der Fälle), wie Bedrohungen, Sachbeschädigungen, körperlichen und/oder sexuellen Übergriffen. Teilweise dringen Stalker auch unerlaubt in den Wohnraum der Opfer ein (12–17 %).[20]

## 2. Cyberstalking

Unter Cyberstalking versteht man die permanente Überwachung, Belästigung oder Bedrohung einer anderen Person über das Internet. Damit stellt es eine Unterform des Cybermobbings im weiten Sinne dar.[21] Durch den Fortschritt der Digitalisierung in den privaten Haushalten ist es heutzutage unbestritten möglich geworden, ohne Wissen der Betroffenen Zugang zu deren Computern zu erlangen und damit tief in deren Privat- sowie Intimbereich einzudringen. Dabei können Smarthome-Ausstattungen oder die Nutzung des Internets der Dinge den Betroffenen zum Verhängnis werden. Nachstellung im digitalen Raum verfolgt die Opfer vielfach bis in ihre Schutzräume, insbesondere auch in Frauenhäusern, deren Mit-

17 *Posch*, in: Kemme/Groß, Kriminologie, S. 270
18 *Posch*, in: Kemme/Groß, Kriminologie, S. 271, m. w. N.
19 *Posch*, in: Kemme/Groß, Kriminologie, S. 271, m. w. N.
20 *Posch*, in: Kemme/Groß, Kriminologie, S. 271, m. w. N.
21 *Heckmann*, in: Stern/Sodan/Möstl, Staatsrecht, Band 4, § 102 Rn. 87.

arbeiterinnen es nicht selten an technischer Ausrüstung und Kenntnis fehlt.[22]

Auf das Phänomen des Cyberstalking hat auch der Gesetzgeber reagiert und § 238 StGB ergänzt. Im StGB wurde § 238 Abs. 1 Nr. 5 StGB durch das Gesetz zur effektiveren Bekämpfung von Nachstellungen und besseren Erfassung des Cyberstalkings eingeführt.[23]

### 3. Stalking-by-Proxy

Bei dem Phänomen stalking-by-proxy[24] delegiert der Täter Stalking-Handlungen an eine andere Person (auch Institution, Agentur, Gericht), wobei diese sich ihres „Auftrags“ oftmals nicht bewusst ist. In Betracht kommen etwa Privatdetektive, die vom Stalker zur Überwachung und Ausspionieren der Zielperson angeheuert werden, aber auch Freunde, Bekannte, die für die Zwecke des Stalkers oftmals im guten Glauben, dieser werde selbst verfolgt, instrumentalisiert werden.[25]

### 4. Gruppenstalking

Beim Stalking durch Gruppen („Gang-Stalking“) handelt es sich um gruppendynamische Phänomene, bei denen Verfolger und Verfolgte der gleichen Gruppe angehören (z. B. Arbeitsplatz). Die verfolgte Person sieht sich einer Gruppe oder Organisation ausgesetzt, von deren anonymen Mitgliedern sie gestalkt wird und die – aus Sicht der Zielperson – mit durchweg übermächtigen Kräften und Möglichkeiten ausgestattet sind und im Geheimen operieren.[26]

## III. Täter

### 1. Ubiquität

Stalker kommen aus allen sozialen Schichten und Altersgruppen. Etwa 80 % der Stalker sind Männer, überwiegend im Alter zwischen 30 und 40 Jahren. Stalker können sowohl Ex-Partner, ein Freund oder Kollege, ein Nachbar, ein professioneller Kontakt (z. B. ein Patient) oder ein völlig Unbekannter sein.[27] Gleichwohl gilt, dass Stalking bei Ex-Beziehungspartnern generell am häufigsten auftritt, gefolgt von Stalking bei Bekannten,

---

22 *Cirullies*, NZFam 2022, 333 (340).

23 BT-Drs. 19/28679, S. 7.

24 *Hoffmann/Küken-Beckmann/Voß*, FPR 2011, 211 (212).

25 *Voß*, Stalking, S. 34.

26 *Voß*, Stalking, S. 53.

27 Zur Prävalenz von Stalking *Endrass/Rossegger/Noll/Urbaniok*, MschrKrim 2007, 1 ff.

Freunden, Kollegen usw. Am seltensten treten mithin Fälle auf, in denen sich Verfolger und Opfer zuvor gar nicht kannten.[28]

## 2. Typus

Es gibt mithin keinen typischen Stalker. Beschrieben werden aber bestimmte Eigenschaften, die als typisch für Stalker beschrieben werden:[29]

- Der Stalker will wahrgenommen werden und sein Opfer auf sich aufmerksam machen,
- der Stalker ist leicht kränkbar und reagiert übertrieben auf Zurückweisung,
- die Fixierung des Stalkers auf das Opfer beruht auf eigener Unzufriedenheit,
- Stalker sind Wiederholungstäter und sehr ausdauernd,
- Stalker fühlen sich in ihrem Tun berechtigt und haben häufig diesbezüglich kein Unrechtsempfinden.

Um Tätergruppen zu bestimmen und deren Gefährlichkeit zu diagnostizieren sowie den möglichen Ablauf eines Stalkingfalls zu prognostizieren, werden verschiedene Typologien auch von Stalkern erstellt.[30]

Allerdings bergen typologische Ansätze, insbesondere in der Hand von Laien, die Gefahr vorschneller Typisierungen in sich, z.B. aus Unkenntnis oder aufgrund der Nicht-Verfügbarkeit aller insgesamt zu berücksichtigenden Faktoren. Dadurch kann im Einzelfall der Blick für wichtige Detailinformation verstellt sein („Schubladendenken"). Hier liegen (generell) die Schwachpunkte von Typologien. Es dürfte mithin eher selten vorkommen, dass Handlungen einer Person ein „Eins-zu-Eins-Verhältnis" mit den auf theoretischer Ebene angenommenen Konstrukten aufweisen.[31] Typologien sind daher für polizeiliche Interventions- und Präventionsbemühungen nur bedingt hilfreich. In der Forschungsliteratur zur Einordnung von Stalkern in unterschiedliche Kategorien (Klassen) werden etwa 20 Systeme diskutiert, die große Ähnlichkeiten und Parallelitäten aufweisen. Im Kern geht es um die Motivationslage beim Stalker, die Beziehung zwischen Stalker und Zielperson und um den jeweiligen psychischen Status des Stalkers aus psychiatrisch-pathologischer Sicht.[32]

---

28 *Voß/Hoffmann*, in: Hoffmann/Voß, Psychologie des Stalking, S. 13.

29 *Ottowitz*, PPinfo 5/2007, 4 (6).

30 Im Überblick *Weiner/Haas*, Opferrechte, S. 194 ff.

31 *Voß/Hoffmann/Wondrak*, in: Hoffmann/Voß, Psychologie des Stalking, S. 94.

32 *Voß*, Stalking, S. 67.

## 3. Tätertypologie

### a) Hauptverhaltenskomplexe

Eine Positivliste für „den Stalker" (und „das Stalking-Opfer") gibt es genauso wenig wie eine allgemein verbindliche Definition für das Phänomen „Stalking" selbst. Indes wurden zahlreiche Versuche unternommen, Charakterisierungsmodelle für bestimmte Stalker-Gruppen zu entwickeln. Die Bestimmung von „Stalker-Typen" erfolgte anhand verschiedener Ansatzpunkte, wobei sowohl an subjektive als auch an objektive Kriterien angeknüpft wurde.[33] Eine „grobe" Unterteilung nimmt *Löbmann* vor, indem er Stalking in 2 Hauptverhaltenskomplexe unterteilt („mild" und „schwer").[34]

#### aa) Mildes Stalking

Die Gruppe des milden Stalkings enthält Verhaltensweisen, zu denen etwa unerwünschte Kommunikation (z.B. durch SMS), andauerndes Beobachten und Verfolgen des Opfers, das demonstrative Warten vor der Wohnung des Opfers, das Ausfragen Dritter oder das (unerwünschte) Zusenden von Gegenständen gehört.

#### bb) Schweres, gewalttätiges Stalking

In die Gruppe des schweren (gewalttätigen) Stalkings fallen etwa explizite Beschimpfungen bzw. Beleidigungen, Gewaltandrohungen gegen das Opfer oder gegen Familienangehörige, aber auch Bedrohungen, die bis hin zu tatsächlichen körperlichen sowie sexuellen Übergriffen gehen.[35]

### b) Motivebenen

Typologisierend werden zwei Motivebenen unterschieden:

1. Positive Gefühle: Der Wunsch nach einer engen und in der Regel intimen Beziehung bzw. der Wiederherstellung einer einstmals engen Beziehung (Liebe, Zuwendung, Versöhnung, Herstellung/Aufrechterhaltung einer Beziehung) und
2. Negative Gefühle: Das Verlangen nach Vergeltung und Rache für angeblich oder auch tatsächlich erlittenes Unrecht (Rache, Wut, Eifersucht, Bedürfnis nach Aufrechterhaltung von Macht und Kontrolle)

---

33 *Spohn*, Anti-Stalking-Gesetz, S. 37.

34 *Löbmann*, MSchrKrim 2002, S. 25 ff.

35 *Seifert/Franke/Heinemann/Püschel/Mudrack*, in: Bettermann/Feenders, Stalking, S. 235 (238).

und eine – diesen negativen Gefühlen häufig zugrunde liegende – massive narzisstische Kränkung.[36]

Beide Kategorien sind weiter zu differenzieren: für Intimitätssuche (oder die Herstellung größtmöglicher sozialer Nähe) lassen sich unterschiedliche Ausgangspositionen anführen. So ist etwa der erotomanische Typ bereits (unerschütterlich) davon überzeugt, von der Zielperson geliebt zu werden; seine Anstrengungen richten sich dann darauf, durch beharrliches Verfolgen die Betroffene auch davon zu überzeugen und weitere Hindernisse auf dem Weg zu einer Vereinigung zu beseitigen.[37] Dagegen wird bei der anderen Motivklasse unterschieden zwischen Menschen, die Zurückweisung nicht oder nur schlecht ertragen können, und solchen Personen, die aus einem „inneren Zwang" heraus handeln und ihr Bedürfnis nach Macht und Kontrolle befriedigen.[38]

Eine verbreitete Typologie, die von der Forschungsgruppe um *Paul Mullen* (Australien) entwickelt wurde, unterschiedet fünf Motive:[39]

1. „‚Rejected stalker' (zurückgewiesene) verfolgen meistens einen ehemaligen Intimpartner oder eine ehemalige Intimpartnerin mit dem Ziel, eine Beziehung (wieder) herzustellen, dem Wunsch sich rächen zu wollen oder einer Kombination dieser Motive. Sie möchten durch das Stalking einen Kontakt zu dem Opfer herstellen oder erhalten, auch wenn dies dadurch geschieht, dass sie die Person quälen.
2. ‚Resentful stalker' (ärgerlich/wütende) möchten durch ihre Stalking-Aktivitäten dem Opfer Angst und Qual zufügen, geleitet von dem Wunsch nach Vergeltung. Der Stalker glaubt von der betroffenen Person, dass sie ihm Unrecht zugefügt hat.
3. ‚Intimacy seekers' (Begehren nach Intimität) wollen eine Beziehung mit ihrem ‚Traumpartner' beziehungsweise ihrer ‚Traumpartnerin' oder dem Menschen, von dem sie glauben, dass er sie liebt (oder bald lieben wird), realisieren. Sie beharren auf ihren Annäherungen und Kontaktgesuchen dem Opfer gegenüber, ungeachtet dessen negativer Resonanz. Viele dieser Stalker fallen in das Krankheitsbild der Erotomanie (Liebeswahn).
4. ‚Incompetent suitors' (inkompetente Verehrer) drängen sich der Person, die ihr Interesse weckt, geradezu auf. Sie glauben, einen berechtigten Anspruch auf sie zu haben. Viele dieser Täter oder Täterinnen reagieren schnell auf gerichtliche Sanktionen. Sie suchen sich jedoch auch häufig neue Zielobjekte.

---

36 *Posch*, in: Kemme/Groß, Kriminologie, S. 274; *Voß*, Stalking, S. 70 f.

37 *Voß*, Stalking, S. 71.

38 *Voß*, Stalking, S. 72.

39 Nachfolgend zitiert nach *Bettermann/Nauck/Freudenberg*, BMFSJ, Stalking, S. 5 ff.; *Spohn*, Anti-Stalking-Gesetz, S. 40 f.

5. ‚Predatory stalker' (räuberisch/habgierige) sind fast immer männlich. Ihre Stalking-Verhaltensweisen dienen der Vorbereitung eines meist sexuellen Angriffes. Diese Gruppe von zumeist männlichen Tätern ist sehr klein."

### c) Vier Haupttypen

Die englischen Kriminalpsychologen *Sheridan* und *Boon* entwarfen inspiriert von *Mullen* und seinem Team 2001 das erste Typenmodell speziell für die polizeiliche Arbeit mit folgender Unterteilung in vier Haupttypen:[40]

1. Typ 1: Ex-Beziehungsstalker („Ex-Partner-Stalking" – stalking or harassment)
   Bis zu 50 % der Stalker richten ihre Handlungen gegen die ehemalige Intimpartnerin. Der Stalker ist von Wut getrieben. In der Beziehung kam es bereits zu häuslicher Gewalt. Es gibt Streit um Kinder, Finanzen usw. Der Täter trifft keine Vorsorgemaßnahmen, „was die Beweisführung erleichtert. Problematisch ist seine hohe Gewaltbereitschaft, seine Drohungen müssen ernst genommen werden"[41].
2. Typ 2: Verliebter Stalker („Infatuation Harassment"):
   Hierzu gehören etwa 19 % der Stalker. Er ist weniger gefährlich, „da es ihm nur um den Aufbau einer Beziehung geht"[42].
3. Typ 3: Wahnhaft fixierter Stalker („Delusional Fixation Stalking"):
   Hierzu gehören etwa 15 % der Stalker. Unterschieden wird hier zwischen gefährlichen und weniger gefährlichen Stalkern.
4. Typ 4: Sadistischer Stalker („Sadistic Stalking"):
   Hierzu gehören etwa 13 % der Stalker, wobei der Täter immer männlich ist. Die jeweilige Zielperson kann dagegen unterschiedlichen Geschlechts sein.[43] Die Täter weisen in der Regel Persönlichkeitsstörungen auf, zumeist eine „antisoziale Persönlichkeitsstörung"[44].

Je nach Typus ergeben sich unterschiedliche Konsequenzen für das Fallmanagement. So kann im Falle des verliebten Teenagers (Typ 2) die Empfehlung ausgesprochen werden, eher die kognitive Ebene anzusprechen. Es erscheint bedeutsam, dem Stalker „behutsam" die negativen Auswirkungen seiner Handlungen nahe zu bringen. Dagegen wird der wahnhaft fixierte Stalker (Typ 3) rationalen Argumenten kaum zugänglich sein. Hier

---

40 *Spohn*, Anti-Stalking-Gesetz, S. 41 f.; auch *Sheridan/Blaauw*, in: Hoffmann/Voß, Psychologie des Stalking, S. 73 ff.

41 *Burgheim*, Die Kriminalpolizei 2/2007, 52 (54 f.).

42 *Burgheim*, Die Kriminalpolizei 2/2007, 52 (55).

43 *Voß*, Stalking, S. 73.

44 *Burgheim*, Die Kriminalpolizei 2/2007, 52 (55).

scheint vielmehr eine Hospitalisierung angebracht. Beim Typus 4 („Sadistic Stalking“) muss berücksichtigt werden, dass die Aktivitäten des Stalkers kaum zu stoppen sein werden und dass ein (bloßes) Ansprechen von ihm keine Vorteile bringen wird. Hier erweist sich das polizeiliche Vorgehen als äußerst schwierig, da der Stalker sein Vorgehen sorgfältig plant, um das Risiko einer strafrechtlichen Verfolgung zu minimieren und gleichzeitig den Schaden für das Opfer zu maximieren. Dieser Stalkertypus hinterlässt mit am wenigsten polizeilich verwertbare Spuren.[45]

#### d) Meta-Analyse: Verhaltensthemen – Gruppenzuordnung

In einer Meta-Analyse über 103 Studien wurden berichtete Einzelhandlungen übergeordneten Verhaltensclustern zugeordnet,[46] so lassen sich die von Stalkern gezeigten Verhaltensweisen grob fünf übergeordneten Gruppen und zwei Verhaltensthemen zuordnen:[47]

**Nähe-Distanz**

1. Hyperintimität (sog. Werbungsverhalten, z. B. Liebesbekundungen, Telefonate usw.)
2. Verfolgung (Strategien, die dem Aufbau von Nähe dienen, z. B. Auflauern)
3. Eindringen (Privatsphäre tangieren, z. B. Wohnungseinbruch, Telefonterror)

**Macht-Kontrolle**

4. Einschüchterung (z. B. Belästigung, Verstoß gegen Kontaktverbote, Drohungen)
5. Gewalt (z. B. Freiheitsberaubung, Gewalt usw.)

Bei den ersten drei Gruppen dominiert im Täterverhalten das Thema **„Nähe – Distanz“**. Bei den beiden letzten Gruppen dominiert das Thema **„Macht – Kontrolle“**. Letzteres ist eng mit Gewalt bzw. einem **erhöhten Gefährdungsrisiko** verbunden. Handelt es sich bei dem Täter um einen Ex-Partner des Opfers, finden sich nahezu immer Verhaltensweisen aus dem Themenfeld „Macht – Kontrolle“. In Fällen ohne enge Täter-Opfer-Vorbeziehung tritt derartiges Macht- und Kontrollverhalten erheblich seltener auf.[48]

---

45 *Sheridan/Blaauw*, in: Hoffmann/Voß, Psychologie des Stalking, S. 85.

46 *Greuel/Petermann*, Gewalt- und Tötungsdelikte im sozialen Nahraum, S. 65 f., m. w. N.

47 *Posch*, in: Kemme/Groß, Kriminologie, S. 274.

48 Vgl. LAFP NRW (Landesamt für Ausbildung, Fortbildung und Personalangelegenheiten der Polizei Nordrhein-Westfalen), Abt. 2 – FB Kriminalitätskontrolle, Dezernat 23, Handreichung für die polizeiliche Fortbildung und Praxis: Stalking – Phänomenologie, Intervention, Prävention, 2007, S. 6.

## IV. Stalking und Gewalt, Hochrisikofälle

Die Angst vor Gewalt ist mithin zentral für das Phänomen Stalking.[49] Beim Stalking spielen Macht und Kontrolle eine wichtige Rolle.

> In Stalking-Fällen kommt es häufig zu „eskalierenden Verläufen mit sexueller und körperlicher Gewalt; in seltenen Fällen ist Stalking auch ein Risikofaktor für Tötungsdelikte".[50]

Die Frage nach der (relativen) Prognose von Stalking-Verhalten im Hinblick auf eine (tödliche) Gewalteskalation ist zwar einerseits insbesondere für die Praxis von hoher Bedeutung, sie lässt sich aber andererseits schwerlich beantworten.

Kam es in der Vergangenheit zu Beziehungsgewalt, dann gilt diese (Beziehungs-)Gewalt als der stärkste Prädiktor für einen möglichen Femizid durch den (Ex-)Partner.[51] Als Risikofaktoren der Gewalt gelten eine vorherige Beziehung zum Opfer, Gewaltdrohungen und Alkohol- bzw. Drogenmissbrauch.[52] Unter Zugrundelegung der Typologie *Mullens* traten gewalttätige Angriffe am häufigsten beim zurückgewiesenen Stalker („Rejected Stalker") auf (59 %). Auch das Vorhandensein gemeinsamer Kinder scheint ein hohes Konfliktpotenzial zu besitzen, welches in mehrerlei Hinsicht zu Eskalationen führen kann. Nach einer vom Weißen Ring geförderten Studie an der TU Darmstadt zu Stalking und häuslicher Gewalt war bei gemeinsamen Kindern folgendes problematisches Verhalten gehäuft zu beobachten:[53]

- mehr Drohungen gegen die Frau,
- mehr körperliche Gewalt gegen die Frau,
- mehr Gewalt gegen dritte Personen,
- mehr Gewalt gegen gemeinsame Kinder als gegen mitgebrachte Kinder durch die Partnerin.

Eine mögliche Erklärung für die höhere Aggressionsrate bei gemeinsamen Kindern besteht vermutlich darin, dass durch die gemeinsame Elternschaft immer wieder Kontaktpunkte zwischen den getrennten Part-

---

49 *James/Farnham*, in: Hoffmann/Voß, Psychologie des Stalking, S. 159.

50 *Dreßing/Gass/Schultz/Kuehner*, Deutsches Ärzteblatt 2020, 272 (273).

51 *Greuel*, in: Lorei, Tagungsband Polizei & Psychologie, S. 73, m.w.N.

52 *James/Farnham*, in: Hoffmann/Voß, Psychologie des Stalking, S. 165, mit Hinweisen auf entsprechende Studien.

53 *Hoffmann/Küken-Beckmann/Voß*, FPR 2011, 211 (213).

nern entstehen und sich dabei auch Konflikte um das Thema Kind entwickeln, die in Drohungen und in körperlicher Gewalt eskalieren.[54]

In der Literatur werden ansonsten folgende Faktoren für ein erhöhtes (Eskalations-)Risiko genannt:[55]

- frühere Verletzungen derartiger Anordnungen
- vorangegangene Gewalttätigkeiten des Stalkers gegen das Opfer
- Ausmaß der obsessiven Fixierung auf das Opfer
- häufiger früherer Kontakt mit der Polizei wegen delinquenten Verhaltens
- aktuelle Lebenssituation (Stalker hat nichts mehr zu verlieren)
- schwere Depressionen seitens des Stalkers
- ausgeprägte antisoziale, psychopathische, narzisstische Persönlichkeitszüge[56]
- Borderline-Persönlichkeitszüge

Treten die beschriebenen Merkmale in einem Stalking-Fall auf, sollte der Betroffene sich einer möglichen „Gefahrerhöhung" bewusst sein.[57]

Ein besonders hohes Risiko für gewalttätiges Verhalten des Stalkers wird dann angenommen, wenn zwischen Stalker und Opfer eine intime Beziehung bestand, die zerbrochen ist.[58]

HOCHRISIKO: **Ex-Partner-Stalker**

Ebenfalls im Hinblick auf die Prognose bedeutsam ist die dem Stalking-Verhalten zugrunde liegende Motivation, die man typologisierend den folgenden 3 Gruppen zuordnen kann:

1. Rache
2. Liebe
3. narzisstisches Bedürfnis

Hier ist besonders bei rachemotiviertem Stalking von einem erhöhten Risiko für gewalttätiges Verhalten des Stalkers auszugehen.[59]

54 *Voß*, FPR 2011, 199 ff.: Häusliche Gewalt, Stalking und Familiengerichtsverfahren.
55 *Hoffmann*, in: Wondrak, Stalking, S. 76.
56 Näher dazu *Gerrig/Zimbardo*, Psychologie, S. 574 ff.
57 *Hoffmann*, in: Wondrak, Stalking, S. 77.
58 *Goebel/Lapp*, Kriminalistik 2003, 369 ff.
59 *Dreßing/Maul-Backer/Gass*, NStZ 2007, 253 (255).

## V. Opfer

### 1. Folgen

Stalking kann bei den Betroffenen zu gravierenden physischen, psychischen und sozialen Folgen führen.[60] Empirische Studien belegen, dass Opfer von Stalking Angst und Furcht empfinden.[61] Stalking-Opfer klagen häufig über einen schlechten körperlichen Allgemeinzustand und über mehr chronische Erkrankungen als Nicht-Opfer. Auch Symptome wie Appetitstörungen, anhaltende Übelkeit, Verdauungsstörungen, Schlafstörungen, Müdigkeit, Erschöpfung und Kopfschmerzen spiegeln die körperliche Ebene der Auswirkungen anhaltender Verfolgung und Belästigung wider.[62] Charakteristisch von Stalking ist v. a., dass sich die andauernden Belästigungen auf die Lebensgestaltung des Opfers auswirken.

> Opfer von Stalking zu sein bedeutet, einer chronischen Stresssituation ausgesetzt zu sein.[63]

### 2. Gefährdungsrisiko

Allgemein können folgende Umstände auf eine erhöhte Gefährdung des Opfers hindeuten:[64]

- der Täter oder die Täterin war bereits früher gewalttätig,
- der Täter oder die Täterin missbraucht Alkohol oder Drogen,
- Kinder werden als Druckmittel eingesetzt (Kinder erschweren konsequenten Kontaktabbruch),
- es kommt zu Mord- oder Selbstmordankündigungen des Täters oder der Täterin,
- extreme Kontrollausübung (z. B. ständige Observation),
- es stehen Situationen an, die den Täter oder die Täterin besonders belasten (Stressoren),
- der Täter oder die Täterin hat Zugang zu Waffen,

---

60 *Doering*, Deutsche Polizei 10/2015, 38 f.; *Weiner/Haas*, Opferrechte, S. 201 ff.

61 *Dreßing/Kühner/Gass*, Deutsches Ärzteblatt 2004, 2862. Eine Zusammenfassung der Forschungsergebnisse zu den Auswirkungen auf die Betroffenen von Stalking bei *Wondrak*, Stalking, S. 40 ff.

62 *Posch*, in: Kemme/Groß, Kriminologie, S. 277; *Kühner*, FPR 2006, 186 (187).

63 *Wondrak*, Stalking, S. 35.

64 *Goebel/Lapp*, Kriminalistik 2003, 369 ff.; grundlegend *Voß*, Stalking, S. 135 ff.: „Wie gefährlich ist mein Stalker?".

- es liegen psychische Erkrankungen vor,
- Depression (Täter),
- Verzweiflung (Täter),
- mangelnde Einsicht,
- Schuldzuweisung an andere,
- das Opfer verhält sich inkonsequent.

Von einer Zunahme des Risikos ist auch auszugehen, wenn einem Stalker vom Gericht ein Annäherungsverbot zugestellt wird oder ihm vom Familiengericht der Umgang mit gemeinsamen Kindern untersagt wird.[65]

### 3. Gefährdungsanalyse

#### a) Systematische Risikoanalyse

Bei einer Risikoanalyse müssen alle verfügbaren Informationen genutzt werden. Durch das Vorliegen von Risikofaktoren wird der Fall als Hochrisikofall klassifiziert.[66]

> Die Risikoeinschätzung muss fortwährend überprüft werden, da sich die Risikofaktoren dynamisch verändern können.[67]

Das LAFP NRW (Landesamt für Ausbildung, Fortbildung und Personalangelegenheiten der Polizei Nordrhein-Westfalen) weist darauf hin, dass eine umfassende und von Zufallseinflüssen möglichst freie Bewertung der Opfergefährdung voraussetzt, dass neben einer ersten unsystematischen Einschätzung (erster Eindruck) eine systematische Analyse erfolgen muss; empfohlen wird ein mehrstufiges Vorgehen.[68]

| | |
|---|---|
| 1. Schritt | subjektive Gefährdungseinschätzung durch das Opfer |
| 2. Schritt | systematische Risikoanalyse zur Identifizierung potenzieller Hochrisikofälle |
| | ↓ ↓ ↓ ↓ ↓ ↓ |
| 3. Schritt | systematische, einzelfallorientierte Bewertung der Gefährdungslage bei identifizierten Hochrisikofällen. |

Jeder Schritt bedarf mithin der Dokumentation!

---

65 *Dreßing/Gass/Schultz/Kuehner*, Deutsches Ärzteblatt 2020, 272 (273).

66 Vgl. LAFP NRW 2007, S. 20.

67 *Dreßing/Gass/Schultz/Kuehner*, Deutsches Ärzteblatt 2020, 272 (273).

68 Vgl. LAFP NRW 2007, S. 19.

#### b) Subjektive Gefährdungseinschätzung des Opfers

Der subjektiven Gefährdungseinschätzung durch das Opfer ist besonderes Gewicht beizumessen. Es ist bekannt, dass Frauen ihre (kurzfristige) Gefährdungslage recht zuverlässig einschätzen können. Fehleinschätzungen treten eher in Richtung einer Unterschätzung des persönlichen Risikos auf (d. h., einige Frauen trauen ihren Ex-Partnern massive Gewalt oder gar Tötungsabsichten nicht zu).[69]

#### c) Einzelfallorientierte Bewertung der Gefährdungslage

Dieser Analyseschritt erfolgt nur bei den identifizierten Hochrisikofällen. Es werden dazu alle verfügbaren Erkenntnisse zusammengeführt und einzelfallorientiert bewertet.

Hier müssen systematisch die Gefährdungslage beurteilt, eine Schutzkonzeption erstellt und erforderliche Schutzmaßnahmen angeordnet und umgesetzt werden (vgl. PDV 129 VS-NfD).[70]

Die Mitwirkung anderer Behörden oder Einrichtungen kann erforderlich sein.

### 4. false victimization syndrome

In der Praxis treten vereinzelt vorgebliche bzw. „falsche" Opfer auf.[71] Es wird in diesem Zusammenhang von einem sogenannten Falschen-Opfer-Syndrom („false victimization syndrome") gesprochen.[72] Hierbei handelt es sich um Menschen, die aus verschiedenen Gründen die Rolle des Stalking-Opfers einnehmen, es de facto aber nicht sind. Kernmerkmal dieser „falschen Opfer" ist (natürlich), dass sie tatsächlich nicht Opfer geworden sind und sich demzufolge auch keine objektiven Beweise finden lassen bzw. gefälschte Beweise vorgelegt werden.[73] In der Literatur werden fünf verschiedene Typen vorgeblicher Stalking-Opfer unterschieden.[74]

1. Täter beziehungsweise Täterinnen, die sich als Opfer ausgeben:
   Der Stalker zeigt beispielsweise das Opfer an und behauptet von ihm verfolgt, belästigt und bedroht zu werden.

---

69 Vgl. LAFP NRW 2007, S. 19.

70 Vgl. LAFP NRW 2007, S. 21.

71 Zum Phänomen „falsche Opfer" *Dienstbühl/Üzüm*, Sexualdelikte, S. 58 ff.

72 Über die Häufigkeit des Auftretens dieses Syndroms existieren (nur) widersprüchliche Erkenntnisse, *Wondrak*, Stalking, S. 61; *Bettermann*, Falsche Stalking-Opfer, passim.

73 *Wondrak*, Stalking, S. 63.

74 *Bettermann/Nauck/Freudenberg*, BMFS, Stalking, S. 13; grundlegend zu Opfertypologien *Blum*, Opferschutz und Opferhilfe, S. 28 ff.; *Schwind/Schwind*, Kriminologie, § 19 Rn. 11 ff.; *Kropp*, JuS 2005, 686 f., auch zur Rolle des Opfers bei der Verbrechensentstehung.

2. Wahnerkrankte:
   Sie stellen eine große und leicht zu identifizierende Gruppe. Häufig überschreiten ihre Schilderungen Menschenmögliches. So berichten sie z. B. über eine Mehrheit von Tätern und/oder Täterinnen, die unglaubliche technische Möglichkeiten haben und gigantische Verschwörungsnetzwerke aufbauen.
3. Ehemalige Opfer:
   Aufgrund einer ehemaligen Viktimisation ist die Person hypersensibilisiert und deutet sozialadäquates Verhalten falsch.
4. Artifizielle Opfer:
   Die Personen täuschen physische und/oder psychische Symptome vor, um als Stalking-Opfer zu gelten. Sie ziehen einen emotionalen Gewinn aus der Rolle des Opfers.
5. Simulierte Opfer:
   Simulierte Opfer erzielen einen materiellen Gewinn aus der Opferrolle, z. B. finanzielle Hilfen oder den für sie positiven Ausgang einer Gerichtsverhandlung.

Es sei allerdings hervorgehoben, dass vorgebliche Opfer nur eine kleine Gruppe darstellen. Gleichwohl ist es von Bedeutung, derartige Fälle zu erkennen, da Kraft, Zeit und Geld von Polizei, Beratungseinrichtungen usw. gebunden werden.

Steht zweifelsfrei fest, dass es sich um einen Fall des Falschen-Opfer-Syndroms handelt, muss das vorgebliche Opfer vorsichtig mit der Situation konfrontiert werden. Das heißt, der Berater äußert seine Zweifel an der Darstellung, betont aber gleichzeitig, dass er bemerke, wie schwer die Situation für die Person ist („goldene Brücke“).

Problematisch ist mitunter der Nachweis einer nur vorgetäuschten Verfolgung.[75] *Voß* führt Merkmale an, die auf das Vorliegen eines falschen Stalking-Syndroms hindeuten:[76]

- wenig differenzierte Berichte, Mangel an der Darstellung,
- Täter (Stalker) ist fast immer unbekannt/anonym,
- keine Zeugen – Übergriffe finden fast immer statt, wenn die betroffene Person allein ist,

---

75 Zum Phänomen der Falschanzeigen im Kontext von Sexualdelikten *Walter*, JZ 2025, 118 ff.; *Pollich*, NK 2024, 518 ff.; *Uhlig/Wirth*, Kriminalistik 2019, 420 ff.

76 *Voß*, Stalking, S. 22.

- Ereignisse sind anfänglich oftmals unbedenklich und steigern sich dann rasch zu kriminellen Akten,
- „Opfer"-Angaben entsprechen teilweise anderen Berichten in den Medien zu ähnlichen Vorkommnissen,
- wenige oder keine („echten") Gefühlsäußerungen wie Angst oder Besorgtheit,
- übertriebener Leidensausdruck,
- Maßnahmen zur Aufklärung des Falles (Überwachungskameras, Fangschaltungen usw.) werden als zwecklos zurückgewiesen oder nur zögerlich angenommen,
- vergleichbare Verhaltensmuster in Opferbiografie, z.B. unaufgeklärte Opfererfahrungen in der Vergangenheit,
- Wahrnehmung von überdurchschnittlich vielen Hilfs- und Beratungsangeboten.

Auch ist zu berücksichtigen, dass tatsächlich in der Vergangenheit gemachte Erfahrungen als Stalking-Opfer eine erhöhte Sensibilität gegenüber Handlungen einer anderen Person bewirken können, welche dann voreilig und unangemessen mit Stalking in Zusammenhang gebracht werden. Eine Absicht ist dann oftmals nicht zu unterstellen.[77]

Ungeachtet eines eher geringen Anteils von Falschen-Stalking-Opfern ist hervorzuheben, dass die Auswirkungen eines fälschlich als „wahr" angenommenen Falles für den (vermeintlich) „Tatverdächtigen" schwerwiegend bis sehr gravierend sein können – „angefangen mit sozialer Ächtung bis hin zu Strafverfolgung, Inhaftierung und Strafverbüßung"[78]. Auf die Straftatbestände § 145d StGB (Vortäuschen einer Straftat)[79] und Falsche Verdächtigung (§ 164 StGB)[80] sei hingewiesen.

---

77 *Voß*, Stalking, S. 23.

78 *Voß*, Stalking, S. 23f.

79 Grundzüge mit Fallgruppen bei *Steinl*, JuS 2023, 308ff.

80 Zur „falschen Verdächtigung" und Beweismittelfiktion *Küper*, GA 2018, 359ff. Hinzuweisen ist ergänzend darauf, dass eine Strafbarkeit wegen falscher Verdächtigung ausscheidet, wenn die behauptete Tat nicht verfolgbar ist; grundlegend *Krell*, NStZ 2011, 671ff.

## B. Strafbarkeit von Stalking

### I. Gesetz zur Strafbarkeit beharrlicher Nachstellungen

Die Strafnorm des § 238 StGB wurde durch das „Gesetz zur Strafbarkeit beharrlicher Nachstellungen" (40. StrÄndG) v. 30.3.2007 eingeführt.[81] Vor Einführung des Straftatbestandes § 238 StGB gab es im StGB keine Strafvorschrift, die „Stalking" als solches unter Strafe stellte.[82] Strafrechtliche Folgen von entsprechenden Tathandlungen mussten vielmehr unter andere Straftatbestände subsumiert werden, insbesondere Körperverletzung (§§ 223 ff. StGB), Nötigung (§ 240 StGB)[83] oder Bedrohung (§ 241 StGB).[84]

Mit dem „Gesetz zur Verbesserung des Schutzes gegen Nachstellungen" kam es 2017 zur ersten Reform.[85] Im Jahr 2021 erfolgte eine weitere Änderung mit dem „Gesetz zur Änderung des Strafgesetzbuches – effektivere Bekämpfung von Nachstellungen und bessere Erfassung des Cyberstalkings" zum 1.10.2021.[86]

### II. Systematik des Tatbestandes (§ 238 StGB)

Geschütztes Rechtsgut des § 238 StGB ist v. a. die Freiheit der Willensentschließung und die Freiheit der Willensbetätigung. Geschützt werden aber auch die körperliche Unversehrtheit und das Leben.[87] Der (Grund-)Tatbestand versucht – mangels anerkannter Definition des Stalkings – das Phänomen Stalking zu umfassen, indem er konkret bezeichnete Handlungsalternativen (§ 238 Abs. 1 Nr. 1 bis 7 StGB) und einen Auffangtatbestand (§ 238 Abs. 1 Nr. 8 StGB) benennt. § 238 Abs. 2 StGB enthält Strafzumessungsregeln für besonders schwere Fälle, Abs. 3 eine Erfolgsqualifikation.

---

81 BGBl. I 2007, S. 354; in Kraft getreten am 31.3.2007; dazu statt vieler: *Vahle*, DVP 2007, 233: Neues Gesetz gegen das sog. Stalking.

82 Zur Rechtslage vor Entstehung des Gesetzes zur Strafbarkeit von Nachstellungen *Spohn*, Anti-Stalking-Gesetz, S. 48 ff.

83 *Brauner/Göhner*, NJW 1978, 1469 (1472); „Telefonterror".

84 *Weinitschke*, Ad Legendum 2008, 75; zur Strafbedürftigkeit des Stalking *Kraenz*, Die Polizei 2009, 348 (351 f.).

85 BGBl. I 2017, S. 386. Mit einem Resümee mit Blick auf die Reform *Spohn*, Anti-Stalking-Gesetz, passim.

86 BGBl. I 2021, S. 3513. Empirische Grundlage für die Gesetzesänderung 2021 war der „Evaluierungsbericht des Bundesministeriums für Justiz und für Verbraucherschutz zur Neufassung des § 238 Strafgesetzbuch durch das Gesetz zur Verbesserung des Schutzes gegen Nachstellungen vom 1.3.2017 vom 20.12.2020" hierzu *Kretschmer*, JA 2022, 41 ff.

87 BT-Drs. 16/575, S. 6 (Begr. RegE); kritisch zu den Reformen *Meyer*, StV 2025, 498: „ausufernde und nicht mehr kontrollierbare Strafbarkeit von ‚Stalking'".

## III. Objektiver Tatbestand – Tathandlungen

### 1. Unbefugtes Nachstellen

Tathandlung ist das „unbefugte Nachstellen" in den beschriebenen Ausprägungen (§ 238 Abs. 1 Nr. 1 bis 8 StGB). Kennzeichnend für die Tathandlung ist ein Gesamtverhalten des Täters, das durch die Summe einzelner Handlungen die Beeinträchtigung beim Opfer herbeiführt. Diese Beeinträchtigung entsteht vielfach gerade erst durch die Kombination und Wiederholung einzelner Handlungen. Dem Begriff des Nachstellens ist daher ein gewisses Maß an Dauerhaftigkeit immanent.[88]

Unbefugt sind die Handlungen des Täters, wenn sie ohne amtliche bzw. rechtliche oder privat-autonome Befugnis bzw. Erlaubnis und gegen den ausdrücklichen Willen des Opfers erfolgen. Damit sollen Fälle ausgeschlossen werden, in denen eine Befugnisnorm zugunsten des Täters greift oder das Opfer einwilligt. Diese Bedingungen setzen voraus, dass das Opfer dem Stalker durch eine deutliche Haltung bzw. Handlung ein sogenanntes „STOP-Signal" setzt. Fühlt sich das Opfer durch die Handlungen des Stalkers „geschmeichelt" oder lässt es ihn „gewähren", so wird dies als Einverständnis gewertet und schließt eine Tatbestandsmäßigkeit aus.[89] Das Merkmal „unbefugt" kann als Korrektiv herangezogen werden, weil es nicht als allgemeiner Hinweis auf das Fehlen von Rechtfertigungsgründen oder Blankettverweis verstanden werden kann, „sondern ein objektives Tatbestandsmerkmal ist, das der richterlichen aber auch staatsanwaltschaftlichen Güter- und Interessenabwägung unterliegt"[90]. Dem folgend wird einer „Ausuferung des Nachstellungstatbestandes über das unbefugte Nachstellen entgegengewirkt"[91].

### 2. Kataloghandlungen (§ 238 Abs. 1 StGB)

#### a) Aufsuchen räumlicher Nähe

§ 238 Abs. 1 Nr. 1 StGB umfasst gezielte physische Annäherungen wie das Auflauern, Verfolgen, Vor-dem-Haus-Stehen und sonstige häufige Präsenz in der Nähe der Wohnung oder Arbeitsstelle des Opfers. Die Variante setzt voraus, dass Täter und Opfer nicht zusammenleben. Es dürfte sich um eine der typischsten Erscheinungsformen des Stalkings handeln. Es kann der Kontaktaufnahme, der Kontrolle, der konkludenten Drohung, der psychischen Zermürbung oder mehreren dieser Beweggründe dienen.[92]

---

88 OLG Celle, Beschl. v. 21.9.2011 – 32 Ss 96/11, NStZ-RR 2012, 341.

89 *Esser*, in: Hornung/Müller-Terpitz, Hdb Social Media, Kapitel 7, Rn. 177.

90 *Fischer*, StGB, § 238 Rn. 36; *Gerholf*, ZRP 2021, 118 (120).

91 *Meyer*, StV 2025, 498 (501).

92 *Mosbacher*, NStZ 2007, S. 665 (667).

Es ist nicht erforderlich, dass es zu einer Berührung, einem persönlichen Kontakt oder einer Kommunikation kommt.[93]

Typisch ist der Ex-Ehemann/Lebensgefährte, der über die Trennung nicht hinwegkommt und seine ehemalige Partnerin „bestalkt", um sich entweder an ihr zu rächen oder sie dazu zu bewegen, die aufgehobene Beziehung wieder aufleben zu lassen.[94]

### b) Kontaktaufnahme, Verwendung von Telekommunikationsmitteln

§ 238 Abs. 1 Nr. 2 StGB erfasst Versuche der Kontaktaufnahme mit dem Opfer sowohl über Kommunikationsmittel der Telekommunikation, sonstiger Art (Briefe, Botschaften auf dem Kfz des Opfers) oder über Dritte (wie Freunde oder Lieferdienste).[95] Die Versuchsformulierung dieser Variante stellt klar, dass das Opfer nicht auf die Kontaktherstellung zu reagieren braucht.[96]

Telefonterror dürfte in der Praxis zu den häufigsten Formen des Stalkings gehören.[97] Der Täter kann so ohne direkten Kontakt zum Opfer Beleidigungen oder sexuelle Anspielungen versenden und das Opfer damit psychisch stark belasten.[98]

**Beispiel:**

Täter schreibt in das Profil seiner Ex-Freundin mehrfach sexuelle Anspielungen und postet anstößige Bilder.[99] In diesem Fall ist die Gefahr groß, dass es zu einer schnellen Verbreitung dieser Bilder kommt („Grenzenlosigkeit des Internets"[100]).

---

93 *Valerius*, JuS 2007, 319 (321).

94 *Mitsch*, NJW 2007, 1237 (1238).

95 BT-Drs. 16/575, S. 7.

96 *Valerius/Ruppert*, Strafrecht, § 15 Rn. 97.

97 *Meyer*, ZStW 2003, 249 (252).

98 *Esser*, in: Hornung/Müller-Terpitz, Hdb Social Media, Kapitel 7, Rn. 172.

99 Zum Anspruch auf Löschung privat angefertigter intimer Foto- und Videoaufnahmen nach Beziehungsende OLG Koblenz, Urt. v. 20.5.2014 – 3 U 1288/13, CR 2014, 665. Hiernach ist der Anspruch auf Löschung digitaler Fotografien und Videoaufnahmen nach Beendigung einer Liebesbeziehung auf erotische und intime Aufnahmen beschränkt. Der Schutz des allgemeinen Persönlichkeitsrechts mittels eines allgemeinen Beseitigungsanspruches bei hinreichender Beeinträchtigung ist in der Rechtsprechung und der Literatur anerkannt. Dabei ist der Grad der Beeinträchtigung des Persönlichkeitsrechts abzuwägen. Insbesondere die Intimsphäre ist als Kernbereich des allgemeinen Persönlichkeitsrechts besonders sensibel und genießt deshalb ein hohes Schutzniveau; dazu *Hofmann*, AnwZert ITR 17/2014, Anm. 3.

100 *Sujecki*, K&R 2011, 315 ff. Zum Persönlichkeitsschutz im Internet bereits *Bull*, NVwZ 2011, 257 ff.; *Heckmann*, NJW 2012, 2631 ff. Speziell zu Persönlichkeitsrechtsverletzungen durch Äußerungen im Internet *Dittmayer*, DuD 2013, 780 ff. Zur Strafbarkeit von Foto- und Videoveröffentlichungen im Internet: *Heckmann* in: Heckmann/Paschke, JurisPK-Internetrecht, Kapitel 8, Rn. 248 ff.

Das LG Oldenburg hat einer Frau 22.000 Euro Schmerzensgeld wegen Veröffentlichung von Fake-Porno-Bildern im Internet zugesprochen.[101] Das Einstellen manipulierter Bilddateien, bei denen der Kopf- und Gesichtsbereich mit Fotos sexueller Handlungen in einer für den Betrachter nicht erkennbaren Weise verbunden wurde, löst einen Schmerzensgeldanspruch aus, der wegen der Schwere der Persönlichkeitsrechtsverletzung eine erhebliche Höhe erreicht.[102]

Der bloße Versuch der Kontaktherstellung ist ausreichend. Die Tat ist also auch vollendet, wenn das Opfer auf die Annäherungsversuche des Täters nicht eingeht.

#### c) Warenbestellungen, Dienstleistungen, Veranlasste Kontaktaufnahme durch Dritte

§ 238 Abs. 1 Nr. 3 StGB betrifft die missbräuchliche Verwendung personenbezogener Daten (z. B. der Adresse oder Telefonnummer), um Bestellungen von Waren oder Dienstleistungen aufzugeben oder Dritte zur Kontaktaufnahme zu veranlassen (z. B. durch das Angebot sexueller Dienstleistungen unter der Telefonnummer des Opfers).[103]

Erfasst werden auch Verhaltensweisen, durch die Dritte zu einer Kommunikation mit dem Opfer veranlasst werden. Diese Variante ist insbesondere darauf gemünzt, dass der Täter sein ahnungsloses Opfer in „gefakten" Inseraten als vermeintliche Erbringerin sexueller Dienstleistungen bloßstellt und auf diese Weise ebenso ahnungslose Interessenten dazu bringt, zwecks Inanspruchnahme dieser Dienste an die vermeintliche Inserentin heranzutreten.[104]

#### d) Bedrohungen der höchstpersönlichen Rechtsgüter

§ 238 Abs. 1 Nr. 4 StGB erfasst die Bedrohung des Opfers mit der Verletzung von Leben, körperlicher Unversehrtheit, Gesundheit oder Freiheit seiner selbst, eines Angehörigen oder einer anderen ihm nahestehenden Person.

---

101 LG Oldenburg, Urt. v. 2.3.2015 – 5 O 3400/13, MMR 2015, 475. Verbreitung pornografischer Fotomontagen im Internet, die erkennbar das Gesicht der Klägerin enthalten und/oder mit ihrem bürgerlichen Namen gekennzeichnet sind.

102 *Braun*, jurisPR-ITR 18/2015, Anm. 2. Die unerlaubte Veröffentlichung pornografischer Bilder und Filme im Internet stellt eine ganz erhebliche Persönlichkeitsrechtsverletzung dar, die hohe Schmerzensgeldansprüche begründen kann.

103 *Valerius/Ruppert*, Strafrecht, § 15 Rn. 92. Überdies macht sich wegen Betruges strafbar, wer unter dem Namen einer anderen Person Lieferungen oder Dienstleistungen in Auftrag gibt, um den anderen in Aufregung und Unruhe zu versetzen, LG Kiel, Urt. v. 3.3.2006 – V Ns 18/06, NStZ 2008, 219.

104 BGH, Beschl. v. 3.11.1983 – 1 StR 515/83, NStZ 1984, 216: Hostessenanzeige im Namen des Opfers.

**Definition**

Die Drohung ist das Inaussichtstellen eines künftigen Übels, auf dessen Eintritt der Täter Einfluss hat oder zu haben vorgibt.[105]

Es genügt, dass der Bedrohte die Drohung ernst nehmen soll. Ob der Drohende die Drohung verwirklichen will oder kann, ist ohne Bedeutung. Ebenso ist ohne Bedeutung, ob der Bedrohte die Drohung tatsächlich ernst nimmt.

#### e) Unbefugter Datenzugriff

§ 238 Abs. 1 Nr. 5 StGB erfasst die Begehung einer Straftat nach §§ 202a (Ausspähen von Daten[106]), 202b (Abfangen von Daten), 202c (Vorbereiten des Ausspähens und Abfangens von Daten[107]) StGB zum Nachteil des Opfers, seiner Angehörigen oder einer ihm nahestehenden Person. Erfasst sind Varianten des Cyberstalkings, z. B. wenn der Täter sich unbefugt Zugang zu E-Mail- oder Social-Media-Konten bzw. anderen Daten des Opfers verschafft. Zwar ist die Strafbarkeit wegen der Anknüpfungstat in der Regel ohnehin gegeben. So wird jedoch die Möglichkeit der Strafschärfungen nach § 238 Abs. 2, 3 StGB eröffnet.[108] Ein „elektronischer Hausfriedensbruch“[109] ist für das Opfer des Stalkings eine große Belastung, da der Täter tief in die Privatsphäre eindringt und das Opfer sich einer sicheren und vertraulichen Kommunikation nicht mehr gewiss sein kann.[110]

#### f) Abbildungen verbreiten/veröffentlichen

§ 238 Abs. 1 Nr. 6 StGB pönalisiert das Verbreiten oder öffentliche Zugänglichmachen von Abbildungen des Opfers, seiner Angehörigen oder ihm nahestehender Personen. Erfasst ist beispielsweise die in der Praxis häufige Variante des unbefugten Versands oder Uploads intimer Bilder aus einer früheren Beziehung.[111] Das Drohen mit einer Verbreitung wird – trotz praktischer Relevanz – nicht erfasst, ggf. kommt der Auffangtatbestand in Betracht.[112]

---

105 BGH, Urt. v. 19.12.1961 – 1 StR 288/61, NJW 1962, 596 – BGHSt. 16, 386 (387).

106 Zur Strafbarkeit des Ausspähens von Daten LG Aachen, Urt. v. 27.7.2023 – 60 Qs 16/23, NJW-Spezial 2023, 603; mit Anm. *Vahle*, Kriminalistik 2023, 656; *Hillert*, jurisPR-ITR 23/2023, Anm. 3.

107 Hierzu *Nestler*, JURA 2021, 629 ff.

108 *Valerius/Ruppert*, Strafrecht, § 15 Rn. 99.

109 Zum „digitalen Hausfriedensbruch“ *Mavany*, KriPoZ 2016, 106 ff.; *Basar*, jurisPR-StrafR 26/2016, Anm. 1; *Stefanopoulou*, GA 2023, 37 ff.

110 *Eisele*, KriPoZ 2021, 147 (148).

111 *Valerius/Ruppert*, Strafrecht, § 15 Rn. 100.

112 *Eisele*, KriPoZ 2021, 147 (149).

#### g) Verbreiten verächtlicher Inhalte

§ 238 Abs. 1 Nr. 7 StGB erfasst als Nachstellungshandlung das Verbreiten bzw. der Öffentlichkeit Zugänglichmachen von Inhalten i. S. des § 11 Abs. 3 StGB, die geeignet sind, das Stalking-Opfer verächtlich zu machen oder in der öffentlichen Meinung herabzuwürdigen. Hierbei muss die Urheberschaft des Opfers für diesen Inhalt vorgetäuscht werden. Dies kann z. B. dadurch geschehen, dass über ein unter dem Namen des Opfers angelegtes Social-Media-Konto mit Dritten in sexualisierter Sprache kommuniziert wird oder unter dem Namen des Opfers angebliche sexuelle Fantasien (z. B. der Wunsch, vergewaltigt zu werden oder Sex mit mehreren Personen gleichzeitig zu haben) veröffentlicht oder kriminelle Vorhaben (z. B. Amoklauf) angekündigt werden.[113] Bei der Veröffentlichung muss der Name des Opfers nicht ausdrücklich genannt werden. Es genügt vielmehr auch eine anonyme Erklärung, mit der zugleich eine Spur zum Opfer gelegt und auf diese Weise dessen Urheberschaft fingiert wird.[114]

#### h) Auffangtatbestand

§ 238 Abs. 1 Nr. 8 StGB erfasst als Auffangvariante die Vornahme mit den Nrn. 1 bis 7 vergleichbarer Handlungen belästigenden Charakters, die sich wegen ihrer Vielfalt einer abschließenden Auflistung durch den Gesetzgeber entziehen.[115] So wird es ermöglicht, möglichen neuen, zukünftigen Verhaltensweisen Rechnung zu tragen, die sich einer abschließenden Aufzählung durch den Gesetzgeber entziehen. Insofern können auch „trickreichen" und „kreativen" Stalkern Grenzen gesetzt werden.[116] Es handelt sich um eine innertatbestandliche Analogie, die eine Orientierung an den übrigen konkret beschriebenen Handlungsalternativen gebietet.[117] Nach dem Willen des Gesetzgebers sollen Handlungen erfasst werden, die gegenüber denjenigen der anderen Tatvarianten „sowohl quantitativ als auch qualitativ eine vergleichbare Schwere aufweisen und in ihrem Handlungs- und Erfolgsunwert diesen gleichkommen"[118]. Im Schrifttum werden folgende Beispiele genannt:[119]

---

113 BT-Drs. 19/28679, S. 12.

114 BT-Drs. 19/28679, S. 12 f.

115 BT-Drs. 16/3641, S. 30.

116 *Keller*, in: Jaeger, KFB-App 2023, DSB 26.2.1.8.

117 Ob diese Analogieklausel nun tatsächlich notwendig ist, erscheint zumindest zweifelhaft. Der Auffangtatbestand ist zudem der Bestimmtheit der Norm kaum zuträglich. *Valerius*, JuS 2007, 319 (324); *Gazeas*, KJ 2006, 247 (257); *Vander*, KritV 2006, 81 (90); dazu auch *Kerbein/Pröbsting*, ZRP 2002, 76.

118 BT-Drs. 16/3641 S. 14.

119 *Valerius*, in: von Heintschel-Heinegg, BeckOK StGB, § 238 Rn. 12.

- Diskreditierung des Opfers im persönlichen und beruflichen Umfeld durch nicht in den Nrn. 1 bis 7 aufgelistete Verhaltensweisen,[120]
- Veröffentlichung von persönlichen Daten des Opfers im Internet oder die permanente anonyme Zusendung von Geschenken,[121]
- Drohen mit der Verbreitung einer Abbildung[122], sofern nicht von Abs. 1 Nr. 4 oder Abs. 1 Nr. 6 erfasst,
- sexuelle Belästigungen oder tätliche Angriffe, unabhängig davon, ob sie bereits für sich strafbar sind oder unter der Erheblichkeitsschwelle der §§ 177 ff., 223 ff. liegen,[123]
- Überwachung des Familien- und Bekanntenkreises.[124]

Die Tathandlung des Nachstellens durch „andere vergleichbare Handlungen" spielt in der Praxis – soweit ersichtlich – keine Rolle, wird gar als „totes Recht" bezeichnet.[125] Nichtsdestotrotz kann der Auffangtatbestand künftigen technischen Entwicklungen – insbesondere in der Kommunikations- und IT-Technologie – Rechnung tragen. Allerdings wird § 238 Abs. 1 Nr. 8 StGB unter dem Gesichtspunkt der Bestimmtheitsfrage (Art. 103 Abs. 2 GG) als nicht nicht verfassungsgemäß eingestuft.[126]

### 3. Wiederholtes Handeln

Erforderlich ist ein wiederholtes Nachstellen[127]. Wie viele belästigende Verhaltensweisen dafür erforderlich sind, ist umstritten. Zum Teil wird davon ausgegangen, dass zwei oder drei Handlungen in der Regel kaum genügen.[128] Gleichwohl knüpfen auch Vertreter dieser Ansicht die erforderliche Anzahl an die Erheblichkeit der einzelnen Handlungen. Aufgrund des Gesetzeswortlauts ist wohl bei schwerer wiegenden Einzelhandlungen ein zweima-

---

120 *Mosbacher*, NStZ 2007, 665 (668); *Peters*, NStZ 2009, 238 (240).

121 *Kinzig/Zander*, JA 2007, 481 (484).

122 *Eisele*, KriPoZ 2021, 147 (149).

123 *Eisele*, in: Schönke/Schröder, StGB, § 238 Rn. 22; hierzu *Neubacher/Seher*, JZ 2007, 1029 (1033).

124 *Eisele*, in: Schönke/Schröder, StGB, § 238 Rn. 22.

125 *Schöch*, NStZ 2013, 221 (222).

126 *Meyer*, StV 2025, 498 (502), mit dem Vorschlag, § 238 Abs. 1 Nr. 8 StGB aufzuheben und die übrigen Varianten „den jeweiligen Basistatbeständen als Strafzumessungsregeln bei besonderen Intensitäten der Übergriffe zuzuschreiben und aktuelle, bei der Nachstellung bestehende Regelbeispiele ebenfalls dorthin zu überführen, um den Besonderheiten der Fälle im sozialen Nahraum zu begegnen und gerecht zu werden".

127 Das Erfordernis des „beharrlichen" Nachstellens, für das ein wiederholtes Handeln nicht ausreichend war, hat der Gesetzgeber auf Grundlage des Evaluierungsberichts (BT-Drs. 19/26515, S. 5 f.) wegen der erheblichen Schwierigkeiten, die die Subsumtion unter diesen Begriff der Praxis bereitete, aufgegeben (BGBl. I 2021, S. 3513).

128 *Eisele*, in: Tübinger Kommentar StGB, § 128 Rn. 33; *Eisele*, KriPoZ 2021, 147 (148 f.).

liges Nachstellen ausreichend, wobei unerheblich ist, ob dieselbe oder verschiedene Handlungsformen gewählt werden.[129] Nach Auffassung des LG Lübeck können unter dem Gesichtspunkt des Opferschutzes bereits zwei Nachstellungshandlungen (hier: zwei Drohanrufe innerhalb von fünf Monaten) ausreichen, um Beharrlichkeit i. S. des § 238 StGB anzunehmen.[130]

### 4. Eignung zur nicht unerheblichen Beeinträchtigung der Lebensgestaltung

Die Nachstellung muss geeignet sein, die Lebensführung des Opfers nicht unerheblich zu beeinträchtigen. Der Begriff „nicht unerheblich" wurde mit Wirkung ab 1.10.2021 eingeführt und hat den früheren Begriff „beharrlich"[131] ersetzt. Nach Gesetzesbegründung soll damit eine Senkung der Strafbarkeitsschwelle zum Ausdruck kommen.[132]

Aufgrund der geforderten Eignung ist ein objektivierter Maßstab erforderlich, der der Frage nachgeht, welche Auswirkungen die Handlungen auf die Lebensgestaltung eines Durchschnittsmenschen haben können.[133] Ausreichend ist jede negative Veränderung für das Opfer, die jenseits einer § 223 StGB vergleichbaren (und damit sehr niedrig angesetzten) Bagatellgrenze liegt.[134]

In Betracht kommen Konstellationen, in denen die Nachstellung geeignet ist, Beeinträchtigungen hervorzurufen (z. B. Umzug, Arbeitsplatzwechsel, Verzicht auf das Verlassen der Wohnung, Namensänderung[135]); ausreichend sind aber auch der naheliegende Wechsel der Telefonnummer oder E-Mail-Adresse, der Austritt aus Vereinen oder weitere soziale Einschränkungen.[136] Unter der Bagatellschwelle verbleiben lediglich übliche Schutzmaßnahmen wie das Verschließen der Haustüre.[137]

---

129 BT-Drs. 19/28679, S. 12; hierzu auch *Gerhold* ZRP 2021, 118 (119).

130 LG Lübeck, Beschl. v. 14.2.2008 – 2b Qs 18/08, SchlHA 2008, 213; mit Anm. *Jahn*, JuS 2008, 553.

131 Das Merkmal „beharrlich" sollte eine gewisse Hartnäckigkeit zum Ausdruck bringen. Dem Merkmal ist immanent, dass der Täter uneinsichtig auf seinem Standpunkt besteht und zäh an seinem Entschluss festhält, obwohl ihm die entgegenstehenden Interessen des Opfers bekannt sind, BGH, Beschl. v. 2.3.2021 – 4 StR 543/20. NStZ-RR 2021, 138; auch *Eisele*, KriPoZ 2021, 147 (148).

132 BT-Drs. 19/28679, S. 11; kritisch *Fischer*, § 238 Rn. 30: „Da es sich bei beiden Begriffen um ‚normative Begriff[e]' mit erheblichen Wertungsspielräumen handelt, dürfte die redaktionelle Änderung eher symbolischen Gehalt als praktisches Gewicht haben."

133 *Valerius/Ruppert*, Strafrecht, § 15 Rn. 103.

134 *Valerius/Ruppert*, Strafrecht, § 15 Rn. 103.

135 VG Freiburg, Beschl. v. 9.1.2008 – 4 K 2244/07, NJOZ 2008, 997: Anordnung der sofortigen Vollziehung einer Namensänderung wegen Stalkings.

136 *Eisele*, KriPoZ 2021, 147 (148); BT-Drs. 16/575, S. 8.

137 OLG Rostock, Beschl. v. 27.5.2009 – 1 Ss 96/09; OLG Brandenburg, Beschl. v. 23.11.2009 – 1 Ss 93/09, NStZ 2010, 519; *Valerius/Ruppert*, Strafrecht, § 15 Rn. 104.

## IV. Subjektiver Tatbestand: Vorsatz

Das Vorliegen eines bedingten Vorsatzes, der sich auch auf die Eignung der Nachstellungshandlungen, in ihrer Gesamtheit die Lebensgestaltung des Opfers nicht unerheblich zu beeinträchtigen, erstrecken muss, reicht aus.[138] Auch muss sich das vorsätzliche Handeln auf das Tatbestandsmerkmal „unbefugt“ beziehen. Etwaige Fehlvorstellungen lassen somit den Tatbestand entfallen.

Ein Tatbestandsirrtum schließt somit die Strafbarkeit aus. Da es sich bei dem Merkmal „unbefugt“ um ein normatives Tatbestandsmerkmal handelt, bedarf es neben der Tatsachenkenntnis einer entsprechenden „Parallelwertung in der Laiensphäre“[139].

## V. Besonders schwere Fälle der Nachstellung

### 1. Strafzumessungsregel

§ 238 Abs. 2 StGB wurde durch das Gesetz zur Änderung des Strafgesetzbuches v. 10.8.2021 von der früheren Qualifikation in eine Strafzumessungsregel für besonders schwere Fälle umgestaltet[140], um den Tatgerichten ein erhöhtes Maß an Flexibilität zu gewähren und zu ermöglichen, den erhöhten Strafrahmen (Freiheitsstrafe von drei Monaten bis zu fünf Jahren) nicht nur bei dem Handlungskatalog des Abs. 2 Satz 2, sondern auch in vergleichbaren Konstellationen anzuwenden.

§ 238 StGB enthält sieben Regelbeispiele eines besonders schweren Falles, die sich wie auch der daneben mögliche unbenannte besonders schwere Fall nur auf Handlungen gem. § 238 Abs. 1 Nr. 1–7 beziehen. In dieser Begrenzung spiegeln sich die Bedenken im Hinblick auf die Bestimmtheit der Auffangvariante des Abs. 1 Nr. 8.[141]

### 2. Regelbeispiele

#### a) Verursachen einer Gesundheitsschädigung

§ 238 Abs. 2 Nr. 1 StGB setzt eine Gesundheitsschädigung des Opfers, eines seiner Angehörigen oder einer anderen ihm nahestehenden Person voraus, die durch die Tat verursacht wurde.

---

138 Hierzu *Mosbacher* NJW 2017, 983 (984).

139 *Mosbacher*, NStZ 2007, 665 (669).

140 BT-Drs. 19/28679, S. 13.

141 *Valerius/Ruppert*, Strafrecht, § 15 Rn. 105.

#### b) Gefahr des Todes oder einer schweren Gesundheitsschädigung

§ 238 Abs. 2 Nr. 2 StGB ist verwirklicht, wenn der Täter das Opfer, einen seiner Angehörigen oder eine ihm nahestehende Person durch die Tat in die Gefahr des Todes oder einer schweren Gesundheitsschädigung bringt. Anders als bei Nr. 1 muss es nicht zum Eintritt dieser Folgen gekommen sein, sondern es genügt eine entsprechende konkrete Gefahr.[142]

#### c) Vielzahl von Tathandlungen

§ 238 Abs. 2 Nr. 3 StGB setzt eine Vielzahl von Tathandlungen über einen Zeitraum von mindestens sechs Monaten voraus. Nach Gesetzesbegründung setzt eine Vielzahl von Tathandlungen zumindest eine niedrige zweistellige Zahl an Tathandlungen voraus.[143]

#### d) Ausspähen durch Einsatz eines Computerprogramms

§ 238 Abs. 2 Nr. 4 StGB setzt eine Tat nach Absatz 1 Nr. 5, also eine Straftat nach §§ 202a, 202b oder 202c StGB, gegen das Opfer oder eine angehörige oder nahestehende Person voraus. Diese Variante knüpft an eine Erscheinungsform des Cyberstalking an, wonach der Täter bei der Tathandlung ein Computerprogramm einsetzen muss, dessen Zweck das digitale Ausspähen anderer Personen ist.

#### e) Verbreiten von Abbildungen

§ 238 Abs. 2 Nr. 5 StGB verknüpft das unbefugte Ausspähen nach Absatz 1 Nr. 5 mit der Tathandlung des Absatz 1 Nr. 6. Erfasst ist das Verbreiten von Abbildungen des Opfers oder Dritter, diesem zugehöriger Personen, die mittels Ausspähens durch eine Tat nach §§ 202a, 202b, 202c StGB erlangt sind.[144] Der Gesetzgeber dachte hierbei an das sog. Doxing, d. h. das Zusammentragen und Veröffentlichen von personenbezogenen Daten im digitalen Raum in böser Absicht, sofern dies mit Hacking-Methoden vollzogen wird.[145] Das können heimlich mittels „Hacken"[146] und Einschleusen von Schadprogrammen oder Trojanern gewonnene Bildaufnahmen von Webkamera, Mobiltelefonen oder sonstigen Aufnahmegeräten sein, die mittels Datenübertragung gespeichert und gesichert werden.[147]

---

142 *Valerius*, in: von Heintschel-Heinegg, BeckOK StGB, § 238 Rn. 24.

143 BT-Drs. 19/28679, S. 13; 19/31111, S. 6; kritisch hierzu aufgrund fehlender Bestimmtheit *Kretschmer*, JA 2022, 41 (46).

144 *Fischer*, StGB, § 238 Rn. 52.

145 BT-Drs. 19/28679, S. 13.

146 Zu sog. Hacker-Tools (im StGB) *Nestler*, JURA 2021, 629 ff.

147 *Fischer*, StGB, § 238 Rn. 52.

#### f) Kumulierung von (Cyber-)Nachstellungshandlungen

§ 238 Abs. 2 Nr. 6 StGB kommt in Betracht, wenn durch eine Tathandlung nach Absatz 1 Nr. 7 (Verbreiten herabwürdigender Inhalte) erlangte, d. h. in Datenform ausgespähte oder abgefangene Abbildungen bei einer Tathandlung nach Absatz 1 Nr. 5 (Ausspähen) verwendet werden. Ausreichend ist die Verbreitung eines Inhalts, den der Täter mittels Informationen herstellt oder herstellen lässt, die er aus einer Tathandlung des Ausspähens gewonnen hat.[148]

#### g) Anknüpfung an Alter von Täter und Opfer

§ 238 Abs. 2 Nr. 7 StGB knüpft an das Alter von Täter und Opfer an und setzt voraus, dass der Täter über einundzwanzig Jahre und das Opfer unter sechzehn Jahre ist. Durch diese Altersgrenzen sollen besonders vulnerable Opfer geschützt, aber auch Nachstellungen unter gleichaltrigen Jugendlichen ausgenommen werden.[149]

### VI. Erfolgsqualifikation: Verursachung des Todes

§ 238 Abs. 3 StGB enthält eine Erfolgsqualifikation (§ 18 StGB), wenn der Täter durch die Tat den Tod des Opfers, eines seiner Angehörigen oder einer anderen ihm nahestehenden Person verursacht.

Der erforderliche gefahrspezifische Zusammenhang zwischen Grundtatbestand und Erfolgsqualifikation ist gegeben, wenn sich gerade die in der Nachstellung liegende spezifische Gefahr im Tod niedergeschlagen hat. Dem Gesetzgeber schwebten hier vor allem Fälle vor, in denen das Opfer in den Suizid getrieben wird oder auf der Flucht vor dem Stalker zu Tode kommt („Todesfahrt von Lady Diana“[150]).[151] Dem Anwendungsbereich des § 238 Abs. 3 StGB unterfallen dürfte somit der Fall, in dem das Opfer durch das (erneute) Auftauchen des Täters in Panik gerät und bei einem Fluchtversuch von einem Auto überfahren wird.[152]

Hinsichtlich der grundtatbestandlichen Merkmale ist gem. § 15 StGB Vorsatz erforderlich, hinsichtlich des Todeserfolgs genügt Fahrlässigkeit (§ 18 StGB).[153]

---

148 *Fischer*, StGB, § 238 Rn. 53.

149 BT-Drs. 19/28679, S. 13; *Fischer*, StGB, § 238 Rn. 54.

150 Hierzu *Ladeur*, ZUM 2000, 879: „Schutz von Prominenz als Eigentum.“

151 BT-Drs. 16/3641, S. 14.

152 *Kinzig/Zander*, JA 2007, 481 (485).

153 *Fischer*, StGB, § 238 Rn. 56.

## VII. Verhältnis zu anderen Vorschriften (Konkurrenzen)

§ 238 StGB setzt sich im Grundtatbestand aus acht gesetzlich bestimmten Tatmodalitäten zusammen. So können z.B. im Falle eines sog. „Shitstorms" je nach Art der Beteiligung verschiedene Tathandlungen in Betracht kommen, insbesondere § 238 Abs. 1 Nr. 2, 3b, 4, 6 und 7 StGB.[154] Einzelne dieser Tatmodalitäten können ihrerseits eigenständige Straftatbestände erfüllen. Nachstellungshandlungen, „die einen ausreichenden räumlichen und zeitlichen Zusammenhang aufweisen und von einem fortbestehenden einheitlichen Willen getragen werden, stellen grundsätzlich eine einheitliche Tat dar. Eine neue Tat beginnt erst nach dem Abschluss der vorherigen Handlungen und einem neuen Tatentschluss".[155] Sind neben § 238 StGB auch durch einzelne nachstellende Handlungen des Täters Straftatbestände verwirklicht, so besteht aus Klarstellungsgründen grundsätzlich Tateinheit (§ 52 StGB).[156] Dies gilt auch im Verhältnis zu § 241 StGB, da weder der Anwendungsbereich der Bedrohung mit dem des Abs. 1 Nr. 4 übereinstimmt noch die Bedrohung eine zwingende Erscheinungsform der Nachstellung ist.[157] Die in § 238 Abs. 1 Nr. 5 StGB ausdrücklich aufgezählten Delikte der §§ 202a bis 202c werden hingegen als Teilakte der Nachstellung im Wege der Spezialität verdrängt.[158]

Zwischen einer Zuwiderhandlung gegen gerichtliche Maßnahmen zum Schutz vor Gewalt nach dem Gewaltschutzgesetz (GewSchG) und Nachstellung kann Tateinheit bestehen. Denn der Verstoß gegen § 4 GewSchG sanktioniert einen zu der strafbaren Nachstellung hinzukommenden Verstoß gegen eine richterliche Anordnung.[159]

---

154 *Köhler/Korch*, JZ 2025, 685 (686).

155 OLG Hamm, Beschl. v. 8.4.2025 – 5 ORs 9/25.

156 Hierzu BGH, Beschl. v. 19.11.2009 – 3 StR 244/09, NStZ 2010, 277; mit Anm. *Gazeas*, NJW 2010, 1680; *Fischer*, StGB, § 238 Rn. 58; *Lackner/Kühl/Heger*, StGB, § 238 Rn. 12; *Valerius*, JuS 2007, 319 ff.

157 OLG Karlsruhe, Urt. v. 5.11.2021 – 10 U 6/20; LG Lübeck, Beschl. v. 14.2.2008 – 2b Qs 18/08; *Valerius*, in: von Heintschel-Heinegg, BeckOK StGB, § 238 Rn. 33; *Kretschmer* JA 2022, 41 (46); a.A. *Mitsch* NStZ 2010, 513 (515).

158 BT-Drs. 19/28679, S. 12; a.A. gegenüber § 202a *Kretschmer* JA 2022, 41 (43, 46): Tateinheit.

159 OLG Stuttgart, Beschl. v. 4.5.2015 – 4 Ss 166/15.

## VIII. Verfahrensrechtliche Besonderheiten

Durch das Gesetz zur Verbesserung des Schutzes gegen Nachstellungen v. 10.3.2017[160] wurde § 238 StGB aus dem Katalog der Privatklagedelikte (§ 374 Abs. 1 StPO) gestrichen.[161]

Durch Streichung des Antragserfordernisses ist § 238 StGB seit dem 1.10.2021 ein Offizialdelikt.[162]

## IX. Strafbarkeitslücke: Tracking

Auf den ersten Blick könnten durch den Auffangtatbestand sog. Tracking-Fälle[163] erfasst werden. Damit ist die Möglichkeit der heimlichen Überwachung mittels Bluetooth-Tracker (sog. Air/SmartTags) gemeint, die zur Ortung und Überwachung von Personen eingesetzt werden können.[164]

Tracker können eingesetzt werden, um die Standortdaten von anderen Personen in Echtzeit zu tracken – und das ohne deren Wissen.[165] So kann das individuelle Verhalten von Menschen nachverfolgt werden.[166] Stalker könnten die Mini-Tracker im Auto oder in der Jackentasche ihrer Opfer verstecken. Eine wiederholte Begehung, die geeignet ist, die Lebensgestaltung der anderen Person nicht unerheblich zu beeinträchtigen, wird zumeist nicht vorliegen. Die Platzierung des AirTags erfolgt einmalig. Auch ist von einer erheblichen Beeinträchtigung der Lebensgestaltung des Opfers nicht auszugehen. Das AirTag müsste dazu erst einmal vom Opfer bemerkt werden, könnte im Übrigen aber durch einen einzigen Klick deaktiviert werden. Dies lässt die Annahme einer nicht unerheblichen Beeinträchtigung der Lebensführung schwerlich zu.

---

160 BGBl. I 2017, S. 386; BT-Drs. 18/9946, S. 14.

161 *Mosbacher*, NJW 2017, 983 (985). Kritisch *Peters*, NStZ 2009, 242: Möglichkeit, die „Spreu vom Weizen" zu trennen.

162 BGBl. I 2021, S. 3513.

163 Der Begriff Tracking bedeutet wortwörtlich Spurbildung oder Verfolgen, um so Daten zu erheben. Eine solche verdeckte Datenerhebung erfolgt etwa zur Kontrolle von Mitarbeitern (VG Wiesbaden, Urt. v. 17.1.2022 – 6 K 1164/21.WI, ZD 2022, 406) oder im Online-Bereich insbesondere durch das sog. „Webtracking". Gemeint ist hierbei in erster Linie die Aufzeichnung bzw. Messung der Nutzerbewegungen auf den jeweiligen Internetseiten; hierzu *Härting*, Internetrecht, Kap. A. Rn. 151 ff.; *Voigt*, Die datenschutzrechtliche Einwilligung, S. 180 ff.; *Gräfe*, PinG 2019, 5 ff.

164 Ortungsdaten können der Polizei durch einen Trackingservice-Anbietenden über ein Portal zu Fahndungszwecken – z. B. zur Lokalisierung gestohlener Gegenstände – zur Verfügung gestellt werden; hierzu *Aden* et al., in: Fährmann et al., Private Positionsdaten und polizeiliche Aufklärung von Diebstählen, S. 7 ff.

165 *Schürmann*, DSB 2017, 9.

166 *Buchner/Petri*, in: Kühling/Buchner, DS-GVO/BDSG, Art 6 DS-GVO Rn. 171a.

Der 2021 durch das „Gesetz zur Änderung des Strafgesetzbuches – effektivere Bekämpfung von Nachstellungen und bessere Erfassung des Cyberstalkings“ zum 1.10.2021[167] um Cybermobbing und -stalking erweiterte § 238 Abs. 1 Nr. 1, 2 StGB scheidet aus. Weder die Tatbestandsvoraussetzung des „wiederholten“ Nachstellverhaltens noch die der „nicht unerheblichen“ Beeinträchtigung der Lebensgestaltung des Opfers werden erfüllt, da der Täter sich beim Zustecken eines AirTags gerade nicht wiederholt in die Nähe des Opfers begeben muss und das Opfer in seiner Lebensgestaltung regelmäßig keine Einschränkungen erfährt, da es von dem Tracking häufig gar nichts erfährt. Auch § 238 Abs. 1 Nr. 5 StGB kommt nicht in Betracht, weil dazu eine Straftat nach §§ 202 bis 202c StGB einschlägig sein müsste.

Eine Strafbarkeit nach anderen Vorschriften (§ 202a StGB;[168] § 126a StGB;[169] § 27 TDDDG;[170] § 42 BDSG[171]) kommt nicht in Betracht. Die Verwendung von personenbezogenen Standortdaten zur dauerhaften Überwachung stellt – im Vergleich mit den klassischen Stalking-Handlungen des § 238 Abs. 1 StGB – gewiss einen ebenso großen Eingriff in die Rechte von Opfern dar und sollte demnach auch gleichwertig behandelt und unter Strafe gestellt werden.

## C. Strafprozessrecht: Deeskalationshaft

Zweites Kernstück neben der Einführung des neuen § 238 StGB durch das 40. StrÄndG (2007)[172] war die Aufnahme der qualifizierten Tatbestände (§ 238 Abs. 2 und 3 StGB) in § 112a Abs. 1 Nr. 1 StPO (Haftgrund: Wiederholungsgefahr).

Opfern kann vielfach wirksam nur dann geholfen werden,

> „wenn der durch den Täter in Gang gesetzte Terror durch dessen Inhaftierung unterbrochen wird (vorbeugende Deeskalationshaft bei massivem Stalking)“[173].

---

167 BGBl. I 2021, S. 3513.

168 *Dietrich*, NStZ 2011, 247 ff.; *Puschky*, ZD-Aktuell 2023, 01469.

169 *Eschelbach*, in: Kindhäuser et al., StGB, § 126a Rn. 13; *Vassilaki*, K&R 2021, 763 (764).

170 *Ufer*, in: Taeger/Gabel, DSGVO-BDSG-TTDSG, § 27 TTDSG Rn. 4.

171 *Puschky*, ZD-Aktuell 2023, 01469.

172 BGBl. I 2007, S. 354; in Kraft getreten am 31.3.2007; dazu statt vieler: *Vahle*, DVP 2007, 233: Neues Gesetz gegen das sog. Stalking.

173 BT-Drs. 16/1030, S. 7.

„Ein des schweren Stalkings Verdächtiger kann eine ‚lebende Zeitbombe‘ sein, die in staatliche Verwahrung genommen werden muss, bevor sie hochgeht.“[174]

Das OLG Brandenburg stellte fest, dass z.B. aufgrund des präventiven Charakters des GewSchG eine „Wiederholungsgefahr“ grundsätzlich vermutet wird. Dies folge bereits aus § 2 Abs. 3 Nr. 1 GewSchG, woraus hervorgeht, dass der Antragsgegner die Vermutung zu widerlegen hat, dass von einer geschehenen Gewalttat auch auf zukünftige Gewalttaten zu schließen sei. An die Widerlegung der Vermutung sind hohe Anforderungen zu stellen.[175]

Die aufgrund des § 112a StPO angeordnete Untersuchungshaft ist dabei kein Mittel der Verfahrenssicherung, sondern eine vorbeugende Maßnahme zum Schutze der Rechtsgemeinschaft vor weiteren erheblichen Straftaten des Beschuldigten. Die Anordnung der Haft ist insoweit präventiv-polizeilicher Natur[176] und ist auch im Jugendstrafverfahren anwendbar.[177]

Der Haftgrund der Wiederholungsgefahr setzt – ebenso wie die „klassischen“ Haftgründe des § 112 StPO – das Bestehen eines dringenden Tatverdachts voraus. Vorausgesetzt wird eine hohe Wahrscheinlichkeit, dass der Beschuldigte zum gegenwärtigen Ermittlungsstand der Täter oder Teilnehmer einer Straftat ist und alle Voraussetzungen der Strafbarkeit und Verfolgbarkeit vorliegen.[178]

Zu den Anlasstaten des § 112a Abs. 1 Nr. 1 StPO gehört auch die Nachstellung (§ 238 Abs. 2 und 3 StGB). Hier müssen die Anlasstaten nicht wiederholt oder fortgesetzt begangen worden sein. Formell reicht bereits die erstmalige Verfehlung aus. Die erleichterten Voraussetzungen erklären sich vor allem daraus, dass ein besonders schutzbedürftiger Kreis der Bevölkerung vor mit hoher Wahrscheinlichkeit drohenden schweren Delikten bewahrt werden soll.[179]

Anlasstaten sind nur Stalking-Attacken mit drohenden schweren Gesundheitsschädigungen oder sogar tödlichen Folgen.[180]

174 *Mitsch*, NJW 2007, 1237 (1242).

175 OLG Brandenburg, Beschl. v. 20.4.2005 – 9 UF 27/05, NZM 2006, 77.

176 BVerfG, Beschl. v. 15.12.1965 – 1 BvR 513/65, NJW 1966, 243 – BVerfGE 19, 342 (349f.); 35, 185 (191).

177 OLG Frankfurt a.M., Beschl. v. 4.12.2018 – 1 Ws 186/18.

178 *Böhm*, in: Knauer/Kudlich/Schneider, MüKo-StPO, Band 1, § 112 Rn. 21.

179 BVerfG, Beschl. v. 15.12.1965 – 1 BvR 513/65, NJW 1966, 243 – BVerfGE 19, 342 (350).

180 *Graf*, in: Barthe/Gericke, KK-StPO, § 112a Rn. 7a; *Böhm*, in: Knauer/Kudlich/Schneider, MüKo-StPO, Band 1, § 112a Rn. 14.

Als Begehungsform der Anlasstaten nach § 112a Abs. 1 Nr. 1 und Nr. 2 StPO kommen Versuch (§§ 22, 23 StGB), Mittäterschaft (§ 25 StGB), Anstiftung (§ 26 StGB), Beihilfe (§ 27 StGB)[181] und der Versuch der Beteiligung (§ 30 StGB) in Betracht.[182]

Zu den Anlasstaten des § 112a StPO zählt auch § 323a StGB (Vollrausch), wenn die im Rausch begangene Tat zu den in § 112a StGB genannten Straftaten gehört.[183] Durch die in § 112a StPO getroffene Regelung soll die Allgemeinheit vor solchen Tätern geschützt werden, die zur Begehung der in dieser Bestimmung bezeichneten Straftaten neigen. Unter Berücksichtigung dieses Präventionscharakters ist § 112a StPO nach h. M. auch dann anwendbar, wenn eine in dieser Bestimmung aufgeführte Straftat im Vollrausch begangen worden ist.[184] Diese Auffassung ist zwar strittig;[185] gleichwohl aber überzeugend. Ansonsten würde der Sinn des Haftgrundes konterkariert werden, da es ja gerade das Ziel dieses Haftgrundes ist, die Allgemeinheit vor Hangtätern zu schützen.

§ 112a StPO setzt die mit bestimmten Tatsachen belegte Gefahr voraus, dass der Beschuldigte vor rechtskräftiger Aburteilung der Tat, deren er dringend verdächtig ist, weitere erhebliche Straftaten gleicher Art begehen oder die Straftat fortsetzen werde. Die zu erwartende Wiederholungstat braucht nicht dasselbe Strafgesetz zu erfüllen wie die Anlasstat, vielmehr genügt die rechtsethische und psychologische Vergleichbarkeit der Taten.[186] Die Taten müssen im Erscheinungsbild übereinstimmen und sich insgesamt als gleichartig darstellen.[187] Grundlage der Prognose der Wiederholungsgefahr müssen bestimmte Tatsachen sein, die eine so starke innere Neigung des Beschuldigten zu einschlägigen Taten erkennen lassen, dass die Besorgnis begründet ist, er werde die Serie gleichartiger Taten noch vor einer Verurteilung wegen der Anlasstat fortsetzen.[188]

---

181 *Schlothauer* et al., Untersuchungshaft, Rn. 665.

182 Nachweise bei *Graf*, in: Barthe/Gericke, KK-StPO, § 112a Rn. 15.

183 OLG Hamm, Beschl. v. 30.4.1974 – 2 Ws 108/74, NJW 1974, 1667; *Graf*, in: Barthe/Gericke, KK-StPO, § 112a Rn. 15.

184 *Schmitt*, in: Meyer-Goßner/Schmitt, StPO, § 112a Rn. 3 f.

185 *Posthoff*, in: Gercke et al., HK-StPO, § 112a Rn. 5: Diese Ansicht ist de lege lata abzulehnen, da sie gegen Art. 104 Abs. 1 GG verstößt; so auch *Paeffgen*, in: Wolter/Deiters, SK-StPO, § 112a Rn. 8a: „So funktionsgerecht dies aus der Sicht der h. M. sein mag, es widerspricht dem Numerus clausus der Anlasstaten und ermangelt daher der gesetzlichen Ermächtigung, wie sie Art. 104 Abs. 1 GG fordert."

186 *Wieneck*, StraFo 2019, 702 (704).

187 *Schmitt*, in: Meyer-Goßner, StPO, § 112a Rn. 13.

188 OLG Zweibrücken, Beschl. v. 30.11.2022 – 1 Ws 243/22; OLG Karlsruhe, Beschl. v. 21.1.2020 – 2 Ws 1/20; OLG Jena, Beschl. v. 21.10.2008 – 1 Ws 459/08.

Die Anordnung der Sicherungshaft muss i. S. des im Haftrecht allgemein geltenden Verhältnismäßigkeitsgrundsatzes Ultima Ratio sein („die Haft zur Abwendung der drohenden Gefahr erforderlich“). Überdies muss die Untersuchungshaftanordnung auch beim Haftgrund der Wiederholungsgefahr verhältnismäßig sein.[189]

## D. Polizeiliches Handeln

### I. Individualbetrachtung

Jeder Stalking-Fall ist individueller Natur und birgt damit auch ein einzigartiges, sich möglicherweise über die Zeit veränderndes Gefahrenpotenzial und spezifische Unterstützungsbedarfe in sich. Insofern kann auch das erforderliche Vorgehen/Fallmanagement nur unter Berücksichtigung der individuellen Besonderheiten des Einzelfalls erfolgen. Stalking ist mithin ein komplexes psychologisches und soziales Geschehen, hinter dem sich eine Vielzahl von Motiven, Emotionen, Handlungen, Psychopathologien und Interaktionen verbergen kann. *Hoffmann* empfiehlt für den Umgang mit Stalking die Einnahme einer Position des Pragmatismus, was indes nichts anderes bedeuten soll, als zunächst eine „nüchterne Situationseinschätzung“ und eine „realistische Zielsetzung für das Fallmanagement“ vorzunehmen („Es gilt, den eigentlichen Zweck der Maßnahmen fest im Blick zu halten“).[190]

### II. Anzeigenerstattung

Nach Ergebnissen der Bremer Stalking-Opfer-Studie zeigten lediglich 8 % der Opfer den Stalkingfall sofort bei der Polizei an. Innerhalb der ersten drei Monate war es ein Viertel der Opfer, innerhalb von 4–12 Monaten waren es 39 %.[191]

Als Gründe für das Nichtanzeigen bei der Polizei konnten

- „Gefühle von Scham, Minderwertigkeit und Mitschuld“,
- „Trauer, Mitleid und Rücksichtnahme gegenüber dem Stalker“,
- „Herunterschlucken von Problemen“,
- „Wunsch, es alleine lösen zu können“,

---

189 OLG Hamburg, Beschl. v. 2.3.2017 – 1 Ws 14/17.

190 *Hoffmann*, in: Hoffmann/Voß, Psychologie des Stalking, S. 193.

191 *Rusch/Stadler/Heubrock*, Kriminalistik 2006, 171 (174 f.).

- „Nicht ernst nehmen des Stalkers“ und
- „Stalking-Verhalten als normal empfinden“

ermittelt werden.

Im Zusammenhang mit der Polizei spielten u. a.

- „Unsicherheit und Angst vor sekundärer Viktimisierung“,
- „Keine Beweise in der Hand haben“,
- „Handlungsunfähigkeit der Polizei“,
- „Zeitaufwand und Rennerei“ sowie
- „Bedürfnis nach Ruhe“

als wesentliche Einflussfaktoren für das Nichtanzeigen eine Rolle.

Folgender Auszug aus einer Polizeiakte vermag die Situation insbesondere betroffener Frauen zu verdeutlichen:

> „Ich habe den Stalkingvorfall erst heute der Polizei gemeldet, weil ich bei dem Gedanken, ihn trotz all seiner Probleme verlassen zu haben, Schuld empfand.“[192]

Gründe für eine Nichtanzeige liegen aber auch bei der Polizei („Abwimmeln“ einer Anzeige). Betroffene werden weggeschickt,

> „wenn sie nicht in schematisierte Denkstrukturen des polizeilichen Wissens einzelner Polizeibeamte passen.“[193]

In einigen Fällen erhielten Betroffene gar „Ratschläge“ wie z. B.

- sich therapeutische Hilfe zu suchen,
- sich einem Anwalt anzuvertrauen,
- darüber froh zu sein, einen solchen Verehrer zu haben, oder es wird den Betroffenen vermittelt, dass keine Straftat vorliegt und ein Einschreiten von polizeilicher Seite nicht möglich ist.[194]

| |
|---|
| Die Zuständigkeit zur Entgegennahme von Strafanzeigen begründet auch die Verpflichtung, Strafanzeigen aufzunehmen.[195] |

---

192 *Groenen/Vervacke*, in: Hoffmann/Voß, Psychologie des Stalking, S. 271.

193 *Laabes*, in: Wondrak, Stalking, S. 97.

194 *Laabes*, in: Wondrak, Stalking, S. 97.

195 *Schmitt*, in: Meyer-Goßner/Schmitt, StPO, § 158 Rn. 8.

Die Verpflichtung zur Aufnahme einer Strafanzeige besteht selbst dann, wenn es sich um offensichtlich unbegründete Strafanzeigen handelt.[196]

Letztlich ist aber zu bedenken, dass durch die Erstattung einer Strafanzeige der Stalker aus der Anonymität herausgeholt und die Polizei in die Lage versetzt wird, gefahrenabwehrende und strafprozessuale Maßnahmen zu treffen. Die Befürchtung der Opfer, dass sie ihrerseits, wenn etwa dem Täter die Tat nicht nachgewiesen werden kann, selbst mit strafrechtlichen Konsequenzen rechnen müssen, ist regelmäßig unbegründet, wenn das Opfer die Strafanzeige gutgläubig erstattet hat. Eine „Gegenanzeige" des Stalkers wegen Übler Nachrede (§ 186 StGB) wäre durch § 193 StGB (Wahrnehmung berechtigter Interessen) gerechtfertigt. Eine Strafanzeige des Stalkers wegen Falscher Verdächtigung (§ 164 StGB) könnte gem. § 154e StPO (Absehen von der Verfolgung bei falscher Verdächtigung oder Beleidigung) eingestellt werden.[197] Auch führt eine gutgläubig erstattete Strafanzeige nicht zu einem zivilrechtlichen Schadensersatzanspruch.

## III. Checkliste: Polizeiliche Anzeigenaufnahme

**Anzeigenaufnahme**[198]

- Protokollform (Grundsätze der Vernehmung beachten, Belehrung, §§ 52, 55 StPO)
- Die Anzeigenerstattung ist gesetzlich an keine Form gebunden. Insofern sind auch telefonische Anzeigen entgegenzunehmen und zu bearbeiten
- Hinweis auf zivilrechtliche Möglichkeiten (Schutzmaßnahmen nach GewSchG)
- Hinweis auf Möglichkeiten einer „Fangschaltung"
- Sieben goldene W-Fragen (Wer? Was? Wann? Wo? Wie? Womit? Warum?)

196 Auch derjenige, der eine offensichtlich unbegründete Strafanzeige erstattet, hat einen Anspruch auf einen Bescheid nach § 171 StPO und kann unter den Voraussetzungen des § 172 StPO das Klageerzwingungsverfahren betreiben. Diese Rechte würden dem Anzeigenden abgeschnitten, wenn seine Anzeige gar nicht erst aufgenommen würde; allgemein zur Aufnahme von Strafanzeigen und Strafanträgen *Nowrousian*, in: Keller, Basislehrbuch Kriminalistik, S. 143 ff.; *Kaefer*, Kriminalistik 1999, 559 f.; zum Strafantrag gegenüber der Polizei im elektronischen Rechtsverkehr *Hauser*, JR 2022, 401 ff.

197 *Weiner/Haas*, Opferrechte, S. 42 (43). Es wird zunächst der Ausgang des vom Opfer angestrengten Ermittlungsverfahrens abgewartet. In der Regel ist damit die Strafanzeige des Täters erledigt, weil ihr der Boden entzogen wurde, da der Täter entweder verurteilt wurde oder im Falle der Nichtverurteilung die Gerichtsverhandlung gezeigt hat, dass das Opfer gutgläubig eine Strafanzeige erstattet hat.

198 Grundlegend zur Aufnahme von Anzeigen *Nowrousian*, in: Keller, Basislehrbuch Kriminalistik, S. 138 ff.; *Rusch/Stadler/Heubrock*, Kriminalistik 2006, 171 ff.

- Sachverhalt ausführlich darstellen (Tathandlungen? Beeinträchtigung Lebensgestaltung?)
- Folgen des Stalkings ausführlich darstellen („Lebensgestaltung schwerwiegend beeinträchtigt"?)

**Grundsatz: Kooperationsbereitschaft des Opfers fördern**

- Das Opfer als Kunde der Polizei einfühlsam und freundlich behandeln – so, wie man es selbst auch erwarten würde
- Das Opfer ernst nehmen, zuhören, beruhigen, Geduld bei Sprechhemmung, großes Redebedürfnis zulassen
- Tataufklärung sowie Einstellung des Opfers zur Tat und ihren Folgen werden wesentlich von den Erstkontakten mit der Polizei bestimmt. In dieser Situation sind Einfühlungsvermögen und Zurückhaltung geboten
- Fragen wie „Warum wurde so lange keine Anzeige erstattet" unterlassen
- Selbstvorwürfe, Schuldgefühle des Opfers relativieren („Der Täter hätte Sie trotzdem nicht angreifen dürfen")
- Keine Vorhaltungen machen (Vorhaltungen verstärken Schuldgefühle)
- Keine persönlichen Meinungen und Bewertungen aussprechen
- Äußerungen von Zweifeln am Wahrheitsgehalt der Angaben oder Vorwürfe gegen das Opfer haben zu unterbleiben
- Das Opfer soll auf die Möglichkeit hingewiesen werden, eine am Verfahren nicht beteiligte Person seines Vertrauens zu benachrichtigen oder hinzuzuziehen
- Protokollaufnahme (ausführlich)

**Transparenz polizeilicher Maßnahmen**

- Welche polizeilichen Maßnahmen werden veranlasst?
- Beweissicherung?
- Warum wurde der Täter nicht festgenommen?

**Konfliktmanagement**

- Erforderliche Fahndungsmaßnahmen/Schutzmaßnahmen sind mit Nachdruck einzuleiten. Das Opfer soll erkennen, dass der Einsatz der Polizei der Schwere des Delikts angemessen ist, und zwar auch dann, wenn sich der Wahrheitsgehalt der Aussagen noch nicht beurteilen lässt

- Gefahreneinschätzung für das Opfer („Sicherheitsgespräch")
- Gefährdungsanalyse zum Täter („Gefährderansprache")

**Opferunterstützung/Informationsmaterial**

- Hinweis auf polizeiliche Opferschutzbeauftragte (Erreichbarkeit, Telefonnummer)
- Hinweis auf private Opferhilfeeinrichtungen
- Hinweis auf Beratungsstellen
- proaktives polizeiliches Vorgehen

**Fehlender Anfangsverdacht einer Strafbarkeit (§ 152 Abs. 2 StPO)**

- Im polizeilichen Alltag gibt es viele Umstände, die zwar eine Straftat vermuten lassen, aber keinen Anfangsverdacht begründen (z. B. ist versuchtes Stalking nach § 238 StGB nicht strafbar) – strafprozessuale Maßnahmen sind nicht zulässig
- Prüfung, ob Gefahrenlage oder zumindest ein Gefahrverdacht gegeben ist. Das wird regelmäßig der Fall sein, sonst hätte sich das Opfer nicht an die Polizei gewandt
- Maßnahmen nach Polizeirecht einleiten (insbesondere „Gefährderansprache")
- Sicherheitsgespräch
- Sachverhalt/polizeiliche Maßnahmen protokollieren

Als Verhaltensregeln gegenüber dem Stalker sollte dem Opfer angeraten werden, (wirklich) nur einmal sachlich und unmissverständlich dem Stalker zu signalisieren, dass man keinen Kontakt wünscht. Ansonsten sollte der Betroffene nicht auf den Stalker reagieren, nicht mit ihm diskutieren und sich nicht provozieren lassen. Dies ist individuell zu prüfen. Mit dem Opfer kann erarbeitet werden, wie dies umsetzbar ist.[199]

Das Verhalten der Polizei ist wichtig für die Bildung von Vertrauen. Es sollte daher vermieden werden, Opfer sekundär zu viktimisieren. Besonders wichtig ist es, dass Opfer ernst genommen werden und es nicht dem Zufall überlassen bleibt, ob sie von der Polizei unterstützt werden.

199 *Posch*, in: Kemme/Groß, Kriminologie, S. 280.

## IV. Polizeiliche Maßnahmen

### 1. Gefahrenabwehr

#### a) Gefährderansprache

Im Bereich des öffentlichen Rechts „kommen in erster Linie Maßnahmen der Gefahrenabwehr in Betracht. So ist es z.B. möglich, die Personendaten des Stalkers zu überprüfen, diesen erkennungsdienstlich zu behandeln, seine Wohnung, Person und Sachen zu durchsuchen, Platz- oder Wohnungsverweise und Rückkehrverbote auszusprechen, den Stalker in Gewahrsam zu nehmen, Gegenstände sicherzustellen usw."[200] Polizeiliche Maßnahmen können im Wege des Verwaltungszwangs durchgesetzt werden. Zu den typischen Maßnahmen gehört mittlerweile auch die Gefährderansprache, die sich in der Praxis als wirkungsvolles Instrument erwiesen hat.[201] Die Gefährderansprache umfasst das unverzügliche persönliche Aufsuchen des Gefährders durch die Polizei. Im Rahmen der individuellen Ansprache werden rechtliche und tatsächliche Konsequenzen aufgezeigt. Dem Gefährder wird konfrontativ vor Augen geführt, dass er im Visier der Polizei steht und dass alle notwendigen Maßnahmen konsequent durchgeführt werden („zero tolerance"), falls er sich in einer bestimmten Weise verhält.[202]

Überwiegend werden Gefährderansprache und -anschreiben – mangels spezieller Ermächtigung[203] – auf die allgemeine polizeirechtliche Generalklausel gestützt,[204] z. B. § 8 Abs. 1 PolG NRW.[205] Diese setzt eine konkrete Gefahr voraus, der Adressat muss polizeirechtlich „Verantwortlicher", d.h. Störer sein.[206]

---

200 *Bieszk/Sadtler*, NJW 2007, 3382 (3385).

201 Nach Angaben einer der Sachverständigen der Anhörung im Rechtsausschuss am 18.10.2006 wurde festgestellt, dass derartige Interventionen in 80 % der Fälle zu einer Beendigung des Stalkings führten.

202 *Tegtmeyer/Vahle*, PolG NRW, § 8 Rn. 26; grundlegend *Hebeler*, NVwZ 2011, 1364 ff.; *Weber*, afp 2013, 33 ff.; *Hülsbeck*, Der Kriminalist 2008, 442 ff.

203 Ansonsten besteht ein Anwendungsvorrang der Standardbefugnisse; hierzu *Schoch/Kießling*, in: Schoch/Eifert, BesVerwR, Kapitel 1, Rn. 225 f.

204 Zur dogmatischen Einordnung der polizeilichen Gefährderansprache in das allgemeine Polizeirecht *Kießling*, DVBl 2012, 1210 ff.; grundlegend zur Generalklausel *Wihl*, Ad Legendum 2023, 52 ff.

205 *Tegtmeyer/Vahle*, PolG NRW, § 8 Rn. 26; *Reuter*, Die Polizei 2019, 237 ff.; *Becker*, DVP 2019, 98 ff.

206 Zur Gestaltung der Gefährderansprache *Laabes*, in: Wondrak, Stalking, S. 113 ff.

### b) Elektronische Aufenthaltsüberwachung

In Stalking-Fällen kann auch das Instrument der Elektronischen Aufenthaltsüberwachung (EAÜ) aus kriminaltaktischer Sicht sinnvoll zur Anwendung kommen.[207] Gerichte haben die Maßnahme als zulässig erachtet.[208] Die Vorschriften zur elektronischen Fußfessel greifen nicht in den Kernbereich privater Lebensgestaltung ein und führen auch nicht zu einer mit der Menschenwürde unvereinbaren „Rundumüberwachung“[209].

### c) Aufenthaltsvorgabe und Kontaktverbot

Bei einem verfügten Kontaktverbot wird dem Adressaten ein Treffen mit bestimmten Personen untersagt.[210] § 34b PolG NRW hält eine entsprechende Ermächtigung bereit. Kontaktverbote i. S. des § 34b Abs. 1 Satz 2 PolG NRW können insbesondere bei Fällen von Gewalt im nahen sozialen Umfeld oder in Fällen des Nachstellens (§ 238 StGB) in Betracht kommen.[211]

## 2. Strafverfolgung

Neben der vorläufigen Festnahme und Beantragung eines Haftbefehls wegen Wiederholungsgefahr (Deeskalationshaft) kommen alle strafprozessualen Maßnahmen in Betracht, insbesondere

- Betreten (Durchsuchen) der Wohnung, §§ 102 ff. StPO
- Identitätsfeststellung beim Verdächtigen, § 163b Abs. 1 StPO
- Identitätsfeststellung bei Unverdächtigen (Zeugen), § 163b Abs. 2 StPO
- Körperliche Untersuchung bei Beschuldigten, § 81a StPO
- Körperliche Untersuchung bei Zeugen, § 81c StPO
- Erkennungsdienstliche Behandlung, § 81b StPO
- Molekulargenetische Untersuchungen (DNA-Analyse)
- Sicherstellung/Beschlagnahme von Beweismitteln, §§ 94, 98 StPO
- Beschlagnahme von Einziehungsgegenständen, § 74 StGB i. V. m. §§ 111b ff. StPO

---

207 Instruktiv *Braun/Roggenkamp*, PSP 1/2021, 7 ff.; *Thiel*, PSP 2/2020, 41 ff.; zur Strafbarkeit bei Verstößen *Klein*, GSZ 2020, 168 ff.

208 BGH, Beschl. v. 22.2.2022 – 3 ZB 3/21, NStZ-RR 2022, 187 (HSOG); BGH, Beschl. v. 17.5.2023 – 3 ZA 1/21, NStZ-RR 2023, 257 (PolG NRW); LG Münster, Beschl. v. 24.3.2020 – 05 T 141/20. Die Rechtsbeschwerde hatte keinen Erfolg; BGH, Beschl. v. 22.9.2021 – 3 ZB 2/20, NStZ-RR 2022, 23; eingehend hierzu *Keller*, in: Gundlach/Floren/Ley, Kriminalistik, Schriftenreihe DGfK, Bd. 7, S. 209 ff.; OLG München, Beschl. v. 1.4.2019 – 34 Wx 289/18, mit Anm. *Kremer*, GSZ 2019, 169 ff.

209 BVerfG, Beschl. v. 1.12.2020 – 2 BvR 916/11, mit Anm. *Eifert*, JURA 2021, 1531.

210 *Tegtmeyer/Vahle*, PolG NRW, § 34b Rn. 4.

211 *Barczak*, in: Möstl/Kugelmann, BeckOK POR NRW § 34b PolG Rn. 33.

Insbesondere die Anordnung erkennungsrechtlicher Maßnahmen kann auch dann rechtmäßig sein, wenn sämtliche Ermittlungsverfahren eingestellt wurden. Solche Maßnahmen sind zur vorbeugenden Bekämpfung von Straftaten dann erforderlich, wenn der Betroffene verdächtig ist, insbesondere in Form der Nachstellung gegenüber Ex-Partnerinnen Taten begangen zu haben, die mit Strafe bedroht sind, und wegen der Art und der Ausführung der Taten die Gefahr der Wiederholung besteht. Spricht aufgrund der Art und Weise, der Dauer und Intensität der Nachstellungen nichts dafür, dass der Betroffene von seinem strafrechtlich relevanten Tun ablassen wird, und geht das Gericht davon aus, dass die große Zahl der erstatteten Anzeigen und auch das enge Deliktsfeld „Körperverletzung, Nötigung, Bedrohung und Sachbeschädigung" aus kriminalistischer Sicht sehr besorgniserregend und in jedem Fall handlungsrelevant sind, so besteht die Notwendigkeit der Anfertigung und Aufbewahrung erkennungsdienstlicher Unterlagen.[212]

### 3. Mitteilungen an Fahrerlaubnisbehörde

Gem. § 11 Abs. 3 Satz 1 FeV kann die Beibringung eines Gutachtens einer amtlich anerkannten Begutachtungsstelle für Fahreignung (medizinisch-psychologisches Gutachten) zur Klärung von Eignungszweifeln für die Zwecke nach Absatz 1 und 2 angeordnet werden, bei einer erheblichen Straftat, die im Zusammenhang mit der Kraftfahreignung steht, insbesondere wenn Anhaltspunkte für ein hohes Aggressionspotenzial bestehen oder die erhebliche Straftat unter Nutzung eines Fahrzeugs begangen wurde (Nr. 6), oder bei Straftaten, die im Zusammenhang mit der Kraftfahreignung stehen, insbesondere wenn Anhaltspunkte für ein hohes Aggressionspotenzial bestehen (Nr. 7). Dies gilt insbesondere dann, wenn paranoide oder schizoide Persönlichkeitsstörungen vorliegen.[213] Anhaltspunkte für aggressive Neigungen oder eine generell geringe Hemmschwelle gegenüber der körperlichen Integrität anderer können „die Massivität der Gewaltanwendung oder die Gefahrgeneigtheit oder Verletzungseignung der Handlung" sein.[214] Anhaltspunkte für ein hohes Aggressionspotenzial können vorliegen bei hoher Angriffslust und Streitsüchtigkeit[215]

212 VG Münster, Urt. v. 27.5.2015 – 1 K 115/14, StRR 2015, 426; mit Anm. *Küppers*.

213 VG Münster, Urt. v. 8.7.2013 – 10 K 3093/12. In diesem Fall war ein Autofahrer mehrere Jahre als psychisch auffällig in Erscheinung getreten und war als Stalker von mehreren Personen aufgetreten.

214 VGH München, Beschl. v. 9.3.2021 – 11 CS 20.2793, NJW 2021, 1831; mit Anm. *Hühnermann*, NZV 2021, 439.

215 VGH Mannheim, Urt. v. 14.9.2004 – 10 S 1283/04, NJW 2005, 234.

oder bei impulsivem Durchsetzen eigener Interessen unter schwerwiegender Verletzung der Interessen anderer.[216] Bei einer Verurteilung wegen Nachstellung bedarf es aufgrund der Vielgestaltigkeit der als Tathandlungen in Betracht kommenden Verhaltensweisen in besonderem Maße einer Würdigung der Umstände des Einzelfalls, um aus der Begehung dieser Straftat auf Anhaltspunkte für ein fahreignungsrelevantes Aggressionspotenzial schließen zu können.[217]

Eine hohe Aggressionsbereitschaft lässt Rückschlüsse auf die Kraftfahreignung zu, wenn zu besorgen ist, dass der Betroffene bei konflikthaften Verkehrssituationen emotional impulsiv handelt und dadurch das Risiko einer gefährdenden Verkehrssituation erhöht sowie eigene Bedürfnisse aggressiv durchsetzt.[218]

In entsprechenden Fallkonstellationen kommt polizeilicherseits eine Datenübermittlung an die Fahrerlaubnisbehörde in Betracht.[219]

## V. Fangschaltung

Fangschaltung ist die umgangssprachliche Bezeichnung für eine technische Methode zur Ermittlung von Endstellen im Fernsprechverkehr mit dem Ziel der Identifizierung von Anrufern.[220] Eine Fangschaltung ist v.a. bei anonymen Anrufen mit beleidigendem oder sexuellem Charakter oder in Fällen von „Telefonterror“ von Bedeutung. Mit einer Fangschaltung lässt sich ein anonymer Anrufer ermitteln. Anrufe sind vor allem dann bedrohend oder belästigend, wenn sie einschlägige Straftatbestände erfüllen. Neben dem Tatbestand der Nachstellung nach § 238 StGB kommen Ehrverletzungsdelikte (§§ 185 ff. StGB), Nötigung (§ 240 StGB) und Bedrohung (§ 241 StGB) in Betracht.[221] Eine Bedrohung im Sinne der Norm liegt vor,

216 OVG Lüneburg, Urt. v. 8.7.2014 – 12 LC 224/13, NJW 2014, 3176; VG Frankfurt (Oder), Beschl. v. 8.6.2011 – 2 L 39/11.

217 *Dauer*, in: Hentschel/König/Dauer, Straßenverkehrsrecht, § 11 FeV Rn. 35d; vgl. VG Düsseldorf, Beschl. v. 24.11.2015 – 6 L 3298/15, SVR 2016, 235.

218 OVG Lüneburg, Beschl. v. 2.12.2016 – 12 ME 142/16, DAR 2017, 159; VGH München, Beschl. v. 5.7.2012 – 11 C 12.874, SVR 2012, 474.

219 VGH Mannheim, Urt. v. 14.9.2004 – 10 S 1283/04, NJW 2005, 234.

220 *Kastner*, in: Möllers, WB-Polizei: „Fangschaltung“; Die Betreiber der heutigen digitalen Telefonnetze nennen den Dienst zur Ermittlung von Anrufern Malicious Call Identification – MCID (Identifizierung bösartiger Anrufer). Das MCID-Verfahren wurde erstmals im Jahr 1992 vom European Telecommunications Standards Institute (ETSI) in seiner Zuständigkeit für europäische Normung im Bereich Telekommunikation als Standard ETS 300 128 spezifiziert.

221 *von Diemar/Wortmann*, in: Gierschmann/Baumgartner, TTDSG, § 14 Rn. 27 f.

wenn jemand ein empfindliches Übel in Aussicht stellt, auf dessen Eintritt er Einfluss zu haben vorgibt, wie etwa bei der Androhung körperlicher Gewalt.[222] Die Bedrohung kann sich dabei auch auf eine dem Anschlussinhaber nahestehende Person beziehen. Eine Belästigung liegt demgegenüber bereits beim Hervorrufen negativer Empfindungen vor.[223] Ist ein Anruf erkennbar scherzhaft gemeint, liegt eine Bedrohung nicht vor. Anrufe haben belästigenden Charakter, wenn sie rechtswidrig sind. In Betracht kommt auch unerwünschte Telefonwerbung ohne Einwilligung des Angerufenen – sog. „Kaltakquise" oder „cold calling"[224] (§ 7 Abs. 2 Nr. 2 UWG) – oder auch ein Verstoß gegen eine gerichtliche Anordnung nach § 1 GewSchG. Bedrohungen bzw. Belästigungen müssen nicht unbedingt vom Inhalt eines Anrufs ausgehen. § 14 Abs. 1 TDDDG setzt lediglich voraus, dass die entsprechenden Anrufe „ankommen". Es reicht aus, wenn es beim Anschlussinhaber wiederholt klingelt und bei der Annahme oder vor Annahme des Anrufs die Verbindung vom Anrufenden abgebrochen wird („Klingelterror"[225]).

Das Fangschaltungsverfahren ist ein Sonderfall der rechtswidrigen Inanspruchnahme eines Telekommunikationsdienstes. Voraussetzungen und Verfahrensvorschriften sind im Telekommunikation-Digitale-Dienste-Gesetz (TDDDG) normiert.[226] Das Auskunftsverfahren ist an strenge Voraussetzungen geknüpft, um Missbräuche zu verhindern (§ 14 TDDDG).[227] Das Verfahren kann als niedrigschwelliger Einstieg in eine spätere strafrechtliche Verfolgung – insbesondere nach § 238 StGB – des Anrufers dienen.

222 *Lüdemann*, in: Säcker/Körber, TKG-TTDSG, § 14 TTDSG Rn. 4.

223 *Lüdemann*, in: Säcker/Körber, TKG-TTDSG, § 14 TTDSG Rn. 4.

224 *Emrich/Weber*, in: Assion, TTDSG, § 14 Rn. 27.

225 *Lüdemann*, in: Säcker/Körber, TKG-TTDSG, § 14 TTDSG Rn. 4.

226 Am 1.12.2021 trat das Gesetz zur Regelung des Datenschutzes und des Schutzes der Privatsphäre in der Telekommunikation und bei Telemedien (TTDSG) in Kraft. Mit dem TTDSG wollte der Gesetzgeber eine erforderliche Anpassung der Datenschutzbestimmungen des Telekommunikationsgesetzes (TKG) und des Telemediengesetzes (TMG) an die DS-GVO und die rechtssichere Umsetzung der Regelungen der ePrivacy-RL2 erreichen. Durch die Zusammenführung der datenschutzrechtlichen Regelungen des TMG und TKG sollte für Rechtsklarheit gesorgt und ein wirksamer Datenschutz und Schutz der Privatsphäre der Endnutzer gewährleistet werden; *Gierschmann*, MMR 2023, 22 ff.; *Nebel*, CR 2022, 18 ff. Das TTDSG ist im Zuge der Einführung des Digitale-Dienste-Gesetzes (DDG) am 14.5.2024 zum Zwecke der Anpassung an das deutsche Recht in das Telekommunikation-Digitale-Dienste-Datenschutz-Gesetz (TDDDG) übergegangen; Titel geändert m. W. v. 14.5.2024 durch Gesetz v. 6.5.2024 (BGBl. I 2024, Nr. 149 – Art. 8, S. 21).

227 *Bäcker*, MMR 2009, 803 (804); *Büttgen*, RDV 2001, 7 (10).

# Teil 3
# Gewaltschutzgesetz (GewSchG)

## A. Systematik und Anwendungsbereich des GewSchG

### I. Systematik

Das Gesetz zum zivilrechtlichen Schutz vor Gewalttaten und Nachstellungen (Gewaltschutzgesetz – GewSchG) v. 11.12.2001 ist am 1.1.2002 in Kraft getreten.[1]

Zum 1.7.2021 sind § 1 Abs. 1 Satz 1 sowie § 1 Abs. 2 Satz 1 Nr. 1 GewSchG durch das Gesetz zur Fortentwicklung der Strafprozessordnung und zur Änderung weiterer Vorschriften um das Schutzgut der sexuellen Selbstbestimmung ergänzt worden.[2]

Damit die gesetzlichen Möglichkeiten auch in Anspruch genommen werden können, benötigen Frauen ausreichende und verständliche Informationen über die Verfahrensschritte. Gerichte, Rechtsanwaltschaft, Polizei und andere Behörden sind aufgerufen, im Rahmen ihrer jeweiligen Zuständigkeiten solche sachgerechten Informationen zu vermitteln.[3] Das bedingt indes, dass Polizeibeamte die Grundzüge des GewSchG kennen.

Das GewSchG enthält vier Vorschriften:

- § 1: Gerichtliche Maßnahmen zum Schutz vor Gewalt und Nachstellungen
- § 2: Überlassung einer gemeinsam genutzten Wohnung
- § 3: Geltungsbereich, Konkurrenzen
- § 4: Strafvorschriften

> „Mit dem Erlassen des Gewaltschutzgesetzes dehnt[e] der Staat sein Gewaltmonopol auch auf den familialen Bereich bzw. den der Partnerschaften aus."[4]

---

1 BGBl. I 2001, S. 3513. Grundlegend *Keller*, in: Bialon, Opferschutz, S. 181 ff.; zur Entstehungsgeschichte des Gesetzes vgl. *Schwab*, FamRZ 2002 1 (2). Zur Vorgeschichte des Regierungsentwurfs *Schumacher*, FamRZ 2001, 953 ff.

2 Hierzu *Cirullies/Cirullies*, FamRZ 2021, 1785 ff.

3 Vgl. Bericht der Bund-Länder-Arbeitsgruppe „Häusliche Gewalt" v. 18.6.2002, S. 2. In der Bund-Länder-Arbeitsgruppe sind Vertreterinnen und Vertreter aus Bund, Ländern und Kommunen mit Nichtregierungsorganisationen und Fachverbänden vernetzt, die sich der Bekämpfung von häuslicher Gewalt widmen.

4 *Lamnek* et al., Tatort Familie, S. 239.

## II. Anwendungsbereich des GewSchG

### 1. Geschützter Personenkreis

Zum geschützten Personenkreis gehört jede natürliche Person, die Opfer von Gewalt oder eines Gewalttäters geworden ist („vorsätzlich den Körper, die Gesundheit, die Freiheit oder die sexuelle Selbstbestimmung einer anderen Person widerrechtlich verletzt").

Eine besondere Beziehung zwischen Opfer und Täter wird nicht vorausgesetzt.[5]

### 2. Kinder

Das GewSchG gilt im Grundsatz für jede Person. Eine Ausnahme wird allerdings für minderjährige Kinder im Verhältnis zu ihren Eltern und zu sorgeberechtigten Personen (Vormund, Pfleger) gemacht. Das Elternrecht ist kein Schutzgut nach § 1 GewSchG. Schutzanordnungen nach § 1 GewSchG wegen Verletzung von Schutzrechten eines unter elterlicher Sorge stehenden Kindes durch einen Elternteil sind unzulässig.[6]

Minderjährige Kinder, die durch ihre Eltern oder ihren Vormund verletzt werden, sind gem. § 3 GewSchG auf die sorgerechtlichen Vorschriften (§§ 1666, 1666a BGB) bzw. die vormundschaftsrechtlichen Vorschriften (§§ 1793, 1800, 1837 Abs. 4, ggf. § 1886 BGB) angewiesen.[7]

Das GewSchG ist dagegen einschlägig, wenn Eltern Opfer von Gewalt durch die Kinder sind, auch, wenn Kinder Opfer von Gewalt oder Nachstellungen Dritter werden.[8]

### 3. Außerhäusliche Gewalt

Das GewSchG betrifft nicht nur Fälle häuslicher Gewalt, sondern dient vielmehr präventiven Zwecken ganz allgemein. § 1 GewSchG gilt auch über den sozialen Nahbereich hinaus und bietet etwa Opfern von Belästigungen („Stalking") Schutz (§ 1 Abs. 2 Nr. 2b GewSchG).[9] Erfasst sind vorsätzliche Gewalttaten mit der Folge der Verletzung des Körpers oder der Gesundheit oder der Verletzung der Freiheit.[10] Auch die Drohung, eine

---

5 *Reinken*, in: Hau/Poseck, BeckOK BGB, § 1 GewSchG Rn. 7.

6 OLG Bamberg, Beschl. v. 24.8.2011 – 2 UF 184/11, FamRZ 2012, 497.

7 *Freudenberg*, in: Hoffmann/Wondrak, Häusliche Gewalt und Tötung des Intimpartners, S. 54.

8 AG Frankfurt, Beschl. v. 16.11.2020 – 456 F 5230/20 EAGS, NZFam 2021, 95, mit Anm. *Cirullies*.

9 *Weinreich*, in: Prütting/Wegen/Weinreich, BGB, § 1 GewSchG Rn. 1.

10 Zur Definition der Gewalt *Hoppenz/Müller*, Familiensachen, 9. Aufl. 2009, § 1 GewSchG Rn. 5 ff.; dazu auch *Grziwotz*, NK 2006, 110 ff.: Freiheitsschutz durch das Gewaltschutzgesetz – was heißt „Gewalt" und greift dieses neu präzisierte Interventionsrecht auch im sozialen Fernbereich?

solche Tathandlung zu begehen, rechtfertigt den Eingriff, wobei allein entscheidend ist, wie das Opfer die Drohung aufgefasst hat. Das GewSchG betrifft somit auch den gewalttätigen Nachbarn, den gewalttätigen Rechts- oder Linksradikalen oder den Fußball-Hooligan.[11]

> Ziel des GewSchG ist auch, Gewaltopfern außerhalb des sozialen Nahbereichs und Opfern von Belästigungen Schutz zu gewähren (§ 1 Abs. 2 Satz 1 Nr. 2b).[12]

Eine Gewaltschutzanordnung kann auch aus der Perspektive der Cyberkriminalität in Betracht kommen, wenn z. B. eine Person einer anderen über soziale Netzwerke (z. B. facebook) mit einer Verletzung des Lebens, des Körpers, der Gesundheit oder der Freiheit widerrechtlich gedroht hat.[13]

Im außerhäuslichen Bereich ergibt sich die Erforderlichkeit von Schutzmaßnahmen nach § 1 GewSchG nicht schon aufgrund der durch die Erstbegehung einer vorsätzlichen Verletzungshandlung unwiderleglich vermuteten Wiederholungsgefahr. Es müssen vielmehr über die „Anlasstat" hinaus im Zeitpunkt der letzten mündlichen Verhandlung konkrete Anhaltspunkte für eine „konfliktbelastete" Täter-Opfer-Beziehung vorliegen. Bei singulären Verletzungshandlungen außerhalb des sozialen Nahbereichs müssen im Verhältnis Täter-Opfer über die Anlasstat hinaus Umstände vorliegen, die Grund zur Annahme geben, dass weitere Übergriffe ernsthaft zu besorgen sind. Nur dann sind Schutzmaßnahmen unter Verhältnismäßigkeitsgesichtspunkten auch geboten.[14]

# B. Schutzmaßnahmen und Abwehrmaßnahmen

## I. Rechtsgutverletzungen – Tathandlungen

### 1. Geschützte Rechtsgüter

§ 1 GewSchG regelt die Befugnis, auf Antrag gerichtliche Schutzmaßnahmen bei bereits eingetretenen oder angedrohten Verletzungen von Körper, Gesundheit, Freiheit oder die sexuelle Selbstbestimmung gegenüber dem Täter zu treffen.

---

11 *Grziwotz*, NJW 2002, 872 (873).

12 *Schweikert*, NJ 2003, 617 ff.; grundlegend *Schumacher*, FamRZ 2001, 953 ff.

13 *Esser*, in: Hornung/Müller-Terpitz, Hdb Social Media, Kapitel 7, Rn. 195.

14 OLG Saarbrücken, Urt. v. 18.1.2006 – 1 U 137/05, NJW-RR 2006, 747; mit Anm. *Vahle*, Kriminalistik 2007, 166.

Demgegenüber wird das allgemeine Persönlichkeitsrecht im Rahmen des Gewaltschutzgesetzes nicht als solches geschützt. Für gerichtliche Anordnungen zum Schutz der anderen von § 823 Abs. 1, Abs. 2 BGB erfassten Rechtsgüter gelten die Grundsätze der analogen Anwendung des Unterlassungsanspruchs aus § 1004 BGB, sodass sonstige unzumutbare Belästigungen, die nicht im Katalog der Rechtsgüter des § 1 GewSchG enthalten sind und sich als Verletzungen des allgemeinen Persönlichkeitsrechts als sonstiges Recht i. S. des § 823 Abs. 1 BGB darstellen, nach allgemeinem Deliktsrecht mit Schadensersatz- und Unterlassungsansprüchen geahndet werden können.[15]

Nach Gesetzesbegründung,[16] Rechtsprechung[17] und allgemeiner Auffassung[18] stellt § 1 GewSchG eine verfahrensrechtliche Vorschrift dar, die das Gericht zum Erlass von Schutzanordnungen nur dann befugt, wenn ein materiell-rechtlicher Anspruch auf Unterlassung (oder Beseitigung) der vorsätzlichen widerrechtlichen Verletzung der in § 1 GewSchG genannten Rechtsgüter gemäß §§ 823, 1004 BGB analog besteht.

Die Norm gestattet dem Gericht, Eingriffe in Rechtspositionen des Täters anzuordnen.[19] Die Vertretung durch einen Rechtsanwalt ist nicht vorgeschrieben, ein Anwalt kann aber im Fall eines Antrags auf Verfahrenskostenhilfe beigeordnet werden.[20]

Durch § 1 GewSchG wird die physische Integrität eines Menschen sowie seine körperliche Bewegungsfreiheit geschützt und ein Schutz vor psychischer Beeinträchtigung, die Krankheitswert besitzt, gewährt. Eine Gesundheitsverletzung kann auch darin bestehen, dass durch eine beliebige Einwirkung des Täters auf das Opfer bei diesem eine psychische Erkrankung hervorgerufen wird, ohne dass diese organisch vermittelt sein muss.[21]

Geschlechtsverkehr mit einem Kind ist Körper- und Gesundheitsverletzung i. S. von § 1 Abs. 1 GewSchG. Wird die Gewalt oder Drohung gegenüber einem Kind durch eine nicht sorgeberechtigte Person ausgeübt,

---

15 OLG Hamm, Beschl. v. 23.5.2011 – 8 UF 77/11, NJOZ 2012, 247; OLG Brandenburg, Beschl. v. 26.11.2018 – 9 UF 184/18. Verwirklichung des Beleidigungstatbestandes eröffnet noch nicht den Schutzbereich des § 1 GewSchG; so auch *Büchter*, Zivilrecht, S. 129.

16 BT-Drs. 14/5429, S. 17.

17 BGH, Beschl. v. 26.2.2014 – XII ZB 373/11, NJW 2014, 1381; mit Anm. *Cirullies*, NZFam 2014, 557.

18 *Cirullies*, NZFam 2022, 333 (336).

19 *Häberle*, in: Erbs/Kohlhaas, Strafrechtliche Nebengesetze, § 1 GewSchG Rn. 1.

20 OLG Zweibrücken, Beschl. v. 9.11.2009 – 2 WF 211/09, NJW 2010, 541.

21 BT-Drs. 14/5429, S. 18; *Dürbeck*, in: Johannsen/Henrich/Althammer, Familienrecht, § 3 GewSchG Rn. 2 ff.

wird die Anwendung des GewSchG nicht durch § 3 Abs. 1 GewSchG ausgeschlossen.[22]

Die Verletzung der Freiheit i. S. von § 1 Abs. 1 GewSchG bedeutet Entziehung der körperlichen Bewegungsfreiheit, wozu auch kurzzeitige Entziehungen zählen können.[23] Im Hinblick auf den Vorsatz genügt dolus eventualis. Ansonsten muss die Verletzungshandlung widerrechtlich erfolgen, was nicht der Fall ist, wenn sie durch Notwehr oder Nothilfe gerechtfertigt ist.[24]

### 2. Schuldfähigkeit

Maßnahmen nach § 1 GewSchG setzen entsprechend der im Zivilrecht geltenden Vorsatztheorie einen schuldfähigen Täter voraus,[25] wobei der Täter die Beweislast für seine Schuldunfähigkeit trägt. Diese richtet sich nach § 827 BGB.[26] Gem. § 1 Abs. 3 GewSchG kann das Gericht in den Fällen des Absatzes 1 Satz 1 oder des Absatzes 2 die Maßnahmen nach Absatz 1 auch dann anordnen, wenn eine Person die Tat in einem die freie Willensbestimmung ausschließenden Zustand krankhafter Störung der Geistestätigkeit begangen hat, in den sie sich durch geistige Getränke oder ähnliche Mittel vorübergehend versetzt hat. Insofern besteht eine Ausnahme für den vorübergehenden Zustand der Unzurechnungsfähigkeit, in den der Täter sich durch den Konsum von Alkohol[27] oder anderen berauschenden Mitteln versetzt hat.[28] Damit erfasst das GewSchG auch die im Zusammenhang mit häuslicher Gewalt häufig vorliegenden Trunkenheitstaten.[29]

### 3. Wiederholungsgefahr

Schutzanordnungen sind „zur Abwendung weiterer Verletzungen" zu treffen. Eine Wiederholungsgefahr muss nicht „drohen" oder eine weitere Beeinträchtigung „zu besorgen" sein, wie es in § 1004 BGB formuliert ist.

---

22 OLG Karlsruhe, Beschl. v. 31.10.2011 – 5 WF 166/11, FamRZ 2012, 460.

23 OLG Brandenburg, Beschl. v. 20.4.2005 – 9 UF 27/05, NJW-RR 2006, 220.

24 *Häberle*, in: Erbs/Kohlhaas, Strafrechtliche Nebengesetze, § 1 GewSchG Rn. 5.

25 OLG Celle, Beschl. v. 24.8.2011 – 17 UF 3/11, NJOZ 2011, 2075; OLG Frankfurt, Beschl. v. 20.5.2010 – 5 UF 26/10, FamRZ 2010, 1812. § 1 Abs. 1 und Abs. 2 GewSchG sind bei einem Fall des sog. Stalkings nicht anwendbar, wenn der Täter zur Tatzeit aufgrund einer geistigen Krankheit außerhalb des Anwendungsbereichs von § 1 Abs. 3 GewSchG nicht schuldhaft gehandelt hat. In einem solchen Fall bleiben Schutzanordnungen aufgrund des allgemeinen quasi-negatorischen Unterlassungsanspruches analog §§ 823 Abs. 1, 1004 BGB möglich.

26 *Dürbeck*, in: Johannsen/Henrich/Althammer, Familienrecht, § 1 GewSchG Rn. 18.

27 Zu den Voraussetzungen für die Annahme alkoholbedingter Schuldunfähigkeit BayObLG, Beschl. v. 9.1.2024 – 202 StRR 101/23.

28 *Dürbeck*, in: Johannsen/Henrich/Althammer, Familienrecht, § 1 GewSchG Rn. 18.

29 *Häberle*, in: Erbs/Kohlhaas, Strafrechtliche Nebengesetze, § 1 GewSchG Rn. 17.

§ 1 Abs. 1 Satz 1 GewSchG geht von einer Vermutung aus, dass in den Fällen, in denen es bereits zu Gewalttaten gekommen ist, weitere Taten zu erwarten sind.[30]

## II. Drohung mit Rechtsgutverletzungen

§ 1 Abs. 2 Satz 1 Nr. 1 GewSchG erstreckt sich auf die Möglichkeit gerichtlicher Schutzanordnungen nach Absatz 1 und erfasst die widerrechtliche Drohung mit der Verletzung der in Absatz 1 genannten Rechtsgüter des Lebens, des Körpers, der Gesundheit, der Freiheit oder der sexuellen Selbstbestimmung. Unter dem Begriff der Drohung wird wie bei den strafrechtlichen Bestimmungen der Nötigung (§ 240 StGB) oder der Bedrohung (§ 241 StGB) das Inaussichtstellen der Rechtsgutverletzung, auf deren Eintritt der Drohende Einfluss hat oder zu haben vorgibt,[31] verstanden. Die Drohung kann ausdrücklich oder konkludent erfolgen, sofern die Verletzung, mit der gedroht wird, hinreichend zum Ausdruck kommt.[32] Ob es sich um eine ernsthafte Drohung handelt, bestimmt sich aus der Sicht eines objektiven Durchschnittsmenschen in der Situation des Bedrohten.[33] Die Drohung ist abzugrenzen von „bloßen Verwünschungen oder Beleidigungen“[34].

## III. Hausfriedensbruch und unzumutbare Belästigung

### 1. Hausfriedensbruch

§ 1 Abs. 2 Satz 1 Nr. 2a GewSchG erfasst den Fall des widerrechtlichen Eindringens einer Person in die Wohnung einer anderen Person oder deren befriedetes Besitztum. Für die Beschreibung der Verletzung des Hausrechts ist an die in § 123 StGB verwendeten Formulierungen angeknüpft worden.[35]

**Beispiel:**

Das Herüberlehnen eines Nachbarn über die Brüstung zwischen zwei Balkonen ist nicht als Eindringen in das befriedete Besitztum der Nachbarin im Sinne von § 1 Abs. 2 Nr. 2a GewSchG auszulegen. Damit in einem Fall des Hineinlehnens in den

30 OLG Köln, Beschl. v. 26.7.2010 – 4 WF 128/10, FamRZ 2011, 132.

31 *Fischer*, StGB, § 240 Rn. 31.

32 OLG Brandenburg, Beschl. v. 5.10.2016 – 10 UF 89/16, Rn. 33.

33 OLG Frankfurt, Beschl. v. 17.12.2021 – 6 WF 147/21; mit Anm. *Lorenz*, jurisPR-ITR 9/2022, Anm. 5; OLG Bremen, Beschl. v. 25.2.2010 – 4 UF 9/10.

34 OLG Brandenburg, Beschl. v. 28.10.2020 – 13 UF 140/20; *Häberle*, in: Erbs/Kohlhaas, Strafrechtliche Nebengesetze, § 1 GewSchG Rn. 11.

35 BT-Drucks. 14/5429, S. 29.

> Luftraum oberhalb des Besitztums ein Eindringen vorliegt, müsste der Täter mindestens mit der Absicht, das Besitztum auch betreten zu wollen, gehandelt haben. Nach Auffassung des OLG Frankfurt ist es für ein Eindringen nicht ausreichend, „wenn von vornherein das Verhalten nicht auf ein Betreten ausgerichtet ist. Zudem ist zu berücksichtigen, dass der Nachbar selbst ein berechtigtes Interesse i. S. von § 1 Abs. 2 Satz 2 GewSchG an der Nutzung seines eigenen Balkons hat. Deshalb kann es ihm nicht verboten werden, sich auf seinem Balkon aufzuhalten. Dies schließt grundsätzlich auch das Recht ein, in Richtung des Balkons der Nachbarin zu blicken"[36].

Ein bloßes Unterlassen im Sinne des „Verweilens" nach § 123 Abs. 1 StGB oder der Versuch des Eindringens erfüllen nicht den Tatbestand des Eindringens im Sinne des § 1 Abs. 2 Satz 1 Nr. 2a GewSchG.[37]

## 2. Unzumutbare Belästigung

§ 1 Abs. 2 Satz 1 Nr. 2b GewSchG erfasst zum einen den Fall, dass eine Person einer anderen gegen deren ausdrücklich erklärten Willen wiederholt nachstellt, und zum anderen das Verfolgen unter Verwendung von Fernkommunikationsmitteln. Das wiederholte Aufsuchen einer Amtsperson an deren Privatadresse gegen deren Willen stellt in der Regel einen schwerwiegenden und unzumutbaren Fall der Belästigung in der Privatsphäre dar, wobei angesichts des Gewichts dieser Verletzung der Privatsphäre bereits eine einmalige Wiederholung § 1 Abs. 2 Satz 1 Nr. 2b GewSchG erfüllt.[38]

> „Dazu gehören eine Vielzahl von Verhaltensweisen, die sich als erhebliche Belästigungen beim Opfer auswirken, z. B. die wiederholte Überwachung und Beobachtung einer Person, die ständige demonstrative Anwesenheit des Täters in der Nähe der Person, die ‚körperliche' Verfolgung, Annäherung, Kontaktversuche sowie Telefonterror."[39]

Im Falle des § 1 Abs. 2 Satz 1 Nr. 2b GewSchG liegt eine unzumutbare Belästigung nicht vor, wenn die Handlung der Wahrnehmung berechtigter Interessen dient (Absatz 2 Satz 3).

---

36 OLG Frankfurt a. M., Beschl. v. 21.3.2016, 4 UF 26/16.

37 OLG Braunschweig, Beschl. v. 26.9.2014 – 2 UF 118/14, Rn. 18, FamRZ 2015, 264; OLG Hamm, Beschl. v. 3.6.2013 – 2 UF 67/13.

38 OLG Braunschweig, Beschl. v. 25.1.2018 – 2 UF 126/17, NJOZ 2018, 911.

39 BT-Drs. 14/5429, S. 29.

## IV. Schutzanordnungen

### 1. Allgemeines

Es können die in § 1 Abs. 1 Satz 3 GewSchG genannten Schutzanordnungen verhängt werden. Dieser „Katalog“ ist nicht abschließend („insbesondere“).[40] Das Gericht ist auch nicht auf die Verhängung einer Schutzmaßnahme beschränkt; es können im Einzelfall – je nach Lebensumständen – auch andere (mehrere) Schutzanordnungen getroffen werden[41] – z. B. die Verpflichtung eines Gewalttäters zur Wohnsitzaufgabe.[42] Die Vorschrift des GewSchG ist hinsichtlich der zum Gewaltschutz erforderlichen Maßnahmen ihrem Wortlaut nach offen gehalten. Anzuordnen ist diejenige Maßnahme, durch die die Wiederholungsgefahr am ehesten ausgeräumt werden kann. Das Gericht kann und soll jede andere geeignete und verhältnismäßige Maßnahme ergreifen.[43]

Der in § 1 Abs. 3 GewSchG beschriebene Zustand steht der Anordnung von Schutzmaßnahmen nach § 1 Abs. 1 oder Abs. 2 mithin nicht entgegen.[44]

Sind die tatbestandlichen Voraussetzungen des § 1 GewSchG festgestellt, sind alle zur Abwehr weiterer Verletzungen erforderlichen Maßnahmen, insbesondere solche auf Unterlassung bestimmter Handlungen, grundsätzlich zulässig. Die Auswahl einzelner Unterlassungspflichten ist nur von deren Geeignetheit und Erforderlichkeit zur Abwehr einer Gefährdung der geschützten Rechtsgüter abhängig. Sie setzt dagegen nicht voraus, dass eine Wiederholungs- oder Begehungsgefahr gerade hinsichtlich der untersagten Verhaltensweise festgestellt ist.[45]

Hinzuweisen ist auf einen Gesetzentwurf v. 2.7.2024, der in § 1 Abs. 1 Satz 3 Nr. 2 GewSchG-E die Möglichkeit der Anordnung einer Elektronischen Aufenthaltsüberwachung (EAÜ) vorsieht.[46]

---

40 *Büchter*, Zivilrecht, S. 129; *Schumacher*, FamRZ 2001, 955.

41 *Gropp/von Pechstaedt*, in: Bettermann/Feenders, Stalking, S. 171.

42 BGH, Beschl. v. 26.2.2014 – XII ZB 373/11, NZFam, 2014, 555: Gewalttäter muss Wohnsitz verlegen.

43 Dies wird in der Praxis offensichtlich nicht genügend beachtet, vgl. *von Pechstaedt*, NJW 2007, 1233, der die richterliche Kreativität eingeschränkt sieht.

44 *Reinken*, in: Hau/Poseck, BeckOK BGB, § 1 GewSchG Rn. 44.

45 OLG Celle, Beschl. v. 21.8.2014 – 10 UF 183/14, NJW-RR 2015, 4: Mehrere Unterlassungsgebote durch Gewaltschutzanordnung.

46 Als Vorbild dienen u. a. auch „gute Erfahrungen“ in Spanien, BT-Drs. 20/12085, S. 5; kritisch *Henneberger/Çelebi*, ZRP 2024, 181 (182 f.).

## 2. Mögliche Schutzmaßnahmen

### a) Betretungsverbot

Das Betretungsverbot nach § 1 Abs. 1 Satz 3 Nr. 1 GewSchG hinsichtlich der Wohnung des Opfers ergänzt die auf § 1361b oder § 2 GewSchG gestützte Wohnungszuweisung. Zum Schutz des Opfers kann das Gericht anordnen, dass der Täter die Wohnung des Opfers nicht betreten darf. Eine solche Anordnung wird das Gericht in der Regel im Zusammenhang mit einer Wohnungsüberlassung nach § 2 GewSchG zu verhängen haben. Das Opfer muss nicht Eigentümer der Wohnung sein, das Verbot kann sich gar auf die Wohnung des Täters beziehen (Parallelität zur Wohnungsverweisung gem. § 34a PolG NRW). Unerheblich ist somit, auf welchen Rechtsbeziehungen die Nutzung der Wohnung beruht.

Leben Täter und Opfer zwar in einem gemeinsamen Haushalt, führen aber keinen gemeinsamen auf Dauer angelegten Haushalt, kommt zwar keine Maßnahme nach § 2 GewSchG, wohl aber ein Betretungsverbot nach § 1 GewSchG in Betracht.[47]

### b) Näherungsverbot

Gem. § 1 Abs. 1 Satz 3 Nr. 2 GewSchG kann das Gericht anordnen, dass der Täter es unterlässt, sich in einem bestimmten Umkreis der Wohnung der verletzten Person aufzuhalten.[48] Als sinnvoll wird ein Mindestabstand von 200 Metern erachtet. Dem Opfer wird es durch eine „Bannmeile“[49] ermöglicht, sich gefahrlos in der Nähe seiner Wohnung zu bewegen und nicht bei jedem Betreten oder Verlassen mit dem Täter konfrontiert zu sein. Sofern der 200-Meter-Mindestabstand nicht als angemessen betrachtet wird, werden Mindestabstände von 50 Metern,[50] 100 Metern[51] oder 150 Metern[52] festgelegt. Den einzuhaltenden Abstand haben die Gerichte nach den jeweiligen örtlichen Verhältnissen (z. B. dichte oder weitläufige Bebauung) zu bestimmen.[53] Eine Distanz von 10 Metern[54] oder 20 Metern[55] scheint indes nicht ausreichend.[56]

---

47 BGH, Beschl. v. 26.2.2014 – XII ZB 373/11, NJW 2014, 1381; mit Anm. *Lüdde*, RÜ 2014, 354.

48 Die Maßnahme kann in Betracht kommen als Ergänzung zu einem Wohnungsbetretungsverbot.

49 *Dürbeck*, in: Johannsen/Henrich/Althammer, Familienrecht, § 1 GewSchG Rn. 28.

50 OLG Celle, Beschl. v. 27.8.2014 – 10 UF 183/14.

51 *von Pechstaedt*, NJW 2007, 1233 (1234), mit Hinweis auf AG München, Urt. v. 20.6.2003 – 144 C 18271/03.

52 *von Pechstaedt*, NJW 2007, 1233 (1234), mit Hinweis auf AG Berlin-Schöneberg, Urt. v. 29.9.2003 – 9 C 536/03.

53 BT-Drs. 14/5429, S. 29.

54 AG München, Urt. v. 29.11 2002 – 21 C 94/02.

55 AG Herford, Urt. v. 9.11.2007 – 14 F 785/07.

56 Zusammenstellung der Rechtsprechung nach *von Pechstaedt*, DPolBl 3/2003, 27 (29).

Eine einstweilige Anordnung, mit der dem Antragsgegner ein strafbewehrtes Abstandsgebot von „der Wohnung" der Antragstellerin aufgegeben wird, muss dabei eine konkrete Bezeichnung der fraglichen Wohnung enthalten („Wenn ich nicht weiß, wo die Wohnung ist, wie soll ich mich ihr dann nicht nähern").[57]

Leben Täter und Opfer im gleichen Haus in unterschiedlichen Wohnungen, ist – wenn nicht ausnahmsweise dem Täter aufgegeben werden kann, die Wohnung aufzugeben – ein Betretungsverbot ungeeignet.[58]

#### c) Erweitertes Näherungsverbot (Aufenthaltsverbot)

Gem. § 1 Abs. 1 Satz 3 Nr. 3 GewSchG kann das Gericht anordnen, dass der Täter es unterlässt, zu bestimmende andere Orte aufzusuchen, an denen sich die verletzte Person regelmäßig aufhält. Eine weitere mögliche Schutzanordnung kann also dahin gehen, dem Täter den Aufenthalt an bestimmten, vom Opfer regelmäßig aufzusuchenden Orten (wie z.B. Arbeitsstelle, Kindergarten) zu untersagen.[59] Dabei kann es sich auch um öffentlich zugängliche Orte handeln.

#### d) Kontaktverbot

Gem. § 1 Abs. 1 Satz 3 Nr. 4 GewSchG kann das Gericht anordnen, dass der Täter es unterlässt, Verbindung zur verletzten Person, auch unter Verwendung von Fernkommunikationsmitteln, aufzunehmen (Kontaktverbot).[60] Ein Verstoß gegen das Kontaktverbot liegt insbesondere dann vor, wenn der Täter sich der Wohnung des Opfers nähert.[61]

Eine Verbindungs- bzw. Kontaktaufnahme liegt dabei nicht erst dann vor, „wenn eine Kommunikation zwischen Opfer und Stalker stattgefunden hat. Auch nach Sinn und Zweck des Gewaltschutzgesetzes sind gerade anonyme Anrufe, bei denen der Täter auflegt, nachdem sich das Opfer meldet, zu verhindern".[62]

Das Kontaktverbot kann auch beinhalteten, mit dem Opfer nicht Kontakt durch verbale Gesten – etwa durch Zeigen des Mittelfingers – bei einem zufälligen Aufeinandertreffen aufzunehmen.[63]

---

57 OLG Celle, Beschl. v. 25.10.2012 – 10 WF 310/12, FamFR 2012, 567.

58 Zur Verpflichtung des Gewalttäters zur Aufgabe einer Wohnung als Gewaltschutzanordnung BGH, Beschl. v. 26.2.2014 – XII ZB 373/11, NJW 2014, 1381.

59 *Dürbeck*, in: Johannsen/Henrich/Althammer, Familienrecht, § 1 GewSchG Rn. 29.

60 OLG Hamm, Beschl. v. 23.5.2011 – II-8 UF 77/11, MMR 2012, 129: Anwendbarkeit des Gewaltschutzgesetzes bei Kontaktaufnahme über Fernkommunikationsmittel.

61 AG München, Urt. v. 1.8.2018 – 812 Ds 259 Js 132417/17.

62 *von Pechstaedt*, NJW 2007, 1233 (1234).

63 OLG Zweibrücken, Beschl. v. 12.4.2019 – 6 WF 44/19, FamRZ 2019, 1948; mit Anm. *Kischkel*, NZFam 2019, 748.

#### e) Verbot der Herbeiführung eines Zusammentreffens

Das in § 1 Abs. 1 Satz 3 Nr. 5 GewSchG normierte Verbot, Zusammentreffen mit der verletzten Person herbeizuführen, verhindert Versuche, an Orten, die von einem Näherungsverbot nicht erfasst sind, mit dem Opfer in Kontakt zu treten.[64] Der Täter darf dem Opfer nicht auflauern, er darf sich nicht an Orte begeben, an denen das Opfer sich aufhält. Bei unvorhergesehenen Treffen wird es dem Täter regelmäßig obliegen, sich (unverzüglich) zu entfernen.[65]

### 3. Wahrnehmung berechtigter Interessen

Die Schutzanordnungen stehen unter dem Vorbehalt, dass ein Verbot nicht verhängt werden kann, „soweit dies nicht zur Wahrnehmung berechtigter Interessen erforderlich ist". Die Wahrnehmung berechtigter Interessen kann z. B. eine Rolle spielen, wenn es um Aufenthaltsverbote geht. So dürfte das Gericht ein Aufenthaltsverbot grundsätzlich nicht für den Arbeitsplatz des Täters aussprechen.

Im Hinblick auf den Umgang mit Kindern ist zu berücksichtigen, dass dem Täter häuslicher Gewalt allein aus diesem Grund der Umgang mit seinen Kindern nicht komplett untersagt werden kann. Dem leiblichen Elternteil muss grundsätzlich ein Umgangsrecht mit dem leiblichen Kind gewährleistet werden.[66]

### 4. Verhältnismäßigkeit – Befristung

Als Ausdruck des Grundsatzes der Verhältnismäßigkeit sind die Schutzmaßnahmen grundsätzlich zu befristen (§ 1 Abs. 1 Satz 2 GewSchG);[67] die Frist kann verlängert werden.[68] Diese Regelung wird dahin verstanden, dass die Befristung zwingend ist.[69] Die Schwere der Rechtsgutsverletzung kann eine längere Dauer der Verbote rechtfertigen,[70] ggf. können Anordnungen auch unbefristet ergehen, z. B. für den Fall, dass dem Gewalttäter aufgegeben werden muss, eine von ihm allein bewohnte, im Haus des Gewaltopfers befindliche Wohnung aufzugeben.[71]

---

64 *Dürbeck*, in: Johannsen/Henrich/Althammer, Familienrecht, § 1 GewSchG Rn. 31.

65 *Schumacher*, FamRZ 2002, 645 (655).

66 BVerfG, Beschl. v. 28.12.2004 – 1 BvR 2790/04, FamRZ 2005, 173.

67 OLG Köln, Beschl. v. 6.2.2003 – 14 UF 249/02, FamRZ 2003, 1281.

68 OLG Brandenburg, Beschl. v. 19.2.2021 – 9 UF 13/21, FamRZ 2021, 1214; grundlegend *Cirullies*, FamRZ 2021, 1176 ff.

69 OLG Hamm, Beschl. v. 30.1.2015 – 2 WF 232/14, 2 WF 237/14, FamRZ 2015, 1405.

70 *Reinken*, in: Hau/Poseck, BeckOK BGB, § 1 GewSchG Rn. 29.

71 BGH, Beschl. v. 26.2.2014 – XII ZB 373/11, NJW 2014, 1381.

### V. Wohnungsüberlassung

§ 2 GewSchG regelt den Anspruch auf Überlassung der Wohnung und setzt den Grundsatz „Der Täter geht, das Opfer bleibt"[72]. Unter den Voraussetzungen des § 1 Abs. 1 Satz 1 GewSchG (ggf. i. V. m. § 1 Abs. 3 GewSchG), ermöglicht die Regelung dem Opfer, das einen auf Dauer angelegten gemeinsamen Haushalt mit dem Täter führt, zu verlangen, dass dieser ihm überlassen wird. Auf die Art der Beziehung zwischen Täter und Opfer kommt es ebenso wenig an wie grundsätzlich auf die Frage, wer Mieter der Wohnung ist.[73] § 2 GewSchG ermöglicht grundsätzlich nur eine vorläufige Regelung über die Wohnungsbenutzung. Endgültige Regelungen sind sodann auf der Grundlage des für die Wohnungsbenutzung maßgeblichen Rechtsverhältnisses zu treffen. Nicht Gegenstand des Verfahrens nach dem GewSchG kann der Antrag sein, dem Täter die Benutzung der Wohnung zusammen mit dem Opfer einzuräumen.[74]

## C. Strafvorschriften (§ 4 GewSchG)

### I. Regelungsinhalt

§ 4 GewSchG normiert die strafrechtlichen Konsequenzen eines Verstoßes gegen gerichtliche Schutzanordnungen.[75]

Die Strafvorschrift dient der Steigerung der Effektivität des Rechtsschutzes im Interesse der Opfer.[76]

Unter Strafe steht nicht die beeinträchtigende Handlungsweise des Täters als solche, sondern die Missachtung eines gegen ihn ergangenen hoheitlichen Verbotes. Die Strafnorm postuliert also keine eigenen Tatbestandsmerkmale, sondern wird durch eine vollstreckbare Anordnung konturiert.[77] Gegen die Blankettvorschrift bestehen keine verfassungsrechtlichen Bedenken. Der Gesetzgeber hat die Voraussetzungen der Ahndung sowie Art und Maß der Sanktion (§ 4 Satz 1 GewSchG) selbst bestimmt.[78]

---

72 *Schumacher*, FamRZ 2002, 645 (655).

73 *Plastrotmann*, in: Kindl/Meller-Hannich/Wolf, Zwangsvollstreckung, Ziff. 7: Zwangsvollstreckung und Gewaltschutzgesetz, Rn. 10.

74 OLG Brandenburg, Beschl. v. 20.4.2005 – 9 UF 27/05, NJW-RR 2006, 220.

75 § 4 Satz 1 neu gefasst mit Wirkung v. 10.3.2017 durch Gesetz v. 1.3.2017 (BGBl. I 2017, S. 386); Satz 1 einleitender Satzteil geändert mit Wirkung v. 1.10.2021 durch Gesetz v. 10.8.2021 (BGBl. I 2021, S. 3513).

76 BT-Drs. 14/5429, 21, 32.

77 BT-Drs. 14/5429, S. 39.

78 *Freytag*, in: Erbs/Kohlhaas, Strafrechtliche Nebengesetze, 224. EL März 2019, § 4 GewSchG Rn. 9.

Die Strafbarkeit endet mit der förmlichen Aufhebung des Beschlusses, ebenso, wenn die verletzte Person dem Täter freiwillig wieder Zugang zur Wohnung gewährt.[79]

## II. Tathandlungen

### 1. Gerichtliche Anordnungen

Der Verstoß gegen eine gerichtliche Anordnung nach § 1 ist nur dann gem. § 4 Satz 1 Nr. 1 GewSchG strafbar, wenn die Anordnung rechtmäßig ist. Das Strafgericht prüft die Rechtmäßigkeit der Anordnung eigenständig und ist nicht an die Entscheidung des Familiengerichts gebunden.[80] Der Blankettstraftatbestand des § 4 GewSchG ist nicht materiell akzessorisch zu dem der Schutzanordnung des Zivilgerichts zugrunde gelegten Anlassverhalten des Angeklagten. Das Strafgericht hat ohne Bindung an die zivilgerichtliche Entscheidung das Anlassverhalten festzustellen und die Rechtmäßigkeit der Schutzanordnung zu bewerten.[81]

### 2. Vergleich

§ 214a FamFG sieht vor, dass ein Vergleich, den die Beteiligten im Rahmen eines Gewaltschutzverfahrens schließen, unter bestimmten Voraussetzungen gerichtlich bestätigt wird. Korrespondierend dazu stellt § 4 Satz 1 Nr. 2 GewSchG (Gewaltschutzgesetz) einen Verstoß gegen eine bestimmte vollstreckbare Verpflichtung aus einem gerichtlich bestätigten Vergleich unter die Strafandrohung, der Vergleich wird also strafbewehrt.[82]

## III. Schuldform

Die Straftat kann nur vorsätzlich begangen werden, da das Gesetz die Fahrlässigkeit nicht mit Strafe bedroht (§ 15 StGB). Der Täter muss also davon Kenntnis haben, dass gegen ihn eine gerichtliche Anordnung ergangen ist, er muss ihren Inhalt kennen[83] und den Verstoß wollen oder bei seinen Handlungen zumindest in Kauf nehmen.[84]

---

79 OLG Hamm, Urt. v. 2.6.2004 – 1 Ss 83/04, LSK 2005, 430383; vgl. auch *Götz*, Familienrecht, 6. Aufl. 2015, § 4 GewSchG Rn. 9.

80 BGH, Beschl. v. 28.11.2013 – 3 StR 40/13, NJW 2014, 1749; mit Anm. *Heghmanns*, JZ 2014, 630.

81 OLG Hamburg, Beschl. v. 29.4.2010 – 1 Ss 77/09; hierzu *Lampe*, jurisPR-StrafR 5/2011, Anm. 2.

82 Hierzu *Weiß*, JM 2018, 10 ff.

83 BGH, Urt. v. 15.3.2007 – 5 StR 536/06, NStZ 2007, 484: Die wirksame Zustellung einer im Beschlusswege ergangenen einstweiligen Verfügung ist Voraussetzung für die Strafbarkeit nach § 4 GewSchG.

84 *Heinke*, Gewaltschutzgesetz, § 4 Rn. 4.

## IV. Verfolgungsvoraussetzungen

§ 4 GewSchG ist Offizialdelikt, eines Strafantrages bedarf es nicht. Die Vorschrift wird auch nicht im Katalog der Privatklagedelikte aufgeführt (§ 374 StPO), „eine Verweisung auf den Privatklageweg scheidet deshalb auch bei ‚Beziehungstaten' aus".[85]

## V. Rechtfertigungsgrund der Einwilligung

Menschen ändern ihre Meinung und vergeben einer Person, die sie wenige Tage vorher noch mithilfe eines Gerichts aus ihrem Leben fernhalten wollten. Auch im Anwendungsbereich des GewSchG kann es immer wieder zu spontanen Sinneswandlungen der Beteiligten kommen, dies gewiss auch aufgrund der regelmäßig psychisch angespannten Situation der Beteiligten.[86] In solchen Konstellationen bemühen sich Antragsteller mitunter darum, die vollstreckbare Anordnung rückgängig zu machen.

Lädt das Anlassopfer den Anlasstäter etwa zu einem „Versöhnungsgespräch in die Wohnung ein, obwohl das Betreten der Wohnung bzw. die Annäherung auf weniger als 100 m per Anordnung untersagt wurde, dann verzichtet es auf den Schutz, der ihm vonseiten des Staates gewährleistet wird".[87] So ein Verzicht muss möglich sein, „denn zur Freiheitssphäre beider Parteien gehört auch die Chance zur Versöhnung, die nicht durch eine völlige Kontaktsperre mit strafrechtlicher Sanktion ohne Regulierung über das Strafantragsrecht zunichte gemacht werden darf".[88]

§ 4 GewSchG dient dem Schutz von Individualrechtsgütern eines Anlassopfers, das nach einer Anlasstat eine gerichtliche Anordnung gegen den Anlasstäter erwirkt hat. In die Verletzung der Strafnorm kann daher rechtfertigend eingewilligt werden.[89] Es gelten die allgemeinen strafrechtsdogmatischen Voraussetzungen der Einwilligung.[90]

---

85 *Grziwotz*, NJW 2002, 872 (873).

86 LG Hechingen, Beschl. v. 8.8.2008 – 1 Qs 84/08.

87 *Bergmann/Kroke*, ZIS 2013, 234 (238).

88 *Bergmann/Kroke*, ZIS 2013, 234 (238).

89 *Bergmann/Kroke*, ZIS 2013, 234 (244).

90 Instruktiv *Rönnau*, JuS 2007, 18 ff.; *Beckert*, JA 2013, 507 ff.; *Tag*, ZStW 2015, 523 ff.; *Frisch*, GA 2021, 65 ff.; *Rennicke*, ZJS 2019, 465 ff.; *Roxin*, GA 2018, 250 ff.

# D. Verfahrensrecht

## I. Örtliche Zuständigkeit

Gem. § 23a Abs. 1 Nr. 1 GVG sind für Familiensachen die Amtsgerichte zuständig, dort gem. § 23b Abs. 1 GVG das Familiengericht.[91] Die Definition der Familiensachen ergibt sich aus § 111 FamFG. Gewaltschutzsachen nach den §§ 1 und 2 GewSchG sind gem. §§ 111 Nr. 6, 210 FamFG immer Familiensachen.[92] Die örtliche Zuständigkeit bestimmt § 211 FamFG.

## II. Mitteilung von Entscheidungen an Polizeibehörde

Anordnungen nach dem Gewaltschutzgesetz ermöglichen eine frühzeitige Abwehr von Belästigungen und bieten den Vollstreckungsbehörden eine (wirkungsvolle) Eingriffsgrundlage. Dem trägt § 216a FamFG Rechnung, demzufolge das anordnende Gericht den zuständigen Polizeibehörden und anderen öffentlichen Stellen, die von der Durchführung der Anordnung betroffen sind, die Anordnung bzw. Änderungen oder die Aufhebung unverzüglich (§ 121 Abs. 1 Satz 1 BGB) mitteilt, sofern es keine entgegenstehenden Rechte gibt. Das Ziel der Vorschrift besteht darin, bestehende Informationsdefizite nach dem Erlass gerichtlicher Wohnungszuweisungen oder Schutzanordnungen zwischen den Gerichten, Polizeibehörden und anderen öffentlichen Stellen zu beseitigen, um zukünftig die Anzahl der Verstöße gegen bereits erlassene Anordnungen zu reduzieren.[93]

## III. Einstweiliger Rechtsschutz

In Verfahren nach dem GewSchG können einstweilige Anordnungen ergehen. Eine besondere Regelung für Gewaltschutzsachen enthält § 214 FamFG.

Das Anordnungsverfahren darf die Hauptsache mithin nicht vorwegnehmen. Daher ist im Verfahren nach § 1 oder § 2 GewSchG, § 214 Abs. 1 FamFG grundsätzlich eine Befristung der einstweiligen Anordnung nach § 1 Abs. 1 Hs. 2 GewSchG erforderlich.[94]

---

91 Zur Stellung des Familiengerichts *Rosenberg/Schwab/Gottwald*, Zivilprozessrecht, § 166 Rn. 37 ff.

92 *Plastrotmann*, in: Kindl/Meller-Hannich/Wolf, Zwangsvollstreckung, Ziff. 7: Zwangsvollstreckung und Gewaltschutzgesetz, Rn. 12.

93 Anordnung über die Mitteilungen in Zivilsachen (MiZi), Zweiter Teil, 4. Abschnitt, Ziff. XI.; LT-Drs. (NRW) 18/4950 v. 7.7.2023, S. 3; hierzu auch *Eickelmann*, in: Haußleiter, FamFG, 2. Aufl. 2017, § 216a Rn. 1; *Frank*, in: Musielak/Borth, FamFG, § 216a Rn. 1.

94 OLG Saarbrücken, Beschl. v. 20.10.2010 – 6 UF 102/10, FPR 2011, 232.

# E. Gesetz zur Änderung des Gewaltschutzgesetzes (GewSchG-E)

## I. Elektronische Aufenthaltsüberwachung

Anknüpfend an Reformvorhaben der vergangenen Legislaturperiode hat das Bundesministerium der Justiz und für Verbraucherschutz (BMJV) am 25.8.2025 einen Referentenentwurf zur Änderung des Gewaltschutzgesetzes vorgelegt (GewSchG-E). Im GewSchG sollen Regelungen für die elektronische Aufenthaltsüberwachung und die Möglichkeit, Betroffene zur Teilnahme an sozialen Trainingskursen zu verpflichten, eingeführt werden. Überdies soll die Strafandrohung bei Zuwiderhandlungen gegen Gewaltschutzanordnungen von zwei auf drei Jahre Freiheitsstrafe erhöht (§ 4 Satz 1 GewSchG-E) und Familiengerichten Zugang zum nationalen Waffenregister ermöglicht werden, um Gefährdungslagen in Gewaltschutz- und Kindschaftsverfahren besser einschätzen zu können (§ 13 Nr. 2a WaffRG-E).

Durch die elektronische Aufenthaltsüberwachung (§§ 1 Abs. 1 Satz 4 i.V.m. 1a GewSchG-E) soll über Ländergrenzen hinweg eine effektivere Durchsetzung von Gewaltschutzanordnungen ermöglicht werden. Die Besonderheit besteht in der Implementierung des sog. „Spanischen Modells" („opferzentriertes", „bilaterales"[95] oder „Zwei-Komponenten-Modell")[96] in das deutsche Recht. In diesem Modell erhält auch das (potenzielle) Opfer ein technisches Gerät. Bei Annäherung der gefährlichen Person kann das technische Gerät (z.B. Smartphone) diese Gefahrensituation dem Opfer entsprechend signalisieren („dynamische Verbotszone"[97]) und die Polizei verständigen. Die elektronische Aufenthaltsüberwachung ist einzuordnen wie die zuvor genannten Maßnahmen, z.B. das Kontaktverbot nach § 1 Abs. 1 Nr. 4 GewSchG, die nicht vom Opfer konkretisiert werden müssen.[98]

## II. Täterteilnahme an sozialen Trainingskursen

Die verpflichtende Teilnahme an Täterprogrammen nach § 1 Abs. 4 GewSchG-E („soziale Trainingskurse") soll zu einer nachhaltigen Verhaltensänderung beitragen und Wiederholungsgefahren reduzieren. Es han-

---

95 *Burger/Zichler/Möllers*, ZStW 2025, 321 ff.
96 *Kinzig/Rebmann*, ZRP 2025, 48 (49).
97 *Kinzig/Rebmann*, ZRP 2025, 48 (49).
98 GewSchG-E, S. 30.

delt sich um kognitiv-verhaltensorientierte Maßnahmen für in Partnerschaften gewalttätige Männer, mit denen eine Verhaltensänderung mit den Mitteln von Konfrontation, Beratung und sozialer Unterstützung erreicht werden soll.[99] Das Familiengericht kann anordnen, dass der Täter binnen einer vom Gericht gesetzten Frist an einem sozialen Trainingskurs bei einer vom Gericht benannten Person oder Stelle teilnimmt. Die Bestätigung der Anmeldung zu dem sozialen Trainingskurs ist dem Gericht binnen eines Monats nach Zustellung der Entscheidung, die Bestätigung über die vollständige Teilnahme ist dem Gericht bis zum Ablauf der nach Satz 1 gesetzten Frist vorzulegen.[100]

99 *Sabas*, Häusliche Gewalt, S. 134 f.
100 GewSchG-E, S. 30 f.

# Literaturverzeichnis, abgekürzte Literatur


*Abramowski, Ruth / Meyerhuber, Sylke / Rust, Ursula (Hrsg.):* Gewaltfrei arbeiten und leben. Interdisziplinäre Perspektiven, Theorien, empirische Erkenntnisse und Handlungsoptionen, Baden-Baden 2025 (zit. Bearbeiter, in: Abramowski / Meyerhuber / Rust, Gewaltfrei arbeiten und leben)

*Amian, Georg H. / Pießkalla, Michael (Hrsg.):* Praxiskommentar Waffenrecht, Stuttgart 2024 (zit. Bearbeiter, in: Amian / Pießkalla, Waffenrecht)

*Amir, Menachem:* Patterns in Forcible Rape. Chicago, London, University of Chicago Press 1971 (zit. Amir, Patterns in Forcible Rape)

*Artkämper, Heiko / Clages, Horst (Hrsg.):* Kriminalistik gestern-heute-morgen. Schriftenreihe der DGfK e. V., Band 4. Festschrift zum 10-jährigen Bestehen der Deutschen Gesellschaft für Kriminalistik, Stuttgart 2013 (zit. Bearbeiter, in: Artkämper / Clages, Kriminalistik, Schriftenreihe DGfK, Bd. 4)

*Artkämper, Heiko / Clages, Horst (Hrsg.):* Kriminalitätsbekämpfung – ein Blick in die Zukunft. Schriftenreihe der DGfK e. V., Band 5, Stuttgart 2015 (zit. Bearbeiter, in: Artkämper / Clages, Kriminalistik, Schriftenreihe DGfK, Bd. 5)

*Artkämper, Heiko / Floren, Thorsten / Schilling, Karsten:* Vernehmungen. Taktik. Psychologie. Recht, 7. Auflage, Hilden 2025 (zit. Artkämper / Floren / Schilling, Vernehmungen)

*Assion, Simon (Hrsg.):* TTDSG. Telekommunikation-Telemedien-Datenschutz-Gesetz. Handkommentar, Baden-Baden 2022 (zit. Bearbeiter, in: Assion, TTDSG)

*Aul, Michael Markus:* Stalking – Phänomenologie und strafrechtliche Relevanz, Baden-Baden 2009 (zit. Aul, Stalking)

*Averdiek-Gröner, Detlef / Frings, Christoph:* Standardmaßnahmen im Ermittlungsverfahren, Hilden 2014 (zit. Averdiek-Gröner / Frings, Standardmaßnahmen im Ermittlungsverfahren)

*Backes, Laura / Bettoni, Margherita:* Alle drei Tage. Warum Männer Frauen töten und was wir dagegen tun müssen, Hamburg 2021 (zit. Backes / Bettoni, Alle drei Tage)

*Bader, Johann / Ronellenfitsch, Michael (Hrsg.):* BeckOK VwVfG mit VwVG und VwZG, 61. Edition, München 2023 (zit. Bearbeiter, in: Bader / Ronellenfitsch, BeckOK VwVfG)

*Balschmiter, Peter / Bley, Rita / Bläsing, Dominik / Fischbach, Johannes:* Befragung zu Sicherheit und Kriminalität in Mecklenburg-Vorpommern. Abschlussbericht zur zweiten Befragung in 2018. Fachhochschule für öffentliche Verwaltung, Polizei und Rechtspflege, LKA Mecklenburg-Vorpommern, Universität Greifswald, Güstrow 2018 (zit. Balschmiter et al., Studie „Befragung zu Sicherheit und Kriminalität in Mecklenburg-Vorpommern")

*Barczak, Tristan (Hrsg.):* BKAG. Gesetz über das Bundeskriminalamt und die Zusammenarbeit des Bundes und der Länder in krimimalpolizeilichen Angelegenheiten, Baden-Baden 2023 (zit. Bearbeiter, in: Barczak, BKAG)

*Barthe, Christoph / Gericke, Jan (Hrsg.):* Karlsruher Kommentar zur Strafprozessordnung, 9. Auflage, München 2023 (zit. Bearbeiter, in: Barthe / Gericke, KK-StPO)

*Bartsch, Tillmann / Krieg, Yvonne / Schuchmann, Inga / Schüttler, Helena / Steinl, Leonie / Werner, Maja / Zietlow, Bettina (Hrsg.):* Gender & Crime. Geschlechteraspekte in Kriminologie und Strafrechtswissenschaft, Baden-Baden 2022 (zit. Bearbeiter, in: Bartsch et al., Gender & Crime)

*Baumbach, Adolf / Lauterbach, Wolfgang / Albers, Jan / Hartmann, Peter:* Zivilprozessordnung, 77. Auflage, München 2019 (zit. Baumbach / Lauterbach / Albers / Hartmann, ZPO)

*Behnsen, Mira:* Strafzumessung bei Neonatizid. Eine Empirische Untersuchung anhand von Strafverfahrensakten, Wiesbaden 2023 (zit. Behnsen, Neonatizid)

*Berg, Christian:* Web-Tracking im E-Commerce, Baden-Baden 2018 (zit. Berg, Web-Tracking)

*Bettermann, Julia:* Das Falsche-Opfer-Syndrom in Fällen von Stalking, Frankfurt 2005 (zit. Bettermann, Falsche-Stalking-Opfer)

*Bettermann, Julia:* Stalking – Möglichkeiten und Grenzen der Intervention, Wiesbaden 2005 (zit. Bettermann, Stalking)

*Bettermann, Julia / Feenders, Moetje (Hrsg.):* Stalking – Möglichkeiten und Grenzen der Intervention, Wiesbaden 2004 (zit. Bearbeiter, in: Bettermann / Feenders, Stalking)

*Bettermann, Julia / Nauck, Irmgard / Freudenberg, Dagmar:* Stalking: Grenzenlose Belästigung – Eine Handreichung für die Beratung Bundesministerium für Familie, Senioren, Frauen und Jugend Nr. 104 / 2005 (zit. Bettermann / Nauck / Freudenberg, BMFSF, Stalking)

*Bender, Rolf / Nack, Armin / Treuer, Wolf-Dieter:* Tatsachenfeststellung vor Gericht, 3. Auflage, München 2007 (zit. Bender / Nack / Treuer, Tatsachenfeststellung vor Gericht)

*Bialon, Jörg (Hrsg.):* Opferschutz, Wiesbaden 2020 (zit. Bearbeiter, in: Bialon, Opferschutz)

*Birngruber, Christoph G./Lasczkowski, Gabriele/Dettmeyer, Reinhard B.:* Forensische Verletzungskunde. Rechtssichere Befunderhebung, Dokumentation und Begutachtung äußerer Verletzungsbefunde, Wiesbaden 2020 (zit. Birngruber/Lasczkowski/Dettmeyer, Forensische Verletzungskunde)

*Bley, Rita:* Kriminalwissenschaften, Frankfurt 2020 (zit. Bley, Kriminalwissenschaften)

*Blum, M. Carolin:* Opferschutz und Opferhilfe. Handlungsempfehlung für die Polizeiarbeit, Heidelberg 2021 (zit. Blum, Opferschutz und Opferhilfe)

*Blum, Barbara/Mokros, Reinhard/Vahle, Jürgen:* Polizeigesetz Nordrhein-Westfalen. Textausgabe mit Erläuterungen der Gesetzesnovellen Dezember 2018, Stuttgart 2019 (zit. Blum/Mokros/Vahle, PolG NRW)

*Bock, Michael:* Kriminologie, 5. Auflage, München 2019 (zit. Bock, Kriminologie)

*Böllert, Karin (Hrsg.):* Kompendium Kinder- und Jugendhilfe, Wiesbaden 2018 (zit. Bearbeiter, in: Böllert, Kinder- und Jugendhilfe)

*Brandau, Heidrun/Ronge, Karin:* Gewalt gegen Frauen im häuslichen Bereich: Alte Ziele – Neue Wege, Berlin 1997 (zit. Brandau/Ronge, Gewalt gegen Frauen)

*Brandstetter, Manuela:* Gewalt im sozialen Nahraum. Zur Logik von Prävention und Vorsorge in ländlichen Sozialräumen, Wiesbaden 2009 (zit. Brandstetter, Gewalt im sozialen Nahraum)

*Braun, Frank:* Gutachterliche Stellungnahme zu dem Entwurf des Achten Gesetzes zur Änderung des Polizeigesetzes Nordrhein-Westfalen der Landesregierung v. 30.9.2025, LT-Drs. 18/15921 (zit. Braun, Stellungnahme, Achtes ÄndGPolG NRW)

*Braun, Frank:* Staatsrecht für Polizeibeamte, 4. Auflage, Hilden 2025 (zit. Braun, Staatsrecht)

*Braun, Frank/Schmidt, Dieter:* Grundlagen des Eingriffsrechts, Hilden 2025 (zit. Braun/Schmidt, Grundlagen Eingriffsrecht)

*Bubenitschek, Günther/Greulich, Reiner/Wegel, Melanie:* Kriminalprävention, Heidelberg 2014 (zit. Bubenitschek/Greulich/Wegel, Kriminalprävention)

*von Buch, Jennifer/Müller, Romina/Köhler, Denis:* Einführung in die Rechtspsychologie. Grundlagen und Praxis der Forensischen und Kriminalpsychologie, Wiesbaden 2022 (zit. von Buch/Müller/Köhler, Rechtspsychologie)

*Büchter, Timotheus:* Zivilrecht für den Polizeidienst, Hilden 2024 (zit. Büchter, Zivilrecht)

*Büttner, Melanie (Hrsg.):* Handbuch Häusliche Gewalt, Stuttgart 2020 (zit. Bearbeiter, in: Büttner Hdb Häusliche Gewalt)

*Bundeskriminalamt:* Häusliche Gewalt. Bundeslagebild 2023. Wiesbaden 2024 (zit. BKA, Bundeslagebild Häusliche Gewalt 2023)

*Bundeskriminalamt:* Geschlechtsspezifisch gegen Frauen gerichtete Straftaten. Bundeslagebild 2023. Wiesbaden 2024 (zit. BKA, Bundeslagebild Geschlechtsspezifisch gegen Frauen gerichtete Straftaten)

*Bundeskriminalamt:* Sexualdelikte zum Nachteil von Kindern und Jugendlichen. Bundeslagebild 2023, Wiesbaden 2024 (zit. BKA, Bundeslagebild Sexualdelikte zum Nachteil von Kindern und Jugendlichen 2023)

*Bundeskriminalamt:* Polizeiliche Kriminalstatistik (PKS) 2024 (zit. BKA, PKS 2024)

*Burgheim, Joachim:* Psychologische Bedingungen bei Entstehung und Verlauf von Tötungsdelikten in der Situation der Partnertrennung, Konstanz 1993 (zit. Burgheim, Entstehung und Verlauf von Tötungsdelikten bei Partnertrennungen)

*Burmeister, Günter / Dohr, Helmut:* Staat. Verfassung. Politik. Grundlagen für Studium und Praxis, 22. Auflage, Hilden 2022 (zit. Burmeister / Dohr, Staat. Verfassung. Politik)

*Carmo, Rute / Grams, Ana / Magalhães, Teresa:* Männer als Opfer von Gewalt in der Partnerschaft. In: J Forensic Leg Med. (18[8]:355-9). Nationales Institut für Rechtsmedizin. Portugal 2011. https://pubmed.ncbi.nlm.nih.gov/22018167

*Chebout, Lucy:* Aufgedrängte Natürlichkeit. Zur Bedeutung von leiblicher Abstammung und Geschlecht im Recht der Eltern-Kind-Zuordnung, Baden-Baden 2025 (zit. Chebout, Aufgedrängte Natürlichkeit)

*Clages, Horst / Nisse, Reingard:* Musterklausuren Kriminologie, Hilden 2009 (zit. Clages / Nisse, Kriminologie)

*Clemm, Christina:* Gegen Frauenhass, Berlin 2023 (zit. Clemm, Gegen Frauenhass)

*Corry, John:* A Satirical View of London at the Commencement of the Nineteenth Century, London 1801 (zit. Corry, A Satirical View of London at the Commencement of the Nineteenth Century)

*Creamer, Catherine / Hine, Kelly / Lattas, Dimitra / Burton, Kelley / Davenport-Klunder, Katelyn:* Vom Mythos zur Realität: Übergriffe auf die Polizei bei Einsätzen gegen häusliche Gewalt, Das Polizeijournal: Theorie, Praxis und Prinzipien, 28.7.2025, https://journals.sagepub.com/doi/full/10.

1177/0032258X251363818 [27.9.2025] (zit. Creamer et al., Übergriffe auf die Polizei bei Einsätzen gegen häusliche Gewalt Das Polizeijournal 28.7.2025)

*Cummerow, Bettina*: Strafverfolgung bei häuslicher Gewalt. Eine empirische Untersuchung der strafrechtlichen Reaktionen auf häusliche Gewalt am Beispiel von KIK in Kiel – elektronisches Veröffentlichungsverzeichnis (CAU) der Christian-Albrechts- Universität zu Kiel, 2008, https://macau.uni-kiel.de/receive/diss_mods_00003029?lang=de [5.1.2024] (zit. Cummerow, Strafverfolgung bei häuslicher Gewalt)

*deMause, Lloyd:* Hört ihr die Kinder weinen? Eine psychogenetische Geschichte der Kindheit, Berlin 1977 (zit. deMause, Hört ihr die Kinder weinen?)

*Derks, Andreas:* Häusliche Gewalt. Leitfaden für Studium und polizeiliche Praxis, 2. Auflage, Wiesbaden 2020 (zit. Derks, Häusliche Gewalt)

*Derks, Andreas / Frießnegg, Sebastian:* Gefährdungsanalyse Häusliche Gewalt. Hochrisikofälle erkennen, Gefährderansprachen nutzen, Femizide verhindern, Wiesbaden 2022 (zit. Derks / Frießnegg, Gefährdungsanalyse Häusliche Gewalt)

*Dietlein, Johannes / Hellermann, Johannes:* Öffentliches Recht in Nordrhein-Westfalen, 10. Auflage, München 2024 (zit. Bearbeiter, in: Dietlein / Hellermann, Öffentliches Recht NRW)

*Dietze, Gabriele / Brunner, Claudia / Wenzel, Edith (Hrsg.)*: Kritik des Okzidentalismus: Transdisziplinäre Beiträge zu (Neo-)Orientalismus und Geschlecht, Bielefeld 2009 (zit. Bearbeiter, in: Dietze / Brunner / Wenzel, Kritik des Okzidentalismus)

*Dienstbühl, Dorothee / Üzüm, Ciqdem:* Sexualdelikte. Leitfaden für die Polizeipraxis und einen aktiven Opferschutz, Heidelberg 2024 (zit. Dienstbühl / Üzüm, Sexualdelikte)

*Dölling, Dieter / Hermann, Dieter / Laue, Christian:* Kriminologie. Ein Grundriss, Berlin Heidelberg 2022 (zit. Dölling / Hermann / Laue, Kriminologie)

*Donath, Philipp D. / Heger, Alexander / Malkmus, Moritz / Bayrak, Orhan (Hrsg.):* Der Schutz des Individuums durch das Recht – Festschrift für Rainer Hofmann zum 70. Geburtstag, Berlin 2023 (zit. Bearbeiter, in: Donath et al., Der Schutz des Individuums durch das Recht)

*Dust, Michael / Heßling, Manfred / Wilger, Markus / Haumer, Stefanie:* Strafrecht. Verkehrsrecht. Eingriffsrecht, Krefeld 2024 (zit. Bearbeiter, in: Dust et al., Strafrecht. Verkehrsrecht. Eingriffsrecht)

*Dutton, Donald G. / Golant, Susan K.:* The batterer: A psychological profile. Basic Books. 1995 (zit. Dutton / Golant, A psychological profile)

*Eisele, Jörg (Gesamtredaktion):* Tübinger Kommentar Strafgesetzbuch, 31. Auflage, München 2025 (zit. Bearbeiter, in: Tübinger Kommentar StGB)

*Eisenberg, Ulrich:* Beweisrecht der StPO, 10. Auflage, München 2017 (zit. Eisenberg, Beweisrecht)

*Eisenberg, Ulrich / Kölbel, Ralf:* Jugendgerichtsgesetz, 26. Auflage, München 2025 (zit. Eisenberg / Kölbel, JGG)

*Erb, Volker / Schäfer, Jürgen:* Münchener Kommentar zum StGB, Band 3 (Bandredakteur, Schäfer, Jürgen), 4. Auflage, München 2021 (zit. Bearbeiter, in: Erb / Schäfer, MüKo-StGB, Band 3)

*Erb, Volker / Schäfer, Jürgen:* Münchener Kommentar zum StGB, Band 4 (Bandredakteur: Sander, Günther, M.), 4. Auflage, München 2021 (zit. Bearbeiter, in: Erb / Schäfer, MüKo-StGB, Band 4)

*Fährmann, Jan / Görlitz, Gudrun / Matzdorf, Christian / Vollmar, Alexander (Hrsg.):* Private Positionsdaten und polizeiliche Aufklärung von Diebstählen. Rechtliche, kriminalistische und technische Perspektiven, Baden-Baden 2023 (zit. Bearbeiter, in: Fährmann et al., Private Positionsdaten und polizeiliche Aufklärung von Diebstählen)

*Fischer, Thomas:* StGB-Kommentar, 71. Auflage, München 2024 (zit. Fischer, StGB)

*Fischer, Gottfried / Riedesser, Peter:* Lehrbuch der Psychotraumatologie, 6. Auflage, Stuttgart 2023 (zit. Fischer / Riedesser Psychotraumatologie)

*Fobian, Clemens / Lindenberg, Michael / Ulfers, Rainer:* Jungen als Opfer von sexueller Gewalt, 2. Auflage, Baden-Baden 2022 (zit. Fobian / Lindenberg / Ulfers, Jungen als Opfer von sexueller Gewalt)

*Fobian, Clemens / Ulfers, Rainer (Hrsg.):* Jungen und Männer als Betroffene sexualisierter Gewalt, Wiesbaden 2021 (zit. Bearbeiter, in: Fobian / Ulfers, Jungen und Männer als Betroffene sexualisierter Gewalt)

*Frankewitsch, Anne:* Polizei- und Ordnungsrecht NRW, Wiesbaden 2015 (zit. Frankewitsch, POR NRW)

*Franzheld, Tobias:* Verdachtsarbeit im Kinderschutz. Eine berufsbezogene Vergleichsstudie, Wiesbaden 2017 (zit. Franzheld, Verdachtsarbeit im Kinderschutz)

*Frevel, Bernhard (Hrsg.):* Kriminalität, Münster 2021 (zit. Bearbeiter, in: Frevel, Kriminalität)

*Frevel, Bernhard / Heinicke, Thomas (Hrsg.):* Managing Corona, Eine verwaltungswissenschaftliche Zwischenbilanz, 2. Auflage, Baden-Baden 2024 (zit. Bearbeiter, in: Frevel / Heinicke, Managing Corona)

*Gatzke, Wolfgang / Averdiek-Gröner, Detlef:* Häusliche Gewalt, Hilden 2016 (zit. Gatzke / Averdiek-Gröner, Häusliche Gewalt)

*Geiselhart, Klaus:* Der Wille zur Verantwortung. Transaktionale Anthropologie und Kritik als Mediation, Weilerswist 2021 (zit. Geiselhart, Der Wille zur Verantwortung)

*Gercke, Björn / Julius, Karl-Peter / Temming, Dieter / Zöller, Mark A. (Hrsg.):* Strafprozessordnung: Heidelberger Kommentar, 7. Auflage, Heidelberg 2023 (zit. Bearbeiter, in: Gercke et al., HK-StPO)

*Gerhard, Ute:* Für eine andere Gerechtigkeit. Dimensionen feministischer Rechtskritik, Frankfurt a.M. 2018 (zit. Gerhard, Für eine andere Gerechtigkeit)

*Gerrig, Richard J. / Zimbardo, Philip, G.:* Psychologie, 18. Auflage, München-Boston 2008 (zit. Gerrig / Zimbardo, Psychologie)

*Gierschmann, Sibylle / Baumgartner, Ulrich (Hrsg.):* Telekommunikation-Telemedien-Datenschutz-Gesetz, München 2023 (zit. Bearbeiter, in: Gierschmann / Baumgartner, TTDSG)

*Gläßer, Ulla:* Mediation und Beziehungsgewalt. Möglichkeiten, Bedingungen und Grenzen des Einsatzes von Familienmediation bei Gewalt in Paarbeziehungen, Baden-Baden 2008 (zit. Gläßer, Mediation und Beziehungsgewalt)

*Globig, Christine:* Realitäten der Abhängigkeit. Fürsorge als ethisches Paradigma, Baden-Baden 2021 (zit. Globig, Realitäten der Abhängigkeit)

*Görres-Gesellschaft (Hrsg.):* Staatslexikon: Recht-Wirtschaft-Gesellschaft, 8. Auflage, Freiburg 2018 (zit. Bearbeiter, in: Staatslexikon)

*Götz, Volkmar / Geis, Max-Emanuel:* Allgemeines Polizei- und Ordnungsrecht, 17. Auflage, München 2022 (zit. Götz / Geis, Allgemeines POR)

*Graf, Jürgen (Hrsg.):* BeckOK StPO mit RiStBV und MiStra, München, 1.1.2025 (zit. Bearbeiter, in: Graf, BeckOK StPO)

*Greuel, Luise:* Forschungsprojekt „Gewalteskalation in Paarbeziehungen" (Abschlussbericht), Institut für Polizei und Sicherheitsforschung [IPoS], 2009 (zit. Greuel, Gewalteskalation in Paarbeziehungen)

*Greuel, Luise / Petermann, Axel:* Macht – Nähe – Gewalt (?) – (Sexuelle) Gewalt- und Tötungsdelikte im sozialen Nahraum, Lengerich 2007 (zit. Greuel / Petermann, Gewalt- und Tötungsdelikte in Paarbeziehungen)

*Gundlach Thomas / Floren, Thorsten / Ley, Gerd (Hrsg.):* Kriminalistik heute-morgen-übermorgen. Schriftenreihe der DGfK e. V., Band 7. Stuttgart 2023 (zit. Bearbeiter, in: Gundlach / Floren / Ley, Kriminalistik, Schriftenreihe DGfK, Bd. 7)

*Gusy, Christoph / Eichenhofer, Johannes:* Polizei- und Ordnungsrecht, 11. Auflage, Tübingen 2023 (zit. Gusy / Eichenhofer, POR)

*Habermann, Julia:* Partnerinnentötungen und deren gerichtliche Sanktionierung. Eine vergleichende Urteilsanalyse zu Partnerinnentötungen als Form des Femizids, Wiesbaden 2023 (zit. Habermann, Femizid)

*Härting, Niko:* Internetrecht, 8. Auflage, Köln 2025 (zit. Härting, Internetrecht)

*Hank, Karsten / Schulz-Nieswandt, Frank / Wagner, Michael / Zank, Susanne (Hrsg.):* Alternsforschung. Handbuch für Wissenschaft und Praxis, Baden-Baden 2019 (zit. Bearbeiter, in: Hank et al., Hdb Alternsforschung)

*von Hasseln-Grindel, Sigrun (Hrsg.):* Praxishandbuch Sexualisierte Gewalt gegen Kinder. Der Jugendschutzprozess vom Erstverdacht bis zum Strafurteil, Opferentschädigung und Opferprävention, Stuttgart 2022 (zit. Bearbeiter, in: von Hasseln-Grindel, Sexualierte Gewalt gegen Kinder)

*Hau, Wolfgang / Poseck, Roman (Hrsg.):* BeckOK BGB, 73. Edition, München 1.2.2025 (zit. Bearbeiter, in: Hau / Poseck, BeckOK BGB)

*Haug, Monika / Zähringer, Ulrike:* Tötungsdelikte an 6- bis 13-jährigen Kindern in Deutschland. Eine kriminologische Untersuchung anhand von Strafverfahrensakten (1997 bis 2012), Hannover 2017 (zit. Haug / Zähringer, Tötungsdelikte an Kindern in Deutschland)

*Haumer, Stefanie / Klein, Martin (Hrsg.):* Herausforderungen im Eingriffsrecht. Band 1, Frankfurt 2023 (zit. Bearbeiter, in: Haumer / Klein, Eingriffsrecht, Band 1)

*Haumer, Stefanie / Klein, Martin (Hrsg.):* Herausforderungen im Eingriffsrecht. Band 2, Frankfurt 2025 (zit. Bearbeiter, in: Haumer / Klein, Eingriffsrecht, Band 2)

*Haußleiter, Martin (Hrsg.):* FamFG. Gesetz über das Verfahren in Familiensachen und in den Angelegenheiten der freiwilligen Gerichtsbarkeit, 2. Auflage, München 2017 (zit. Bearbeiter, in: Haußleiter, FamFG)

*Heckmann, Dirk / Paschke, Anne (Hrsg.):* Juris PraxisKommentar Internetrecht, 7. Auflage, Saarbrücken 2021 – Stand: 20.12.2022 (zit. Bearbeiter, in: Heckmann / Paschke, JurisPK-Internetrecht)

*Heinke, Sabine:* Gewaltschutzgesetz, Baden-Baden 2012 (zit. Heinke, Gewaltschutzgesetz)

*von Heintschel-Heinegg, Bernd (Hrsg.):* BeckOK StGB, 59. Edition, München 2024 (zit. Bearbeiter, in: von Heintschel-Heinegg, BeckOK StGB)

*Heise, Lori / Ellsberg, Mary / Gottemoeller, Megan:* Ending Violence Against Women, Population Information Program, Center for Communication Programs, The Johns Hopkins University School of Public Health, Baltimore (US-Bundesstaat Maryland) 1999 (zit. Heise / Ellsberg / Gottemoeller Ending Violence Against Women)

*Heitmeyer, Wilhelm / Schröttle, Monika (Hrsg.):* Gewalt. Beschreibungen, Analysen, Prävention. Bonn 2006 (zit. Bearbeiter, in: Heitmeyer / Schröttle, Gewalt)

*Helfferich, Cornelia:* Die Wahrnehmung der eigenen Handlungsmacht und die Konstellation Opfer – Polizei – Täter bei häuslicher Gewalt, in: Kury, Helmut / Obergfell-Fuchs, Joachim (Hrsg.): Gewalt in der Familie. Für und Wider den Platzverweis, Freiburg 2005, S. 309–329 (zit. Helfferich, Die Wahrnehmung der eigenen Handlungsmacht und die Konstellation Opfer – Polizei).

*Helfferich, Cornelia / Kavemann, Barbara:* Forschungsprojekt: Wissenschaftliche Untersuchung zur Situation von Frauen und zum Beratungsangebot nach einem Platzverweis bei häuslicher Gewalt („Platzverweis – Beratung und Hilfen"), Abschlussbericht, Freiburg, 30.10.2004 (zit. Helfferich / Kavemann, Platzverweisstudie)

*Helfferich, Cornelia / Kavemann, Barbara / Kindler, Heinz (Hrsg.):* Forschungsmanual Gewalt. Grundlagen der empirischen Erhebung von Gewalt in Paarbeziehungen und sexualisierter Gewalt, Wiesbaden 2016 (zit. Bearbeiter, in: Helfferich / Kavemann / Kindler, Forschungsmanual Gewalt)

*Hellmann, Deborah F. (Hrsg.):* Stalking in Deutschland, Baden-Baden 2016 (zit. Bearbeiter, in: Hellmann, Stalking)

*Hellmann, Deborah F.:* Repräsentativbefragung zu Viktimisierungserfahrungen in Deutschland. Kriminologisches Forschungsinstitut Niedersachsen e. V. (KFN) Hannover 2014 (zit. Bearbeiter, in: Hellmann Repräsentativbefragung zu Viktimisierungserfahrungen in Deutschland)

*von Hentig, Hans:* The Criminal and his Victim. Studies in the Sociobiology of Crime, New Haven 1948 (zit. Von Hentig, The Criminal and his Victim)

*Hentschel, Peter / König, Peter / Dauer, Peter:* Straßenverkehrsrecht, Band 5, 47. Auflage, München 2023 (zit. Bearbeiter, in: Hentschel / König / Dauer, Straßenverkehrsrecht)

*Hermann, Dieter / Pöge, Andreas (Hrsg.):* Kriminalsoziologie, Handbuch für Wissenschaft und Praxis, Baden-Baden 2018 (zit. Bearbeiter, Hermann / Pöge. Hdb Kriminalsoziologie)

*Heusch, Andreas / Ullrich, Norbert / Posser, Herbert (Hrsg.):* Handbuch Verfassungsrecht in der Praxis, München 2024 (zit. Bearbeiter, in: Heusch / Ullrich / Posser, Hdb Verfassungsrecht)

*Hochstätter, Ulrica:* Die Fragen der Opfer im Strafprozess. Bedürfnisse und Erwartungen im Kontext der strafverfahrensrechtlichen Bewältigung, Wiesbaden 2023 (zit. Hochstätter, Opfer im Strafprozess)

*Hoffmann, Jens/Voß, Hans Georg W. (Hrsg.):* Psychologie des Stalking – Grundlagen – Forschung – Anwendung, 2006 (zit. Bearbeiter, in: Hoffmann/ Voß, Psychologie des Stalking)

*Hoffmann, Jens/Wondrak, Isabel (Hrsg.):* Häusliche Gewalt und Tötung des Intimpartners – Prävention und Fallmanagement, Frankfurt 2006 (zit. Bearbeiter, in: Hoffmann/Wondrak, Häusliche Gewalt und Tötung des Intimpartners)

*Hohendorf, Ines:* Bewältigungsstrategien von Frauen und Männern bei Partnergewalt. Auswertung und Analyse von Studien zu den unmittelbaren Reaktionen und den die Verhaltensweisen beeinflussenden Faktoren bei Gewalt in heterosexuellen Paarbeziehungen, Tübingen 2014 (zit. Hohendorf, Bewältigungsstrategien von Frauen und Männern bei Partnergewalt)

*Hohendorf, Ines:* Geschlecht und Partnergewalt. Eine rollentheoretische Untersuchung von Beziehungsgewalt junger Menschen, Baden-Baden 2019 (zit. Hohendorf, Geschlecht und Partnergewalt)

*Hornung, Gerrit/Müller-Terpitz, Ralf (Hrsg.):* Rechtshandbuch Social Media, 2. Auflage, Berlin Heidelberg 2021 (zit. Bearbeiter, in: Hornung/ Müller-Terpitz, Hdb Social Media)

*Houben, Andrea:* Stellungnahme zum Antrag der Fraktion SPD „Häuslicher Gewalt wirkungsvoll begegnen – Schutzmaßnahmen für Betroffene ausbauen und verbessern" (LT-Drs. 18/8125) v. 17.6.2024 (zit. Houben, Stellungnahme zu LT-Drs. 18/8125 [NRW])

*Huber/Voßkuhle:* Grundgesetz, 8. Auflage, München 2024 (zit. Bearbeiter, in: Huber/Voßkuhle, GG)

*Huckenbeck, Wolfang:* Grundlagen des Rechtsmedizin. Lehr- und Studienbriefe Kriminalistik/Kriminologie, Band 6, 2. Auflage, Hilden 2012 (zit. Huckenbeck, Rechtsmedizin)

*Hufen, Friedhelm/Siegel, Thorsten:* Fehler im Verwaltungsverfahren, 7. Auflage, Baden-Baden 2021 (zit. Hufen/Siegel, Fehler im Verwaltungsverfahren)

*Jaeger, Rolf Rainer (Hrsg.):* Kriminalisten-Fachbuch Kriminalistische Kompetenz, Update, Lübeck 2023 (zit. Bearbeiter, in: Jaeger, KFB-App 2023)

*Johannsen, Kurt H./Henrich, Dieter/Althammer, Christoph:* Familienrecht, 7. Auflage, München 2020 (zit. Bearbeiter, in: Johannsen/Henrich/ Althammer, Familienrecht)

*Johlen, Heribert (Hrsg.):* Münchener Prozessformularbuch. Band 7. Verwaltungsrecht, 6. Auflage, München 2023 (zit. Bearbeiter, in: Johlen, MFB Verwaltungsrecht)

*Johnstone, Gerry:* Restorative Justice. Ideas, Values, Debates, Oxon 2001 (zit. Johnstone, Restorative Justice)

*Jonas, Hans:* Das Prinzip Verantwortung – Versuch einer Ethik für die technologische Zivilisation, 1. Auflage, Frankfurt 1979 (zit. Jonas, Das Prinzip Verantwortung)

*Jungnitz, Ludger / Neise, Michael / Brucker, Uwe / Kimmel, Andrea / Zank, Susanne:* Projekt Gewaltfreie Pflege. Prävention von Gewalt gegen Ältere in der pflegerischen Langzeitversorgung, Essen 2017 (zit. Jungnitz et al., Gewaltfreie Pflege)

*Kaiser, Ingrid:* Gewalt in häuslichen Beziehungen. Sozialwissenschaftliche und evolutionsbiologische Positionen im Diskurs, Wiesbaden 2012 (zit. Kaiser, Gewalt in häuslichen Beziehungen)

*Kaselitz, Verena / Lercher, Lisa:* Gewalt in der Familie: Rückblick und neue Herausforderungen, Wien 2002 (zit. Kaselitz / Lercher, Gewalt in der Familie)

*Kavemann, Barbara / Kreyssig, Ulrike (Hrsg.):* Handbuch Kinder und häusliche Gewalt, 3. Auflage, Wiesbaden 2013 (zit. Bearbeiter, in: Kavemann / Kreyssig, Hdb Kinder und häusliche Gewalt)

*Keller, Christoph (Hrsg.):* Basislehrbuch Kriminalistik, 2. Auflage, Hilden 2024 (zit. Bearbeiter, in: Keller, Basislehrbuch Kriminalistik)

*Keller, Christoph / Rekel, Tobias:* Streifendienst in Nordrhein-Westfalen, Stuttgart 2023 (zit. Keller / Rekel, Streifendienst NRW)

*Kemme, Stefanie / Groß, Eva (Hrsg.):* Basislehrbuch Kriminologie, Hilden 2023 (zit. Bearbeiter, in: Kemme / Groß, Kriminologie)

*Kindhäuser, Urs / Neumann, Ulfrid / Paeffgen, Hans-Ullrich / Saliger, Frank (Hrsg.):* Strafgesetzbuch, 6. Auflage, Baden-Baden 2023 (zit. Bearbeiter, in: Kindhäuser et al., StGB)

*Kindl, Johann / Meller-Hannich, Caroline (Hrsg.):* Gesamtes Recht der Zwangsvollstreckung, 4. Auflage, Baden-Baden 2021 (zit. Bearbeiter, in: Kindl / Meller-Hannich, Zwangsvollstreckung)

*Kingreen, Thorsten / Poscher, Ralf:* Polizei- und Ordnungsrecht, 13. Auflage, München 2024 (zit. Kingreen / Poscher, POR)

*Kirchhoff, Martin / Wolf, Norbert:* Kriminalprognose und ihre Bedeutung für die Polizei, Stuttgart 2021 (zit. Kirchhoff / Wolf, Kriminalprognose)

*Knauer, Christoph / Kudlich, Hans / Schneider, Hartmut (Hrsg.):* Münchener Kommentar zur StPO, 2. Auflage, München 2023 (zit. Bearbeiter, in: Knauer / Kudlich / Schneider, MüKo-StPO, Band)

*Koch, Friedrich:* Der Kaspar-Hauser-Effekt. Über den Umgang mit Kindern, Opladen 1995 (zit. Koch, Der Kaspar-Hauser-Effekt)

*Kocher, Eva:* Das Andere des Arbeitsrechts. Perspektiven feministischen Rechtsdenkens, Weilerswist 2024 (zit. Kocher, Perspektiven feministischen Rechtsdenkens)

*Köhn, Klaus:* Praxisbezogenes Lexikon der Kriminologie, Lübeck 2007 (zit. Köhn, Kriminologie)

*Kölbel, Ralf / Walther, Eva (Hrsg.):* Audiovisuelle Vernehmung im Ermittlungsverfahren, Heidelberg 2024 (zit. Bearbeiter, in: Kölbel / Walther, Audiovisuelle Vernehmung)

*Kracke, Bärbel / Noack, Peter (Hrsg.):* Handbuch Entwicklungs- und Erziehungspsychologie, Berlin 2019 (zit. Bearbeiter, in: Kracke / Noack, Hdb Entwicklungspsychologie)

*Krolzik-Matthei, Katja / Linke, Torsten / Urban, Maria (Hrsg.):* Schutz von Kindern und Jugendlichen vor sexueller Traumatisierung, Gießen 2020 (zit. Bearbeiter, in: Krolzik-Matthei / Linke / Urban, Sexuelle Traumatisierung)

*Krüger, Heinz-Hermann / Grunert Cathleen / Ludwig, Katja (Hrsg.):* Handbuch Kindheits- und Jugendforschung, 3. Auflage, Wiesbaden 2022 (zit. Bearbeiter, in: Krüger / Grunert / Ludwig, Hdb Kindheits- und Jugendforschung)

*Kühling, Jürgen / Buchner, Benedikt:* Datenschutz-Grundverordnung / BDSG, 4. Auflage, München 2024 (zit. Bearbeiter, in: Kühling / Buchner, DS-GVO / BDSG)

*Kunkel, Peter-Christian / Kepert, Jan / Pattar, Andreas Kurt (Hrsg.):* Sozialgesetzbuch VIII. Kinder und Jugendhilfe. Praxiskommentar, 8. Auflage, Baden-Baden 2022 (zit. Bearbeiter, in: Kunkel / Kepert / Pattar, SGB VIII)

*Labouvie, Eva (Hrsg.):* Geschlecht, Gewalt und Gesellschaft. Interdisziplinäre Perspektiven auf Geschichte und Gegenwart, Bielefeld 2023 (zit. Bearbeiter, in: Labouvie, Geschlecht, Gewalt und Gesellschaft)

*Lackner, Karl / Kühl, Kristian / Heger, Martin:* StGB. Kommentar, 30. Auflage, München 2023 (zit. Bearbeiter, in: Lackner / Kühl / Heger, StGB)

*Lamnek, Siegfried / Luedtke, Jens / Ottermann, Ralf / Vogl, Susanne:* Tatort Familie. Häusliche Gewalt im gesellschaftlichen Kontext, 3. Auflage, Wiesbaden 2012 (zit. Lamnek et al., Tatort Familie)

*Landesamt für Ausbildung, Fortbildung und Personalangelegenheiten der Polizei Nordrhein-Westfalen (LAFP NRW):* Handreichung für die polizeiliche Fortbildung und Praxis: Stalking – Phänomenologie, Intervention, Prävention, Selm, 2007 (zit. LAFP NRW 2007)

*Landeskriminalamt (LKA) Nordrhein-Westfalen:* Forschungsbericht. Sicherheit und Gewalt in Nordrhein-Westfalen. Düsseldorf 2020 (zit. LKA NRW, Sicherheit und Gewalt in Nordrhein-Westfalen)

*Landeskriminalamt (LKA) Nordrhein-Westfalen:* Häusliche Gewalt. Kriminalstatistische Auswertung – Düsseldorf, Berichtsjahr 2021 (zit. LKA NRW – Häusliche Gewalt 2021)

*Landeskriminalamt (LKA) Nordrhein-Westfalen:* Tötungsdelikte zum Nachteil von Frauen in Nordrhein-Westfalen – Ergebnisbericht, Düsseldorf 2025 (zit. LKA NRW, Tötungsdelikte zum Nachteil von Frauen)

*Laubenthal, Klaus (Hrsg.):* Würzburger Schriften zur Kriminalwissenschaft, Band 27, Lausanne 2008 (zit. Bearbeiter, in: Laubenthal, Würzburger Schriften zur Kriminalwissenschaft)

*Laufs, Adolf/Kern, Bernd-Rüdiger/Rehborn, Martin:* Handbuch des Arztrechts, 5. Auflage, München 2019 (zit. Bearbeiter, in: Laufs/Kern/Rehborn, Hdb Arztrecht)

*Lehmann, Katrin:* Professionelles Handeln gegen häusliche Gewalt. Der Platzverweis aus der Sicht von Polizei, Beratung und schutzsuchender Frauen, Wiesbaden 2016 (zit. Lehmann, Professionelles Handeln gegen häusliche Gewalt)

*Lempert, Joachim/Oelemann, Burkhard:* „…dann habe ich zugeschlagen." Gewalt gegen Frauen. Auswege aus einem fatalen Kreislauf, München 1998 (zit. Lempert/Oelemann, Gewalt gegen Frauen Auswege aus einem fatalen Kreislauf).

*Lenz, Hans-Joachim:* Mann versus Opfer? Kritische Männerforschung zwischen der Verstrickung in herrschende Verhältnisse und einer neuen Erkenntnisperspektive. Bausteine Männer. Kritische Männerforschung. Neue Ansätze in der Geschlechtertheorie. Argument-Sonderband Neue Folge AS 246. Hamburg 2001 (zit. Lenz, Kritische Männerforschung)

*Leuze-Mohr, Marion:* Häusliche Gewalt gegen Frauen – eine straffreie Zone? Warum Frauen als Opfer männlicher Gewalt in der Partnerschaft auf Strafverfolgung der Täter verzichten – Ursachen, Motivationen, Auswirkungen, Baden-Baden 2001 (zit. Leuze-Mohr, Häusliche Gewalt gegen Frauen)

*Lisken, Hans/Denninger, Erhard:* Handbuch des Polizeirechts, hrsg. von Bäcker, Matthias/Denninger, Erhard/Graulich, Kurt, 7. Auflage, München, 2021 (zit. Bearbeiter, in: Lisken/Denninger, Hdb PolR)

*Lorei, Clemens (Hrsg.):* Polizei & Psychologie: Kongressband der Tagung „Polizei & Psychologie" am 3. und 4. April 2006 in Frankfurt am Main (zit. Bearbeiter, in: Lorei, Tagungsband Polizei & Psychologie)

*Lubrich, Felix:* Strafrechtliche Compliance in der stationären Altenpflege. Konzepte und Strategien zur Vermeidung von Straftaten gegen die Person, Baden-Baden 2017 (zit. Lubrich, Strafrechtliche Compliance in der stationären Altenpflege)

*Luhmann, Niklas:* Soziologische Aufklärung. 5. Konstruktivistische Perspektiven, Wiesbaden 1990 (zit. Luhmann, Soziologische Aufklärung)

*Lütgert, Heike / Lambrecht, Jürgen:* Tötungsdelikte an Frauen in (Ex-)Intimbeziehungen. Eine Analyse kriminalpolizeilicher Ermittlungsakten der Jahre 2002–2005 aus dem Regierungsbezirk Detmold, Polizeiliche Kurzfassung, Polizeipräsidium Bielefeld, 2006 (zit. Lütgert / Lambrecht, Tötungsdelikte an Frauen in (Ex-)Intimbeziehungen)

*Mätzler, Armin / Wirth, Ingo:* Todesermittlung, 6. Auflage, Heidelberg 2022 (zit. Mätzler / Wirth, Todesermittlung)

*Mahoney, Martha E.:* Legal Images of Battered Women: Redefining the Issue of Separation (University of Miami Law School University of Miami School of Law Institutional Repository), Miami 1991 (zit. Mahoney, Legal Images of Battered Women)

*Marneros, Andreas:* Intimizid – Die Tötung des Intimpartners. Ursachen, Tatsituation und forensische Beurteilung, Stuttgart 2007 (zit. Marneros, Tötung des Intimpartners)

*Meier, Bernd-Dieter:* Kriminologie, 6. Auflage, München 2021 (zit. Meier, Kriminologie)

*Meloy, J. Reid:* Stalking (obsessional following): A review of some preliminary studies, San Diego 1996 (zit. Meloy, Obsessional following)

*Meloy, J. Reid:* The psychology of stalking: Clinical and forensic perspectives, San Diego, 1998 (zit. Meloy, Clinical and forensic perspectives)

*Meloy, J. Reid:* Stalking: an old behaviour, a new crime. Psychiatric Clinics of North America, San Diego, 1999 (zit. Meloy, Stalking)

*Meyer-Goßner, Lutz / Schmitt, Bertram:* Strafprozessordnung, 68. Auflage, München 2025 (zit. Bearbeiter, in: Meyer-Goßner / Schmitt, StPO)

*Miller, Alice:* Am Anfang war Erziehung, Berlin 1983 (zit. Miller, Am Anfang war Erziehung)

*Möllers, Martin H. W. (Hrsg.):* Wörterbuch der Polizei, 3. Auflage, München 2018 (zit. Bearbeiter, in: Möllers, WB-Polizei)

*Möstl, Markus / Bäuerle, Michael (Hrsg.):* BeckOK Polizei- und Ordnungsrecht Hessen, 35. Edition, München, 15.8.2025, (zit. Bearbeiter, in: Möstl / Bäuerle, BeckOK POR Hessen)

*Möstl, Markus/Fickenscher, Guido (Hrsg.):* BeckOK Polizei- und Sicherheitsrecht Brandenburg, 7. Edition, München, 1.8.2025 (zit. Bearbeiter, in: Möstl/Fickenscher, BeckOK POR Bbg.)

*Möstl, Markus/Kugelmann, Dieter (Hrsg.):* BeckOK Polizei- und Ordnungsrecht Nordrhein-Westfalen, 31. Edition, München, 15.5.2025 (zit. Bearbeiter, in: Möstl/Kugelmann, BeckOK POR NRW)

*Möstl, Markus/Schwabenbauer, Thomas (Hrsg.):* BeckOK Polizei- und Sicherheitsrecht Bayern, 26. Edition, München, 15.10.2024 (zit. Bearbeiter, in: Möstl/Schwabenbauer, BeckOK PSR Bayern)

*Möstl, Markus/Trurnit, Christoph (Hrsg.):* BeckOK Polizeirecht Baden-Württemberg, 35. Edition, München, 15.6.2025 (zit. Bearbeiter, in: Möstl/Trurnit, BeckOK POR BW)

*Möstl, Markus/Weiner, Bernhard (Hrsg.):* BeckOK Polizei- und Ordnungsrecht Niedersachsen (NPOG), 33. Edition, München, 1.8.2025 (zit. Bearbeiter, in: Möstl/Weiner, BeckOK POR Nds.)

*Müller, Kai:* Strafverfahrensrecht für Polizeistudium und -praxis, Stuttgart, 2023 (zit. Müller, Strafverfahrensrecht)

*Müller, Eckhart/Schlothauer, Reinhold/Knauer, Christoph:* Münchener Anwaltshandbuch Strafverteidigung, 3. Auflage, München 2022 (zit. Bearbeiter, in: Müller/Schlothauer/Knauer, MAH- Strafverteidigung)

*Münch, Ursula/Klein, Christoph/Ruther, Carolin/Siegmund, Jörg (Hrsg.):* Kranke Kinder haben Rechte! Bilanz des 1. Deutschen Kindergesundheitsgipfels, Baden-Baden 2021 (Bearbeiter, in: Münch et al., Kranke Kinder haben Rechte)

*Münder, Johannes/Meysen, Thomas/Trenczek, Thomas:* Frankfurter Kommentar SGV III, 9. Auflage, Baden-Baden 2022 (zit. Bearbeiter, in: Münder/Meysen/Trenczek, SGB VIII)

*Musielak, Hans-Joachim/Borth, Helmut/Frank, Martin (Hrsg.):* Familiengerichtliches Verfahren, 7. Auflage, München 2022 (zit. Bearbeiter, in: Musielak/Borth/Frank, FamFG)

*Neubacher, Frank:* Kriminologie, 5. Auflage, Baden-Baden 2023 (zit. Neubacher, Kriminologie)

*Neuhaus, Ralf/Artkämper, Heiko/Weise, Grit:* Kriminaltechnik und Beweisführung im Strafverfahren, 2. Auflage, München 2024 (zit. Neuhaus/Artkämper/Weise, Kriminaltechnik und Beweisführung im Strafverfahren)

*Niegisch, Patrick/Thielgen, Markus M.:* Einführung in die Vernehmungspraxis. Kompetenz – Konzept – Kommunikation, Heidelberg 2022 (zit. Niegisch/Thielgen, Vernehmungspraxis)

*Niehaus, Susanna / Volbert, Renate / Fegert, Jörg M.:* Entwicklungsgerechte Befragung von Kindern im Strafverfahren, Wiesbaden 2017 (zit. Niehaus / Volbert / Fegert, Entwicklungsgerechte Befragung von Kindern im Strafverfahren)

*Nisse, Reingard:* Delikte gegen Kinder. Lehr- und Studienbriefe Kriminalistik / Kriminologie, Band 18, Hilden 2012 (zit. Nisse, Delikte gegen Kinder)

*Payk, Theo R.:* Psychopathologie. Vom Symptom zur Diagnose, 4. Auflage, Berlin Heidelberg 2015 (zit. Payk, Psychopathologie)

*Petzsche, Annele / Schuchmann, Inga / Steinl, Leonie / Wermeister, Andreas (Hrsg.):* Strafrecht und Krise – 10. Symposium des Jungen Strafrechts, Baden-Baden 2025 (zit. Bearbeiter, in: Petzsche et al., Strafrecht und Krise)

*Pewestorf / Söllner / Tölle:* Polizei- und Ordnungsrecht, 3. Auflage, Köln 2022 (zit. Pewestorf / Söllner / Tölle, POR)

*Piispa, Minna:* Complexity of Patterns of Violence Against Women in Heterosexual Partnerships. In: Violence Against Women, Vol. 8, No. 7, July 2002 p. 873–900, SAGE Publications, Thousand Oaks (zit. Piispa, Complexity of Patterns of Violence Against Women in Heterosexual Partnerships)

*Prütting, Hans / Wegen, Gerhard / Weinreich, Gerd (Hrsg.):* BGB-Kommentar, 18. Auflage, Köln 2023 (zit. Bearbeiter, in: Prütting / Wegen / Weinreich, BGB)

*Radford, Jill / Russell, Diana E. H. (Hrsg.):* Femicide: The Politics of Woman Killing, Portland 1992 (zit. Bearbeiter, in: Radford / Russel, Femicide)

*Rasch, Wilhelm:* Tötung des Intimpartners, 2. Auflage, Köln 2014. Reprint der Ausgabe von 1964 (zit. Rasch, Tötung des Intimpartners)

*Rauscher, Thomas (Hrsg.):* Münchener Kommentar zum FamFG, 3. Auflage, München 2018 (zit. Bearbeiter, in: Rauscher, MüKo-FamFG)

*Reemtsma, Jan Philipp:* Vertrauen und Gewalt. Versuch über eine besondere Konstellation der Moderne, Hamburg 2013 (durchgesehene Neuausgabe, Erstausgabe 2008) (zit. Reemtsma, Vertrauen und Gewalt)

*Rettenberger, Martin / Hertz, Priscilla Gregório / Eher, Reinhard:* Die deutsche Version des Violence Risk Appraisal Guide-Revised (VRAG-R), BM-Online Elektronische Schriftenreihe der KrimZ, Wiesbaden 2017, https://www.krimz.de/fileadmin/dateiablage/E-Publikationen/BM-Online/bm-online8.pdf [30.12.2023] (zit. Rettenberger / Hertz / Eher, Violence Risk) Appraisal Guide-Revised

*Roggenkamp, Jan / König, Kai:* Eingriffsrecht für Polizeibeamte in Niedersachsen, 4. Auflage, Stuttgart 2023 (zit. Roggenkamp/König, Eingriffsrecht)

*Rosenberg, Leo / Schwab, Karl Heinz / Gottwald, Peter:* Zivilprozessrecht, 18. Auflage, München 2018 (zit. Rosenberg/Schwab/Gottwald, Zivilprozessrecht)

*Sabas, Nathalie:* Häusliche Gewalt. Grundwissen, Handlungsmöglichkeiten und Praxistipps, Wiesbaden 2024 (Sabas, Häusliche Gewalt)

*Säcker, Franz Jürgen / Körber, Torsten (Hrsg.):* Kommentar TKG-TTDSG, 4. Auflage, München 2023 (zit. Bearbeiter, in: Säcker/Körber, TKG-TTDSG)

*Säcker, Franz Jürgen / Rixecker, Roland / Oetker, Hartmut / Limperg, Bettina (Hrsg.):* Münchener Kommentar zum Bürgerlichen Gesetzbuch, 9. Auflage, München 2024 (zit. Bearbeiter, in: Säcker et al., MüKo-BGB, Band)

*Salzgeber, Joseph:* Familienpsychologische Gutachten. Rechtliche Vorgaben und sachverständiges Vorgehen, 7. Auflage, München 2020 (zit. Salzgeber, Familienpsychologische Gutachten)

*Schäfer, Gerhard / Fresemann, Thomas / Hinrichs, Hauke:* Die Praxis des Strafverfahrens, 7. Aufl., Stuttgart 2024 (zit. Bearbeiter, in: Schäfer/Fresemann/Hinrichs, Die Praxis des Strafverfahrens)

*Schemmel, Jonas / Goede, Laura-Romina / Müller, Philipp:* Gewalt gegen Männer in Partnerschaften. Eine empirische Untersuchung zur Situation in Deutschland, Baden-Baden 2024 (zit. Schemmel/Goede/Müller, Gewalt gegen Männer)

*Schenke, Wolf-Rüdiger:* Polizei- und Ordnungsrecht, 12. Auflage, Heidelberg 2023 (zit. Schenke, POR)

*Schlegel, Benjamin E.:* Sozialwissenschaftliche Datenanalyse, Wiesbaden 2025 (zit. Schlegel, Sozialwissenschaftliche Datenanalyse)

*Schlothauer, Reinhold / Nobis, Frank / Voigt, Lea / Wolf, Lara:* Untersuchungshaft mit Erläuterungen zu den UVollzG der Länder, 6. Auflage, Heidelberg 2023 (zit. Schlothauer et al., Untersuchungshaft)

*Schmidbauer, Wilhelm / Steiner, Udo:* Polizeiaufgabengesetz / Polizeiorganisationsgesetz, 6. Auflage, München 2023 (zit. Bearbeiter, in: Schmidbauer/Steiner, PAG/POG)

*Schmoll, Annemarie / Lampe, Dirk / Holthusen, Bernd:* Jugendgerichtshilfebarometer 2022. Bundesweite Befragung zu aktuellen Entwicklungen der Jugendhilfe im Strafverfahren, Baden-Baden 2024 (zit. Schmoll/Lampe/Holthusen, Jugendgerichtshilfebarometer)

*Schneider, Hans Joachim (Hrsg.):* Internationales Handbuch der Kriminologie, Band 2: Besondere Probleme der Kriminologie, Berlin 2009 (zit. Bearbeiter, in: Schneider, Hdb Kriminologie)

*Schnitzler, Klaus (Hrsg.):* Münchener Anwaltshandbuch Familienrecht, 5. Auflage, München 2020 (zit. Bearbeiter, in: Schnitzler, MAH-Familienrecht)

*Schoch, Friedrich / Eifert, Martin:* Besonderes Verwaltungsrecht, 2. Auflage, München 2023 (zit. Bearbeiter, in: Schoch / Eifert, BesVerwR)

*Schönenbroicher, Klaus / Heusch, Andreas (Hrsg.):* Gefahrenabwehrrecht Nordrhein-Westfalen. Kommentar, Siegburg 2023 (zit. Bearbeiter, in: Schönenbroicher / Heusch, Gefahrenabwehrrecht NRW)

*Schönke, Adolf / Schröder, Horst (Hrsg.):* Strafgesetzbuch. Kommentar, 30. Auflage, München 2019 (zit. Bearbeiter, in: Schönke / Schröder, StGB)

*Schröder, Detlef / Pezolt, Peter (Hrsg.):* Gewalt im sozialen Nahraum I – Eine erste Zwischenbilanz nach Einführung des Gewaltschutzgesetzes, Frankfurt, 2004 (zit. Bearbeiter, in: Schröder / Pezolt, Gewalt im sozialen Nahraum)

*Schröder, Detlef / Berthel, Ralph:* Gewalt im sozialen Nahraum, Frankfurt 2005 (zit. Schröder / Berthel, Gewalt im sozialen Nahraum)

*Schröttle, Monika / Khelaifat, Nadia:* Gesundheit – Gewalt – Migration: Eine vergleichende Sekundäranalyse zur gesundheitlichen Gewaltsituation von Frauen mit und ohne Migrationshintergrund in Deutschland. Enddokumentation, BMFSFJ 2007 (zit. Schröttle / Khelaifat, Sekundäranalyse: Gesundheit – Gewalt – Migration)

*Schröttle, Monika / Müller, Ursula:* Lebenssituation, Sicherheit und Gesundheit von Frauen in Deutschland. Eine repräsentative Untersuchung von Gewalt gegen Frauen in Deutschland. BMFSFJ 2004 (zit. Schröttle / Müller, Lebenssituation, Sicherheit und Gesundheit von Frauen in Deutschland)

*Schütte, Matthias / Braun, Frank / Keller, Christoph:* Polizeigesetz Nordrhein-Westfalen. Kommentar, Stuttgart 2012 (zit. Bearbeiter, in: Schütte / Braun / Keller, PolG NRW)

*Schulze, Reiner (Hrsg.):* Bürgerliches Gesetzbuch, 12. Auflage, Baden-Baden 2024 (zit. Bearbeiter, in: Schulze, BGB)

*Schweikert, Birgit:* Gewalt ist kein Schicksal. Ausgangsbedingungen, Praxis und Möglichkeiten einer rechtlichen Intervention bei häuslicher Gewalt gegen Frauen unter besonderer Berücksichtigung von polizei- und zivilrechtlichen Befugnissen, Baden-Baden 2000 (zit. Schweikert, Gewalt ist kein Schicksal)

*Schwind, Hans-Dieter:* Unterlassene Hilfeleistung in verschiedenen öffentlichen Bereichen, https://www.praeventionstag.de/dokumentation/download.cms?id=125 [3.1.2024] (zit. Schwind, Unterlassene Hilfeleistung in verschiedenen öffentlichen Bereichen)

*Schwind, Hans-Dieter/Baumann, Jürgen u.a.:* Ursachen, Prävention und Kontrolle von Gewalt. Bericht der Gewaltkommission der Bundesregierung, Berlin 1990 (zit. Schwind/Baumann, Bericht der Gewaltkommission der Bundesregierung)

*Schwind, Hans-Dieter/Schwind, Jan-Volker:* Kriminologie und Kriminalpolitik, 24. Auflage, Heidelberg 2021 (zit. Schwind/Schwind, Kriminologie)

*Seligman, Martin E.P.:* Erlernte Hilflosigkeit, 5. Auflage, Weinheim 2016 (zit. Seligmann, Erlernte Hilflosigkeit)

*Sensburg, Patrick Ernst (Hrsg.):* Staats- und Europarecht, 3. Auflage, Stuttgart 2023 (zit. Bearbeiter, in: Sensburg, Staats- und Europarecht)

*Spohn, Viola:* Zehn Jahre Anti-Stalking-Gesetz, Baden-Baden 2017 (zit. Spohn, Anti-Stalking-Gesetz)

*Sprenger, Reinhard K.:* Das Prinzip Selbstverantwortung, Frankfurt, New York 2002 (zit. Sprenger, Das Prinzip Selbstverantwortung)

*Sprenger, Reinhard K.:* Die Entscheidung liegt bei Dir – Wege aus der alltäglichen Unzufriedenheit, Frankfurt, New York 2004 (zit. Sprenger, Die Entscheidung liegt bei Dir)

*Steingen, Anja (Hrsg.):* Häusliche Gewalt – Handbuch der Täterarbeit, Göttingen 2020 (zit. Bearbeiter, in: Steingen, Häusliche Gewalt – Hdb Täterarbeit)

*Stelkens, Paul/Bonk, Heinz Joachim/Sachs, Michael:* Verwaltungsverfahrensgesetz, 10. Auflage, München 2023 (zit. Bearbeiter, in: Stelkens/Bonk/Sachs, VwVfG)

*Stern, Klaus/Sodan, Helge/Möstl, Markus (Hrsg.):* Das Staatsrecht der Bundesrepublik Deutschland im europäischen Staatenverbund, 2. Auflage, München 2022 (zit. Bearbeiter, in: Stern/Sodan/Möstl, Staatsrecht)

*Strasser, Philomena:* Kinder legen Zeugnis ab: Gewalt gegen Frauen als Trauma, Innsbruck, Wien, Bozen 2001 (zit. Strasser, Kinder legen Zeugnis ab)

*Tegtmeyer, Henning/Vahle, Jürgen:* Polizeigesetz Nordrhein-Westfalen, 13. Auflage, Stuttgart 2022 (zit. Tegtmeyer/Vahle, PolG NRW)

*Tetsch, Lambert/Baldarelli, Marcello:* Polizeigesetz des Landes Nordrhein-Westfalen, Hilden 2011 (zit. Tetsch/Baldarelli, PolG NRW)

*Theunert, Markus (Hrsg.):* Männerpolitik. Was Jungen, Männer und Väter stark macht, Wiesbaden 2012 (zit. Bearbeiter, in: Theunert, Männerpolitik)

*Thiel, Markus:* Polizei- und Ordnungsrecht, 5. Auflage, Baden-Baden, 2023 (zit. Thiel, POR)

*Trierweiler, Tobias:* Wohnungsverweisung und Rückkehrverbot zum Schutz vor häuslicher Gewalt. Eine Untersuchung am Beispiel von § 34a PolG NRW, Baden-Baden 2006 (zit. Trierweiler, Wohnungsverweisung und Rückkehrverbot zum Schutz vor häuslicher Gewalt)

*Urbaniok, Frank:* FOTRES. Diagnostik, Risikobeurteilung und Risikomanagement bei Straftaten, 4. Auflage, Berlin 2021 (zit. Urbaniok, FOTRES)

*Valerius, Brian/Ruppert, Felix:* Examenskurs Strafrecht. Allgemeiner Teil. Besonderer Teil. Strafprozessrecht, München 2023 (zit. Valerius/Ruppert, Strafrecht)

*Voigt, Marlene:* Die datenschutzrechtliche Einwilligung, Baden-Baden 2020 (zit. Voigt, Die datenschutzrechtliche Einwilligung)

*Voß, Hans-Georg W.:* Stalking. Aufklärung und Hilfe für Betroffene, Wiesbaden 2023 (zit. Voß, Stalking)

*de Vries, Hinrich:* Einführung in die Kriminalistik für die Strafrechtspraxis, Stuttgart 2015 (zit. de Vries, Kriminalistik für die Strafrechtspraxis)

*Wagener, Ulrike (unter Mitarbeit von Schiewek, Werner):* Polizeiliche Berufsethik. Ein Studienbuch, 3. Auflage, Hilden 2024 (zit. Wagener/Schiewek, Polizeiliche Berufsethik).

*Walker, Lenore E. A.:* The battered woman syndrome. Fourth edition. New York 2017 (zit. Walker, The battered woman syndrome)

*Wapler, Friederike:* Kinderrechte und Kindeswohl, Tübingen 2015 (zit. Wapler, Kinderrechte und Kindeswohl)

*Weiner, Bernhard/Haas, Ute Ingrid:* Opferrechte bei Stalking, Gewalt- und Sexualverbrechen, München 2009 (zit. Weiner/Haas, Opferrechte)

*Wersig, Maria/Lembke, Ulrike/Steinl, Leonie:* Deutscher Juristinnenbund (djb), 5. Themenpapier: Istanbul-Konvention: Effektive Strafverfolgung von sexualisierter Gewalt, Berlin, 29.11.2019 (zit. Wersig/Lembke/Steinl, Istanbul-Konvention: Effektive Strafverfolgung von sexualisierter Gewalt)

*Wirth, Ingo/Schmeling, Andreas:* Rechtsmedizin – Grundwissen für die Ermittlungspraxis, 4. Auflage, Heidelberg 2020 (zit. Wirth/Schmeling, Rechtsmedizin)

*Wittchen, Hans-Ulrich / Hoyer, Jürgen (Hrsg.):* Klinische Psychologie & Psychotherapie, 2. Auflage, Heidelberg 2011 (zit. Bearbeiter, in: Wittchen / Hoyer, Klinische Psychologie)

*Wittmer, Sandra Carina:* Straftaten und Strafverfolgung im Darknet, Baden-Baden 2023 (zit. Wittmer, Strafverfolgung im Darknet)

*Wolter, Jürgen / Deiters, Mark:* Systematischer Kommentar zur Strafprozessordnung: SK-StPO, Band II, 6. Auflage, Köln 2023 (zit. Bearbeiter, in: Wolter / Deiters, SK-StPO)

*Wondrak, Isabel und (Mitwirkende) Hoffmann, Jens / Laabes, Volker / Vogel, Bernd:* Stalking, Hilden 2008 (zit. Wondrak, Stalking)

*Zeitner, Jürgen:* Einsatzlehre – Grundlagen für Studium und Praxis, 3. Auflage, Hilden 2021 (zit. Zeitner, Einsatzlehre)

*Ziegler, Sylvia:* Wendepunkt Frauenhaus? Zur Situation ehemaliger Frauenhausbewohnerinnen: Am Beispiel des Lörracher Frauenhauses. Herbolzheim, 1998 (zit. Ziegler, Wendepunkt Frauenhaus?)